奧洲占星整合學院校長、凱龍研究中心共同創辦人 **布萊恩·克拉克** 全球首部經典中譯本

# FAMILY
# ASTROLOGY

# 家族占星全書

## 基因、關係、家族命運的
## 模式、延續、與循環

布萊恩·克拉克 *Brian Clark* —— 著　陳燕慧、馮少龍 —— 譯

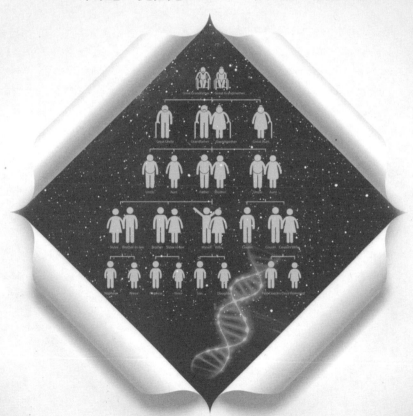

**了解家庭的影響，有助於我們接受「真正的」自我。**

本書針對有關家庭的宮位、行星與對應關係，
揭示家庭的影響，成員的互動，淺顯並透徹地解析個人和家族命運的軌跡。
是一部探討個人行為模式、剖析家族命運不可錯過的經典作品。

國際占星研究院（AOA）創辦人 **魯道夫** 導讀&專業推薦

# 目錄

# 謝辭

首先，我要感謝魯道夫推廣此書，若沒有他的引介，這本書不會誕生。此外，如果沒有我的客戶以及學生們在占星領域中真誠坦然的與我分享他們的家庭故事，這本書也不會存在。我很榮幸的見證他們細細編織這些家庭脈絡成為人生的樣貌，同時也感謝那些人，授權我在本書中，使用個人家庭故事中的敘述或片段。

許多朋友和同事幫忙閱讀、校對並協助我提出這份手稿，在此感謝所有幫助過我的人，特別是克里斯・布萊特（Chris Bright）、瑪麗・賽姆斯（Mary Symes）以及芭波・索普（Barb Thorp）的大力讚賞與支持。

最後，如果沒有家人的鼓勵、愛與支持，我不可能論述這個主題。而在家庭主題中教導我最多的人，是我的摯愛伴侶葛蕾妮絲・勞頓（Glennys Lawton），她真切的理解家庭的靈魂，並以她的正直與誠實，經常提示我如何成為家庭的一部分。正因為如此，讓我只需要自我展現，便可以得到被愛的喜悅。

# 導讀

## 另一種時間推演，家族內的演變與迴旋

　　當我的恩師梅蘭尼·瑞哈特（Melanie Reinhart）老師將澳洲的占星權威布萊恩·克拉克（Brian Clark）老師的名字介紹給我時，我還不知道我已經讀過他的經典，因為曾經有那麼一陣子我與許多台灣的身心靈工作者一樣著迷著海寧格（Bert Hellinger）的星座排列，並認為星盤可以顯示出許多相關的資訊，卻不知從何著手。而在網路上搜尋相關的家族占星書籍時，克拉克老師是當時唯一討論占星與家族關係的書，並且與梅蘭尼的凱龍星，一同被搜羅在企鵝出版社，由已故占星大師薩司波塔斯（Howard Sasportas）主編的祕典叢書當中。

　　如果你是占星初學者，不妨從本書的開頭開始閱讀，克拉克老師詳細的引導著大家認識占星學的符號語言，特別是這些符號出現在家庭關係當中的詮釋。如果你已經有了一定的基礎，或許你會對第七章〈家庭的生命旅程與行星週期〉感到興趣，你可以直接跳到這一章閱讀。但是我認為無論一開始的章節有多基礎，我們都能夠從中獲益不少，尤其是這些文章是出自一位古典文學與考古學者的手中，對於行星星座符號與家庭關係關聯的描述，將會帶給你不同的視野。

　　本書的一開頭從家庭與關係的角度切入，來看占星學當中的每

一個符號，例如每一個行星在第三宮當中如何描述我們與兄弟姊妹的互動。月亮被所有的占星師視為與家庭有著最密切的關聯，克拉克老師用了一整個章節幫助大家了解每一個月亮星座所象徵的成長過程，以及這樣的成長環境特質當中帶來的家庭互動。

建議有基礎的朋友不妨看看附錄的部分，裡頭有一份清單，是一個相當有趣的表格，這一份清單條列出我們可以用家族與關係的角度來看星盤當中的星座與宮位。或許我們也可以從這裡開始對我們的家族有一些更為清晰的了解。

有了這些基礎的認識之後，你或許會迫不及待的想要認識整個家族之間的互動，那麼第七章〈家庭的生命旅程與行星週期〉或許是你最興奮期待的。建議各位在這裡稍微的回顧一下家族當中的重大事件。例如發生在家庭當中的變化，重大危機、結婚、家庭成員的增加，或者親人的離別，並且記錄下這些事件發生的年份，以及當事人的年紀，也可以記錄下你當時的年紀。因為接下來克拉克老師會透過家族演變的時間點，讓我們看見生活當中重要的成長步驟。

克拉克老師在書中提到了一個占星學上重要的觀念——時間的循環。當一般人在看待事件發展與時間的紀錄時，多半用一種線性的概念，也就是時間不斷地往前，每一分每一秒，每一天每一年，用一種時間如同流水一去不回的角度，事實上，如果我們仔細觀察，生命有時候會以不同的節奏與步調方式，重複著家族之間的故事。例如有人的祖父在母親四十歲時過世，而在她自己四十歲的時候，生活當中可能會發生一些重大的變化，或許是離開公司，與老闆吵架，與權威霸氣的丈夫分手，或者父親的離去，這種迴旋性的時間，讓我們看見我們在無意識當中重複了一些親人的生命步調。

離婚、分手、離職、搬家、親人的危機，在沒有覺察的情況下，我們可能以為這是個人生活的單一事件，若我們發現家族的成員也在相同年紀體會一些危機，我們或許會發現原來自己已無意間重複了一些家族的步調，我們的行為或許正透露著家族間共同的議題。而透過這一層覺察，我們不但更能夠接受我們要面對的轉變，更可能透過這層覺察，讓自己甚或家族對此一困擾有不同的見解。你跟老闆吵架憤而辭職的年紀，很可能與母親失去她的父親的年紀相同，在相同的生命循環當中，共同的議題或許是如何面對生命的權威與如何建立自己的權威。當你從這樣的角度來看生活時，有時候生活當中的不順，或許就能成為推進成長的更大動力。

在2012年，英國占星學院邀請克拉克老師開設一門家族占星課程，同時在該年夏天，我與Jupiter在英國牛津聽到克拉克老師的講學，深深覺得這是我們所需要的一門學問，決定邀請他來華人地區分享他的知識，同時春光出版社也在這時候決定將克拉克老師的經典著作《家族占星全書》翻譯出版。當我將這消息與克拉克老師分享時，他決定多花一些時間重新編譯並且加入更多精彩的章節。現在各位所讀到的《家族占星全書》，不但是克拉克老師重新編著的版本，更是他的學校的重要課程教材。非常高興春光出版社將這一本書出版，也要感謝燕慧與少龍全心全力地專注在這一本書的翻譯上，華人的占星學界需要更多這樣的好書，而你們的付出讓更多占星同好有精彩的書籍可以閱讀。

魯道夫

2014.9.13

劍橋・英國占星年會

# 前言

　　即便我們可能只是好奇的打開家庭記憶的衣櫃，但當門扉微啟，便觸動了我們的過往，所有的回憶、故事、感受、印象、回應與感應，皆在那裡等待著我們走入家族史中。

　　我們身為繼承家族遺產的兒女，承襲了祖先的基因與DNA、生命力與實體、精神與靈魂。我們屬於某個宗族並在其中成長發展，個人無法憑空存在於家族之外，而是在家庭的親密關係中踏出我們的第一步。

　　「種子發展精神分析理論」（Seminal psychoanalytic theory）認為家庭為成年的基石，成人的埋怨與惱人的模式，其根源皆來自於家族經驗。然而，在這些概念尚未發展的千年前，神話便已然敘述了家族詛咒與祖先的連結，並且生動地描述家庭模式的重大影響力。占星學在心理分析發展之前，近兩千年來也已描繪出家庭的主題與連結，神話與占星智慧皆察覺了家庭對於個人發展的深刻影響，此意識一直是兩者論述的基本特徵。

　　這本書源自於我的伴侶葛蕾妮絲・勞頓（Glennys Lawton）所教授的課程，我將之推展為「占星綜合基金會」（Astro*Synthesis）四年的教學課程。其中一個關於家庭的主題稱之為「終身伴侶：家庭動力與關係模式」（Life Partners: *Family Dynamics and Relationship Patterns*）是基礎課程中的第五單元；而「家庭發展：家庭生命週期與行星週期」（Family Development: *The Family*

*System through Time*）的單元則為進階課程。這兩個課程受到推廣成為「英國占星學院」（Faculty of Astrological Studies）的研習課程，同時也包含在「占星綜合基金會」的遠距學習課程中。

此書的內容主要是我的三本教科書：「家庭占星」（The Astrology of the Family: *The Family System*）、「手足占星」（The Astrology of Brothers and Sisters: *The Sibling System*）以及「家庭發展：家庭生命週期與行星週期」（Family Development: *The Family System through Time*）的集結。

家庭治療原則很自然的可以與占星術相互結合，其模式與主要信念更可以加強占星學的特質。葛蕾妮絲是一位專業的家庭治療師與占星師，她為我們共同推展的家庭占星課程加入了想法和理解，深刻的影響本書，是本書的共同作者。我之前出版的作品《手足占星》（The Sibling Constellation）（企鵝出版社，倫敦：1999）便是此版本的前身，在那本書中最先探討了本書中手足關係的概念。

新版的《家庭占星全書》首次出版中文版令我深感榮幸，我對於文化和家族差異具有強烈的意識。由於我出生於加拿大卻旅居澳洲，家族背景來自於盎格魯‧凱爾特（Anglo-Celtic）血統（譯注：指那些居在英國和愛爾蘭境外，特別是澳大利亞、加拿大、紐西蘭和美國而具有英國和愛爾蘭血統的人）。我的父親出生於英國盎格魯（Anglo）的傳統中，我的母親是具有愛爾蘭血統的加拿大人，兩人都是獨生子女，我成長在只有父母與一個兄弟的小家庭而非大家族中，因此我早期對於家庭概念有一些狹窄。

然而，我和你們一樣是家庭的一部分，我們有著相似的需

求、驅力、本能以及超越文化與家族差異的欲望。而無論我們的文化觀點與理解為何，我們都屬於某個家庭，並與家庭有著緊密的連結，這是所有人際關係中最強烈、最持久的連結。也許研究家庭的主題做為一種個人的原型經驗，可以幫助我們超越文化差異。

占星的語言具有普遍性，因其專業語言不是文字話語，而是圖像與象徵符號；它的語言是無聲的，必須感受與想像。它不是透過多元化的溝通而是一種整合，因為它試圖區分個案的各個層面，以便構成一個自我的全盤理解。在自我了解的過程中，絕大部分是關於我們的家族與家族史。只有當我們向前人的靈魂表示崇敬，我們才可以理解自身的靈魂，這就是打開家庭衣櫃之門可以獲得的珍貴禮物，因為對於祖先的同情與理解之情，也將展現於我們自身與之後建立的家庭中。

# 序

# 家族占星概論

　　倘若我們能對自己的家族故事深感崇敬，不逃避它所投射的陰影，並以此來檢視家族中的靈魂，那麼我們或許不會宿命地受到家庭的影響，並因此決定自己的命運。

　　深受發展心理學的影響，我們認為因為成長家庭的緣故，我們必然會成為現在的樣子；但倘若我們不認為家庭對於自我形塑具有如此決定性的作用，而是蘊藏了許多素材，從中我們便可以加以利用，甚至進而創造我們的人生，那麼結果又將會是如何呢？[1]

──湯馬斯・摩爾（Thomas Moore）

## 什麼是「家庭」？

　　「家庭」的概念，與文化、種族、世代和社會環境有很大關係。例如：「核心家庭」（nuclear family）一般是指兩個相互承諾的異性成年人與一個或多個親生或領養的子女所組成。然而，現今的家庭可以是一對沒有子女的夫妻或是擁有子女的同性伴侶。在我的經驗中，地中海民族的家庭生活可以延伸包括：嬸姨、叔伯、堂

---

1　湯馬斯・摩爾（Thomas Moore）：*Care of the Soul*, Harper Perennial（New York, NY: 1992），31.

表兄弟以及他們的伴侶、祖父母與親密的家族友人。

峇里島人將祖靈尊崇視為家庭基石的一部分，而其他亞洲文化也都傾向於將祖先與子孫都概括在他們的家庭觀念中。當然，二十一世紀的家庭概念是流動、變化的，但是做為一個家庭論述的起點，我的定義來自於「家庭心理學與家庭治療辭典」（The Dictionary of Family Psychology and Family Therapy）：

家庭是社會的基本單位，其特徵是其成員在經濟上與情感上相互依賴，並對於彼此的發展、穩定與安全互相負責。它是社會化的基礎，其功用是教導文化價值與社會適應[2]。

當我們思考什麼是「家庭」時，首先它明顯的是由數個世代組成。每一個世代的成員在相同的框架內成長，因此在家庭的群組中包含：兒童、成人和老人。他們處於生命週期中的各個階段，分別扮演着手足、父母、祖父母、也許是曾祖父母的角色。家庭是順著時間移動變化的體系，每一個家庭在某種程度上是一個社會的縮影，提供我們一生的連貫與歸宿。它蘊含著一個人的起源與開端，是我們深根之處並期望它能有足夠的安全性，讓我們得以發展與適應生活。

發展心理學強調父母與家庭對個人成長的影響，而占星學認為他們的印記早已刻印在我們誕生時的靈魂中了。占星學的智慧以更

---

2 Sauber, RS, L'Abate, L, Weeks, GR and Buchanan, WL, 「家庭心理學與家庭治療辭典」（The Dictionary of Family Psychology and Family Therapy）*2ⁿᵈ Edition*, Sage Publications (Newbury Park, CA: 1993), 142.

為根深蒂固的觀點，挑戰大多數的精神治療，其觀點認為**父母的形象、家族遺產與情結天生便存在於我們的星盤中，每個靈魂都有其家族經驗的基本樣版，它透過星盤中行星的安排而顯露出來**。如果家庭本來就存在於我們的星盤中，那麼我們天生便具有這些形象，家庭就是我們的命運。雖然我們可能會埋怨父母甚至是行星造成我們的困境，但是湯馬斯・摩爾在本書的引言中指出，我們從家族繼承的素材中，一同參與了命運的塑造。占星學可以讓我們反思這些經由家庭的出身與模式提供給我們的素材，使我們可以在回應祖先的遺傳中，成為真實的自己。

傳統占星學已留給我們許多家族的意象，例如：第三宮經常被視為手足議題與動態的象徵；而第四宮則顯露出父母的主題。兩千年前，克勞狄烏斯・托勒密（Claudius Ptolemy）說道：「太陽與土星自然的與父親有關；而月亮與金星則與母親相關。」[3]考量父母親如死亡、疾病、壽命等條件，根據以上這些與其他行星的配置，然後描繪出整體輪廓[4]，由此看來，占星學一直尊崇著家族的傳統。

從現代的觀點來看，家庭的概念已經擴大到包含其他的考量，如原生家庭、家族遺傳、父母的婚姻與血統。從更精神性的方式切入，占星師可以顧及家庭氛圍與傳統，以便從特定的行星條件中更加理解個人的性格。以占星的方式來探索家庭的主題，可以是

---

3 克勞狄烏斯・托勒密（Claudius Ptolemy）, *Tetrabiblos*, translated by F. E. Robbins, Harvard University（Cambridge, MA: 2001）, III.4.

4 關於此觀點請參閱：Guido Bonatti, Book of Astronomy, Volume II, translated by Benjamin Dykes, The Cazimi Press（Golden Valley, MI: 2007）, 1235－1244頁關於手足的論述；1245－1256頁關於父母親的論述。

一種旅程，使我們更充分瞭解自己的社會角色與位置，以及與其他家庭成員之間的關係；然而，亦可做為一種方式，思索這些由家庭促成的反應與模式的真實性。

占星具有系統性，其多層面的象徵揭示了家族體系以及大家庭成員之間，跟隨時間而變化的脈絡。我們可以從本命盤的分析來研究其中蘊含的家庭主題，因為整張星盤是此人的整體經驗，當然也包括家庭的部分。星盤不僅暗示著個人對家庭成員的反應，也反映了其他成員如何進入、參與這個家庭。對於占星師來說，這種系統性的分析是重要的諮商方式，因為星盤中蘊含著祖先們的形象，而這些形象轉化成為星盤中的象徵符號，使我們更瞭解個人的遺傳。

**了解家庭的影響，可以支持我們接受「真正的」自我。**因此在本書的第一章裡，我們將討論占星符號的家庭象徵。而當代占星學認為月亮的配置（其星座、宮位以及與其他行星的相位）說明了個人對於母親的認知與經驗，它敘述著母親的概況以及她的遺傳；同時月亮的相位也揭示了透過母系那方所遺傳下來的原型性格，這些可以系統式的展現出母親的心理特質以及她的家族一脈。

同樣的，太陽可以反映出父系家族，而其他內行星可能意指其他家庭成員如：兄弟姊妹、嬸姨，叔伯等等。星座符號的象徵是多層次的，因此**星盤中的意象，不僅揭露了家庭的作用與影響，也顯示其中的成員、氣氛、模式與情況。**運用占星符號，加上我們的想像力去思考家庭經驗的議題，使我們對於家族遺傳產生更深刻的見解，而所有這些見解皆可透過星盤分析彙整而出。

當我們分析其他家庭成員的星盤時，占星的連結網絡明顯地概

括了整個家庭。家庭成員之間通常擁有相似的行星相位、星座和黃
道度數,在不同的世代間一再重複,以確認家族的連接。奇特的
是,父母親的太陽、月亮與星盤中的四個軸點往往與孩子的出生盤
配置緊密呼應,就好像家族靈魂透過占星模式而顯現出來。關於這
一點,麗茲・葛林(Liz Greene)的論述如下:

　　……行星相位在家庭成員的星盤之間一再重複,卻不具任何可
感知或理解的因果基礎;家族就如同個人一般強烈受到神話模式的
驅使[5]。

　　有許多方式可以自星盤中描繪家族圖像。我們將從宮位開
始,其中兩組宮位與家族議題有關。當我們想要分析家庭的議題
而概觀星盤中的宮位時,最直接與祖先和家族遺傳有關的是第四
宮、第八宮與第十二宮的領域。這三個水象宮位特別關注家庭氛
圍、傳統和無意識情結,這些影響並塑造了我們的性格。第四宮總
是與父母有關,以此類推,其他的水象宮位也揭露出家庭動態;第
八宮專注於家族遺產與父母昔日的心理狀態,而十二宮則意味著祖
先的遺產。

　　然而,象徵關係的宮位:第三宮、第七宮與第十一宮在家庭的
議題中也扮演了重要的角色,因為我們在這些宮位中塑造了關係的
模式。這三個宮位是我們在家族周遭範圍內所經驗的親屬關係、人
際關係以及友誼,進而將它們推展到外在社會。第三宮蘊含著手
足與其他早期關係的樣貌,這些皆影響到我們的連結方式;第七宮

---

5　麗茲・葛林(Liz Greene):*The Astrology of Fate*, Allen & Unwin(London: 1984),94.

則是透過父母關係的動態，暗示著早期的經歷；而在之後的生命中，第十一宮也可以做為一個透過朋友、同事的正面經驗，進而修補早期家庭關係的場域。

天頂與天底的軸線是父母的軸線，這個家庭與外界的軸線描繪出內在安全感的基石，它撐起我們向整個世界伸展的力量，並結合了內在與外在世界、私下與公眾的自我。而第十宮的狀態通常顯示家庭的公開期望與訊息，因此，第十宮也需要被涵蓋在家庭印記的論述中。以家庭與家庭在社會中的位置而言，天頂／天底脈絡成為一個重要的軸線，就如同星盤中的的脊柱，此軸線支持並／或阻礙了我們屹立在世界的能力。當我們討論星盤中的父母形象時，我們將再度檢視這個軸線。

另一條星盤上的主軸是上升／下降軸線，它顯示出更多個體性與家庭精神上的傾向。當一個社會個體與外界產生接觸時，或許這一軸線更呼應了家族樹中的枝脈與其伸展力。天頂／天底軸線與象徵「結束」的宮位產生共鳴；而上升／下降軸線則與「關係」的宮位一致。在天宮圖中，第七宮位於上升／下降軸線的下降，而第三宮、第十一宮分別與此軸線產生六分相（上升）與同為風元素的三分相（下降）。同樣的，天底位於天頂／天底垂直軸線的下方，而第八宮、第十二宮分別與此軸線產生六分相（天頂）及同為水元素的三分相（天底）。我們將從三個結束之宮（有時稱為靈魂之宮）展開家族宮位的探索。這三個宮位都是水象宮位，它們代表人們深刻的內在以及過去，也是家族與祖先形象座落與埋藏的領域。

接著我們將焦點轉移至行星，並在「家族排列」（family

constellation）的文本中發展出一套思考它們的方式。內行星象徵家庭的原型意象，並更具體的意指其家庭成員；社會行星描述文化對家庭造成的影響；而外行星則描述影響家庭無意識的情結與集體模式。內行星與社會行星、外行星之間的相位讓我們得知深植在家庭生活中的模式，以及它們如何塑造了我們的性格，並同時也描述了家族傳統、某些家庭成員的影響，以及在我們生活中所扮演的角色。雖然我們星盤上的行星可以藉由家庭中的某一成員具體呈現，但卻是此家庭成員的態度與性格，幫助我們更加了解自我的這個行星面向。

　　由於月亮在家族占星中極為重要，我們接著將專注探討月亮原型，以它做為家族生活的承載，思索其在家族經驗中扮演的多方面角色。月亮不僅是母親與家的化身，也概括早期生活中依附與安全感的經驗，這些在成人的關係中成為情感的安全網。在占星學上，月亮暗示着個人的依附方式，以及早期安全感與幸福的可能經驗，並在往後的生活中提醒我們獨立的能力。

　　當輔導專業開始以家庭為背景去檢視個人，並將個人當成是團體中的一員，心理學也開始更加意識到家庭中的手足關係模式，於是手足關係的心理學文獻從1970年代便開始出現。雖然人們越來越察覺到手足議題，但是手足研究與理論主要還是來自於社會學和家庭治療等領域，而神話和占星學卻自始便關注在手足連結。例如，雙子座的兩顆閃亮之星就是手足化身，是此黃道星座的基礎。在探索雙子座以及它的守護星——水星的神話中，我們將辨識擁有手足或是缺乏手足，對於個人以及家庭生活所留下的明顯印記。

家庭治療不再如同早期精神分析的始祖，將手足關係局限於「幼童時期」，而認為是一種發展中的關係，在個人的一生中日趨成熟。在許多方面，兄弟關係是我們的第一個夥伴關係，我們可以留意它在我們的一生中所發生的重要轉折。

占星師從星盤的分析中已有充足的意象，加深對於個案的祖先遺傳、原生家庭、父母動態以及手足的理解。由於家庭已被刻劃在每一個人的星盤中，家庭治療中的「發展概念」可以提供專業占星師深刻的洞見，這個概念可以用來詳述個人依時間的流逝所吸收的家庭經驗。當我們系統性的思考占星中的重要時刻時，不僅將牽涉到個人的星盤，也將連結到其他親屬的星盤。

如同所有的生物，家庭存在著一個自然的生命週期。隨著家庭成員的成長，他們經過各個階段和成長儀式[6]，這種生命週期與占星學的行運與推運行星、交點以及其它天體的自然循環產生呼應。家庭帶著自己的生命力與動力，橫跨數代人的生與死，雖然我們都知道自己的生命週期，從出生到童年、少年、成年、中年、老年一直到死亡，家庭治療仍然對於家庭生命週期的概念加以論述。從理論上來說，我們可能在任何階段展開這個生命週期，但普遍上我們都是在與伴侶有了正式的約定或承諾之後，再展開這個歷程。而這也是當個人遠離自己的原生家庭進入他們選擇的家庭之後，一個新循環就此展開。

我們將從家庭生活中檢視這些階段，並體驗占星學上的週期如何呼應家庭的世世代代。我們能藉由生命週期來審視占星學上的行

---

6　關於「家庭生命週期」的深入探討請參閱：Betty Carter and Monica McGoldrick（eds.）, *The Changing Family Life Cycle*, Allyn and Bacon（Boston, MA: 1989）.

運，並運用木星每十二年繞行黃道一周的循環來觀察這一點，因為這個週期正呼應了生命的發展階段。家庭的時間概念也被用來敘述世代之間時間點的重複，因此在本書第七章〈演變中的家庭〉中，我們會專注於生命的篇章，思考在這些時刻，家庭所可能發生的每一層面的事情。

家庭生活的交界點發生於階段中成員的加入與離開。對所有家庭成員來說，某位成員的加入與離開，都會造成極度的壓力，因為兩者皆代表了個人與家庭生命週期的轉變時刻。家庭生命週期的轉變期是人們是最脆弱的時候，一般說來，這種改變極為關鍵重要，當家庭成員對這些家庭生活中的轉折點具有意識時，可以使這種過渡期變得更具覺知與效用。例如，第一個孩子離開家時，對家庭來說是一個關鍵期，對每一個成員來說，皆代表危機與轉變。年輕的手足地位受到提升，藉以替補離開的手足所造成的空隙，使他們的角色、職責與權限改變了。而釋放了第一個孩子的父母，當日常的家庭生活回到只有夫妻倆的生活時，則將敏銳地意識到必須為生活的調整做準備。

從占星學的觀點來看，我們可以思索某張星盤的行運將影響到所有家庭成員。因為，當我們系統性地檢視占星學時，將發現**個人重要的轉變與生命階段，在相同的占星模式下，也將直接影響到其他家庭成員**。早期生命週期中家庭的轉變與發展，在孩子個人經驗中刻下印記，並影響了他們與星盤中各式的占星符號以及原型的連結方式。在占星連結的網絡中，往往強調某些星座或度數，因此在許多家庭成員的星盤中，行星的行運往往具有同時性。

創傷性的事件改變了家庭的歷程：**離婚、再婚、疾病、搬**

遷、減縮開支，失去和死亡皆影響到家庭生命週期的過程。這些可變因素是生活的一部分，同時也標示在其他家庭成員星盤上的行運中[7]。雖然行星週期可以形構個人與家庭的生命週期，但是個人的行運卻可以使其中斷與轉變。我們所學的占星術教導我們如何準確的從星盤中解讀性格、事件、模式與主題，但是，我們也必須傾聽並回應隨著時間的推移產生的週期性和重複性主題，這樣我們才得以提升個人與主觀上的理解。如此一來，我們從星盤中體驗到的占星符號便是多層次、具有歷史性並由家庭母體中的成員塑造而成的。

當我們思索家庭和祖先議題時，我們面對的是那些久遠的故事與形象。時間已成為記憶、情感、精神創傷、觀點與情緒的總和，它的本質不再是線性的。而星座符號也概括了世代神話般的家庭過往。因此，當某種象徵可能代表某種潛能時，由於家庭的沉重陰影，這種象徵可能不是目前的表現方式。例如，一位海王星與太陽合相的年輕男性擁有明顯的音樂天賦，但是從未被允許演奏樂器，因為在他的家庭中，音樂不被視為是男人可以賴以生存的職業選擇。而為了能夠發揮遺傳上的潛能，他不得不面對家庭陰影。

家系圖是研究家族議題技術上的一項發展，因為研究家族時會產生相當多的資訊，而家系圖有助於分析和專注於重要的訊息。當我們開始研究家族星盤時，會收集到許多星盤，如果你決定畫一些推運盤、合盤、結婚或死亡盤，你將被大量的資訊淹沒，因此找到一種系統化這些資料的方法是很重要的。雖然你會找到分類這些資

---

7  想要進一步探索個人星盤中的行運如何影響家庭的整體面貌，請參閱艾琳‧沙利文（Erin Sullivan）：*Dynasty: the Astrology of Family Dynamics, Arkana*（*London: 1996*），*195–223*.

訊的占星方式，但是家系圖將有助於世代家庭體系的規劃。

　　家庭模式是與生俱來的。由於這些形象早已刻劃在我們的星盤中，我們將轉而思索這些模式如何透星座的重覆、相反星座、黃道度數、行星相位、合軸星與行星議題由家庭成員表現出來。我們將辨識這些占星議題以做為家族的圖像，我會借用佛洛伊德的例子來說明家庭占星的主題。

　　書末的附錄中包含了一些學習單，旨在幫助讀者們展開家族占星的研究。然而當我試圖透過文字來表達星盤上的複雜性時，我明顯地感到局限，因為占星符號與意象相較於文字的傳達是更富想像、神祕與深奧性。

　　而身為占星師，我們不斷感嘆占星符號的真實性，以及它具有的啟示與意義。透過孩子的眼睛觀看家庭的占星意象，是相當令人回味並啟迪人心的。那麼，就讓我們展開這個旅程。

Chapter 1

# 宮位與家族體系

在所有文化中，家族都賦予成員個性。

人類體驗的身分認同包括兩個元素：歸屬感與分離感，

家庭正是混合及分配這些內容的實驗室，身分認同的搖籃[8]。

——薩爾瓦多‧米紐慶（Salvador Minuchin）

## 歸屬與分離

薩爾瓦多‧米紐慶在家庭治療方面具有相當的地位和影響力，他將家庭形容為一個實驗室，人性中的兩種元素——歸屬感與分離感——於其中被編織在一起。占星學中的水元素及風元素體現了人生經驗中的這些面向，並隸屬於與這些元素的相關宮位。

**風元素與關係及分離的主題有關。**對於風元素來說，分離感是理智所必需的，風元素的動機是離開某物件，然後意識到它，風元素要自己站開一點好讓自己能認識自己。當風元素站在其觀察目標一段距離以外時，它會傾向接近該物件並與之產生連結。此元素便是以此方式去發展並支持理智，容許自己與「物件」建立出關係，並變成別人的夥伴。所以，風元素被認為是與「關係」有關的元素，因為它跟如何有意識地與別人產生連繫的能力相關，然而，如果風元素有極端或無意識傾向的話，則可能會產生無從連結或疏離感。

緊隨在風元素的差異性之後，是代表融合、結合和會意的水元

---

8 薩爾瓦多‧米紐慶（Salvador Minuchin）：*Families and Family Therapy*, Tavistock/Routledge（London: 1991），47.

素，其功能在於消融人我之間的界線以進行結合，這條脆弱的界線，使人我之間產生連結和依附關係。而以某種程度來說，它也讓來自未知或潛意識的「水」對我們進行洗禮。水元素與情緒上的安全感、關懷和連結有關，在發展結合及融合時，水元素會喚起愛的感覺，並暫時無視兩者間不相容的差異。水元素是在整個循環中，以火元素重新展開新循環之前的最後一個元素，幻想及願景的火花會在水元素中出現，然後生命及能量的循環便再次展開。因為元素是原型的能量，所以也有光明與黑暗的面向，它們可能在我們的生命中尚未被完全開發，或反之受到過度補償。以線性的次序而言，風元素位在水元素之前，這可能也暗示了人類的經驗，其實是不斷的在分離與歸屬感之間轉換。

　　占星學的宮位標示了生命中的不同環境，這十二個宮位的靈感來自於黃道十二個區位的劃分，所以這些宮位也可用四種元素劃分出三組宮位。水元素的三個宮位正是家族遺產的位置所在；而風元素的宮位則是關係模式所在。傳統上，第四宮屬於水元素宮位中的第一宮，一直被視為與父母有關的宮位，而第三宮則是手足的宮位。

# *1*
# 結束宮位：家族的精神

我們誕生於某家族中，最後當我們與祖先們重聚時，
我們也重歸於家族的整體脈絡。家族的墳墓、家族的祭壇、
家族的信任、家族的祕密、家族的自豪。[9]

——詹姆士・希爾曼（James Hillman）

## 水元素：緊密的連結

首位哲學家米利都的泰勒斯（Thales of Miletus）曾提出世界只由一種元素——水元素——所形成，水的主題十分基本：我們需要它存活下去。在神話中，水似乎以生命的起源及復始而與神聖產生連結，並且與智慧、知識及預言有關；而水也因為淨化、潔淨及洗去雜質的作用而與情感宣洩產生關聯。水也把永生或重生賜予他人——在出生、死亡、婚姻及其他人生的過渡儀式中，也往往以水為象徵；其流動性、無形、美態、力量及所帶來的恐怖等，都是神話中的水的面向。水可以滲透所有東西，洪水及河流也能在有需要的時候改變方向，所以它也跟情感的流向、情緒與及震撼靈魂的經歷產生連結。

在占星學中，水元素包括了巨蟹、天蠍及雙魚座，每一個都與

---

9　托馬斯・莫爾（Thomas Moore）（ed.）, *The Essential James Hillman A Blue Fire*, Routledge（London: 1990）, 196.

這種深刻的情感和情緒相關。巨蟹座類似於第四宮，帶來關懷和關心別人、保護，以及如母親般照顧周遭的本能，其守護星月亮掌管海洋的潮汐與家庭生活的情緒；天蠍座與第八宮相關，將其激烈性和親密性帶入家庭的圈子中；而雙魚座則與第十二宮相關，其無邊界、直覺性和敏感的特質讓我們接觸到祖先的靈魂。後兩者的現代守護星分別為冥王星和海王星，它們帶來了在家庭氛圍下所需要背負的世代性影響、態度和意圖。

　　水元素與生命感受有關，以思考的角度來說，此元素最接近靈魂深處。水象星座都以甲殼綱動物為象徵，這些保護了蟹、蠍子和魚的堅硬外殼，象徵了水元素的保護性人格。然而，這也象徵了這些星座的深度和年歲——其本質上的原始性及其最接近自我的地方。因此，情感往往被視為是古老的、原始的及擾人的，卻也矛盾地依附於我們的過去以及人類深刻的體驗。但最重要的是，水把兩種不同的存在放在一起並且加以融合，產生了親密、共生、依附及結合的可能性。本能上，水會流向匯聚合併的地方。

　　水元素包含了這些感受性的生命，但這並不限於個人，也包括了與此家庭有關的其他人。水元素帶著祖傳模式，像曲折的河流一般流過家族的河道，它是感情記憶和影像的儲存庫，與充滿家族、祖先、社會以及共同模式的集體記憶產生深切的關連，所以水元素也很容易被這些影像的記憶力量所影響、操控或迷惑。在人際關係中，這種渴望深入神祕的潛意識水域，既讓人著迷也具包容力，能帶來共生及人與人之間界線的模糊不清。當水因為家庭事件而變得糾結，它可能會難以從家庭的控制中分離或在外界建立親密關係。

水的那種能夠感受別人所感受的（或至少我們「覺得」他人正感受的）、滿足他人需要及關懷他人的不安感的能力相當讓人仰慕。然而，在人際關係中，這可能會被他人視為過份體貼甚至具有侵入性。對水象的人來說，這種被遺棄與及情感上的不平等對他們來說是莫大的痛苦，但對於需要學習分離的他們來說，這雖然困難但畢竟也是必需的。水模糊掉人我之間的界線，當分離變得重要時，這個人也許會無法離開；而當「在場」變得重要時，這個人也許也不能夠即時出現。家庭經驗是學習區別與建立界線的練習場，在家庭圈子中，我們學習如何連結和分離。水受到他人的敏感度和創作力所吸引，也被他們的同情心及關愛別人的特質所牽動；情緒操縱、混亂、祕密和喜怒無常的主題，都是潛伏於堤壩水之中的影子。但當水能自由流動時，溫暖、慷慨和支持都會返回，當水在家族背景中被阻擋，情緒上的洪水極有可能會漫延至後代。

我們在水象宮位中找到家庭生活的水流，透過父母的婚姻、家族成員及祖先的基因庫，我們首次在家庭體驗這些生活。在水象宮位中，我們可以開始反照出家族的靈魂。

## 水象宮位：家族的靈魂

水象宮位，也就是第四、第八及第十二宮，包含了家庭生活的強力印記，這些宮位各自以自己的方法，象徵我們自己的創世紀及家庭氛圍；這氛圍塑造了我們的性格，也影響了我們內在安全感與歸屬感的經歷。這些都是我們情感遺產的儲存器，也是我們成長的情感防衛機制，養育脆弱自我的地方。

　　這三個宮位也被稱為「結束的宮位」，因為它們標示了個人、人我及超越個人這三個生命面向的發展過程的完結。我們在第四宮找到個人在原生家庭中的參與，那裡有我們最早的印象與經歷，這些提供了我們情感上的穩定性。第四宮象徵了家庭的生活氛圍，由象徵出生及開始的第一宮所展開的深層個人發展過程，來到第四宮時也走到了結局。當我們踏入第五宮時，我們離開了家庭，建立一個更能自我管理的存在。在占星學上，第四宮是家庭的宮位，而這一宮往往更經常地被用來連結父母及祖先遺產；然而，第八和第十二宮同時也是家庭發展主題的一部份。

　　在第八宮，我們會無意識地參與父母之間的親密關係、或相反地缺乏這種參與，這一宮的領域象徵父母與其祖先們的情感遺產，而這些也間接地塑造了我們成人生活中的親密關係。在第八宮中，在無意識地將自我置於深層的人我關係互動及親密關係之後，會帶來更高的自我掌控，當我們開始把被愛的感覺內化，我們會進入由第九宮開始、那超越個人的生命面向。

　　最後，在第十二宮，我們站在已經逝去的世代肩膀上，並與他們的影子及陰影接觸。在察覺到祖先遺產的同時，我們也開始意識到自己的家系力量及可能性。這一宮往往被視為「解開」的宮位，一方面我們是要解開來自祖先的、那些盤根錯節的情結，好讓自己能更自由、更完整地投入自己的夢想與創造。當我們第一次獨立的呼吸，也同時象徵了與一體及神聖連結的第十二宮來到了尾聲，而這也是我們踏入第一宮、化身為人的一刻。

　　在第四宮、第八宮及第十二宮，我們體驗了個人、族群及集體層面上的歸屬感；透過生命的歷練，這些部份正是家族體系及先祖

依附的儲存庫。它們代表了家族遺產，以及蟄伏在家族集體歷史中的祕密、陰影和命運。在生命的循環中，當行運和推運經過了星盤中的這些領域時，往往會發掘出我們家族的遺產，這有助於我們建立與祖先的連結。這些是與家系有關的宮位，裡面載有我們或許已經知悉的家族遺產，並協助我們找出影響個人成長發展的家族因素。

過去及現在的家人生命線都會經過這些水象宮位，過去都被鑲嵌在這些宮位中——不僅是我們自己的過去，也包括我們親屬及祖先的過去。因此，水象宮位是家族模式及命運的水庫，祖先的基因庫不僅是我們情緒安全感的泉源，也是來到我們面前的陰影和鬼怪們所屬的陰間。我們從水象宮位中尋找情緒的安全感，卻也與死去的生命及與過去未解決的事件相遇。在這些宮位中，我們努力得到情緒上的安全感，卻也不斷地在這裡回到那些缺乏舒適、親密及歸屬感的過去。

水象宮位在意象上做為潛意識的儲藏庫，在心理學上代表著被埋藏、被收起、被遺忘及被壓抑的事物。在我們有意識去察覺或懂得用語言表達之前所感受過的經歷，甚至是在子宮時就已經歷的事件，統統都屬於這裡。因為潛意識並不只限於個人層面，他人的感受也會在此與家族或集體之物一起被儲存，這些宮位都與深度有關，表面所反映出來的往往與底下真正存在的不一樣。

在描述這些宮位的時候，我們首先會注意到宮首的星座、其守護星與該行星的宮位、星座及相位。宮首的星座指出引領我們進入該生活範疇的特質，而其守護星於命盤中的狀況，則幫助我們確認我們所接受和參與的生活的難易度。最重要的是有哪些行星落在此

宮，因為這象徵了當我們進入生活中的這一層面時，所遇到的原型能量，而這也正是我們挖掘家庭經驗的意義之所在。

讓我們先由象徵原生家庭的第四宮開始，從家庭的角度去重溫一下這些宮位。

## 第四宮：家庭的氛圍

**第四宮最主要的功能在創造及維持一個穩固的根基。**此宮中所準備的是，讓個人建立安全、安穩及庇護的基台，這些生命的基礎由家庭氛圍塑造，並由家庭環境建立。做為巨蟹座的家，第四宮也跟月亮有關，所以這裡也是我們安家與及滋養的地方，包括我們如何被照顧長大、如何學習去撫養他人、父母的影響和遺傳、以及在生命的旅途上如何體驗與提供這些穩固的基礎。這一宮的基本主題是情感的安全感和滋養，及其保護生命基礎的程度。滋養及關懷的經驗有助於新生兒一生的信心建立，而這信心間接地也為往後的人際關係打下基礎，這也是第四宮與第八宮之間的其中一道連繫。

象徵童年的第四宮是我們的家庭經驗，而這些經驗也在「心理動力理論」（psychodynamic theory）中有清楚記述。埃里克‧埃里克森（Erik Erikson）提出了基本信任的前堤，而約翰‧包比（John Bowlby）一生則致力於探討生命循環中的依附經驗，以及它如何在一個穩固的家庭基礎中變得更鞏固。最終，第四宮所給予的心理功課，是我們在童年的依附經驗中，能夠找到成人生活中情感的安全感，而這安全感也強烈的受到該經驗的影響。

擁有一個讓我們立足的安全基地，再加上足夠的關懷，便能鞏

固第四宮的基礎，也鞏固我們自己的根基，提供讓我們在生命中發展穩健基礎的養分。而在發展這種自信及自我肯定的過程中，我們站在父母的肩膀上，而他們也站在各自的父母的肩膀上。天底象徵了我們最初的根基，任何在天底的行星，都會因為它保護及確保我們的安全而值得被表揚。天底也幫我們從父母及家庭之中，將某些有力的遺傳人格化。第四宮是相當個人、內向及私人的，與外向並得到大眾注意的第十宮相反，第四宮是物質上及情緒上的家，是我們的土地以及在此安居、落地生根的基石。當有一天，我們從充滿社交的外界返回，這裡會是我們的避難所和私人的空間，也是我們體驗親密感的地方。家人不只是擁有相似根基的人，也是給予我們情緒上支持的人，就如同我們支持他們一樣。因此，此體系的分裂，將會切斷養份也會撼動基石。

雖然在占星學的傳統上，第四宮象徵父母，但從傳統占星過渡到當代占星的過程中，這一宮最備受爭議的是：到底它代表父親還是母親？傳統占星學主張第四宮代表父親，而當代占星學則基於第四宮與巨蟹座及月亮之間的關係，將母親也概括進來，但目前這問題仍未達成共識。隨著心理占星學的出現，父母親之間的兩極性被強調，而第四宮則變成了與滋養、內向或情緒化有關的父母，而唯一不變的是第四宮仍然與父母體系本身有關。

我們一般以父母中哪一方提供滋養和保護的基礎去檢視第四宮，而在一個正常運作的家庭中，無論那些滋養與保護是物質上或是情緒上的，父母雙方其實都會在某些時候，在第四宮擔任某些角色。由於第四宮含有「過去」的意義，它象徵我們承繼自家族的身體結構、心理上的模式、態度及記憶；我們的星盤同時也描述著個人的內心世界，因此，第四宮也代表著父母遺產的內化。占星

學上，宮位代表內在及外在世界，因此第四宮是我們找到父母遺傳的地方，這也是在真實與隱喻層面上，家的安置所在。而做為父親和母親的人格化代表，太陽和月亮更加契合占星學上的父親和母親；第四宮與第十宮的兩極性，亦在父母關係動力以及兩人之間的權力交換上擔任了某些角色。[10]

於最內在的層面上，第四宮象徵了我們與生命中其他事物產生連結的心靈作用。這一宮掌管歸屬感，以及在家裡、被連結的感覺。它聯繫著我們與直系祖先共有的心理模式，也是在我們剛出生時，就已經因為基因而內建的心理結構。我們在未懂說話時就已擁有了這些樣版，也正因我們與這些樣版過於緊密連結，而往往無法直接或客觀地看待它們。在我們有意識的與他人建立關係的層面來說，第四宮象徵了我們與家庭、以及那些支持和滋養我們的人之間的親密依附；這些都是我們生命中相當個人和內向的層面，通常不會讓家庭圈以外的人看到及了解。不管這些最內心的感受是光明的還是黑暗的，它們都是通向靈魂的門扉。因此，透過對家庭模式和遺傳的反映和思考，我們會更欣賞靈魂之旅中更深層的故事。

在一個更難被察覺、更待觀察的層面來說，第四宮或者與嬰兒在母親、家庭環境中的體驗、甚至是從氛圍所得到的印象、或是出生前從原生家庭所得到的感覺和感受有關。這些潛意識的感受和反應構成第四宮的內在，也是創造安全基礎的面向。這些經歷塑造了我們的信任、習慣以及安全感。我們可以說，就像我們的過去，第四宮的狀況經常如影隨形。知名心理治療師D. W. 溫尼

---

10 如欲參閱更多關於第十宮與及其於家庭上的影響，請參考本書Chapter 4《家庭體系與關係──星盤中的父親、母親與兄弟姊妹》。

科特（D.W. Winnicott）曾出版一套名為《我們從家出發》（Home is where we start from）[11]——關於家庭生活感想的論文集，這論文集受到T.S.艾略特（T.S. Eliot）於《四個四重奏》(Four Quartets)中〈East Coker V〉（東寇克）一節所啟發，那首詩是這樣寫的：

> 家是人們出發之處。當我們長大
> 世界變得更陌生，模式變得更複雜
> 生者與逝者，並非是激烈的時刻
> 孤寂，沒有過去與未來
> 只有時時刻刻燃燒的生命
> 不限於某人的一生
> 還有那些無從辨認的 古老岩石的一生

詩人以一句「我的終結是我的開始」結束四重奏，而這也是傳統上被視為事物完結的第四宮，其「結局與開始」的另一形象。第四宮是讓我們發展安全的基礎，讓我們有能力在生命中建立親密關係，給予我們足夠工具去應付複雜的人我互動。

第四宮在占星學上的形象——例如其宮首星座、其守護星與及宮內行星等等，描述了家庭氣氛以及原生家庭的態度和影響。這些態度和影響塑造出個人安全感以及提供個人生命的立足點；童年的模式和角色、還有被安全保護的感覺存在於此占星領域中。做為家庭的根基體系，第四宮的主題是最深層的情緒安全感，它影響了我們在往後生命中，是否能夠建立安穩的關係。

---

11 詳見D. W. 溫尼科特 （D.W. Winnicott） 的《我們從家出發》 （Home is where we start from），W.W. Norton & Co. （New York, NY: 1990）.

　　以下是我們可以應用在第四宮經驗的家庭辭彙。一旦你曾經在家庭中反思這一宮的本質，以及它在你情緒安全感與個人安全感的影響，你就可以完成附錄中第四宮的工作表。深入思考這些辭彙，不要只將它們當成關鍵詞，而該視為童年經驗中與第四宮的占星象徵相關的形象和比喻。

　　為了更有收獲，請檢視一下你的早期童年生活並描述家裡的氛圍，搜集從嬰孩時期開始一直到童年和青少年期間的照片，收集你父母和祖父母的本命盤，注意有沒有與你的天頂／天底軸線接觸，或有沒有行星出現在此。同時也要注意在此對盤（synastry）後，在你和你的父母和祖父母之間有沒有特別強調任何相位。

## 家

- 我們從家出發；我們屬於家
- 原生家庭及家族的根基體系
- 家的氛圍及童年時期的環境狀況
- 情緒上的基石
- 安穩的基礎
- 家庭網絡以及家庭的昇華
- 家庭模式及角色
- 影響當代生活的祖先靈魂
- 家鄉，我們視之為家的地方
- 童年模式及安全感的內化

　　從占星學的角度來看，這種情緒上的安全和安穩感從天底開始，也在第四宮被察覺到。以下是第四宮的行星形象，它們都是重

要的原型，有助於建立和鞏固內心世界的情緒防衛機制。

## 第四宮中的行星

⊙

　　當太陽在第四宮時，代表你出生的時間接近午夜，太陽正接近天底。當提及太陽時，我們總想到它在天上照耀著，然而在這裡，它正處於一天中最低的一點。在意象上，這代表自我認同已經在家庭中根深蒂固，並在那裡成形。在這裡有一個矛盾之處，因為自我認同往往是個人且獨立的，而家庭是多數、群體的，在這裡出現的問題或許是：「我們如何能在不切斷家庭依附的情況下定義自己」和「我們如何能在不失去自我認同的情況下參與家庭的傳統」，深刻的自我認同已經被發展了，但願家庭會鼓勵這件事的發生。

　　當家庭支持孩子的存在感時，小孩在成長的階段自然會擁有勇氣和自我表達的能力。當太陽在此，小孩可能會成為整個家庭的注意焦點。建設性的來說，這代表小孩被認同、被讚賞，也得到很多掌聲；缺乏建設性的來說，孩子為了得到注意、被認同的感覺，可能要扮演某個角色才能成為眾人的焦點。而這兩種情況也許已經混合，因為父母遇到的困難也許會奪去對小孩的注意力。當太陽在第四宮，小孩也許會認同家庭的情結並將它們活出來，或父母的自戀會把小孩拉進來，讓他們從父母所需要的贊同中產生自我認同。

　　反思太陽在第四宮的模式是有幫助的，因為自我認同可能會透過反映他人而鑄成，而不是透過表達真正的自己。在人生稍後的階

段，人們可能會尋找能反映並認可他們的人，如果缺乏健康的分離感或獨立性，與別人的差異將會變得具威脅性。而家庭的遺傳，將影響到孩子如何表達自我認同、創意及自我表現。

　　太陽出現於代表父母的領域，證實了父親是孩子心裡的中心，也代表偏心或許是家庭的主題之一。個人到底有多認同父親？由於孩子的直覺是認同父親，因此父子關係變得相當重要。有一個希臘神話說明了這矛盾：當法厄同（Phaethon）發現太陽神阿波羅是他的父親時，他懇求阿波羅讓他駕駛太陽馬車橫越天空，因為法厄同著迷於「能夠操控父親的太陽馬車」這件事。然而，對男孩來說，馬匹實在太強壯也太野性，要勒住牠們根本不可能，當馬匹們突然一躍，法厄同便從馬車上跌了下來。當太陽在第四宮，某人可能會透過尋求父母的認可或重建他們的認同，從父母之一的反應中尋找自己的身份，而其任務是透過對於家庭所做的貢獻與所施的才能，去尋找自己獨特的創意表達。

## ☽

　　月亮落於第四宮，情緒上的安全感和歸屬感會在生命早期的原生家庭中成形，對支持、保護、指導、滋養和安全感的需求會發展出對家庭的依賴。當然這些只是人們典型的需求，但當月亮在這裡的時候，會突顯建立依附和連結的過程。母親是靈魂中的重要主題，所以她對孩子有強大的影響，當與家庭之間建立了一個正面的依附，由於安全感和信任已經建立，你會比較容易離開自己的巢，並以自己的能力再返回。然而，如果家庭經驗充滿裂痕，並且有很多事情未解決的話，也許會比較難以離開家庭獨立；而對家庭氣氛中他人需求與情緒的敏感察覺，亦將阻礙個人獨立。

　　對於他人需求的第六感也是在家庭中發展出來的。這種對於家庭其他成員的同理心也許不被察覺，但人們仍會回應環境中所發生的事情——對他人情感的潛在傾向、不安的浮動或負面情緒做出回應。這不是智慧上的理解，而是一種直覺，就像人們吸收了家庭中的情緒氣氛後，會存在胃部或太陽神經叢中。在這種模式未被察覺的情況下，孩子可能會回應其他人的需求而不是自己的，因為他們只關注身邊的人未被滿足的需求，卻忽略自己的。當這情況產生時，孩子會感到不開心、孤立無援，就像沒有人真正理解他們。

　　建立情感的界線是很困難但必需的，當孩子擁有一個情感上成熟的母親與家庭時，能使他感到被支持，同時也感到擁有自己的空間，如此，他們就會學習到自己的需要而不是只在意他人。但如果生活於一個易怒或功能失調的家庭環境中，孩子可能會把部份的壓力內化，導致情感上的不安以及感到不被愛。在這種環境中，孩子可能會覺得如果想要被愛的話，他們就得先滿足他人的感受而不是先關注自己的需求，因此愛變得依賴而不是無條件。在成人生活中，反觀一下你為了關注別人而無視自己需要的程度，永遠都是有幫助的。能夠連結、融合、共生的環境對於養育小孩來說也許很好，但這對於發展友情和伴侶關係不一定有幫助。

　　無論是真實或是隱喻，家庭和國家在歸屬感的象徵中都相當重要。月亮需要感到有歸屬，但它也相當需要隱私。在成人的環境中，這功課就變成了以足夠的情感壓抑與界線來保護自己的敏感神經，甚至仔細選擇那些你邀請進入私人及神聖空間（你稱之為家）的人。最終，家反映了你的內在生活與安全感。對於自我感到不安，往往與在家感到不安息息相關，很多生命中的重大轉變都會與某次重要的搬遷同步。

　　「養成習慣」意味著不容易改變，使離開家庭這件事變得複雜。然而，在內在的層次上，「不斷回家」的主題有助於重建一個成人的家，將充滿回憶和感情之物從家裡帶到成人的家中，可以使這種轉變變得較為容易。家庭的記憶會延續到成人生活中，以及需要落腳的地方。由於月亮落在此，承認家庭在內在安全感、防衛、舒適感與愛中所留下的明顯烙印是相當重要的。

　　當水星在第四宮，溝通和思考模式受到家庭極大的影響。在早期發展階段中，例如學習爬行、走路、說話、開始上學及轉學等都是受水星影響的家庭事件。這也可代表學術性或學習氣氛濃厚的家庭背景，或至少代表理智在家庭中被高度重視。當在家庭生活中理智比感受更受到重視時，感受和情緒表達也可以被犧牲、妥協，理性可能取代情緒，家庭也許會受到缺乏情感和親密表達的影響。因此，水星在第四宮提出了家庭的溝通模式如何影響一個人的安全感。

　　不論是學習騎單車或是加減乘除，學習和上學對父母都是重要的，但更重要的其實是孩子能否因其學習能力而感到被支持與被滋養。學校也許是充滿挑戰的地方，原因不是小孩不想學習，而是學習這件事是父母的功課，他們也許因為自己的教育經歷和理念而無法看到孩子的需要。總之，心智發展、溝通和學習是家庭中重要、且備受強調的主題。

　　水星是旅行者與市場之神，早期的家庭生活也許會包括許多變動，無論是真正換房子或是搬離家園。這些改變中，有些也許是出於家庭生活中的情感轉變，例如當父母分開後必須不斷往返兩人的

新家，或當其中父母一方再婚後需要適當新的家庭。當改變發生時，其中某個手足也許會成為了提供連續性的過渡「物件」。

水星往往標示了手足間的關係，而在第四宮，這也許代表某個手足相關的故事影響到了早期家庭生活的穩定性。那有可能是自己的手足、父母的手足或是家族中失去的某個手足；而不論是哪一種，該模式也暗示你在家庭中的角色往往要求你去成為一位手足或朋友，而「手足」和「父母」的角色也許是可以互換的。為了感受到情感上的安全感，某人需要表達自己的想法、說出他們的感受、以及對於改變想法和意見感到安心；沒有一件事情是固定的，所以他需要學習在流動的世界中找到安全感。

♀

當金星在第四宮，自尊與個人價值會在早期的家庭態度中成形。家庭的偏好影響了小孩的品味、喜好和厭惡，小孩在相當早期就已被教導事物的價值；而父母對於金錢、公平交易、所有物和貴重物品的態度也會帶來重大的影響。所以如果有任何情緒上的不愉快是與金錢、經濟壓力或苦惱有關，小孩的價值觀會受到影響。

基於渴望和諧的家庭生活，小孩也許會成為和事佬，在家庭中忙於充當中間人，他們可能常常陷於家庭的衝突中，覺得協調是他們該做的。小孩想要公平和平衡，但這在家庭生活中有可能嗎？對待伴侶關係的態度是在家庭中養成的，因此成年後，個人也許仍然喜歡為別人調解，或常常發現自己身處朋友或家庭成員的不愉快之中。金星容易招來伴侶關係中的三角關係，這也是來自早年家庭生活的暗潮洶湧，不論個人是否有察覺到，父母的關係模式對其仍有強烈的影響。金星強調家庭對待女性的態度以及女性的角色，並對

於個人在女性議題的自我定位過程造成影響，女性特質與性愛也許會成為母親生命中的主題。金星渴望平等，因此，個人也許會維護女性在社會上的角色。

人際關係和互動都是安全感方面的議題，所以孩子在早期便與家庭中不同的人建立了關係，在這些早年體驗中，伴侶關係的樣版已被明顯塑造。因此，思考你與家庭成員間的關係、以及它如何影響你的伴侶關係模式將有所幫助：你總與誰待在一起？父親？母親？手足？或是你總覺得孤單？

當金星在第四宮，家庭和伴侶關係都會被重視，家庭需要是和諧且具吸引力，也需要反映出個人的價值和品味。成人的價值、好惡和選擇能力都會透過家庭經歷而受到極大影響。

♂

當火星出現於第四宮，生命中最早關於追逐自己想要的、表達欲望、憤怒和表現自信的方式都由原生家庭塑造。在猶如實驗室的家庭中，我們學習到如何爭取自己想要的或走出自己的路，重點是，如何在群體中建構獨立性與自我表述。在妥協與讓步、合作與無法切合需要之間有一條界線；個人尋求獨立，但這是否以反動或防衛的形式養成？孩子天生就是獨立的，但也許他們只是透過反抗他人的欲望，而不是靠自己的作為去理解獨立的意義。對火星來說，認同家庭處理憤怒的態度相當關鍵重要，在愛恨分明的家庭中，要保有任何個人感受或欲望的同時也能感到安全，是相當困難的一件事。

傳統上，火星是戰爭的行星，當它在第四宮時，暗示了家庭

的環境有時也許會成為戰場。生活於戰場中不利於獲得安穩的感覺，但如果父親是軍人或警察的話，情況可能會輕鬆一點。這裡出現的問題是，怒火在家中如何被處理？以及原生家庭中有哪些模式一直重覆？小孩子本能上就能夠從環境中辨認出憤怒，而如果憤怒被壓抑或否認時，小孩子可能會成為背負及表達憤怒的角色，當憤怒不斷累積，就會演變成風暴。火星在這位置認同了家庭中的憤怒、果斷、性表達和競爭主題，當這些主題不能夠找到健康的表達方式，就可能出現公然的攻擊、行動或傷害。然而，這些感受也可能被內化成抑鬱及沮喪。當火星被轉為往內的自我傷害、缺乏生氣、被動和絕望感時，個人的安全感和防衛也面臨相當的風險。

家庭態度也塑造出個人對於男性特質和男性角色看法，影響在於我們如何確定自己想要什麼，同時也包括我們與所有男性的關係。對待性愛的態度也由家庭塑造，性表現或異常行為也許出於家庭中的壓抑，更勝於個人的意識。所以，當火星在第四宮，思考家族在憤怒與性慾、衝突與競爭方面的遺傳是相當重要的。

♃

當木星在第四宮，宗教信仰、道德、倫理和哲學觀會受到原生家庭很大的影響，一種根深蒂固的、想追尋超出家庭意義之外的衝動構成了性格的重要部份。當孩子初次伸出手找尋他們精神上或神祕學上的自我，或當這些自我來到孩子面前時，都是發生在家庭中，但這種尋找生命的意義和尋求真相的強烈需求，也許需要個人出發到更遠的地方，才能尋求他所渴望的智慧。當孩子初次遇到家庭所提供的精神價值和資源時，他們也許會感到一股衝動，去尋求這些信仰以外，卻屬於他們自己的哲學基石。

　　有時在這個位置，家族中會出現某個教育家、浪人、牧師或虔誠信徒的鬼魂。木星暗示了家族留下尋求智慧的傳統，不論是否明顯，家族中早已埋下了一套信仰及道德標準。所以，反觀哲學及宗教學說，以及它們有多少是由家庭經驗塑造，是相當重要的事，這些理念在我們面對信念及安全感的態度上都擔當重要的角色。即使父母其中一方並沒有說教或過度自以為是，道德標準仍然都是被重視的，不管是潛移默化或是透過概念灌輸，這些都影響到孩子如何觀察世界，他們的概念、信仰、意見、教育選擇以及對旅行的渴望。精神價值、忍耐及判斷都受到家庭文化的教育影響，而羞恥心甚至罪惡感可能也源自於家庭的信仰體系。個人的家庭之旅是為了讓自己區分真相，有時更擔當啟蒙家人、改變他們一成不變的信仰的角色。

　　家庭中也許暗藏著多重文化的主題，不管它是否被接受。移民、文化探索、教育及信念的主題成為家庭生活中的一面，父母其中一方也許來自不同的社會、種族、經濟或文化背景，而這塑造了孩子的文化及社會經驗。家庭中的跨越文化主題可以有多種不同方式展現：舊派的家庭、家庭的道德背景、精神上的家、強大的宗教信念、跨越文化的婚姻或經常旅遊的家庭，不論命運如何安排，小孩的社交過程都受到家庭的社會地位及教育立場影響。文化及宗教標準也許會挑戰家庭長久以來的信仰，透過不同文化的探討，個人也許會住在海外、宗教或教育色彩強烈的社區、旅行隊伍，或像吉卜賽人一樣生活在旅途、在教育上達到沒有任何家庭成員得到過的水平。受家庭經驗之賜，這些人的命運超越了他們自己所設下的目標。

　　在占星學上，木星最常與擴張、膨脹及運氣有關，實際上這也

許是大家族的暗示。而心理學上則可能暗示著看待權利的態度或奢華之氣的遺傳，同時也是這個位置的黑暗面。這可能暗示父親可能是比一切都重要的人物，而其社會背景影響了小孩的方向。木星在第四宮的主題是要體會探索的自由，不受家庭結構所帶來的限制與責任的束縛，因為自由與探索對他們的安全感相當重要。做為一個成年人，個人也許會發現家庭或所屬的地方，被外國事物或與他們原生家庭截然不同的文化所包圍。木星公轉一圈需時十二年，所以每十二年，就會再一次深入面對關於歸屬及安定的問題。

ㄊ

　　當土星在第四宮，與權威、規矩及規則之間的關係會被突顯，為了感受安全及安穩，讓小孩了解規則這件事相形重要。對於發展或建立安全感來說，擁有一個可預知及安排妥善的環境是相當重要的，當土星在這裡，問題會是家庭的標準與界線會否過於操控或刻板。規則和控制對於安全感來說都是必須的，然而如果家規引起恐懼，那麼這種刻板的模式會讓小孩感到焦慮，而在這種環境下，自尊和個人實現都會被妥協犧牲。階級和權威在發展過程中都是必需的，因為小孩需要跟隨這些指引和結構；尊重並信任權力與管理相當重要，但這或許會被不稱職或無能的權威人物破壞。在這種情況下，小孩可能會反抗權威，而不是在體系中尋找自己的位置。

　　所以，在這位置中，第一個權威人物——父母——會被突顯，命運有否交織出一個「不在場」的父親，留下孩子掌控自己的命運呢？又或小孩已經被調整去跟隨眼前已經鋪好的、傳統的道路？不管是哪一種，他們的功課都是要發展出自己的權威與自

主。孩子需要知道自己有一個相當強力的安全網，任何判斷上的失誤、錯誤或出錯都是被允許的，如果欠缺這種內在的安全感，他也許會被迫跟隨一些不適合他們的規則。

孩子可能擁有責任感和可靠的特質，從幼年開始便需要對家裡其他成員負責。如果他們是最年長的那個孩子，他們也許得負責照顧弟妹；如果他們較年幼，則可能會填補父母角色的空缺。他們的童年生活也許是諸多限制或孤單的，因此，成年後的他們往往會有強烈的自立感及韌性。也就是在此類家庭中，他們發展出對律法的高度注意，也會發展出很強的道德感；久而久之，他會學會如何尊敬自己內心的法律。

土星是社會行星，它與社會化的過程、世界的規則和如何在社會的環境下處理事情有關。在第四宮，它暗示了畢生尋找真實自我的任務：當父母及政府有那麼多不支持自己的行為、標準、規則和政策的指令，個人要怎麼做才能成為自己生命的創造者？如果父母為了外面的權威而放棄自己的真實性時，小孩的內心或許會感到被遺棄。如果傳統、規則和權威在體系中變得比個人更重要，孩子會感到不安全；因為他們了解到並沒有任何形式或結構會包容他們發展中的獨立性。如果家庭的傳統過於刻板、沉悶，年輕人會離開家去尋找屬於自己的地方，而那地方往往是相當遙遠的，當然在情感上也是。

不論小孩有沒有明顯地尋找認同，他們往往會覺得無論自己做得多好永遠是不夠的；而當他們因為完美達成任務而被讚賞時，這讚賞並沒有帶來最初設想的效果。土星畢竟是關於權威的內化，在家庭生活中靈魂的養成，經常是透過被拒絕和被否定以協助發展內

在權威；生命並不如個人所想像的客觀，這種主觀性可能會將個人拉到孤立無援的憂鬱中。在煉金術中，土星代表鉛，而在元素表的最底層則暗示了它的沉重，也許也代表沉思，但這重力更是一種莊嚴——現實生活中的深層智慧。土星在第四宮也暗示了暗藏的家庭歷史或是悲傷、抑鬱、緊張或恐懼，這些情緒沒有被包容或滲透到家庭環境中；因此，在家庭的否定下，某些個人的憤怒或孤立感讓人難以承受。

土星在第四宮可以暗示內在的批判，這也許由家庭氣氛所塑造，並由某父母型人物影響而成。然而，這也是個人透過天生渴求成功的能力所釋放出來的模式，透過不屈不撓的精神與付出，能夠在個人生活和事業中建立起長期穩固的依附。土星不保證這是輕鬆的，但卻能保證讓你以自己的方式去建立具安全感的依附。而由於土星的循環，每隔七年，我們都會重新檢視和重新架構自己的防衛體系和深層的自我。

### ⚷

凱龍是行星中的特立獨行者，當凱龍在第四宮時也一樣，我們會在原生家庭中首次感到自己特立獨行的經驗。也許該家庭屬於主流文化邊緣或在某種程度上異於一般的家庭體系；遺棄、隔閡及流亡的主題彌漫於家庭的氣氛中，這些主題也許來自移民、流亡、失去家庭或家庭分裂所遺留的感覺，讓家庭感到無望並處於社會體系之外。但在這裡，重要的問題是，這些被邊緣化的感覺，將造成孩子感到不安全感和認為自己不重要的程度有多大？凱龍建議我們要與眾不同，但在第四宮，這些感覺彌漫於家庭中；而家庭對於這些受到邊緣化的感受接受程度為何？

　　如果該家庭處於社會之外，那麼小孩也許會認為只有留在家裡才是安全的，這使他們冒著無法走進更廣闊世界的風險；家庭的故事也許暗示了生存的痛苦，這傷害了想要往家庭及所屬文化以外歷險探索的精神。如果家庭的傷口造成個人的障礙，那麼最好反觀一下性格中的這一面向，該如何運用才能對自己更有幫助。

　　這個位置可能真的暗示了父母其中一方有某方面的傷口，一般來說，這是源於家庭中有人被逐出教會所造成的精神上的缺失。當凱龍在這裡，孩子對父母所受到的痛苦相當敏感，也許某些陰影、傷害或痛苦纏繞著某個家庭成員；而正因如此，家庭的注意力會在痛苦而非舒適上，這讓傷口變成了整個家庭的主軸。然而，這也可能會是啟發個人尋找精神上自我靈感的所在。在內在自我的深處存在著治療和具同情心的一面，這一面往往並非來自靈感的啟發，而是來自絕望。佛洛伊德在《家庭羅曼史》（Family Romance）一書曾提及一個現象，書中的孩子覺得自己是原生家庭的外人，於是把他的父母及手足浪漫化。雖然凱龍落四宮的人不一定會將他們的根源浪漫化，但他們也許會在成長的過程中感到自己是局外人、或覺得自己是被收養的，這種深刻的感受鼓勵他們去尋找自己真正所屬的地方。

　　在神話的傳統上，英雄們常常被放逐以及遺棄，只能自我保護。在希臘神話中，孤兒們會送給凱龍撫養，而在他所居住的洞穴中，他教導孤兒們成為英雄所需的技巧，讓他們成為戰士、治療師及詩人。這神話的動機潛藏於家庭經驗中，正是被剝奪權利的自我，讓孩子們知道如何成為英雄。矛盾的是，當他們幫助別人去接受自己個人的極限時，也是他們最勇敢的時候。一個人站起來並非因為他們不能適應融入，而是他們本來就是自成一派，正因為他

們自成一派，他們也會被其他特立獨行的人所吸引。當凱龍在第四宮，也許會有一種深刻的無家可歸的感覺彌漫在家庭中，鼓勵個人不單要找尋祖先的根，更要找尋那於生命旅程中支持他們安全感的基石。

♅

就像其他外行星一樣，天王星描述個人層面以外的經驗。當它落入第四宮，暗示在家庭層面下存在著更大關於離別或失去連結的主題，並且影響到安全感和防衛。天王星在第四宮會帶來家庭中的分裂主題，而它的呈現方式相當值得探討。也許該家庭具備高度的個人化，每個人都忙於自己的事情；或突然的分離、遷居或意外的改變會帶來不安全感，並與童年時期經驗產生共鳴。這個位置暗示了某人可能以某種形式感到無根或被錯置，無論這是否來自實際的童年經驗，他都會覺得自己屬於別的地方。

活得獨一無二是天王星在這位置的基調，這聽起來相當刺激，但對於一個試圖適應家庭的孩子來說又是另一回事。因此，如何接受在團體中沒有同伴，並在家庭中成為與眾不同的一分子，這將會是一項挑戰。但願家裡的氣氛能支持這種狀態，否則，孩子會覺得無法建立連繫甚至感受不到愛的存在。這個位置的矛盾也許在於父母或家庭環境才是另類或古怪的一方，而小孩才是「正常」的一個。

當這原型存在於家庭生活中，也許暗示了家庭氣氛是各自為政、強調獨立性和疏離而不是親密感。如果是這樣的話，個人在伴侶關係中，也許會徘徊在自由渴望以及親密需要之間。而通常會發生的狀況是，無論他們正身處何處，他們都會想要其他的選擇；在

伴侶關係中他們渴望自由，而當獨處的時候他們又渴望親密，這模式便來自於家庭環境中難以預料的氣氛所使然。

　　對這些人來說，反叛現狀也許是自然的，但要切記別為了理想中的獨立性而忽略個人需要。他們的家庭生活環境可能多變而較為另類，在這多變的環境中，孩子不知道回家後應該要期待些什麼，因此他們或許會產生敏感症狀去應付這多樣的選擇。其表現出來的樣子可能是焦慮，但這也能讓他們發展出檢視未來可能性的直覺及能力。在成人生活中，這技巧會是內在生活中更深層的部份，而不只是在面對無法預知的未來、或為了安全感而產生的防衛，這種理解對他們來說相當重要。

　　得到滋養的需要與保持獨立自由的渴望之間的平衡，是他們成人生活中的主要挑戰。他們會漸漸感受到當情感停滯時想逃跑的欲望，也漸漸明白即使他們像飛鳥一樣自由，也需要一個巢穴，這些正是在家庭中體驗到的兩難，也正是家庭所提供的養分，能使他們了解自己獨立的靈魂。自由及親密的衝突在早年生命中已被體驗，而做為成人，他們的功課是要在伴侶關係中尋找空間與距離，好讓他們有足夠的安全感去建立連繫。

　　位於第四宮的外行星暗示了祖先或家庭經驗中的某些烙印，會在成年後的伴侶關係以及婚姻生活中再次出現。在天王星的循環中，其決定性的時刻會在二十至廿二、卅八至四十二與及六十多歲左右；在這些人生階段中，過去較少涉足之路，將顯得格外清晰。

♆

海王星描述個人層面的經歷，而當它落在第四宮，暗示著家庭以外潛伏著更大的模式、感受和印象，而且影響到早期的安全感和防衛。當海王星在第四宮，與家庭間糾纏不清或缺乏界線會是其中一個主題，獨立性與個人表達往往會因為家庭對一致性和統一的需求而被消融；而在本能上，情緒上的不愉快與未表達的感受也會被家庭消融。

如果童年生活是快樂和諧的話，個人也許會嚮往回歸，相較於那充滿混亂的成人生活，個人也許會更盼望回到那一切都是完美的嬰兒時期的花園之中。家庭的理想是重要的，然而這也許與現實中的家庭生活出現差異；對父母或家庭狀況理想化的傾向，也許是減輕現實生活痛苦的解藥，而這種理想化的背後往往是一種失落。

而當海王星在第四宮，孩子也許會重新幻想家庭的狀況，去處理那得不到的、一直渴望的親密所帶來的傷痛。失去父母其中一方不一定是實際發生的狀況，雖然的確有這種可能性，因為海王星在這個位置往往會衍生出失去父母的情感連結、或缺乏對父母的依附等問題。這些情況的背後往往存在著一些真實的原因，例如疾病、工作、殘疾或分離，但有時他們可能會覺得父母關心世界比關心自己還多。

犧牲的主題會被壓抑在家庭環境之下，所以小孩會覺得必須放棄自己覺得重要的事，去成就家庭中的美好。讓步也許是家庭所遺留的部份主題，因此要他們保持獨立性會是件困難的事。小孩會本能地感受到別人的期望與回應，且會嘗試滿足家庭未表達的欲望，個人的自我認同及獨立性因群體而被放棄。所以這些人需要明

白，在後期的伴侶關係中，他們很容易會為了自己建立的家庭平和而放棄有價值的東西；在內心深處他們明白這樣做是不對的，但無力改變，而且改變這種犧牲的機制也是一種挑戰。

支撐家庭的基礎可能是一種強大的精神性理想。家庭所表達的信仰態度、憐憫心和精神嚮往的方式，對孩子的信仰以及安全感的追求有著足以塑造其人格的影響力。嚮往得到更多、期望更好的生活和尋找更高的理想，也許會成為家庭的精神特質，這塑造了個人對於信仰的看法，對宗教教條的深層感受將深入家庭中，而承認對家庭所重視的形象與觀感抱持質疑的態度是相當重要的事。

另外，父母的上癮症──無論是對物質、理想或信念都有可能使孩子感覺被忽視。在第四宮的海王星會透過祖先和家庭而意識到創作力及信仰，因為海王星會在我們大約四十一歲左右完成第一個四分相，四十多歲的時候往往會出現這些早期的主題，童年模式會在此時再次出現，讓他們感覺自己終於有能力去切斷某些家庭神話。

♇

與天王星和海王星一樣，冥王星描述超越個人層面的經驗，當它在第四宮時，暗示著潛伏在家庭之下的強烈情緒模式。這些模式會影響孩子的安全感，無論他們是否了解這些感覺來自何處，他們都會注意到家中的激烈氣氛與偶爾出現的黑暗。在家庭中能否感覺安全，端看家庭如何處理失落、抑鬱及絕望感等黑暗情緒。這種藉著與黑暗或負面情緒去尋找安全感的早期模式，將影響到日後伴侶關係中的親密生活，信任、誠實和正直是個人生活的重要主題。

在意象上，由於冥王星是負責第四宮的神祇，冥界會是這些人在此的其中一個面向。這裡是家庭經驗及最內在的私人生活，我們可預料到過去的強烈影響可能被埋藏在表面之下。一方面這也許暗示了神祕感、未知的東西、祕密及否定等主題會滲入家庭的氛圍中；另一方面這或許反映出極度私人或孤立的成長環境、或一個將誠實正直放在首位的家庭。所有極端的事情都有可能受到家庭的關注，我們永遠不會知道這些關注是基於父母的悲傷、未被哀悼的失去、原因不明的抑鬱、未張揚的背叛、父母的羞恥、還是對某種神祕生活的否定。但我們知道的是，孩子會感受到在事情表面以下流動的、更深層的、看不見的感受。

情緒控制，尤其是與性慾、資源、金錢及自由相關的主題，可能左右整個家庭的氛圍。權力也許會被視為情緒控制的工具，所以孩子有可能會沒有安全感去表達真正的感受或想法。當冥王星出現於第四宮深處時，會揭露祖先或家庭的祕密、否定及謊言，即使這些東西沒有被意識到，它們也有可能在這些人成年並建立自己的家庭後出現。信任及控制的主題會像來自過去的鬼魂一樣出現，在成人的伴侶關係中，這些人往往可以與這些鬼魂和平共處，並對自己的深層感受充滿信心。

隱私與誠實、正直及激烈感受等心理資源一樣重要；其深處，有一股想要直搗事物底層的驅力。而在這情況下，也許代表想要尋找在家庭中未被說出口的真相。研究家譜有助於了解這股熱切的情緒遺產，過去未被完成、不完整或在情緒上未被承認的事情，將透過家庭而讓你意識到。

## 第八宮：家庭遺產與父母婚姻關係的親密度

　　第八宮是與遺產有關的宮位，也是我們得到家庭遺贈的地方，不論該遺贈是心理上、情緒上還是財產上的，第八宮都是「我們找到祖先留給我們的遺產」的倉庫[12]，第八宮的祖先比第十二宮中祖先的陰影來得更個人、更私人。

　　要取得這些遺產，我們必須到冥界旅行，到自我所存在的幽冥空間，在那裡，父母雙方家庭延伸出的家系以及其基因塑造、建立了自我。這深入自我的旅程也會召喚出存在於家族歷史中的亡靈，在這向下走的旅程中，我們與逝者溝通，並由代表第八宮遺產的符號與形象象徵性的描述[13]。傳統上第八宮與冥界有關，而我們有需要深入自我財富被埋藏的地底世界。以祖先來說，冥界的鬼魂正是藏於家裡櫥櫃中的骷髏，我們在第八宮遇到了聚集家庭歷史、鬼魂和不容許其存在的陰影。部份深入第八宮的旅程就是要面對來自過去的祕密、羞恥和陰影，好讓我們能取回屬於我們的遺產。

　　第八宮是兩方家庭合而為一的地方，這顯示想要尋求家庭內在的親密與親近，第八宮的行星描述了家庭遺產、祕密同盟及禁忌，也顯示了整個家庭體系的親密度。

　　第八宮是我們在成人生活中重新體驗原始信任的地方，這裡是

---

12 艾琳‧沙利文（Erin Sullivan）：*Dynasty*, 187.

13 在古希臘，前往地府的旅程被視為英雄的旅程的一部份，這往下降到地府的旅程被稱為 *catabasis*，意思為「撤退」。

我們再一次在伴侶面前變得脆弱、重新體驗情感上的安全感與及冒險失去伴侶的愛的地方。在家庭埋藏地的第八宮，有著來自過去的失去及背叛，也會重新喚醒當時家庭處理這些事的方式，而我們情緒基礎的強度將在此被測試。

埋藏在第八宮的事物也包括家庭的所得以及失去，被世代的傳承下來。這些得失也許是財務上的，例如以金錢餽贈或遺產的方式出現，或是家庭負債及經濟危機的故事；在許多方面，這些獲得與失去具有情感基礎。第八宮宮首所在的星座是通往這親密領域的大門，在我們思考如何接觸自我的這部份來說相當重要。然而，我們可能經常以防備的心態去發揮宮首星座，透過第八宮宮首星座的特質，個人可能抗拒親密，而不是脆弱的將親密視為盟友。諷刺的是，關懷別人、慷慨和犧牲等被高度珍惜的行為，可以被有效的用來抵禦親密感。

從個人層面來說，第八宮也可以顯示父母各自在婚姻關係中的參與與否。第八宮代表了在成長過程中所體驗到的父母之間的親密程度，可視為親密度的情雨表。第八宮複雜的安排或許代表分離、不忠、某種形式的虐待，這些都與缺乏親密行為有關，並將影響成長後對伴侶關係的信任。在第八宮的旅程中，也許會挖掘出來自家庭過去的祕密與背叛，這將削弱對於現有關係的信心。祕密是家庭毒藥，因為它破壞了整個體系的正直、誠實和親密程度，並在內心留下痛徹心扉的傷口，這經常以羞恥出現的傷口將造成人我之間的距離，破壞家庭體系的凝聚力。

第八宮是三個水象宮位中的第二個，所以在第四宮中經歷過的依附、情緒上的安全感與及童年時的父母主題如仍未解決的話，很

有可能在成人後透過親密關係重新經歷。透過親密伴侶帶入家庭生活中的情緒、心理模式和事件也屬於第八宮的範疇。換句話說，我們也「嫁」入伴侶的家族並參與其中，包括他們家族的心理、情緒及財務組成與經歷。在第八宮中，我們與伴侶的潛意識模式共謀，逝去者的遺願及遺囑會對現在人的情緒產生影響，而與遺贈、遺願、遺產、共享資源和家庭信託相關的主題都是這領域的一部份。

　　一旦你從家庭經驗及家庭遺產的冥界出發反思這一宮的本質，你可能會想要完成第八宮的學習單。為了對自己有益，思考一下你原生家庭中的信任和親密程度；並從心理、精神及物質層面考量你的家庭遺產。先調查家庭的過去，特別是關於被視為禁忌、被禁止或不被討論的事情，在家庭中有哪些祕密和沉默存在於親密行為之中呢？你認為父母關係中的親密程度如何，而這又對你成年後在伴侶關係中，親密行為的感受方式有什麼影響？你的第八宮如何反映出這些模式？

　　反觀父母的婚姻，以及他們的婚姻如何影響你在成年後的伴侶關係中面對親密行為及做出承諾的方式，這可能顯示出什麼。研究父母的比對盤會是了解你某些深層感受的鑰匙；父母的中點重組合盤（composite chart）比對你的本命盤會是如何？你有沒有運用第八宮宮首的星座去幫助保護自己脆弱的一面，從而保護自己投入親密舉動的能力？蒐集父母剛戀愛時以及你成長時的照片或許會有幫助。

## 家庭的情節

- 家庭情結被埋葬的地方
- 家庭的禁忌和祕密
- 家庭中的信任和背叛
- 家庭中被遺棄及未完成的事情
- 家庭的遺贈和遺願
- 家庭的遺產
- 家庭對於親密行為及信任的態度
- 父母婚姻關係的氛圍
- 親密的另一半
- 透過婚姻與結合而來的遺產

　　在本書後面的章節中，我將概括敘述各行星落於第八宮的意涵。

## 第十二宮：祖先的遺贈

　　當檢視第四宮時，我引用了T.S.艾略特（T.S. Eliot）的《四個四重奏》（Four Quartets）做為對該領域的醒思，那一段詩是這樣完結的：

> 不限於某人的一生
>
> 還有那些無從辨認的 古老岩石的一生

　　這正貼切地描述了第十二宮的主題，那個我們往往無法解讀或

從祖先的碑石中讀取的面向。

當代占星學家將第十二宮的主題與榮格所提出的集體潛意識相提並論。因為所有人類在生理上都是相似的，因此，對整件人類來說，這些潛意識內容具有普遍性。其神話、形象和符號都由全人類共享，這深如海洋的集體感受和家庭感受鞏固了所有人類的生命，也是理解第十二宮那廣泛而非個人本質的鑰匙。舉例來說，也許某人深深地感受到憐憫心與愛，但那也許是針對群體而非個人；在第十二宮，個人感受往往被集體的感受或湧現的往事所淹沒。從家庭的角度來說，第十二宮代表了共享的神話與家庭神話交錯的地方，也代表了集體與個人層面融為一體。

隱藏在第十二宮的經驗超越了個人層面，有時會透過遺傳或家系、或基於我們對群體的敏感而出現。第十二宮是我們個人和情感的界線接觸到群體層面，以及我們體驗到身為人類的共同性之處，通常會以情緒化或深層感受的方式去經歷；這些感受不單是被某種思想或念頭推動，甚至是受到某些想像與感受的推動。在傳統占星學中，第十二宮被視為祕密敵人、機構及避難所所屬的宮位；在當代占星學中，它則被視為代表祖先的鬼魂與埋藏或壓抑了某些陰影的心理領域；在家庭模式中，第十二宮中的行星往往除去個人特質、並且被做為過去的代言人。這些行星往往象徵了家庭陰影的控制，這些陰影仍然嘗試透過個人層面去表達自己。

家庭治療師通常會查閱已確診病人或家庭中證實患病、表達否定及被家人背棄的陰影纏繞的人。在古代文化中，這類治療師會被視為能為已逝的靈魂說出真相的巫師；而在其他文化中，這種人則會被視為代罪羔羊，並因為說出了族人的罪孽而被趕走。第十二

宮的行星經歷了從巫師到代罪羔羊的面向，所以很難讓人釐清或理解。如果沒有意識到的話，被誤解、不被了解或未被看見的感受往往會被內化成不被接納或被邊緣化的感覺。因此，經常因為不被理解的絕望感而造成心理脆弱或混亂的紀錄。從心理學角度而言，第十二宮的行星無意識的認同家庭歷史中的壓抑，所以也是家庭治療的原型工具。正因如此，第十二宮的行星可以同時用消極及具治療性的方法去體驗。

第十二宮同時也是創作力及精神性的領域。家庭的信仰、意識形態和主張並不是時時都支持個人的需求，第十二宮的需求是要為靈魂尋找真實的靈性表達，這種表達可能已被切斷以及為了被社會接納而被犧牲。因此，第十二宮同時也是我們找到那與家庭體系不一致的、渴望靈性及創作力的地方。第十二宮可以顯示存在於家庭歷史中的傳說和故事，尤其是那些不真實的並且為了適應及符合當時社會框架而訛傳的故事。

從家庭的角度來看，第十二宮也反映出家庭健康的特徵，那透過祖先的基因圖譜傳下來的遺傳疾病。所以第十二宮宮首星座的特質成了心理和身體健康的重要主題；在第十二宮的行星成為辨認所有遺傳因素的鑰匙。第十二宮的占星學主題透過世代而傳下來，所以不斷否定這些主題也可被視為病徵。

在意象上，第十二宮也可以被視為懷孕的最後三個月[14]，在此記錄了在子宮裡所感受到的經歷。在妊娠期間，祖先的歷史及遺贈

---

14 A.T. Mann 在他的著作《占星學的一生》（*Life Time Astrology*），George Allen and Unwin（London: 1984），33-4 提出了第十二宮代表「嬰兒出生前十七個星期」的想法。

會在孩子身上留下印象，然而這些印象都是學會說話之前的事，並以感官及夢一般的影像被儲存。在第十二宮，我們無意中涉入了民族的過去及族人的集體無意識之中，人類現象學家把這稱為「神祕參與」（participation mystique）[15]，第十二宮的行星也巧妙地與之前曾發生過的、認為於生命中不曾表達過的、不曾發揮過的創作力及不曾分享過的感受有關。

　　從祖先以及未表達或家庭記事的陰影中，反思一下這一宮的本質。家庭歷史中有哪些經驗是被否定或遺忘的？有沒有任何不被表述或處理的失去、悲傷、祕密或陰影？你是否找到安置家族鬼魂的地方，還是他們依然糾纏著你？你有沒有辨識出任何物質上、情緒上、心理上或精神健康上的家庭模式？試著調查家庭歷史，並盡力蒐集祖先的出生資料以及屬於他們的故事。

　　以下句子是與十二宮有關的家庭主題的備忘，附錄中載有一張「第十二宮工作表」，亦可幫助你思量並清楚表達你的十二宮，在接下來的章節。而在後面的章節中，我將概括描述各行星落於第十二宮的意涵。


## 我們祖先的命運

- 在子宮內或出生前的經驗
- 妊娠期間與母親的神祕參與
- 祖先命運的痕跡以及被嵌入的家庭模式；家庭的命運

---

15 在榮格的術語中，「神祕參與」意指個人潛意識跟其他事物或人物的古老連結，這人類學詞彙本來只被用來描述於部族或集體潛意識中的參與。

- 確診的病人
- 在過去被剝奪權利的感受和經驗
- 與神祇接觸
- 集體意象、符號、偶像和參與家庭機制;被囚禁及禁閉的東西
- 祖先及祖先們的陰影和鬼魂;屬於過去的鬼魂
- 深層的家庭情結

## 家庭的領域:第四宮、第八宮和第十二宮

要挖掘這些宮位的不同層次有很多方法,首先,**永遠要將宮首的星座和其守護星想成解開那一宮大門的鑰匙**。在這些宮位的行星對於揭露家族模式來說相當重要,但其中一個開始思考這三個宮位的深度和複雜性的方法,就是直接考慮這些宮位的宮首的元素。

當在星盤中沒有任何截奪(interception)星座時,三個宮位的宮首星座將會屬於同一元素,該元素會在原生家庭中扮演重要的角色。如下表所示,結束宮位的元素會符合天頂/天底軸線,但與上升下降軸線不一致。這符合經驗中,家庭領域通常與天頂/天底軸線的命運面向有較強的依附,而與強調表達的上升/下降軸線所象徵的自我較不一致。

| 第四、八、十二宮宮首的元素 | 上升/下降軸線的元素 | 天頂/天底軸線的元素 |
|---|---|---|
| 火 | 土/水 | 風/火 |
| 土 | 風/火 | 水/土 |
| 風 | 水/土 | 火/風 |
| 水 | 火/風 | 土/水 |

　　當這三個宮位宮首的元素流動被截奪，其中兩個宮首的元素會與剩下的一個不一樣，在這種情況下，會有兩種元素影響家庭的宮位。注意同元素的兩個宮位在性格上會比不同元素的那一宮更為相似，你可以將不同元素的那一宮，視為較難被整合到家庭範疇的領域，或是家庭生活的明顯障礙。

　　檢視這些結束宮位宮首的元素，描繪出家庭生活的必然特質和傾向，首先辨認出三個宮首是否同一元素，列出的關鍵詞代表了家庭欣賞或不欣賞的某些特質和美德，不妨對這些宮首元素的思考做反思練習。

## 火元素

　　當這些宮位的宮首落於牡羊座、獅子座及射手座，火元素成為了家庭故事的守門人，這也暗示了這些星座的守護星火星、太陽和木星在家庭的傳說中相當重要。當火元素成為了結束宮位的主要特質，你在家庭經驗中所搜索的特質將會包括：

- 獨立，競爭力和驅力
- 靈感和熱情
- 樂觀、理想主義和正面思考
- 強烈的信仰、道德、哲學架構
- 自我激勵、鼓勵
- 玩樂、運動、企業精神
- 冒險、移動、旅遊
- 自發性和改變

反思一下激烈的精神如何彌漫在你第四宮的家庭氛圍中、或如何影響到第八宮的家庭遺產或第十二宮的祖先遺贈。火元素與你對於防衛及安全感的需要吻合嗎？這元素如何被重視並整合到家庭經驗中？這元素的特質在家庭中有哪些傳說、故事和經驗？火星、太陽和木星這三顆行星如何在家庭中表現、如何支持你內心最深處的安全感？

## 土元素

當這些宮位的宮首落於金牛座、處女座及摩羯座，土元素會是家庭故事氛圍的焦點所在，這也暗示了這些星座的守護星金星、水星和土星是家庭的重要價值。當土元素成為結束宮位的主要特質，你需要家庭去尊重和維繫的特質包括：

- 可靠、可預期、尊重常規及儀式
- 穩定及持續
- 凝聚力、恆久、忠誠
- 家庭價值和忠誠、情感
- 傳統、保存、警覺
- 防衛
- 事業、成功、有價值的事物
- 保存及照料自己所擁有的
- 工作道德、力量及決心
- 職責、責任及完成任務

想像一下樸實的主題影響了第四宮的家庭氛圍、或改變第八宮的家庭遺產或塑造第十二宮祖先遺贈的資源。土元素與你對於防衛

及安全感的需要吻合嗎？你認為土元素的特質有被家庭和祖先充分支持嗎？金星、水星和土星這三顆行星的原型如何於家庭裡表現？你又如何運用這些行星讓自己在生命中得到安全感？

## 風元素

　　當這些宮位的宮首落於雙子座、天秤座及水瓶座時，風元素成為家庭故事的守門人，這也暗示了這些星座的守護星水星、金星和天王星是家庭的主要思想。當風元素成為了結束宮位的主要特質，你認為在家庭需要強調及支持的特質包括：

- 人際關係、對話和互動
- 獨立、空間和距離
- 客觀和理性
- 多功能性、多角度的想法和思考
- 外交、公平、和諧和理想主義
- 多方面的興趣
- 學習、閱讀、寫作及意見交流
- 活動、移動
- 文化

　　想像一下風的能量如何給予或耗光第四宮家庭氛圍的能量、或擾亂第八宮的家庭遺產或對第十二宮祖先遺贈產生影響。風元素與你對於防衛及安全感的需要吻合嗎？考量一下家庭生活中風元素的特質：你進行溝通、表達想法、依附及保持距離的能力。你認為風元素的特質受到家庭和祖先的充分支持嗎？風象星座的特質如何幫助你得到安全感與支持你最內在的自我？水星、金星和天王星這三

顆行星如何維持你的自我？

## 水元素

當這些宮位的宮首落於巨蟹座、天蠍座及雙魚座，水元素對於家庭是否安好十分重要，這也暗示了這些星座的守護星月亮、冥王星和海王星會影響家庭性格，它們的原型精萃會鞏固家庭的氛圍。當水元素成為結束宮位的主要特質，你認為在家庭需要強調及支持的特質包括：

- 親密、同情和溫暖
- 情緒和感受、情緒上的安全感
- 保護、庇護、滋養
- 家庭的連結和記憶
- 愛與溫柔
- 精神性方面的想法和信仰
- 神祕、隱私
- 創造力和想像、幻想、夢想
- 浪漫
- 受苦、治療

想像一下水若在於第四宮家庭的氛圍中流動、如何影響第八宮的家庭遺產或如何塑造第十二宮祖先遺贈的本質，水元素與你對於防衛及安全感的需要吻合嗎？水元素的感受、情緒表達、感情和關愛在家庭中受到充分發展嗎？你覺得水象星座的特質能幫助增加你的安全感和隱私嗎？月亮、冥王星和海王星的原型有被家庭支持嗎？這些能量能幫你感到平靜並照顧到你那相當私人的自我嗎？

　　最後，完成附錄中關於「第四、第八及第十二宮」的學習單或許有助你反思自己在結束宮位的獨特經驗，以及它們在你家庭經驗中舉足輕重的角色。這些工作表將經由這些原始占星符號去尋找意義，因為我們的重點放在家庭上，我們可以在家庭遺贈的背景下來分析以下各項：

### 1. 宮首的星座

　　該星座的象徵主題、其元素構成和屬性，是我們如何遇上、或進入該領域的生命面向的重要考量，該星座特色會賦予此生命面向特色，並帶來影響。

### 2. 守護星

　　宮首星座的守護星在星盤中的配置，暗示了體驗和整合這生命面向的難易度。

### 3. 宮位中的行星

　　宮位中的行星描述了在此生命面向中會遇到的原型模式和能量，其行星的相位也會影響其表達方式。

# *2*
# 人際關係的宮位：家庭的靈魂

手足體系是孩子能夠實驗同輩關係的第一所社交實驗室[16]。

——薩爾瓦多・米紐慶（Salvador Minuchin）

當第四、第八和第十二宮是我們經驗及整合歸屬感的家庭領域，第三、第七和第十一宮則是我們鑄造獨立性和分離感的地方，這些皆從第三宮展開。自古以來這一宮就被視為手足的宮位。在這一章開首的引文中，薩爾瓦多・米紐慶暗示了自我認同的兩項元素——「歸屬感」和「分離感」在家庭搖籃中被混合及分配。我們在三個參與「歸屬感」的「水象」宮位中，已經作了詮釋，現在我們可以探討「分離感」所在的「風象」宮位。

我們在三個「風象」宮位構思並建立以平等為主的人際關係。第七和第十一宮被稱為關係的宮位；在人際關係中的平等經歷最先來自於由第三宮代表的手足經驗，然後被轉移到原生家庭以外的人際關係中，星盤中的第三宮是我們人際關係模式的樣版。

這些宮位象徵了有意識地建立同輩或平等關係的企圖，也象徵了由早期手足經驗形成的模式。這些領域塑造的並非傾向不平等與具依賴性的親子關係，而是平等與獨立性，也就是在與手足相處時

---

16 薩爾瓦多・米紐慶（Salvador Minuchin）：*Families and Family Therapy*, 59.

初次面對的關係層次。透過這三個宮位，創造和維持平等關係的主題，以及我們對社交互動的渴望慢慢發展。每一宮的心理樣貌都是彼此緊扣的，所以我們的手足關係會在伴侶關係及朋友關係中被重新建立。同樣地，與伴侶及朋友的經驗會改變及治療我們的手足關係，最終，手足關係會擴展至我們與玩伴到同事等所有其他平等的互動中。

　　早期的心理分析理論，主張我們是無意識地以父母為榜樣，以塑造自己成年後的伴侶關係，並像神話中的伊底帕斯（Oedipus）一樣在不知情下與自己的父母結婚。認同索福克勒斯（Sophocles）劇作《伊底帕斯王》（Oedipus Rex）的佛洛伊德發展出伊底帕斯情結（Oedipal Complex），認為陷於三角關係的兒子在潛意識中擁有為了將母親據為己有，而想除去成為對手的父親的衝動[17]；他的理論基石在接下來一百年的心理學理論中得到迴響，似乎女孩子也會想除去她們的情敵。而厄勒克特拉情結（Electra Complex）這名字出於一個與手足同謀、協助她殺死自己母親為父報仇的女英雄；榮格將這種戀父情結描述為「對父親發展出特殊情感並相對的嫉妒母親」的女兒[18]。在第一個小孩出生時所形成的三角關係是家庭的獨特佈局，雖然感覺一再重覆，但這是家庭中較年長的孩子的命運；第二個出生的孩子較可能為了得到父母其中一方的情感，而與兄姊形成三角關係。雖然這些分析了孩子對父母的印

17 索福克勒斯（Sophocles）的《伊底帕斯王》（Oedipus Rex）出自《底比斯三劇作》（*The Three Theban Plays*），由羅伯特・伊高斯（Robert Fagles）翻譯 Penguin（London: 1984）.

18 榮格（Carl Jung）：*The Collected Works*, Volume 4: Freud and Psychoanalysis, translated by RFC Hull, Routledge & Kegan Paul（London: 1961），347-8.

象，但做為最早期同輩關係的樣版，手足的影響並未在佛洛伊德及榮格的早期心理動力理論中被探討。

　　戲劇是希臘神話的一部份，也成為公元前五世的劇作家們及心理學之父們的恩賜。當他們廣泛地著力於父母親的影響，這些心理分析的始祖們卻沒有意識到手足原型的影響，而他們自己也陷於手足角力的暗礁中。在他們最初幾次充滿回報的相遇後，佛洛伊德和榮格也無法解決他們彼此間的手足角力，於是讓社交上的合作及專業領域上的接觸變得不可能。他們二人都有火星落於代表友情的第十一宮，二人都察覺到被敵人取代的感覺，也對同等實力的人的競爭極度敏感，競爭和衝突毀壞、最後摧毀了他們的同僚關係。

　　並不是所有早期的心理分析家都接受佛洛伊德對戀母衝突的見解。艾弗瑞德·阿德勒（Alfred Adler）認為，就像佛洛伊德和榮格所認為的一樣，戀母情結來自於長子或獨子所身處的環境。阿德勒身為次子，出生時已經擁有一個兄長，他並沒有像身為長子的佛洛伊德一樣陷入與父母間的三角關係[19]；反而阿德勒從一開始就強烈地注意其兄長、以及他在塑造自己心理上擔當何種角色。從這些觀察和經驗中，阿德勒能理解到於手足體系中的不同位置，並發展他自己關於出生順序及性格的理論。可是，正因佛洛伊德的理論在二十世紀的前半取得勝利，所以只注意到成年後在伴侶關係中複製父母般的人物的危險和模式，而沒有探討於伴侶關係中手足層面的影響，這在心理學上其實也是可以被理解的。

---

19 如想參考關於這些心理分析學之父們的占星學評論與及他們跟兄弟間的動態，請參考本書作者所著的《手足占星》（The Sibling Constellation），Penguin（London: 1999）.

　　然而，在二十世紀將要結束之前，社會結構的模式改變了。相對於更傳統更具階級觀念的關係，越見明顯的是人們對平等關係的探索視為首要，手足動態對我們成年後伴侶關係的影響前所未有地被注意。

　　一旦輔導專業人員們開始將個人從家庭的背景進行觀察，並將他們視為群體中的一員，心理學就會更加認識到手足關係的影響。關於手足關係的心理學文獻從1970年代開始出現，布萊恩‧塞頓‧史密夫（Brian Sutton-Smith）和羅斯堡（Rosenburg）撰寫了《手足關係》（The Sibliing, 1970）；而由史堤芬‧賓格（Stephen Bank）和米高‧卡恩（Michael Kahn）也出版了一本名為《手足間的連結》（The Sibling Bond）完整地檢視了手足關係。雖然在心理學的圈子裡日益關注，手足關係的研究和探討仍是社會學或家庭治療會較先關注的範疇。

　　家庭治療的方法相當有制度，它將手足視為家庭這個較大組織中的其中一個體系分支；家庭治療了解早期心理分析運動中所遺漏的的手足關係，對於性格的塑造和影響有多重要。為了「體系」或群體的運作，組織中各成員對於體系的生命力來說都是重要的部份，這種組織性的手法對於占星諮商師來說是重要的榜樣。因為星盤包括了家庭、其成員及祖先的主題，這些主題被占星符號編碼了。當占星師檢視一張星盤，他們有足夠的主題去鞏固他們對祖先遺贈、原生家庭、父母動態及手足體系的認知。在每個人的星盤中，家庭都已經是固有的存在，所以家庭治療給占星師們深入的見解，這些見解對詳述家庭主題這功能來說彌足珍貴。

　　占星學的知識經常透過這三個被稱為關係的宮位，來暗示手足

體系和社會化過程之間的連繫。星盤中這三個宮位描述了尋找靈魂伴侶的成長性功課，在本質上，這三個宮位描述了由手足、伴侶和朋友這些內在主題的碎片所塑造的靈魂伴侶——一個複合性的形象。雖然這些形象在我們經歷外在世界之前就已經存在於星盤之中，它們也由我們在生命中體驗這些關係的方式所塑造。這些宮位反映了成長期間關於建立關係的經驗，以及我們帶到人際關係範疇的本能模式。這尋求靈魂伴侶的功課由三個宮位中的第一個——第三宮開始，因此，我們實際的手足關係經驗在塑造包括成年後人際關係的社交互動時，扮演了重要的角色。

個人對平等關係的構想、塑造和經歷來自於三個關係宮位：第三、第七和第十一宮，這些領域並未有意識地塑造不平等傾向及具依賴性的親子關係，但它們勝任對平等及獨立性的探求。透過這三個宮位，逐漸發展出創造和維持平等關係的主題、以及我們對社交互動的渴望，這些宮位可能描述了我們獨立於傳承及祖先期望所打造的獨立性。第三宮象徵了想成為一個更大體系的一份子——手足體系——的內在傾向；在這體系中，我們發展出手足關係中的獨立性、學習如何在成為社群一份子的同時保持獨立。其他的關係宮位也有類似的功課，在第七宮中，我們努力在婚姻中維持獨立性；而在第十一宮，我們在社交圈子中體驗到自己的獨立性。

如果沒有截奪星座的話，關係宮位的宮首會與上升點形成六分相或對分相，並與下降點形成合相或三分相。這些宮位自然與我們生命中的個人視野互相支持，這三個宮位支持了我們個人的世界觀、性格及努力向前的渴望；相反地，這些宮位也與子午線「不一致」，也就是來自父母遺傳的、關於家庭及遺傳的垂直角度。這些宮位描述了符合我們對平等渴望的宮位，也自然地與父母及階級制

度的期望發生衝突。在這三個宮位中，我們會揭開一些建立人際關係的原始模式，包括我們成年後會帶到人際關係中的期望及投射。

我們應該把這些宮位從當代占星學中的「人我互動宮位」中區分出來，這種宮位包括了第五宮至第八宮，也就是在超越原生家庭後，透過互動和伴侶關係而發生的自我發展所在[20]。這四個宮位紀錄了我們透過家庭以外的人我互動關係而產生的心理成熟過程，它們以某種方法暗示了從家庭到成年後親密關係之間的發展，我們會在之後的章節中探討這進化過程。三個關係宮位描述了在我們星盤中他人的內在和家庭主題，尤其是那些我們以平等及獨立來建立連結的人。鞏固這些宮位的是風元素，所以值得反思這個元素以及它可以如何加深我們對這些宮位的認識。

## 風元素：關係的呼吸

在我們的第一印象中，也許會因為風元素的不妥協、不依附及保持距離的特質，而不認為它與人際關係有關。風元素是觀察者，它並非時時都是參與者，它是信使，但不一定是訊息本身。然而風元素鼓吹平等、獨立性和意識，在不失去自我的情況下，容許自己與他人結合與同盟，這在關係上是必要的。在占星學上，這些

---

20 一至四宮是個人宮位，五至八宮是人我互動宮位，九至十二則是超越個人層面的宮位，每一組的四個宮位都對應一個元素：
第一、第五和第九宮是生命宮位（火元素）；
第二、第六和第十宮是物質宮位（土元素）；
第三、第七和第十一宮是關係宮位（風元素）；
第四、第八和第十二宮是結束宮位（水元素）；

由黃道上水元素之前的風元素所代表，而關係宮位也在結束宮位之前；風元素確保我們可以在關係中失去自我，然後尋找回到自我的道路——在自我認同中保持獨立的部分。如果有健全的分離感，這可以讓我們免於完全地與他人結合與同盟而失去自我，因為風元素鼓勵我們在與自己不同的人建立關係時保持足夠的分離感。而關係宮位則為這任務提供了場域，讓接下來三個宮位所象徵的「合併而成的關係」可以被察覺。生命背後的兩個極端分離感與共生，都是由風元素來維持平衡。

在防衛方面，風元素以切斷關係及分離感做為對抗人際關係的屏障，運用智慧去批評情感上的不理性，人際關係的分析可以防止在實際關係經驗中所帶來的不安定及失控，而風元素最容易利用的防衛機制是投射以及投射性認同（projective identification）。在風象宮位中，投射是常見的事，因此手足、伴侶和朋友皆可「勾勒出」我們在恐懼涉入之下而持續自我壓抑的特質。

我們首次的手足分離經驗，可為生命後期離開不健康的人際關係或團體的能力奠定基礎。在手足關係中，從上學到成年後離開家庭，我們經歷了一連串的分離，這將離開與返回的過程正常化。獨生子在離開一段破壞性的關係上會遇到困難，因為他們的分離感傾向與父母有關，將不安全感和失去放到最大；而在我們的手足關係中，我們已經學會在平等獨立的同時也成為團體的一部分。在童年，我們經歷一連串的手足分離，這不會損毀或破壞這段關係，而在缺乏手足關係的情況下，獨生子或許未能將分離感充分的內化。

風元素的切斷關係、不依附與見證的這些特質，對於平等關

係的參與都很重要，在這些宮位中，我們遇到了生命中的見證人。手足在第三宮見證了我們早期的生命經驗；伴侶在第七宮見證了我們成熟及在家庭以外探索世界的過程；同事及朋友們則在第十一宮、我們在更廣闊世界的成長中，見證了我們的個人與專業層面、個人與集體的經驗。在這些宮位中，個人發展歷史的紀錄由生命中重要的其他人所分享及見證，在分離感和平等沒有健全發展的情況下，切斷關係、疏遠及冷漠或許將成為寂寞感的補償行為。

與這些宮位相關的風象星座是雙子、天秤及水瓶座。在星盤中，雙子座對應第三宮、天秤座對應第七宮、而水瓶座則對應第十一宮，代表這些星座符號都擁有雙重特質，都是兩條分開的線；雙子座和水瓶座以人類姿態象徵，而天秤座則是唯一以無生命之物——天秤象徵的星座。二元性、判斷、衡量都是風元素建立關係的過程，風象星座的現代守護星為水星、金星和天王星，水瓶座的傳統守護星為土星，這些行星掌管平等關係的領域，它們都是我們在個性和人際關係的原型性過程中所遇到的神祇。

二元性是風元素及其守護星的重要面向，水星擔任了來往黑帝斯（Hades）的領土以及奧林匹克這兩個對立世界之間的引靈人；金星在擔任維納斯・尤蕾妮（Venus Urania）的角色時，是在天上、充滿靈性的女神，守護著天秤座；而當她是維納斯・潘德墨斯（Venus Pandemonia）的角色時，則與金牛座有關、是較土元素的一面。最後，天王星與土星共同分享了水瓶座的守護，水瓶座分裂成兩方：守護天堂的天王星所代表的新秩序以及土星所守護的舊秩序。做為水瓶座的傳統守護星，土星在天秤座得利，金星在傳統占星學中守護天秤座，而在神祕占星學中則守護雙子座，和諧的細線穿梭在這些星座中。在風象星座及宮位中，有一致性的符號提醒我

們關於連繫、連結、彌合差距以及分離、二元性和兩極的過程，這些重要的概念深嵌於關係宮位的領域中。

三個關係宮位組成的組合，顯示在家庭及社會的背景下出現的同輩關係模式。這些風象宮位是我們在生命中找到見證人、伴侶、同伴、敵人及靈魂伴侶的地方，也是我們發現家庭靈魂以及透過伴侶關係、同伴關係和親屬關係，並建立自我認同的地方。當星盤中沒有截奪星座時，這三個宮位的宮首會落在同一元素，而這元素在平等關係的構成中扮演著重要的角色。留意這三個宮位中主導的元素，並思考這些元素在同輩關係中扮演什麼角色，在描述其中任何一個宮位時，注意宮首所在的星座、其星座的守護星、守護星所處的宮位、星座和相位，最重要的是，這一宮中還有哪些行星。在一開始，應先考慮哪些元素對你的關係宮位帶來了影響。

## 關係的領域：第三、第七和第十一宮的元素

### 火元素

當火元素看守有關平等領域的大門時，我們可以建議個人以充滿勇氣、具競爭心、挑戰性和好奇心的方式去接觸一段關係，並以自我發現和尋求刺激的心去推展。關係的領域是檢視和實驗自我的重要地方，火元素會渴望與它的夥伴去分享這種冒險、旅遊和流浪的感覺。

火元素要求自由和探索新領域的需求，往往會促使我們離開關係。在早期的手足關係經驗中，火元素要求有足夠的自由去做自己的事，但也希望與手足競爭及遊戲；在手足關係中，我們或許初次實驗競爭與自信的行為。火元素也需要啟發與自主，而無論是孩

童時期還是成年後，這些特點在關係中都可能是重要的面向；與
那些能夠滿足我們冒險、探索、哲學討論以及探求真理的人建立
關係，是一件十分重要的事。我們可能曾嘗試與手足分享這些想
法，如果這不是相互交流的話，有多令人失望呢？也許我們早已
決定了關係是否能夠包容我們對於激烈活動及追求真理的強烈需
求。

## 土元素

做為最世俗的一個元素，土元素需要穩定與安全，所以關係
是否能夠不斷提供這個架構相當重要。伴侶是否忠誠、可靠及穩
定、以及滿足關係中的需求尤其重要；透過悉心努力，關係會受到
滋養。土元素的人們對關係相當認真，因為這代表了他們情緒及物
質資源的投資以及付出的時間。

第三宮宮首落於土象星座的人會珍視手足關係中的承諾、忠誠
及奉獻，也對手足負有責任心以及認為必須保護他們。同樣地，這
也許是以對於手足的責任義務的方式呈現，繼而阻礙其他關係的
形成。在早期人際關係中，或許已寫下需要對他人負起責任的腳
本，早期關於穩定模式的存在與缺乏，會在成年後以重視忠誠和責
任感而建立的關係中，重新被喚醒。

## 風元素

風元素一直是以透過建立關係的過程來尋求另一半。但是風元
素尋求多面性的經驗，它或許會在多種不同的關係中分享想法和經

驗，因此，有時候會對隱私與自我克制方面較為隨性。關係可能是好奇的領域，而風元素愛探問及互動的態度，會被誤認為是對更深層的情感關係或更親密的關係有興趣。

當風元素在第三宮，手足變得重要，因為他們是第一個分享想法、學習過程和人生經歷的平輩；手足是風元素可以建立關係、閒聊、實驗情感及滿足其好奇心的夥伴。在關係中，所有層次的溝通都是重要的，在手足的互動中，互相商量及想法分享，在日後可能影響關係中的連結程度。

## 水元素

當水元素在這些宮位時，為關係領域帶來同情、同理心及關心的傾向。水元素在這些宮位的宮首時，我們帶著滋養他人、與別人融合或結合的需求所驅動，並想要建立深度連結的感覺而進入一段關係。

當水元素在第三宮，我們或許會經歷與手足間的深層連結；但在另一方面，糾纏不清或缺乏界線的狀況也可能發生在手足關係中。這情況可能以不同方式呈現：因為無法正常運作的家庭氛圍，以致被綁在手足關係中、與手足分享不恰當的感受、或透過重大祕密而使手足緊緊依附在一起。這也可能成為其他手足情感上的照料者、或以其中某位手足比他人更需要注意與支持的方式呈現。水元素在這裡混淆界線，當必須分開時，個人可能會無法離開，而當他需要「在場」時，他也可能無法出現。

現在，讓我們檢視一下這些宮位。

## 第三宮：手足關係──手足與早期的同輩關係

　　第三宮象徵了我們最初與相同環境中其他人的相遇。對象主要
是手足，但也包括其他的鄰居朋友和小學同學。雖然第三宮暗示了
手足之間是平等的，手足之間的長幼順序仍然暗示了一種階級制
度，尋求平等的任務正是從這種矛盾的狀況中產生。身為手足，我
們對家庭有自己的獨特定位，這定位由出生順序以及家庭氛圍中
的個人體驗所定義。在這體系中，每個手足都是努力爭取平等的
個體，年齡差異、體型、智能、社會適應力及父母的影響或許會
造成手足間的不平等。然而，「在大部分個案中，通常手足間存
在彼此等同的接納，讓他們可以將對方視為平等之人」[21]。正因如
此，第三宮相當重要，因為它暗示了我們會如何初次體驗平輩關
係，以及它對之後關係的影響。我們從手足的反應中初嘗來自外界
的反應，並藉助這些反應去反映出我們如何被看待，就如同薩爾瓦
多・米紐慶（Salvador Minuchin）所說：

　　在（手足的次體系）此種背景下，小孩子互相學習支持、孤
立、頂罪；在手足的世界中，小孩學會交涉、合作和競爭，他們學
會如何交朋友和尋找同盟、如何在屈服於他人之時也為自己留住面
子、以及如何讓自己的技巧受到認同[22]。

---

21 維特 G. 西撒里尼（Victor G. Cicirelli）：*Sibling Relationships Across the Lifespan*,
　　Plenum Press（New York: 1995），2.
22 薩爾瓦多・米紐慶（Salvador Minuchin）：*Families and Family Therapy*, 59.

　　第三宮是建立關係的實驗之地，建立關係時的慣性行為或許源自於第三宮。這一宮宮首的星座、它的守護星以及在第三宮中的行星，描述了我們與手足之間的第一道依附，以及帶入成年關係中的潛在模式。這一宮描述了建立關係的早期模式，此模式透過我們最初與早期相同環境的人的相遇，提供了我們成年後所建立的關係的樣版。手足以及家族中的表兄弟、鄰里中的朋友和小學同學都屬於第三宮，當父母體系被安置於第四宮，手足體系則由第三宮詳細描述，也是我們星盤中「第一個社交實驗室」。

　　第三宮是我們在生命中所遇到的第一個社交圈，我們對關係的期待、伴侶之間不斷重複的模式或是伴侶的選擇等等，受到手足及第三宮影響程度也許比我們想像中要多。第三宮中的行星影響了我們在社交時建立關係和互動的方式；我們初次在某單位的經驗和傾向可以在第三宮中找到，並影響了我們對伴侶及朋友的選擇。星盤主題或者能清楚描述手足或「至少我們投射到他或她身上的特質」[23]。

　　在我們出生之前，在第三宮的行星到達了天底，也就是黃道最低、最黑暗的一點，並從那裡開始上升。當它們下降到最低點，第三宮的行星便開始改變方向，在我們出生被固定於星盤的一刻開始往上升，這往地平線上升的動作象徵了第三宮對意識及獨立性的渴望，這種向上升的動力烙印於第三宮的行星中。第三宮的行星在我們出生後推運以及行運至象徵家庭的第四宮時，仍然帶著這種意識上升的經驗，它暗示著透過手足所遇到的關係原型。觀察這些早期

---

23 霍華‧薩司波塔斯（Howard Sasportas）：《占星十二宮位研究》（*The Twelve Houses*），Aquarian（Wellingborough, UK: 1985），50.

關係主題，可以得知成年關係中夾帶了什麼模式，因此，在第三宮的行星以及宮首的星座不僅強烈象徵手足關係，也代表我們普遍的人際關係。

　　如要思考你的第三宮，先蒐集手足的星盤。如果你是長男或長女，注意下一位手足出生時你的行運及二次推運；而如果你是次男或次女，則注意你出生時兄姊星盤的行運，也就是你與兄姊的比對盤。

　　比較你和手足各自的星盤，並檢視你和手足的比對盤，可以有許多收穫。注意與手足星盤內行星形成的相位，注意相似的外行星配置還有其中重覆、一樣的相位。畫出與每位手足的中點組合星盤，甚至可以畫出一個多人的中點組合星盤且多一種思考手足關係的方式。手足的星盤中有沒有哪些模式重覆了伴侶或朋友的星盤？注意年齡差距——注意外行星的位置以及你是否覺得你們屬於同一世代。

　　思考以下的主題，一旦你思考完這一宮的本質，你可以完成附錄中的第三宮學習單。思考你的手足關係或手足關係的缺乏、你在家中的排行、以及你認為這些經驗在你成年後的關係中所帶來的影響。有哪些手足相關的經驗和模式，在你成年後的伴侶和朋友關係中不斷重覆？以下辭彙是用來協助你去思考星盤中的第三宮。

## 我們第一位夥伴

- 原始的平等關係模式讓我們認知自己與伴侶、朋友及同事的關係
- 手足；夥伴、朋友、見證人、對手與敵人

- 親屬關係，以及感到自己是群體或平等關係體系中的一份子
- 我們測試社交技巧的社交實驗室
- 在手足身上的投射；我們如何把手足理想化或魔鬼化？我們在手足身上錯置了哪些特質？
- 最早的分享、學習及溝通模式
- 家中的排行以及在體系中的定位
- 早期與他人溝通的模式

　　從占星學的角度來看，社交發展、交流與社群都從第三宮開始，追蹤第三宮的行星主題，這些都是建立關係、平等及互相依賴等重要原型。

## 第三宮中的行星

⊙

　　第三宮的太陽暗示了認同手足的身份，突顯了爭取第一或受寵的角色，這手足領域內的父親原型，帶出了複雜的「兄弟／父親」形象。如果父親是脆弱、分身乏術或不在的話，兄弟或是星盤中強調太陽主題的女兒會代替他成為權威或擔任養育的角色，父親或許會被視為知己或同伴，其導師／父親的角色會與朋友／平輩的角色結合。

　　偏愛或許會成為手足體系中的主題，得到更多父親的認可及鼓勵，可以看出父親的喜愛之處；或許將自己太陽的陰影面投射到手足體系中，將體系分成受到父親喜愛以及不受父親喜愛兩邊。受到父親喜愛的小女孩會處於手足和父親之間的危險位置，而在成年後，這情況或會重置於伴侶與兒子之間。這位置暗示了個人也許

是手足之中最受父親認同的人、或最容易涉入與父親有關的三角關係中，其中包括母親。我們對父親的看法也許與其他的手足相當不同，也是最容易與父親站在同一陣線的人。這暗示了我們或許「與父親很像」，但在比較隱晦的層面來說，個人傳承了較多父親那方祖先的情結或寶藏。

我們也許注意到某個手足相當具創作力也相當活躍、較有自信，以及在散發太陽主題的能量時較受歡迎。剛開始的傾向會是，個人或許會崇拜手足，然而這種崇拜會在成長途中慢慢減退，手足漸漸為我們引出自我認同的表現。當太陽在此，我們或者會將手足視為對手或英雄，最終我們會強烈地認同他人；但這或許會使我們在關係中獲得平等以及權威性之前，經歷不被認同或不被欣賞的階段。

☽

月亮在第三宮會將滋養及養育的本能置於手足的領域，暗示某個手足或許已負起照顧他人的角色或我們被賦予這個角色。早期的手足關係會為我們的安全感和防衛帶來直接影響，同時對情感安全感的建立也很重要。正因為這種情感上的影響，如果手足是一個好的母親，我們對這手足會有強烈的依附；相反地，如果手足扮演了黑暗之母的角色，我們則會與手足產生疏離感。因為月亮有一種共生的傾向，與手足分離或許是一件不易的事，早期的分離經驗，例如獨自上學、由其他人照顧等等，有可能在我們沒有足夠準備的情況下留下陰影。

月亮在第三宮帶有姊姊的主題，在我們成長過程中與我們分享、可能至今依然是強烈依附的人。無論這是否真正代表姊姊，我

們都會在周遭找到這姊姊／母親般的人物，或許選擇性的將母親當成姊姊，也許母親可能寧可扮演姊姊的角色而不是負起母親的責任。早期在姊姊／平等、以及母親／依賴之間的混淆模式，在成年後可能會被帶入關係中。一個月亮在第三宮、擁有姊姊的小男生可能會需要或期待「女人」繼續照顧他，他在姊姊和女人的世界中相當舒適，或許也會習慣被願意滋養和照顧他的女人所吸引。在手足的體系中，其中一樣需要學習的重要事情是，我們不單要學會從溝通中表達需要，也需要獨立地滿足它。如果在手足體系中欠缺這種動力，我們仍會讓成年後的關係是共生與退化的。

　　月亮在第三宮或許會指出最親近母親的、最認同母親的、以及擔任照顧母親角色的手足。因此，這也可能是在「離家」階段中遇到最多挫折、對於分離感到困難的手足。手足的故事環繞著母親和姊妹主題而編織，也包括了母親和她的手足遺傳。

　　水星是第三宮的守護星，與此領域以及手足關係有著密切關係，這是較年輕或排行中間的手足覺得需要追上兄姊以及詮釋家庭動態的主題。第三宮的水星不像太陽或月亮一樣與父母產生依附，它的角色是信使、穿針引線，而在第三宮，它也在手足體系中擔任協調及嚮導的角色。水星不是唯一一個象徵信使的神，他與女神伊里斯（Iris）共同擔任這職務，伊里斯將信息完整地遞送，而水星為了自己的目的，則往往把信息重新安排。在此，手足或許會擔任這類信使及引靈人的角色，被隔離在家庭的運作之外，才能揭示家庭正在發生的事。在赫密士與阿波羅的神話中，赫密士嫉妒手足而偷竊兄長的財產，這些行為幫助他贏得了父親宙斯——永遠的

權威人物的認同。在第三宮，水星的功課是將手足敵對中的妒忌轉化成具生產力及令人滿意的解決方法。

當水星在此，手足之間的溝通和交流，是奠定能夠平等分享思想的基石。水星處於困難的位置時，可能會顯示在智力上不如手足的感覺，而這可能仍然影響著我們，因為學習、教育、溝通及對話的主題，都是從手足經驗中衍生而來。水星對手足體系有密切關係，這有助翻譯及解讀手足之間公開及隱藏的訊息，這也是一種被帶到成人世界的技巧。

♀

在第三宮的金星暗示了與姊妹原型的相遇。對於男性來說，姊妹主題成為他強大的女性主題或阿尼瑪（anima）主題，如果他真的有姊妹，在他內在的靈魂形象上，她們扮演著重要的過渡性角色。該姊妹或許曾幫助他去塑造伴侶的形象，勝於他願意承認的程度，而他或者會在成年後的伴侶關係中無意識地再次尋找她的形象。如果沒有姊妹的話，這男性仍然會在成年後的伴侶關係中尋找姊妹的主題。

金星在第三宮的女性可能會在不知不覺中被拉進姊妹之爭中。在荷馬的版本裡，阿芙蘿黛蒂（Aphrodite）（金星）是波賽鳳（Persephone）、雅典娜（Athena）及阿緹米絲（Artemis）同父異母的姊妹及對手。宙斯下旨要阿芙蘿黛蒂與波賽鳳分享她的情人阿多尼斯（Adonis）；阿芙蘿黛蒂迷惑了帕里斯（Paris）要他在「最迷人的女神」的決賽中選擇自己而不是雅典娜；而在與阿緹米絲之間，兩人因為年輕的希波呂托斯（Hippolytus）而發生衝突。姊妹關係的神話主題也許會透過價值觀的衝突或類似的愛情對象而

被察覺，社交技巧也透過這層關係而發展。姊妹影響了我們的價值觀、吸引人的事物、以及我們在社交圈中的安適感。

當金星在第三宮，無論我們擁有的是兄弟還是姊妹，都將他們當成建立關係及性愛的實驗對象。也許我們在手足體系中初次發現，喜歡或珍視他人的感覺與我們和父母或其他成人之間的感受不一樣。我們也許會把自己的價值觀投射到手足身上，認為他們是比較吸引人或是懂社交的人。手足就像是一面鏡子，反映出我們正在發展的創作力及性意識，也是透過早期與手足或朋友的經驗，讓我們發展出自己的品味、覺得吸引的事物以及影響著我們現在的社交技巧。在往後的人生中，擁有金星在第三宮的人或許會渴望擁有一段溫暖而互相支持的手足關係。

## ♂

火星與兄長、戰士、競爭者的主題有密切關係，而當它在第三宮，這些主題會經由手足關係被察覺。

曾經有火星在第三宮的個案和學生告訴我來自手足的侵略、甚至兇殘行為的經驗——被推下樓梯、被綁起然後棄之不顧，甚至有妹妹被兄長用刺刀捅了一刀之後被送到醫生急救。因為當這些情形發生時兩人都尚且年幼，而且沒有受到良好的看護，家庭往往會將這些視為鬧劇，將注意力從競爭上移開。當在班上描述這些經驗的學生，愉快地說出這些與手足有關的、惹人生氣而且暴力的故事時，往往會與其他同學一起大笑。在手足關係中，我們學會保護自己和堅定立場，而當火星在第三宮，我們的進取心和求生本能會被意識到，而一般方式會是透過手足的嘲弄和唆使。在很多個案中，手足的暴力甚至沒有被父母知悉，而這種祕密的兇殘行為會導

致手足間的疏離感。當火星在這裡，我們能初次經驗到某個手足的侵略性本能，某些手足間的打鬥或許會在父母的視線以外發生。

火星也會帶出性慾的本能，而這也可能藉著從有性意味的遊戲到圓房等多種方法在手足關係中試驗。手足可能會想互相測試對方在性愛或身體方面的能力。手足體系或許是我們初次經驗到侵略、競爭心和憤怒的地方，對手足所產生的未被解決的性慾或敵，必定會在我們成年後關係中被帶出，所以這些感受如何在意識中被整理，將會影響我們成年後的關係。對女性來說，火星在這個位置暗示了手足主題是她內在男性領域中的一部分，而擁有一個兄長或弟弟，會是讓阿尼瑪斯（animus）外顯的適當引子。火星會尋求榜樣並努力模仿他們，當它在第三宮，我們或許會把某個手足視為其中一個榜樣。

當火星在這裡，手足體系是馴服侵略性和性本能的重要訓練場。火星是地球軌跡之外的第一顆行星，也是地球體系以外的行星。當火星在第三宮，我們在童年的實驗室中，學習在一個體系中嘗試獨立的同時，也保留個性。

♃

木星藉由家庭以外的探索，尋找更廣闊的視野。與手足相關的經驗讓我們準備好接觸不同的信仰、生活方式和文化交流；向手足學習並對於他們的指導與生命經驗抱持開放態度，可能是我們的教育與社交方面彌足珍貴的部分。

成年後，手足與他們的家庭仍然會將新的思想和冒險展現於我們面前，而在真實的狀況中，我經常見到這個配置代表著有很多手

足。但我認為木星在第三宮的主題描述更多關於手足可能提供的寬闊視野。手足體系或許是跨越文化的，它有可能包括了繼手足或同父異母的手足，或者我們會規律的遇到將不同思想及信仰介紹給我們的表兄弟或其他人。我們可能有機會與手足一起旅遊探索新地方，讓我們在早期經驗中欣賞不同形態的日常生活、信仰及意識形態。

木星是社會化的行星，所以手足的社交發展、學習上的選擇、課外活動等等都對我們很重要，他們或許會成為我們判斷自我發展的基準。手足也可能成為我們踏進更廣闊的社交世界的嚮導，向我們引介新的信仰和文化。然而，也有可能由於對方在信仰上的固執和堅定，而讓我們與手足不一致。其中某個手足可能會在手足關係中扮演宙斯的角色，支配其他手足並產生「大於一切」的人物性格。與手足及同輩的早期經驗，讓我們察覺到在精神上需要與成年伴侶及朋友一致；在之後的生命中，我們或許會發現雖然我們的身體、精神或道德與手足相距甚遠，想與他們重新依附的渴望卻是檢視自我信仰的催化劑。

## ♄

當土星出現在第三宮，權威、職責和責任感的主題將最先自手足產生。我經常看到土星在第三宮的獨生子或長子覺得自己太早被賦予控制與責任的位置。這背後有很多不同的原因，然而共同的主題是那位手足填補了不負責任的父母所留下的空缺。這位置往往暗示了手足之間年齡上的較大差距，所以他們的成長過程就像個獨生子，又或許因為其他原因而沒有成為手足體系的一部分。對獨生子來說，這位置描述了平等世界如何被成人世界的陰影所影響；對

長子來說，這暗示了他們要對弟妹們負責任，經常在弟妹們犯錯時，成為執行父母所訂下規則的典範。因此，有可能會因為手足經驗而難以與他人分享或委託他人；與分工合作相關的主題會產生怨恨，因為可能會認為自己比別人分擔了更多的工作。無論個人在家中的排行，土星也讓這些人覺得自己像立法者，覺得自己有必要去訓導或糾正手足；也許在手足體系中會有人想要爭奪最高位置，認為犧牲手足的連結可以得到父母的認同。

這位置的另一種展現方式是被手足拒絕、或覺得自己被孤立以及與他們分離。我們可能會覺得要靠自己而不需依靠手足們的支持、鼓勵或情誼，切斷依附、退出關係或照顧自己等都變成是必要的。這些造成獨行俠的傾向，這模式會成為成年關係中自力更生的基石，讓我們無法輕易依靠別人。

成年後，在第三宮的土星會變得諸多要求，因為我們再次覺得自己有責任把手足們聚在一起。與家庭團聚、儀式或特別情況相關的主題會將手足再次兩極化地分配到他們童年的角色中。其中一個最大的考驗，是關於責任以及為年邁父母所做的決定。當土星在此，我們學會有責任感，但我們不會因而犧牲自己的獨立；我們在手足體系中初次學會如何以適當的方式委託他人、瞭解以及放手。學會分辨出誰應該負責任以及劃下適當的界線成為土星在第三宮的重要功課。

⚷

雖然凱龍不在行星之列，其原型主題也十分重要，而無法不將它概括於行星的殿堂中。就像宙斯、波賽頓（Poseidon）和黑帝斯這三個較年長的奧林匹克兄弟，凱龍也是克洛諾斯（Chronus）的

兒子，因此也是他們同父異母兄弟，這成為凱龍在第三宮的有趣主題。在此出現的是從體系中被放逐或不被賦予同等身份的手足，做為手足主題，凱龍象徵了被領養的手足、繼手足、以及不完全屬於手足體系中的手足。

當凱龍出現在第三宮，它指出透過手足而產生的潛藏傷口，或是手足本身受傷、傷殘或被放逐的主題。凱龍是無意間造成的傷，而當凱龍在第三宮，這傷痛或許是由我們的手足造成。一般來說這都不是身體上的傷痛（雖然也有這個可能性），這些通常是透過被取綽號或其他形成的言語羞辱或傷害而被體驗。我認為第三宮的目的論層面與「語言」的力量有關，當凱龍在第三宮，做為傷害媒介的毒箭也許就是手足的言語羞辱，被說是愚笨、醜陋或私生子的小孩，有可能因此受到一生的傷害。在第三宮的凱龍也對言語背後的意涵高度敏感，因此手足的不誠實或惡作劇也會令人受傷。

這傷痛也可能是我們感到從手足中被放逐、完全分開以及不屬於他們的體系。我經常看到這位置與家庭中手足的死亡有關，而有凱龍在第三宮的人，背負著這種失去的、不能解決的悲傷，正是與手足有關的受傷經驗。對於擁有一個傷殘的手足的人來說，凱龍在第三宮似乎是一種顯性配置，而矛盾的心情也伴隨著這位置而來：雖然對手足有愛，但因為傷殘的兄弟會受到高度的關注，他們會認為自己被忽視，傷痛透過與傷殘手足的關係而產生。

來自手足體系的早期模式，或許會在成年關係中透過吸引某個受傷的人、在關係中再次形成傷害及治療的原始二元性而重現。我們的伴侶和朋友或許會意外地帶出手足的傷痛。

♅ ♆ ♇

外行星描述了超越個人層面的經驗，而當它們出現在第三宮，這暗示了手足或許會有一種迷人的特質、感覺和經驗，而我們往往沒有足夠能力去理解或整合它們。這些出現在象徵手足宮位的外行星，或許會引發深層的、神祕的、和原型性的經驗，而我們只能在成年後方可開始處理它們。當這三顆行星其中一顆出現在第三宮，我們會與手足一起被更大、更集體性的故事所吸引。由於這些能量似乎比我們本身更巨大，因此我們可能傾向將它們投射到手足身上。在這裡，我們必須理解手足／他人已經成為非個人原型的代言人。

♅

在第三宮的天王星可能暗示了被遺棄、分離或與手足之間的距離；這原型往往暗示了分離與分歧，由於在第三宮，因此這可能發生在手足體系中。天王星是不受束縛的，而這可能賦予手足體系相同的特色，手足間可能存在很大的差異性，多到甚至讓彼此之間沒有共同點，他們可能由於諸如離婚、遷居、教育或手足中其中一人突然死亡等等不同的家庭因素面被分開。天王星的本質是突然且意外的，所以這也會賦予手足體系相同的特色，讓我們永遠不知道該在手足關係中期待甚麼；我們今天可能受邀到他們的朋友圈中，然後隔天又被拒絕。這主題暗示了手足擁有高度獨立性，而在最理想的狀況下，我們會感到手足是一個獨立的人，而他也會是我們的朋友，更常發生的則是有一種來自手足的失聯或疏離感。天王星的分離感可能相當嚴重，以致於一旦中斷連結就無法重新建立。因此當天王星在第三宮，我們可能經歷無法修補的分歧，導致與手足之間

無法挽回的分離；又可能我們對關係的感受會被凍結、保持聯繫卻又無法觸及；或者我們從手足身上初次體驗到天王星切割、拆開、抽離以及冷漠的能力。

在手足體系中，我們可能是反叛或持相反立場的一方，我們可能透過反抗他人而找到自己的獨立性；這種手足關係中獨立的早期模式會影響日後的關係——繼續在伴侶和朋友身上尋找不同的、不尋常或獨一無二的特質。

## ♆

當海王星出現在第三宮，對犧牲的渴望可能在手足之間體現，我們也許會因為手足所犯的錯誤而被責備，或是任由他們陷害甚至利用自己。海王星對融合的渴望過於強烈，以至於使我們有機會為了體驗這種崇高的結合而放棄自我；當自我比較脆弱的時，我們可能不至於想為手足放棄太多，但是某種模式也許會被建立並持續到我們成年關係中。最終，這種犧牲的代價相當高，因為它會削弱我們的獨立性；在極符合這個配置的狀況下，我們可能要為了其他手足而犧牲自己的教育機會或夢想。

我們與手足之間可能缺乏界線，因此我們可能對他們的精神生活相當敏感。在家庭生活中一種最困難的海王星模式，其實是直覺上知道有什麼正在發生，但不斷地遭到其他成員否定，然後我們會漸漸不再相信自己的直覺，並常常覺得自己快要發瘋；在這情況下，第三宮的海王星變成了手足體系中經典的「確診病患」，展現出焦慮以及被其他手足所壓抑的疾病。在第三宮中，手足可能扮演說謊者的角色，成為欺詐甚至瘋狂的人；手足之間也很有可能糾纏不清，而我們也往往無法分辨出真相，我們可能會墮入手足的欺詐

或癖好的網羅中。第三宮的海王星是將一己奉獻給他人、透過與他人結合而消失這些原始渴望的強烈主題。

在我的經驗中，第三宮的海王星往往描述一個消失的手足，他可能是失蹤了或疏遠了，在我們的生命中留下了空缺，而我們也會嘗試以朋友去填補它；同樣地，那位消失的手足可能會被理想化，以防止及減輕這種失落感。因為第三宮是第一個關係宮位，手足消失的主題極有可能在日後的關係中重現，讓我們再次在伴侶及朋友關係中處理犧牲與看不見的主題；我們很有可能會重新建立沒有界線的關係，並在當中失去自己。

♇

當冥王星出現在第三宮，冥界的領土可能透過手足體系的經驗被察覺，這往往透過手足死亡的悲傷而來，這種深刻的失落感將持續糾葛一生。失去手足不一定是有意識的事件或實際發生的事，然而這主題仍然會成為我們靈魂領土中的一部份。雖然家庭中沒有任何死亡，但我們可能在手足體系中察覺到失落感的陰影，當孩子有一個在他出生前就已經死去的哥哥或姊姊、或當家庭的氣氛被父母無法平息的悲傷所籠罩，就有可能發生這種情形。

冥界的主題也有可能透過被手足主導及控制的感覺而被帶出，可能有一個喜歡操控別人、操弄權力、讓我們感到無力及失控的手足。冥王星在星盤的位置可以找到個人通往陰間的入口，當它在第三宮，透過我們早期的手足關係，我們接觸到生命的黑暗面，遇上黑暗與危險的情緒。

在手足體系中，我們可能會被迫保守祕密或了解一個有義務

保守的祕密的內情，如果該祕密牽涉到強烈的羞恥心及罪惡感，這會變成一個情結，將該祕密的參與者緊緊束縛在同一個邪惡之盟中；久而久之，這種權力感會被突顯，因為該祕密正是一個提示，提醒他是處在一個比自己更強大的事物的掌控中。

冥王星代表天生的孤獨感，我們會在生命中較後期漸漸明瞭這是人類生存狀況的一部份；但當我們還是小孩時，要明白它是相當困難的一件事，因為這感覺會威脅到我們的生死安危。當冥王星在第三宮，我們會在手足體系中感到孤單，而這是既痛苦也駭人的，冥王星將情緒的兩極演繹出來；而在第三宮，我們可能已經有過被手足背叛的深刻經歷或是深層的團結和互信。也就是在手足關係中，我們首先要檢視並瞭解自己的不信任、多疑與控制感；而我們也可能需要回到這裡，能夠在成人關係中信任他人之前，療癒某種原始的背叛感。

在三個關係宮位中的第二個宮位是第七宮，它與第三宮不同，在星盤中位於地平線之上，因此暗示了能見度或客觀性。也許它象徵了我們已經知道的事物：在地平線之下的手足關係場域中，並未提出「他人」有意識的選擇，這是一個沒有妥協的地方；但在地平線之上的第七宮中，我們的伴侶是妥協的，至少是具有意識。手足關係屬於更大的家庭體系，而第七宮的伴侶則來自家庭體系以外；我們帶著手足關係的先天模式以及其建立關係的經驗踏入第七宮。

## 第七宮：伴侶關係的模式以及父母婚姻的早期烙印

第七宮是成人層次的平等領域，我們在此遇到似曾相識以及可

以彌補我們深刻欠缺的人。受天秤宮影響，這領域是我們在家庭體系以外所遇到的平等之人以及靈魂伴侶之處；天秤座內含著這種另一半，反映出我們覺得不完整或欠缺的部份。第七宮的過程包含以忠誠、親密的方式與平等的另一人相處的經驗，這是一種雙向及互惠的關係。無論在第七宮的伴侶是婚姻的或人生的伴侶、生意夥伴或是親近的朋友，這些人都與我們有平等的交流；在英文中，「夥伴」或「伴侶」的「partner」包括了「part」這字串，暗示了分離感──分開，但也能夠依附在一起。

　　傳統上，這一宮被視為「公開的敵人」，由第七宮代表的是對手及競爭者，手足間的競爭可能會在成年後的夥伴關係中重新被啟動。在心理學中，第七宮的「公開敵人」也許是我們自己的影子而不是真實的敵人；然而，我們的無意識非常善於選擇承載我們陰影特質的人，因此，未解決的手足議題以及被原生家庭壓抑的感受可能被轉移到成年後的伴侶身上。第七宮的經驗直接受到早期手足關係及其後遺症所影響，並可能指出由手足體系的經驗中所塑造的早期關係模式。在成人關係中，手足的互動經常透過敵對、競爭、互相陪伴、分享等等去表達和體驗，那個「公開的敵人」可能是與手足間未解決的敵對、價值觀上的差異、殘餘的憤怒或未完成的挑戰有關，這些事物自行重組然後轉移到伴侶身上。我們可能無意識的回應這些關於手足未解決的議題而展開始一段新關係；我們的第七宮可能比我們所想像的更受到手足體系的影響，並經常與某個「手足」的替代或近似的人結合。

　　心理占星學強調將第七宮的行星特質投射到伴侶身上的傾向，當我們仍然未察覺第七宮的能量時，我們會一直認為這些能量是屬於別人的，尤其是屬於伴侶。第七宮的行星通常最先透過伴侶

被認知,因此第七宮的劇情,正是試圖要我們更留意投射到伴侶身上的、那些我們與生俱來的本質。投射是一種無意識的防衛機制,因此,察覺自我投射的功課是需要反省自我,意識到這些投射能使人有更大的空間在關係中變得真實。

投射是一種心理機制,它幫助我們透過關係去看清自我的無意識層面。第七宮的行星是當我們進入關係時被觸發的原型模式;在本質上,它們是我們另一面的一部份,而這也是它能夠輕易地以他人做為媒介而被啟動的原因。如同第三宮,我們再次身處於翻攪起失去的另一半和陰影的領域,但是這一次我們是在家庭以外,而家庭的禁忌不再適用,與伴侶之間感情上的牽繫也會開始將對原生家庭的忠誠轉移到別的體系中。

第七宮是相互關係的領域,這暗示了我們成為伴侶投射的載體,陷入雙向的共謀之中。第五宮作為第一個關係發展過程的宮位,比較像是暗戀或單方向的投射,但是在第七宮,投射主題的核心一般都是雙向的。

一般來說,第七宮的投射分為三個階段,第一個是神聖的階段。原型中光輝燦爛的一面會由吸引我們的某人承載,這種特質閃閃發亮,而我們也看得目瞪口呆;一般來說,行星的能量被誇大或被理想化,並被引入其本質中的神聖面向。舉例說,初次遇到第七宮的水星會使我們覺得英明及天才絕頂、土星會是一個成功的故事、或冥王星則是無可抗拒的強大吸引力。

接著是衰退的階段,那曾經迷住我們的特質現在變得煩人及令人不舒服,伴侶現在變成了一個「自以為是」的人,原型的陰影慢慢展現,水星變得表面而不忠誠,土星變得高傲而冷酷,冥王星剛

變得緊咬不放及控制。第七宮的行星透過同一個伴侶展現原型的兩面，在這一階段，我們可能整合當下的陰影，但是我們也可能後悔，選擇另一個讓我們重新經歷那如夢似幻的第一階段的新伴侶。

最後一個階段有著原型對立的兩邊所造成的張力，我們可察覺它是自我的某些面向，當明白到伴侶因為我們而活出的這些特質，其實也是來自我們自身時，整合的過程就會展開。就像第三宮，第七宮是由於他人而察覺的領域，因此極可能發生的是第七宮的伴侶會重現第一個伴侶的──手足關係。在這區塊的行星可能是毫不掩飾及透明的，因為意識不會像潛意識一樣以隱晦的方式被揭示。

第七宮宮首的星座對我來說是重要的特質，並往往在伴侶的星盤中相當突顯。第七宮的行星象徵伴侶相互交流時所產生的原型模式，正如我們所見，在它們可以被察覺而成功的整合到生活之前，一般先由伴侶承載。在伴侶的出現與手足出生之間有一個類比存在，第七宮的經驗直接受到早期手足關係殘留的影響，愛和競爭之間強烈的衝突性情緒、魅力與憤怒都由第七宮的另一半所演繹；伴侶會喚醒靈魂中的早期層面，在那裡，與手足間未解決或不完整的事件可能轉移到目前的關係中。第七宮是太陽準備落下的地方，它是夕陽，是光拉長影子、我們準備接近黑暗的時間。

伴侶可能成為手足間不能面對或解決的敵意對象，伴侶於是陷入手足間的三角關係中。同樣地，也可能是伴侶的手足與我們組成這種三角關係，我們可能與姊（妹）夫或嫂（姨）子表達一些難於對手足表達的親密。有一個家庭治療師在撰寫關於新婚中手足事件

的重要性的題目時，他確定了一件事：

　　手足可能也會將彼此之間需要處理的問題錯置於新婚配偶的入侵中，可預見的三角關係特別發生在丈夫與妻子的兄弟或是妻子與丈夫的姊妹[24]。

　　沃爾特・托曼（Walter Toman） 在他的著作《家庭的星象》（Family Constellation）中曾論及複製手足關係架構的成年伴侶關係比較能夠互補，所以也比較成功。[25]舉例來說，一個有哥哥的妹妹可能會與一個有妹妹的哥哥比較合得來，她在成年伴侶關係中透過與一個有妹妹的伴侶建立關係，複製了自己的位置。托曼的理論確認了手足關係對成年關係的影響。在處理伴侶之間的議題時，我認為檢視他們各自的手足星盤、他們在手足之中的排行、手足數目和性別、年齡差距等等相當富有價值，也往往會揭示相當多的內容[26]。這些細節經常可以打開第三宮及第七宮的主題，揭示出手足體系滲透至目前關係的議題；而依然投射於手足身上或我們仍未表現出來的第三宮行星能量，將在目前關係中找到新的出口。

　　兄弟／姊妹之間的婚姻是一種神話模式，也許在希拉（Hera)與她的兄弟宙斯的婚姻最能體現。事實上，他倆的父母克洛諾斯和

---

24 莫妮卡・麥戈德里克 （Monica McGoldrick）：*The Changing Family Life Cycle*, Betty Carter and Monica McGoldrick （eds.）, 228中 'The Joining of Families through Marriage: the New Couple'一文。。

25 沃爾特・托曼 （Walter Toman）：《家庭的星象》（*Family Constellation*）, Springer Publishing Co., （New York: 1976）.

26 在比對盤分析中，記下每個伴侶的出生順序、手足排行位置及角色這些資料相當有幫助。

瑞亞（Rhea）也是兄弟跟姊妹的結合。當宙斯和希拉的神話集中於二人的角力和功能失調的婚姻，克洛諾斯和瑞亞的故事則述說了他倆神祕婚姻和神聖結合；這種神聖結合正是他們手足間的婚姻，這種層次包括了所有關係中的平等和夥伴關係。第七宮的經驗依附著第三宮，而第七宮的關係也包括了手足婚姻的原型層面，異性的手足也許會成為暫時的性慾載體，將這種強力的連結轉移到其他伴侶身上的話，無疑將喚醒手足與伴侶之間的激烈感受。

我們在第七宮進入了一個神話，其中我們被「看似相反和不一樣的事物」所吸引；但是這只是我們尚未察覺存在於自我內在特質的局部反射，正因為那個人並不是來自於我們所認識的體系，而成為不一樣的存在；第七宮的伴侶刺激了我們，讓我們想與自身缺失的部份重新結合。

思考你在父母的婚姻中所見證到的伴侶模式，會有所收獲，因為這是你經歷過的第一段成人關係，它會在你對於婚姻生活及伴侶關係的態度上留下烙印。以下是第七宮經驗的主題詞彙，反思你在星盤中這一宮的本質；之後，你可能會想要完成附錄中的第七宮工作表。第七宮的行星描述了父母婚姻以及對待伴侶關係的態度；在成人伴侶關係的過程中，你認知了那些模式？

收集你目前與過去的伴侶的星盤，並把它們與你的手足的星盤做比較；研究你父母關係的比對盤，然後比較一下他們的關係和你自身的經驗；也思考成年後的伴侶關係中有可能重現或重覆的手足模式。

### 我們成年的伴侶

- 帶入原生家庭中的婚姻以及關係
- 他人、伴侶
- 陰影特質、公開的敵人、對手和競爭者
- 自我投射的鏡像
- 投射於他人的特質
- 同伴、靈魂伴侶、另一半
- 一對一、平等關係

在接下來的章節中，我將概括描述各行星落於第七宮的意涵。

## 第十一宮：友誼——家庭的社會面向

第十一宮是我們在家庭環境以外的社會與平輩的相遇，這包括了「社會上的他人」——同事、生意夥伴、認識的人、朋友和事業上的平輩。這是團體、社區、派別、信眾、聯誼會和組織的宮位，讓我們想起最初的群體經驗發生的地方——家庭。雖然第十一宮描述的團體並沒有血緣或民族的連繫，但是我們的家庭經驗仍然會被攪起；作為團體中的一員，我們與其他成員的關係會喚醒潛意識中早期與同輩、兄弟姊妹和兒時玩伴有關的記憶。在第十一宮，我們仍然會在自己所選擇的團體和合夥中重新建立未解決的家庭事件。

就像第七宮，第十一宮在地平線以上，但它位於較專注於個人

的東半球。以個人來說，我們由更大體制的社會所承載，受其法律所管制，並受其道德所影響以及禁忌所束縛。我們的第十一宮象徵了更大的社會、團體、社會架構以及社會上的朋友圈和同事，我們在這其中再次成為體系中的一部份。我們的手足體系正是這較大型社會的縮影，因此在手足體系中的經驗會直接影響我們在其他社會體系中感到安適的能力。

守護第十一宮領域的是代表人道主義的天王星。在第十一宮中，我們透過社會參與，接觸到更廣闊的人類大家庭；團隊合作、團體的努力、社會的進步、人文關懷都是水瓶座的視野所及，也都屬於第十一宮的環境。我們不再只是家庭的一分子，而是藉由我們的社會參與，進入一個更廣闊的體系；這個社會體系重新建立了早期手足經驗中的政治、議題和關心的事務。

第十一宮也可以是我們修補衝突的手足關係的地方：充滿愛心的朋友、懂得鼓勵別人的同事或提供支持的團體皆可藉以療癒早期由手足體系造成的傷痛；同時我們也可以在較大的世界中完成在手足世界中無法完成的事。雖然我們受到手足體系影響，但我們並非被它束縛，而第十一宮正是我們修補它的領域。現在我們能夠選擇自己的兄弟和姊妹，他們在精神上與我們同屬一個族群，大致上也與我們有相同的展望，對未來有著相同的希望和願望。在這個世界的大家庭中，他們是夥伴、平輩和親戚；這也是兄弟情誼和姊妹情誼，我們在第十一宮中找到社會上的手足。

手足關係決定了我們的角色和位置，而我們會本能地將它們帶入更廣闊社會的人際關係中，我們和社會之間的相互影響與手足世界中的初次經驗有關，關係宮位的最後一宮是我們遇到另外的家庭

平輩的地方。米紐慶說：

　　當孩子接觸到另外的家庭平輩的世界，他們嘗試以手足世界的脈絡去運作，當他們找到別的方式去建立關係時，他們會將這些實驗所得的新知帶回手足世界中[27]。

　　第十一宮的人際關係讓我們有相當的熟悉感，就像是親戚一樣——在精神上如親人一般的同伴。精神連結著朋友與同事之間所分享的夢想、理想和視野；在某程度上，第十一宮透過分享生命的精神面向所帶來的意氣相投和享受，讓失去了的另一半回家。意氣相投在字面上意指「與世代一起」，它扼要描述了第十一宮共享社群的過程。在第十一宮中，我們找到更大家庭的歸屬感，而成為更大群體中的個體，這是第十一宮的重要面向，因為我們在這裡學會與集體分離，本質上讓我們作好準備，讓我們在第十二宮拯救集體中的靈魂。

　　然而，朋友團體、同事團體以及我們加入的組織會再次喚醒不完整的手足經驗，我們會再次體驗競爭。團體經驗往往是退化的，提醒了我們手足之間的嬰孩性行為，爭取父母注意的競爭現在由團體的領袖承擔；如果我們還未學習到去感受平等，那麼當我們所認知的偏心發生在敵對同事或團體成員而使他們受惠時，我們會作出反應；在這方面，治療團體是轉移手足關係的溫床。成人會在事業夥伴和組織、以及治療團體中親身體驗手足關係中不完整的敵意和競爭，逐漸敗壞的手足競爭主題會造成團體中的失衡；在團

---

27 薩爾瓦多‧米紐慶（Salvador Minuchin）：*Families and Family Therapy*, 59.

體中搏取表現、欺凌、八卦、與其他成員密謀等手足行為皆全都出自於不平等的感覺。我們往往可以根據自己在家中的排行或獨生子的地位去辨識團體中的成員，在職業領域中往往會重現家中排行順序；當然，這在政治圈以及一般的組織中也是明顯常有之事。

第十一宮的社會發展是我們在世界舞台上演出追求平等的地方，艾弗瑞德・阿德勒（Alfred Adler）認為平等是從手足、這個最早期的社會體系中出現：

除非孩子覺得平等，否則人類永遠不會在社會感受中感覺踏實；除非女生和男生感覺彼此平等，否則兩性之間的關係會繼續帶來最大的問題[28]。

平等不再是擁有別人所擁有的，而是在團體中以身為平等的個體被尊重。在成人的世界中，即使某一個或多個成員會得到更多的注意和時間，但每個成員仍然具 有相同的份量；身為成人，但願我們在成年關係中有足夠的自主能力，讓我們能夠在其中感受到關懷與平等。

第十一宮的行星描述了家庭對待社會的態度以及發生在家庭以外的社交互動。反思早期的社交影響將有許多收穫。在生命不同階段中曾經認同過的平輩團體以及它們對你的發展的影響，你目前的社交圈子由甚麼組成？你在友誼及社會地位中尋求甚麼？你有沒有發現任何來自家庭或手足體系的主題，並發現它們彌補了過去你所

---

28 艾弗瑞德・阿德勒（Adler, Alfred）：*What Life Could Mean to You*, trans. Colin Brett, Oneworld Publications（Oxford: 1994），124.

得不到的東西的？

　　蒐集朋友、生意夥伴、同事和同伴的星盤，是否存在明顯的占星模式是來自於過去家庭和手足的探索；你如何體驗有助於療癒早期手足傷痛的友誼？以下的想法總結了第十一宮對家庭的影響，思考這一宮的本質之後，你可能會希望完成附錄中的第十一宮學習單。

## 我們在社會上的夥伴

- 在更廣闊的社會中的人際關係
- 在社群參與
- 朋友和同事、夥伴和同胞
- 社會面向以及你對社會化和歸屬於某個組織的態度
- 團體經驗
- 家族的精神，特別的朋友，值得模仿的同儕
- 修補手足連結，透過成年後的朋友關係療癒手足關係
- 精神上的家人

　　在手足的次體系中我們初次學會平等，此種平等形式的初體驗以及互相關心的感覺最先是發生於手足團體中；我們疏遠的或沒有連繫的手足，可能透過某個我們在家庭以外的世界遇到的人而出現。這三宮之間的連接是很自然的，但是如果在個人的星盤中這三宮產生占星學上連繫，那麼此模式就會在他的生命中變得更加顯而易見。以下是這三個宮位在占星學上某些互相連結的方式：

- 第三宮的守護星落入第七宮或第十一宮

- 雙子座落入第七宮或第十一宮宮首，或者在雙子座的行星落入這些宮位
- 水星落入第七宮或第十一宮
- 第三宮的行星與第七宮或第十一宮的行星形成相位
- 第三宮的守護星與第七宮或第十一宮的守護星形成相位

這三個風象宮位都位於水象宮位──靈魂創造與祖先的基地之前。在本質上，每個水象宮位都承載著在關係宮位中所遇到的關係，例如象徵家庭體系的第四宮包含了手足關係；第八宮的族群體系包含了伴侶，而社群體系也包含了朋友和同事，我們的人際關係密不可分地成為一幅更大的圖像的一部分。

總結我這些宮位的探討，我們可以藉著以下的方式去概括家庭背景的思考方式：

第三宮：手足體系

第四宮：家庭體系；原生家庭

第七宮：父母的婚姻

第八宮：家族遺贈以及父母體系中的親密性

第十一宮：社會體系；家庭的朋友

第十二宮：祖先的體系

Chapter 2
# 行星體系與家庭

> 基本上，我們可以透過家庭的主題去看待任何事物。
> 主題將不斷引出我們活絡的家庭經驗，但這與家庭本身無關，
> 家庭只是一個隱喻，它是一個特別的鏡片，
> 我們可以透過它看到某些反應和模式[29]。

—— 湯馬斯‧莫爾（Thomas Moore）

就像湯馬斯‧莫爾在引文中所指出的，其實**「家庭」可被視為內在生命擬人化的一面**，家庭和家庭成員都不只是「真實的」人們，他們也可以被當成原型模式和過程的隱喻；因為這些家庭的碎片構成了我們靈魂的面向，它們的主題會被嵌進我們的星盤中。以占星學的角度去反思家庭極具裨益，因為星盤包括了多方面的符號以揭示原生家庭，這包括祖先的家系和我們的家庭經驗，這些都是塑造心理遺產的事物。

在思考家庭符號的多樣性時，我們也可以把它們視為隱喻，運用它們去理解自我本能與精神上的生活。換句話說，那些我們可以明確地歸因於父母和手足天生的模式和特色，其實也是幫助我們反思內在生命的主題。父親、母親、兄弟、姊妹、兒子、女兒，除了字面上的形象外，在星盤中也闡述了這些角色的本能傾向。其中一個思考母親或父親的有效方法，是不要去想他們是誰、做過什麼、品行如何，而是該專注於他們在你內心的存在方式，以及在你生命中做為太陽和月亮模式的隱喻。就像莫爾所描述的一樣，星盤

---

29 湯馬斯‧莫爾（Thomas Moore）（ed.）：*The Essential James Hillman A Blue Fire*, 193.

載有家庭藍圖的主題，這成為「特別的鏡片」，我們可以透過它看到嵌在靈魂中的祖先遺贈和模式。

行星以及其相位有助於說明那些參與塑造我們性格的家庭、其成員和世代間的模式。本質上，行星是位於一個名為太陽系，以太陽為中心，其中的所有成員。某程度上行星屬於同一個家庭，而這家庭只是複雜宇宙中的其中一個體系。就像我們的家庭，行星體系中的成員各自被賦予角色，有其鮮明的特色和靈魂。星盤中的各行星也同樣被指派合適的工作，描繪出適應本能經驗的方式，以及對特定原型的反應，而這正是家庭體系的能量。星盤揭示了各行星的狀況，當我們透過家庭主題去看待星盤，我們可以反思自己的家庭遺產以及家庭體系的成員。

我們的內在世界藉由緊密的關係而運轉，因此，情緒、行為、感受和感官往往賦予它們面孔，好讓人更加理解。例如，當我們健忘時，我們可能會說這行為與某個阿姨一樣，又或者當我們大意時，我們可能會馬上想到某個兄弟。因此，不管我們有多不認同自己與家庭成員之間的連結，他們的客觀特質與自我內在模式、特質之間的連結是自然的事。描述我們的父母星盤模式也可顯示出父母原型的內在動態，這些占星學上的模式，簡述了這能量如何透過長期的家庭經驗而形成。

這種思考方式可以用來描述我們在人際關係中如何定位自我，無論是母親、父親、姊妹還是兄弟，偶爾我們可能比較認同其中的某個角色，然而，這四種身分定位既屬於我們個人經驗中的一部分，也屬於人類範疇中的原型性經驗。占星學透過我們這些外在特質，幫助我們理解內心世界，而當我們越認識內在世界中的這些

人物，我們越能夠將他們的形象內化，這有助於我們卸下加諸於他人的期望和投射。

在意象上，我們可能以不同的方式去運用行星。首先，我們可能將某個內行星想像成某個家庭成員，因為我們對於家庭成員的體驗往往呼應某個原型模式的影響，我們對現實人物的反應，映照出內在的原型情結。例如，金星可能體現於姊妹或阿姨、姑媽、伯母、舅媽，透過與家庭成員的關係，我們可能在回應她的過程中，更加注意到自己的金星原型經驗，諸如自尊、價值觀和對女性的態度等金星行為，會在我們與她的互動和關係中更加被察覺。我們與姊妹或阿姨、姑媽、伯母、舅媽（金星的體現）之間的困難，可能與此原型的衝突一樣。火星可能象徵兄弟或叔伯，在現實中與兄弟或叔伯的經驗也許能幫助我們認識與火星原型之間的獨特關係，例如我們對於進取心、欲望、冒險、獨立和追逐欲望這些課題的難易度。

太陽和月亮一直都象徵父親和母親，而它們在星盤的配置，清楚地描繪出我們內在與現實中對這些原型的理解。雖然水星未必由任何一位家庭成員體現，它是家庭環境中關於手足和手足故事的珍貴主題，因此最先思考這些行星（尤其是內行星）的方式，就是將它們擬人化為現實上或是原型中的家庭成員，而內行星的相位說明了這些原型影響的細節。

內行星也可以做為一種隱喻，描述該原型如何慢慢被整合到家庭中。每顆內行星皆傳遞了一種訊息，述說著它特定的原型能量如何隨著時間的流逝，而在家庭氛圍中被表達或壓抑。當內行星和外行星之間形成了一個複雜的相位，這可能象徵著家庭史與此原型之

間的複雜關係。例如，月亮蘊含家庭環境的主題，因此月亮與其相位對於家庭模式和跨世代主題、情結的描繪相當重要。木星與土星這兩顆社會行星跟月亮形成的相位，揭示了社會主題如何被帶到家庭之中。而與外行星的主要相位則揭示了家庭檔案中更大的、甚至宿命的模式和情結，這些主題往往是在個人或原生家庭的掌控之外。更具體地說，月亮可以揭露母親的祖先，因此，月亮的相位動態會影響母親與祖母的故事，也是母方家系所傳承的模式符號，我們可以將月亮視為承載母親祖先模式的船。

另一方面，太陽承載著父親的遺傳，它做為父親家系的特徵，指出家族傳承的事物，以及在父方家系中的個人經驗。然而，太陽的相位也暗示了家庭如何逐漸地整合太陽原型；太陽與外行星之間的相位越困難，在家庭中與信心、自我表達和創作有關的情結便越形複雜。我們可以視金星為家庭傳承的女性主題與價值，以及家庭對於女性的態度；同樣地，火星是家庭傳承的男性主題和價值，以及家族史中對於男性的態度。

最後，另一個以家庭層面去思考行星的方法，就是反思社會和外行星的影響，這些行星影響了家庭經驗中的社會與群體層面，它們以更廣闊的社會、文化、種族和歷史的關懷和經驗，影響了家庭氛圍和環境。木星述說著關於家庭信仰、對教育與學問的態度、跨文化經驗、宗教信念以及堅定的精神信仰。土星是家庭的律法、社會地位、家庭生活中的界線或缺乏界線、以及限制個人自由的習俗與規範。當這些行星落在家庭相關的宮位或是與某顆內行星形成戲劇性的相位時，都會更加突顯這些主題。當內行星與外行星形成困難相位時，將承擔來自祖先的壓抑與控制。

　　凱龍、天王星、海王星和冥王星象徵了更大、更古老的各種模式，它們影響家庭生活，而我們幾乎無法控制。其中每一顆行星當它們進入到黃道的下一個星座時，皆描述了其中的世代與次世代；而當它們彼此之間形成相位時，則描述了歷史的氛圍。但是在占星學上，外行星與內行星的配置確定了家庭中更大的原型影響與壓力。我們可能視凱龍為家庭的傷痛，這些傷痛影響到我們的幸福感，或家庭氛圍中的邊緣化和被剝奪感，並影響到我們的歸屬感。**當凱龍進入家庭領域時，往往帶來移民、失去家庭、錯置、放棄權位、被逐出教會的故事：這些主題都是指在家庭環境之外、局外人的感覺。**在家庭氛圍中，凱龍揭示了因移民而必須放棄家庭依附的陰影或痛苦。

　　天王星指出家庭生活的分裂和分離，這影響了我們的冷靜和安定力。天王星可能指出家庭氛圍中徒增的緊張感、中斷的家庭脈絡或家庭成員之間不尋常的結合，這將分離甚至遺棄的主題帶入家庭領域中，並往往伴以家庭氛圍中的過度活躍、過度警惕、加劇的緊張感或分離。如果在家族史中曾發生分裂並且尚未解決的話，它們會透過家庭的氛圍進入個人的潛意識，並往往留下中斷感或無法建立連結。另一個考量可能是智能發展的渴望沒有得到滿足，產生一個聰明但沒得到培養的思想家。天王星與月亮的相位往往揭示家族中聰明但沒有機會發展智能、或是因家庭期望而放棄此機會的女性，天王星暗示了非傳統與非典型的脈絡。

　　海王星暗示消失或難以獲得的事物，它象徵了家庭生活中的夢想、期望、理想及否定、消失和失望；海王星也與家族疾病、過敏或弱點有關，這種脆弱可能影響每個家庭成員的自我。海王星也暗示了融合的渴望，與家庭融為一體並讓自己陷於無法分離、或無

法從中獨立的體制。正因為缺乏界線和限制，靈魂的情結會滲入家庭氛圍中。家庭的核心可能有某種成癮、信仰或某種精神上的支持，而讓他們受縛於體系中，這暗示著如果離開家庭會使他們遭遇危險。當這些成癮、病況或過敏沒有被認知，它會彌漫於家庭的氛圍中，使其成員無法隻身離開這體系去打造獨立的生命。被動和無助感也許是長期壓抑負面情緒的後果，家庭體系可能以原諒、遺忘、固執甚至精神補償來處理負面情緒。在海王星的體系中未被發展的，往往是家族史中祖先故意迴避的精神性和創造力。海王星是幻想、藝術創作、精神性和憐憫的原型，也是家庭這個合唱團中所有沒有被唱出的音階。

　　冥王星藉著揭示家庭的祕密、察覺到過去的鬼神或面對祖先的禁忌，把我們推進家庭生活的深淵。冥王星象徵家庭的墳墓、信任和祕密，當冥王星把家庭環境變得暗淡，會有一道潛規則去否定被壓抑的真相，沒有被哀悼的失去、沒有用心感受的悲傷、被否認的背叛或被打破的禁忌，將家庭和其成員緊緊束縛於被切斷的連結上。跟冥王星有關的原型過程是「下沉」，這往往讓人覺得像是誘導，但這是尋找家族史中被埋藏及被壓抑的事物的必經過程。尚未利用的家庭的水庫正是充滿力量的激流，當這些激流被發現，它可以重新激發和重燃個人的生命力和生存意志。歷史可能仍然會透過它的祕密和謊言帶來影響，冥王星是力量，而在家庭生活中，它可能會因為權力、情緒、性慾或財力上的誤用而受到阻擋。冥王星代表了忍耐、難以忘記、熱情和發自心深處的感情這些需要被編織到家庭圖像的特質。

　　當任何一顆外行星與內行星形成相位，某種家庭載體以外的事物會以獨一無二且宿命的方式去影響個人。因為外行星象徵了來自

太陽系以外的原型藍圖、能量和影響，在象徵上我們可以承認它們同時也象徵了家庭以外、陌生的、神祕的和複雜的模式，這些模式也可能透過早期世代所否認的事物而變得僵硬。

## 行星和家庭遺贈的思考

有多種方法讓我們將行星當作是看清家庭遺贈的鏡片，但根據我們到目前為止的行星討論，我們將會集中於深入思考各行星對家庭氛圍影響的四種方法。在思考這種方向時，將內行星視為較個人的、社會行星視為比較社會性的、以及將外行星視為傾向祖先影響的這種區分是相當重要的。我們可以從行星角度去思考家庭體系的四種方法，包括：

1. 把內行星視為家庭原型，從個人和原型的角度，這五顆行星都被分配到不同的家庭成員上，它們也各自代表家庭環境和氛圍的某個層面。例如，水星代表了家庭的溝通，但也暗示了家庭氛圍中對學習的態度。每顆行星包括了家庭的某些情境、經驗和影響，以及家庭、祖先模式和情結的內在影響。

我們會慢慢認識到，兩個發光體（太陽與月亮）是父母所背負的家族主題，而其他三個行星則是由手足和其他家庭成員所背負的主題。任何內行星之間的相位，都會突顯出家庭體系中獨特的個人能量，而且可能也會顯示出這兩個家庭成員之間的關係，其中最重要的是做為承載我們家庭體驗的月亮。

2. 社會行星和外行星代表了強烈影響個人發展、健康和自信的家庭模式，我們將會從家庭模式和情結的角度，去放大這些行星和

它們的影響。

3. 內行星與社會行星、外行星之間的相位，揭示了某個原型的原動力如何透過家族史被傳承。在家族史的背景下，透過木星或土星跟內行星所形成的相位，我們可以勾劃出遺傳的社會、文化、道德、法律及責任心的影響。凱龍、天王星、海王星或冥王星與內行星之間的強勁相位，則突顯了個人生命經驗中的跨世代模式和影響。每一顆內行星也代表了其自身的家系，例如月亮的相位與母方家系有關，而太陽則與父方有關。

4. 在與家庭有關的宮位中的行星，不管是個人行星、社會行星還是外行星，當其中一顆落入結束宮位（4、8、12），那麼該行星就等同身處於家庭這個大鍋爐中，並在家庭圈中扮演著某種角色；當有行星落入關係宮位（3、7、11），那麼這行星會在家庭體系中尋求自我的獨立性，並投入手足關係的次體系中。與伴侶、朋友和夥伴的關係樣版，將由家庭中體驗的平等和關係所塑造，第四宮的行星尤其專注於原生家庭與其氛圍，而第三宮的行星則顯示出手足體系的氛圍。

以下是從家庭角度對於行星的思考，首先我們會從家庭的角度去檢視內行星，然後是社會行星和外行星。而因為月亮是最敏感並與家庭生活最密不可分，我們會在下一章關於依附的內容中，另外深入探討其帶來的心理影響。

## 家庭原型的內行星：母親、父親、姊妹、兄弟

五顆內行星象徵了家庭原型，這些原型可能由家庭成員所體

現、或被分配到家庭的某個小團體中。這些行星的相位會呼應個人對該家庭成員或小團體的觀感、態度和反應，以及彼此之間的連結。行星並不一定由某個現有家庭成員體現，例如，金星由姊妹體現，但你不一定有姊妹，因此這代表了家族中的姊妹，例如你的母親或父親與他們姊妹的關係。

把家庭中各成員角色化會有一定的幫助，因為他們做為隱喻，描述了個人對該能量的態度和該原型的內在經驗，以及對於個人發展有其重要影響的外在原型經驗。內在主題和外在經驗的關係實在千絲萬縷，因此內行星與其相位也會局部描繪出家庭成員。

內行星的相位會暗示由某家庭成員所背負並影響家庭的模式。這些相位本質上是多面向的，而且不僅描述家庭成員，也描述此人的角色在我們生命中的表現、以及此人可能會演繹的原型動機。例如，金星的相位有助於描繪姊妹之間的關係、姊妹對個人的影響、姊妹生命中的外在事件和經驗以及姊妹本身的性格。然而，金星的相位也可能描繪了對待女性的態度，而這態度是由家庭傳承並影響個人，並由金星的化身（可能是某個姊妹或嬸姑、姨母）帶出此種家庭模式。

以下是幾種由內行星所象徵的家庭原型的思考方法，任何一種由內行星跟社會行星或外行星組成的強勁相位，都可能是家庭模式的鑰匙。

## 內行星所象徵的家庭成員及其遺贈

### ☽　母親和母方家系

早期與母親以及其他母親型人物的關係

母親的情緒和心理氛圍對於個人的影響

母親的祖先以及她帶入家庭的事物

母親和執行母職的人

### ☉　父親和父方家系

早期與親生父親的關係；其他父親型人物

父親讓他人發光發熱與賦予他人信心的能力

父親的祖先以及他帶入家庭的感受經驗

父親與執行父職的人

### ☿　家庭連結、親戚、手足、表（堂）兄弟

早期與同輩及同輩團體的關係

手足關係對個人的影響

原生家庭的手足主題；祖先傳承的手足模式

父母的手足故事

### ♀　姊妹以及家庭中對待女性（嬸姑、姨母、女兒等等）的態度

和姊妹／姊妹替代人的早期關係；與姊妹的連結

姊妹的情緒和心理氛圍對個人所帶來的影響

家庭對於女性的態度

家族中的姊妹角色

♂ **兄弟以及家庭中對待男性的態度（叔伯、兒子等等）**
  早期與兄弟的關係；與兄弟的連結
  男性特質對家庭氛圍的影響
  家庭對於男性的態度
  家族中的兄弟角色

## 社會行星和外行星：家庭模式的脈絡

　　每個家庭都存在於更廣大的社會範圍中，社會有其習俗和規則，而這些習俗和規則也影響著家庭。在占星學上，我們將這些影響視為木星和土星的主題，這兩顆社會行星象徵更大的生活方式和人生階段的過程。凱龍與天王星、海王星和冥王星這三顆現代行星，帶來家庭層面和超越個人之外的模式，它們位於火星軌道以外並且移動較慢，透過以下的方式在占星學上帶來影響：

  1. 與月亮形成相位。
  2. 與太陽、水星、金星和火星這些內行星形成相位。
  3. 當它們落於家庭相關的相位，尤其是代表家庭的第四宮和代表手足的第三宮。而當它們落在第八宮和第十二宮這些水象宮位的延伸，以及第七宮和第十一宮等風象宮位時，對於家庭主題的探討也相當重要。

## 社會行星是家庭的道德指引以及社會規範

　　社會行星象徵家庭的哲學觀、信仰、道德價值、倫理和原則、家庭的律法、規則、傳統和習俗，以及家庭養成的社會化、

外界的相關態度，以下的關鍵字可以使你熟悉其中的一些家庭主題：

## ♃　家庭的哲學觀

家庭環境中的開放態度

文化、種族及社會的偏見，透過家族傳承而來的歧視，對跨文化經驗的態度

家庭的社會規範和道德標準

家庭文化中的樂觀、給予確定和肯定的程度

倫理、道德、信仰、原則

對接受高等教育的期望和態度

宗教教條和教義，宗教信仰；家庭對神的觀念

對外國人和旅遊的態度；家族中的跨文化主題

移民的家庭經驗

## ♄　家庭的律法

家庭傳統，家庭體系中必須信守的事物

家庭對於權威和社會規則的態度

家庭的禮節和聲譽

自家庭地位以及家族在當地、外界的名望中所獲得的成就感

家庭對於表現、成就和成功的理想和態度

成功的神話，表現的期待與地位

對於工作、權威和階級制度的態度，家庭生活中「應該」和「必須」做的事

長輩，包括較年長的孩子以及家族中的長者

規則與條件、原則、違反家庭法律的後果和懲罰

家庭界線和規矩，其體驗是嚴苛僵化、還是過度寬鬆及無效

## 外行星是家庭命運的遠古遺跡

外行星象徵家庭所承受的更大的影響力，它超越了家庭體系的控制，往往讓人覺得是注定、無法修補及超乎家庭的管理。久而久之這些模式可能會在家族史中產生分裂、情結和困難。與社會行星相似，當它們與月亮或內行星產生戲劇性相位、或當它們落入與家庭相關的宮位時，將對個人的家庭經驗帶來影響。被突顯的主題通常是逐漸受到家庭限制或未被表達的原型能量，當這些原型力量被家庭表達，以及被整合到體系中時，會受到抒解並有效地表達出來。以下的關鍵詞是外行星的動態在家庭生活中帶來的影響：

⚷ **家庭的傷痛與治療**

家族傳承的傷痛，經常因移民或被放逐而離開家鄉

難民、孤兒、局外人的原型可能影響了家庭氛圍

在體系邊緣甚至以外的感受，覺得自己是家庭體系的局外人

放棄權力、邊緣化、領養或過繼到其他家庭

在家庭經驗中感到被剝奪權力或地位

在排拒及切割感中尋求治療的事物

在家庭中失去靈魂以及治療此種失落的潛力

家庭生活受到中斷或擾亂

♅ **家庭的自由**

家庭文化中「連結和約定」與「獨立性和分離」的對立

自由和親密的對立

家庭中的緊張感及／或預期感

重視智慧多於感受

分離和分隔，過去家族中被切斷的連結

家庭中意外的搬遷、改變或隔離

家庭氛圍中解脫和切斷連結的主題

侵犯家庭的完整及安全性的分離、分裂主題

犧牲安全與歸屬感所產生的個性與獨立的家庭主題

非傳統的家庭體系

## ♆　家庭的感受

犧牲個人成全整體，為了讓自己屬於某個體系而放棄自我的經驗

在家庭體系中分不清自我，個人需求與集體需要之間的拉鋸

無法從共同需求中區分個人的需求

家庭中被理想化的事物，往往是悲傷、失落和憤怒等困難感受

為了防止負面情緒，家庭氛圍可能充滿精神性的理想及同情性的協助

消失以及／或家庭所不知道的人事，家庭的空缺

家族史中關於消失的事件

受苦、痛苦、未被確認的抱怨，以及疾病模式也可能是家庭主題，需要載明於家族史中

感到被家庭誤解或忽視

家族中的創造力、藝術的想像、靈魂的感受以及精神性

## ♇　家庭的冥界

過去為了隱藏某種真相，被家庭否定的事物

破壞環境氣氛並影響個人安全感的否定、壓抑

家庭的祕密和恥辱

未被認知的失去以及／或影響家庭氣氛的虐待

家庭中未被哀悼的失去、悲傷、喪親之痛

家族史中不尋常或可疑的死亡事件

性陰謀、背叛、情緒控制與愛的動態影響

情感及財產的遺產

情感或財產的操控

以權力和控制為基礎的家族聯盟

家庭體系求生及處理危機的力量

家庭對待權力和操控的態度

## 內行星：家族的碎片

我們已經說明了內行星體現於家庭成員的原型主題，但是內行星也可能代表非常個人的經驗、家庭特徵和主題、以及構成我們部份心理的模式。換句話說，內行星也概括了原型能量在原生家庭中被表達、以及透過個人尋求清楚發聲的方式。而這種原型在家族史的紀錄中是受到表揚還是被壓抑的？

首先，檢視內行星之間的相位，因為它們集中描述個人在家庭環境中最先感受到的原型。內行星和社會行星之間的相位象徵了來自原生家庭的社會規範、習俗和傳統對個人的影響；內行星和外行星之間的相位則揭示了家庭掌控或管轄以外，更強勁影響個人的方式，這種對家庭模式所帶來的影響往往是跨世代、並由祖先在過去展開的。這裡重要的是認清楚社會行星和外行星的能量，加諸於內行星的壓力，並影響了我們體驗這些能量的方式，這種結合顯示了家庭傳承的主題。

## 內行星象徵家庭傳承的情結和模式

### ☽　母方家系所傳承的模式和情結

家庭環境對無私的愛與包容的感受

家、家庭中的氛圍和情緒

庇護，安全，情緒上的安全感，連結──歸屬感

依附以及我們獨特的依附方式

住所、居住地或家鄉的改變

感到自己屬於某個體系和社區

家庭中的過渡期和重要的情緒階段

### ☉　家庭體系中的偏愛

父親的喜愛或特別待遇

家庭的身分認同

家庭的精神，原生家庭所描繪的自信與創造力的感受

家庭中自我表達與創造的能力，做自己

家庭中的自戀模式，父母自戀的養育方式

由父親家庭傳下來的模式和情結

早期受到鼓勵而自我表達、感到被讚揚、以及容許自己發光發

熱與表現的經驗

### ☿　家庭的溝通、學習模式、家人之間可以表達自我的方式

家庭的互動

對於早期學習和意見分享的態度

家庭中同輩關係的形成方式

家庭的語言

家庭中關於哪些可以說、哪些不能說的劇本
家庭傳承的學習模式

♀ **家庭的資源與價值**
家庭的情感以及愛的表達
家庭對於性愛和欲望的態度
家庭對自我價值的態度，家庭中的自尊主題
家庭的品味：喜歡和討厭的事物
對金錢和財產的態度，家庭如何看待值得擁有的事物
對於女性和女性平等的態度
由家庭傳承並與姊妹或女性有關的模式和情結
家族中的姊妹角色

♂ **對於進取心和憤怒的態度**
家庭對於競爭、欲望和性愛的態度
家庭體系中的自立，在家庭中的自主能力
家庭對於自由及自立的態度和規則
清楚直接的表達，對於表達情感和感受的開放程度
家庭如何支持你得到你想要的事物
對男性和男性主題的思考方式
由家庭傳承並與兄弟或男性有關的模式和情結

## 宮位中的行星：家庭環境中的原型

當行星落在與家庭有關的宮位時，例如結束宮位或伴侶宮位，那麼該原型將影響家庭領域及氛圍。

第四宮是最直接的家庭環境，它說明童年時期家中的氛圍和環境，因此第四宮的行星將描述家庭的氣氛，以及原生家庭中塑造內在安全感的態度和影響。這些原型有助於奠定安穩生活的基石，第四宮的行星暗示早期家庭環境的影響和態度，這有助於你與他人接觸時擁有足夠的安全感。

第十二宮代表了祖先的家系、跨世代的模式、出生前家庭的條件以及藏於潛意識中的某些家庭影響。在這裡的行星揭示了從上一代便已潛伏的某些陰影和鬼魂，這些隱晦和看不到的力量穿越時空並帶來影響。

第八宮指向家庭遺贈與遺產以及早期親密經驗的影響，這種經驗最先來自於父母婚姻，之後在家庭成員之間的緊密相處中產生。第八宮的行星充滿著家庭的感受經驗：親密、信任度、開放與卸下防備的意願；第八宮的行星糾纏於家族遺產的有無中。

在關係宮位中，行星為了分離、平等和互相依賴的經驗而努力。第三宮是關於童年經驗中的手足與模式，因此這一宮的行星揭示了由手足或早期同伴所形成的人際關係模式。第三宮的行星可能代表手足，但在本質上是生命中的伴侶和見證人的原型。

做為關係宮位，第七宮和第十一宮也是透過互動與人際關係的建立而發展成形。第七宮的行星最先在父母之間的關係以及手足經驗中體驗；第十一宮的行星則在家庭體系以外尋找手足關係，但這關係最初也是在家庭中被塑造的。

辨別這些宮位的差異極為重要，使你能夠清楚這些影響來自何處，以及它們對靈魂的影響程度。我的理解是：在第四宮的行星對

於自我的穩定和安全帶來影響；而第十二宮的行星則往往因為過去
未知或尚未實現的殘留而變得複雜；第三宮的行星首先在手足體系
中體驗，然後在第七宮與第十一宮中與我們重逢並重新處理，隨著
於家庭占星經驗的累積，你將更容易認知這些模式。

以家庭的背景思考行星，例如與家庭有關的經驗、家庭的命
運、遺產和模式，我們將能夠藉以上討論內容去辨識體系中的各顆
行星。以下是關於如何從家庭的角度思考星盤中的行星。

## 行星原型與家庭

就如同之前所討論的，行星會在家庭氛圍與家庭體系中各自發
揮，並有其自我獨特的意義；行星透過相位或落在家庭宮位的配
置，將原型的影響帶入家庭中，因此讓我們得以深入探討家庭體系
中各種行星的主題。我們已經深入探討過行星在第三宮和第四宮的
內容，而由於月亮的影響太強大，因此將在下一章單獨討論，我們
也會在探討手足神話中更全面性的討論水星。而以下各行星的討論
重點，在於能夠在各種方式中，看到它們在家庭體系中的影響。

當我將諮商中所討論過的主題分門別類時，我發現這種寫作方
式有其局限性和推論性，這當然不是我的目的，我反而希望這些簡
短的情境，為讀者們以占星學的角度介紹並放大關於家庭的思考方
式。因此，以下這些並非是要誇大其可能性的描述。

## 家庭體系中的太陽

太陽與父親的原型有關，在星盤中，太陽代表了親生父親、其

家系與家庭體系中的遺產。因此，太陽的相位會放大我們對父親原型所抱持的傾向、說明他在家庭中的感覺經驗和氛圍。它在星盤中的配置將揭示我們對於父親、代替父親或父親代理人的觀感和經驗。在原型上，太陽暗示了個人所繼承的太陽主題，家庭對待男性和男性主題的態度塑造了自我的提升與養成。因此，我們與父親的關係本質往往顯示了我們的自信、自我恢復、自我認同、自我表達和個人生命力。

☽/☉　太陽和月亮的關係，是男性主題和女性主題這兩極之間的動態如何互相影響的樣版，也暗示了父親和母親之間的關係。這兩個發光體之間的相位產生月相，然而這些相位同時也代表父母的婚姻。父母之間的關係同時也暗喻我們體驗內在的男性和女性能量時的難易度。

☉/☿　水星永遠在太陽前後28度以內，因此它與太陽之間只可能產生合相。這兩個原型的結合所代表的主題可能是父親的智慧、其思想或溝通能力，也有可能代表父親是一個騙子。與父親的溝通模式是重要的考慮因素，因為他對於智慧、學習和溝通的態度有可能會帶來影響，這也可能暗示了受到偏愛的手足、手足與父親之間的關係、或可能指向父親的手足關係。

☉/♀　金星與太陽的最遠距離是48度，因此兩者的相位組合極少，可能形成的相位包括合相、半六分相與半四分相，合相是這些相位中最強勁的一個。而我也會考慮金星順行或是逆行的狀態，因為當它逆行時會被強調。金星代表了姊妹的原型，而當它逆行時，暗示了家庭中的女性表達是不

尋常及非傳統的。父親家系也許會將女性主題傳入家庭體系以及父方家族的女性身上，尤其是姊妹、或受到強調以及關係緊密的女性。家庭動態中的太陽往往能夠概括受到喜愛的人，可能家庭體系中有某個姊妹受到鍾愛，或手足體系會因為這種偏愛而分裂。父親對自我價值、情感表達和關愛的態度對個人發展影響重大。

☉／♂ 當這兩個男性原型結合時，突顯家庭中父親和兄弟的角色、父親自己的兄弟關係或和兒子的關係。男性靈魂的遺傳透過家庭中父系家族而來，在家庭中如何表達主動性、競爭心、冒險精神和承擔風險的自然衝動，而父親是否是表現這些男性主題的榜樣？對於這些敵對、衝突、憤怒和性慾抱持健康態度能夠支持個人的生命力。

## 太陽在第3宮

父親在手足中的排行、家庭中的角色以及對待其手足的態度，微妙的影響其身分認同。這也突顯了老大或受到偏愛的小孩的角色。太陽可能將影子投射在手足體系中，將體系分為受到父親喜愛和不受喜愛兩部份。在這體系中的男孩可能覺得有義務去認同父親的價值觀，而不管他拒絕或是接受，這些價值觀都成為他所認同的成人關係中的關鍵。備受父親寵愛的女孩可能感到自己處於父親和兄弟之間的不安位置，而在成年後這有可能轉變成覺得被夾在伴侶和兒子之間。

## 太陽在第4宮

在這裡的太陽暗示了父親與及父親的家系對原生家庭的影響，因小孩本能上會回應父親的原則，所以他的存在或不存在，都會影響孩子的防衛和安全感，親生父親的主題會被整合到情緒的穩定性中。

## 太陽在第7宮

當太陽出現在伴侶關係的領域時，與父親之間未解決的事件或情結可能影響成年後的伴侶關係，因為伴侶可能會無意間演繹出父親建立人際關係的模式；同樣地，個人可能在伴侶身上看見父親的特質而受到吸引。

## 太陽在第8宮

在此，我們會考慮由父親家族傳承下來的情緒、心理以及物質上的遺產，我們可能同時考慮與父親或其家族史有關的任何祕密或被否認的事。因此，與父親的關係可能影響我們能否在成年生活中自在地體驗親密關係。

## 太陽在第11宮

這位置暗示了天生想要成為團體中父親角色或領袖的本能，或是想要成為某種大業的發言人。因此，這個父親角色所擁有的社交

圈和社交能力，塑造了可以在社會上占有一席之地與找到某種身分的能力。在社會外界中，個人可能在教練、老師、老闆或導師身上找到父親的替代，這有助於修補與親生父親之間的關係、建立信心和身分認同。

## 太陽在第12宮

第十二宮的太陽指向父親的祖先脈絡，這可能暗示失去父親或沒有得到父親的照顧以及／或在家庭中無法得到養育。可能父親或父親型人物在家族中消失或變弱，這消失的男性精神影響了現存的體系，並可能以精神層面的連結渴望被體驗。

## 家庭體系中的水星

做為原型，水星與嚮導、旅行者和騙子有關。水星是我們在過渡及跨越門檻時遇到的神祇，它的本質是多元與多面向的，因此有很多人類的代表，主要是夥伴、旅伴、玩伴和合夥人。但我們通常會在家庭中透過手足關係或手足故事而最先與它相遇。因為手足往往是見證人、引導者、護衛、隨身在側的敵手、嘲弄者和一生的同伴。水星最初在我們與手足的互動和經驗中出現，因此水星與其相位揭示了手足原型以及它在家庭體系中的表現；它同時也暗示了家庭的溝通模式和看待學習的態度。

☿／☽　水星和月亮的相位暗示了家庭中感受的傳達方式。兩顆行星之間的困難相位可能暗示了於家中難以表達的情緒和感受，帶來了誤會、爭拗和激烈的反應。母親的感受也可能

被忽略，或者她在表達情緒和感受時會出現矛盾。水星也可能象徵母親的某個手足或母親與某個手足之間的動態。

☿／♀　從地球望去，水星和金星永遠處於一個有限的弧度內，因此在它們可能的相位中，最強勁的是合相。當水星和金星合相，在家庭史的紀錄中，可能會有一個手足故事的主題環繞著伴侶關係、婚姻、單戀或無法被接受的愛情。也許某個與父母或祖父母有關的姊妹故事需要受到尊重。

☿／♂　這組合強調了某個兄弟的角色或與某個兄弟的關係。當然，對待敵手、妒忌心和競爭的態度植根於早期與兄弟的互動中，這可能也暗示著家庭故事中欲望、目標和理想的傳承方式。

## 水星在第3宮

水星在第三宮就像回到家一樣，並會努力滿足想要與手足和同伴溝通學習的渴望。受到早期經驗的吸引，某人學會如何被聽見，無論是以澄清、開玩笑或是堅持的方式。因為早期的溝通模式是在家庭中與手足一起建立的，因此對待學習、移動和旅行所抱持的想法、互動和態度都受到家庭關係和手足關係的強烈影響。

## 水星在第4宮

這暗示了某個手足故事可能是家庭氛圍的特色，無論是父母之一的兄弟或姊妹，或是家庭中的手足關係，這些連結在童年時期都

是重要的，而這些人際關係也用來維持情緒的穩定。這位置也突顯了家庭成員之間溝通的重要性，以及其對於自我的影響。

## 水星在第7宮

由於水星代表手足的模式與依附，當它落在第七宮時，未完成的手足議題可能被引入成人伴侶關係中。我們的伴侶可能演繹早期手足體系中建立的模式，提醒我們還有尚未處理的議題和憂慮。這也可能意指伴侶的手足以及來自他們的反應和影響結果，這個相位以某種方式說明了以成人關係表現的手足關係的結合。

## 水星在第8宮

信任他人、尊重隱私和顧及他人感受的表現從早期的家庭經驗中展開，並建立了親密的能力；真實的聆聽和誠實的溝通最先在父母的關係中建立。父母互動模式中的誠懇和忠誠度，影響了個人參與開放而誠實的人際關係之能力。

## 水星在第11宮

在第十一宮的水星，意識到個人想在公眾表達自我、以及在團體中感到平等和被接納的衝動。成年後，當社會結構出現不平等或偏愛的情況時，手足之間的角力或動態可能產生。在團體中，個人需要感覺自己與其他人是平等的，如果領袖表現出任何偏愛，可能會出現狡猾的人並擾亂制度的平衡。另一方面，水星會透過友情和在社交活動中找到兄弟和姊妹，這有助於重新面對、並療癒早期與

手足及同學有關的傷痛。

## 水星在第12宮

這位置專注於家庭祖先中的溝通、學習和表達意見的模式。家族傳說中記載了關於「什麼可以說」和「什麼才是正確」的嚴格規定，這可能影響到學習和表達。水星落於第十二宮的人會變成家庭的代言人和喉舌，往往表達或展示了那些一直遭到否認或禁止的陰影。

## 家庭體系中的金星

金星將女性價值的主題帶入家庭體系中，並說明家庭對女性角色的傾向、賦予女性重要性以及感情和愛的表達。金星的複雜相位，可能揭示家庭對性愛的態度如何影響個人以及價值觀和自尊。金星也延伸其情感領域，這包括了單戀和諸如嫉妒、報復等不平等的感情。由於金星的本質涉及三角關係，因此它可能顯示出個人涉及家庭的三角關係，並間接地形成成年後的三角關係模式。

在實際的層面上，金星可能涉及家庭對待金錢、財物和擁有物的態度。其複雜的相位則可能揭示出影響目前家庭成員卻未被解決的財富與價值觀議題。一般來說，我認為金星影響家庭的方式是其對待女性的態度、女性如何被重視、以及這些如何影響個人的自尊和自重。金星大致上也體現了姊妹和姊妹的原型，由家庭角度來說，它將平等和被賦予力量的女性角色帶入家庭中。

♀/☽　當金星和月亮這兩個強勁的女性原型彼此對話時，母親和姊妹的角色結合在一起，它們將產生衝突或是互相合作。當衝突發生時，母親可能會希望得到自由、平等，希望成為一個姊妹而不是一個滋養者；另一方面，姊妹則可能涉入母親的角色。這也暗示著家族史中的女性角色可能已經分歧，而母親的家族史中，關於女性主題或女性的故事可能仍然懸而未決，而這相位有可能由母親的姊妹、或母系家族中某個親密的女性親戚體現出來。

♀/♂　當金星與火星這兩位神話中的情人形成相位時，將產生想要以性愛、創造力或個性去表達內在生命力的強大驅力。從家庭的角度來看，這相位會同時帶來兄弟和姊妹的原型，雖然在家庭經驗中不一定會出現一位異性的手足，但內心關於另一半的主題會驅使個人去建立伴侶關係。當家庭以支持的態度對待欲望、性、親密和自我表達時，能夠幫助個人在親密關係中安心的自我表達；複雜的相位則可能道出家族史中對這些衝動的否定。

## 金星在第3宮

　　金星在第三宮，與姊妹的原型有關，而如果這是由親生姊妹表現的話，這個姊妹會讓我們意識到性愛、吸引力和美感這些金星的特質。成年後的人際關係、財物和價值觀的樣版也根植於與姊妹的關係和早期的女性朋友中。

## 金星在第4宮

當金星在第四宮，個人安全感的基礎中包含家庭對於金錢、財富、自尊、價值和個人價值觀的態度。家庭是早期受到重視、感覺被愛、以及與個人安全感產生連繫或鬆綁的地方，在家庭表面下有著關於性別、女性角色以及女性平等和接納的深層議題。此相位需要深刻發掘姊妹原型，使個人有一個安穩的自我意識。

## 金星在第7宮

從家庭的角度來說，第七宮的金星吸引父母婚姻、手足關係與早期的同伴等主題，藉以指引成人關係世界中的方向。早期與姊妹之間的模式，可能在成年後的關係或涉及姊妹的人際關係中重現。

## 金星在第8宮

在傳統占星學上，金星可能與第七宮主題比較吻合，而當它落在第八宮時卻意外地被削弱了。從心理層面來說，這可能暗示當金星在第八宮時，它的性質是必須將注意力轉移到原本就是不舒適的事物上。由於金星本身與和平有關，它在第八宮中可能需要找出與它相關的不協調與黑暗。當它落在此宮，暗示了它可能從家族史中繼承了與結合、受創有關的伴侶關係，以及與背叛、外遇和三角關係相關的未完成議題，因此對親密行為的逃避也許與家庭情結有關。金星在第八宮的旅程會將個人帶入自我的冥府中，並在那裡挖

掘出家庭過去的伴侶關係和遺產所留下的遺贈。

## 金星在第11宮

　　金星在第十一宮講述了透過社會人際關係，重新面對家庭對待女性及／或姊妹的態度。遠離家庭生活範圍和界線後，我們再度於外界與我們的姊妹關係及家庭態度相遇，而從這個角度來看，我們將逐漸產生理性的認知與接納。

## 金星在第12宮

　　金星在第十二宮，將突顯祖先中的女性角色，這往往是衝突性的原型想要尋求認知和接納。從心理層面來說，某條貶低女性的脈絡可能穿過祖先歷史尋求承認和理解，當此女性議題得到救贖後，也許會得到創造力和生命力的遺產。思考祖先對待女人、自我價值中的女性天賦、藝術、感情和愛的態度，以及這些主題在家庭中被支持的方式。

## 家庭體系中的火星

　　對古老的神話詩人來說，無論是以情人或是親近的手足來看待，金星和火星一直被視為一對伴侶。在家庭中，火星的原型由兄弟型人物所持有，火星賦予家庭中對待男性精神的態度，它代表家庭對於男性角色、賦予男性重要性以及獨立和自我肯定的表現傾向。從現實層面來看，火星可能代表家庭對表達憤怒、接觸欲望、得到自己渴望的事物以及勇氣和被認同等品德所抱持的觀

點。本質上，火星具有競爭性和驅動力，其相位可能暗示這些在家庭文化中的體驗方式。做為情人的原型，火星也顯示在家庭中熱情和性愛的表達方式。

♂/☽　主動和被動的主題被放到不輕鬆的組合上，火星是欲望，而月亮是需求，兩者關注的焦點不同。家庭塑造兩者碰撞的方式，將是影響個人是否能夠清楚表達自己的欲望，或只是被動面對的重要因素。憤怒和愛可能糾纏在家庭環境中，並讓憤怒和熱情的表達變得複雜。

## 火星在第3宮

火星的原型在手足體系中透過敵對、競爭、嫉妒和對抗而被體驗，當火星落在此，手足體系和早期的同輩團體，成為駕馭侵略性和性慾本能的練習場，而當這些受到認同和尊崇時，就可以被引導至有覺知的努力和決心中。

## 火星在第4宮

火星透過家庭尋求表達，當有意識地表達時，自我確定的能力會在不擾亂體系的情況下，增強追求渴望的力量。然而，如果獨立、競爭和憤怒未有效地被表達出來時，衝突和爭執會擾亂個人和家庭的防衛與穩定。個人對獨立性與自由深層的自在感，由家庭經驗所塑造。

## 火星在第7宮

成年後的伴侶會讓我們憶起早期家庭中，關於敵對和競爭的模式。在第七宮的火星將兄弟議題帶入成年後的伴侶關係中，因此，對於擁有兄弟的女性來說，她與兄弟的關係會是之後伴侶關係的重要練習場。這相位也標示出我們的兄弟和家中其他男性，對於我們成年後的伴侶關係做何反應，因此家庭中男性的態度，關係著我們在伴侶關係中是否能夠自在表達獨立性。

## 火星在第8宮

父母婚姻對於欲望和性愛的表達，可能影響個人成年後的伴侶關係的安適程度。性愛與親密交織在第八宮中，根據我們對於這些主題的認知，父母關係是我們初次對此反應的地方。

## 火星在第11宮

早期與手足敵對和競爭的模式在同事和夥伴關係中出現，我們會在社會上再次面對家庭對於理想抱負和表達憤怒的人生觀。手足間未完的競爭和憎恨，可能滲入成年後的人際關係中。因此，第十一宮是我們透過朋友、同事和同伴關係，有意的與家庭早期議題達成和解的「手足社會」。

## 火星在第12宮

第十二宮往往揭示家族史中未被揭露或未被表達的事物，因此，火星暗示的憤怒、性愛和理想抱負，可能未在祖先經驗中受到足夠尊崇。火星在第十二宮的人會被祖先壓抑的重擔壓垮，他的任務是要找回某些更適當地表達獨立性和欲望的方法。

## 家庭體系中的木星

木星透過社會和文化主題影響家庭，例如教育（尤其是關於學術成就和正規教育）、宗教信仰和傳統、家庭哲學（例如倫理、道德、原則和個人價值、跨文化結盟與衝突）以及家庭對於進步、精神上的理想、朝聖和旅行等態度。雖然在傳統占星中木星被視為吉星，但是家庭不一定支持其擴張和整合的渴望——其擴張的熱誠可能被恐懼抑制，跨文化結合的渴望可能被偏見扼殺，而試圖樂觀和理想主義最終也可能以失望和放棄收場。家庭態度和過去經驗幫助個人塑造木星精神，因此，回顧並理解家庭包容此原型的方式，有助於釋放個人的表現，並且是以有意識的覺察而非反叛的方式來表現。

♃/☽　當以擴張為主題的原型與安全感的原型產生對話時，將出現兩種可能性：在自由、冒險和旅遊中存在著安全感，或是對移動及超越個人的安全區感到恐懼不安。關鍵是家庭在探險中對於安全的態度和經驗，而家族史中往往存在著關於移民的故事、跨文化的融合或在原生文化以外的居住經驗。個人在家庭和家鄉的以外探險的自在與安全感，仰

賴家庭對此外來經驗的的包容程度。透過母親的遺傳，
宗教、種族、教育、移民和旅行的主題被帶入家庭氛圍
中。

♃/☉ 兩個充滿力量和英雄感的男性原型的結合，暗示冒險和樂
觀精神，然而，這結合的結果取決於父親的精神如何影
響家庭而定。透過父方家系傳承冒險、探索、超越已知
界限、尋求更高的知識、真理以及精神之旅的主題，因
此，思索這些主題如何被認知與體現相當重要。思考父親
的遺贈可以幫助我們重新建立自我信仰和生命哲學，父親
的家庭背景是支持同時也限制我們對理解力的追求。

♃/☿ 木星與水星的結合，是老么的手足形象。以出生順序來
說，木星可以代表老么，在希臘神話中，它是年紀最小的
孩子，後來成為奧林匹克山的領袖，也就是宙斯，確定了
「最後一個會成為第一個」的說法。但無論年紀大小，家
庭的主軸在於渴望追尋超越家族文化傳承以外的事物，無
論是教育、種族或是道德上的。在家庭的背景中，往往涉
及教育、跨文化的連結或旅行的議題，而這些可透過手足
而察覺。

♃/♀ 木星和金星的相位暗示伴侶關係將與文化領域交錯，以家
庭的角度來說，這或許暗示了跨文化婚姻，與來自不同種
族、文化、教育、宗教或社會／經濟地位的伴侶結合。家
庭氛圍處理這種融合的方式，將影響親密度、感情和愛的
表達。精神性價值是家庭根源的主題——童年時期家庭便
能夠重視意義的追求，並且對生命保持開放態度。

♃／♂ 兩個強勁的男性主題再次結合，彼此的關係就如同是對方的燃料一樣。注意家庭如何應對欲望和侵略的多變情緒，以及想要競爭和成功的人性渴望是相當重要的。家庭神話環繞著履行「正確的作為」以及「做正確的事」這兩個主題，放下對憤怒、權力的理性冷靜態度，找出個人天生的真實面向是相當重要的。不妨想一想家庭的人生觀到底支持還是阻止了個人的行動本能。

## 木星在第3宮

在占星學上，我們傾向認為木星會擴張其占有領域，因此可以思考木星如何擴張手足體系：它如何擴大？以範圍大小、社會背景、跨文化融合、繼手足或是某個比自己生命更重要的手足？當木星落在第三宮，超越我們所熟知的教育、宗教、旅遊和探索主題將影響我們的手足經驗。

## 木星在第4宮

在家庭表層下是建構家庭生活模式的信仰。無論是宗教、信仰、哲學或是道德，往往存在著對與錯的認知，如果其定義變得僵固，個人可能會無法建立自我生命的信仰。因此，思考自己繼承的家庭價值以及它們是否真實，變得相形重要。旅遊、超越文化限制、偏見、移民和社會責任可能織就了部分的家族史。

## 木星在第7宮

家庭信仰、道德和偏見可能在成年後的關係中糾纏不清，跨文化主題可能在我們自己或父母身上出現，挑戰並擴張家庭對外來者的態度。尋找關係與尋找意義彼此糾纏，而這兩者融合的程度，依家庭對自由和探索的贊同或支持度而定。手足對於體系以外探索的鼓勵，也會被帶入成年後的伴侶關係中。

## 木星在第8宮

在此，木星象徵著家庭遺產。我常常聽到一些家庭故事，是關於這些遺產因為賭博、過度沉溺或膨脹不實的事業決策而產生虧損。然而，也有可能是個人在家庭領域以外探索時發現了豐富的遺產。對大部份的個案而言，這種遺產不僅是物質資源，而是受到考驗的思考方法、哲學、樂觀和慷慨等主題，因此個人經常必須超越家庭的界線去尋找自我的態度和價值。

## 木星在第11宮

在第十一宮的木星暗示著在社交範疇中，我們擁有多樣的人際關係，它會擴展我們已經內化的、來自早年手足體系中對同伴的認知。在此社會背景中，我們有機會掙脫童年人際關係中所學到的態度和行為，變得更為開闊，且更具備探索性與追本溯源。

## 木星在第12宮

在家族史中，可能有些宗教理想主義或信仰原則在過去無法被實現，祖先傳承的是信仰的渴望及／或身心的探索傾向，而這種探索無法與現有的家庭態度一致。個人通常會受到祖先靈魂的指引，而這些也將透過個人以信仰、學術或勇敢的方式表現出來。

## 家庭體系中的土星

傳統上，土星與家庭中的父權有關。在希臘神話中，土星是六位奧林匹克神祇的父親，其中之一是之後成為最高領袖的木星宙斯。做為父親型人物，土星不像太陽一樣個人化，反而是專注於社會化傾向中的規則、標準和習俗等在文化中受到尊重的部份。在家庭體系中，土星較容易以獨裁或傳統父母的方式被體驗，而它與其他個人行星的相位動力，往往暗示土星的規則和法令可能首先出現在家庭生活中。此原型是複雜的，因為其本質是陰性，但可能因為打破規則的後果或懲罰而以殘酷的方式經驗，在家庭生活中，它代表界線的建立與權威。土星也是成熟和衰老的過程、對待老人的態度以及對家庭長者的敬重。

ち/☽　土星往往被認為是有條件性的，而月亮則往往被認為是無條件的，因此這組合暗示著規則和規律，與照顧和滋養息息相關。母親與孩子之間的連結往往因餵食或照顧上遇到的複雜情況或困難而被擾亂，當這種狀況發生時，孩子可能吸收母親的緊張；當依附關係變得複雜，愛可能會被認為是有條件，並且得依照是否是「正確」的反應和行為而

定。母親的律法對小孩的安全感有著強勁的影響,使他們產生被認同的渴望,也使他們透過母親的贊同及反應瞭解自己行為的正確性。

♄/☉ 兩個具有影響力的原型結合,所描述的父親是強大獨裁者與紀律執行者。無論如何表現,內在的父親形象都帶有規則和表現的制約,父親的贊同與認同,對於穩定內在自信與建立身分認同的力量十分重要。因此,父親成為孩子定義和建立事業的重要典範,無論父親是否真實地在我們面前,他都會強烈地影響孩子的自信、幸福與生命力的發展。

♄/☿ 做為老者或獨裁者的主題,土星不會輕鬆地與象徵年輕和多變的水星坐在一起,因此在手足體系中,可能出現階級或特權的衝突。這組合可能暗示在手足體系中感到孤獨或被排斥的感受,或者這相位指出一個過度批判、自視過高、抑鬱或被排除在體系以外的某個手足。責任義務可能會透過承擔責任、或過多規則的方式而與某個手足有關,此模式在後期的成人世界中,可能因早期的責任角色而重現。這模式也暗示了手足有可能擔任其他手足的老師、權威或父母的角色。

♄/♀ 自我價值和自尊的發展,受到對於女性的普遍慣例和態度的強烈影響。早期家庭生活中,對於女性角色或女性價值的態度被烙印於孩子身上,因此孩子對於可以被接受的及傳統的方式相當敏感、反應也很激烈,認為自己如果缺乏相同心態的話,就不會被愛。家族傳說和對於女性與關係

的僵化信念，挑戰個人自我價值的發展。

ħ/♂　火星想要行動和追逐一己所欲的衝動被土星的韁繩馴
　　　服。家庭的規則、家庭對於責任的態度和父母對結果的恐
　　　懼，皆影響了此相位的發展。當個人受到指導和訓練，這
　　　組合暗示了相當強健的精神，但是當它承擔過多的嚴格規
　　　定和潛在懲罰時，個人的意志會因此妥協。一般來說，家
　　　庭對於憤怒、欲望和男性主題的態度，將塑造小孩的動力
　　　和決心。

## 土星在第3宮

　　第三宮的土星類似獨生子或較年長的孩子，雖然這不一定是實
際上的出生順序，但小孩會感覺自己過早被賦予克制和責任，而有
一種早期的孤獨感或與他人的疏離感。這往往會因為被手足拒絕的
感覺而更形嚴重，孩子可能會感到必須靠自己，不依賴他人的支
持、鼓勵或友誼。

## 土星在第4宮

　　原生家庭的氛圍受其規則和規範影響，雖然指揮、界線和權威
在發展過程是必須的，父母如何執行和調整這些規則對小孩的安全
感也相當重要。**家庭的界碑是內在安全感的基礎，但是這得依照孩
子將這些視為踏腳石還是路障而定**，土星在此則強調了父母的控
制。

## 土星在第7宮

土星將權威的氣氛帶入伴侶宮位的範疇中，如果家庭中權威的氣氛是僵化和操控的，權力和控制可能成為伴侶關係的議題。土星傾向嚴格的階級制度，在第七宮中，這種父母關係可能會被投射到伴侶身上，將父母和伴侶的角色混淆。承諾在伴侶關係中相當重要，而承諾的堅定或是缺乏，最初會在父母的關係中看見和體驗。

## 土星在第8宮

土星落在代表遺產的宮位可能暗示家庭遺產是個議題──也許沒有平均分配、管理不善或因父母的控制而產生許多問題。在情緒上，這可能暗示父母婚姻在表達親密或感情方面的困難；另一方面也可能指出有限的金錢遺產。然而，其結果卻突顯家庭如何逐漸表達出情緒的親密與金錢的價值。

## 土星在第11宮

童年的孤獨經驗可能在成年後的群體參與中重新體驗。在團體中感到的孤獨感、或認為自己必須為團體中的成員負責的想法，可能重新喚醒早期的經驗。例如：身為獨生子或較年長的孩子、缺少玩伴、被孤立的家庭氛圍、擁有太多兄姊或負擔太多責任。當土星在第十一宮，成年後的挑戰，是需要有覺知的在社會中尋找重視個人智慧和指引的同輩，並得到他們的支持和尊重。

## 土星在第12宮

第十二宮的土星回溯家庭成就的遺產，可能有一個與祖先有關的成功故事，掩蓋了失敗和缺乏成就的事實。因此，孩子往往感到必須為了家庭贏得勝利和成功，走出一條不為自己、而是為了滿足祖先期望的道路。個人對於家庭的期待相當敏感，並努力的想找出自我的權威，建構自己真實的人生道路。

## 庭體系中的凱龍

在天文學的角度，凱龍並不是行星，但做為星空中的流浪者，它符合了古代行星的傳統。就像大部份從事諮商的占星師，我在凱龍身上看見其他行星不一定擁有的特質面向，並發現它的重要影響。從許多角度來看，凱龍處於行星群的邊陲，同樣的，它在家庭體系中也感到身處邊緣，這種體驗可能是透過家庭感到身處社會之外、或某家庭成員感覺自己是家庭體系的外人。**凱龍是難民、被錯置的人和孤兒的原型，它也把受傷和治療的主題帶到家庭中**，而其相位可能指出祖先的傷痛或個人在祖先體系中的療癒之旅。

♀/☽　凱龍跟月亮形成的相位，將統合情緒防衛的基本需要，以及受傷及治療的主題。月亮的傷痛會指向早期與母親的關係以及阻礙我們的安全感和歸屬感的家庭體系，母親可能因為繼承祖先的邊緣感或無法融入的痛苦，因此，孩子會體驗到她受到拒絕而產生的孤立感或抑鬱。產後抑鬱或家庭困難可能意指母親失去了跟小孩的連結，而母親對照顧者的角色所感到的矛盾，也許在懷孕期就已經產生，並使

孩子在情感上失去支持，甚至將孩子捲入母親對於生命所感受到的錯綜複雜的情緒中，而透過家庭去運作體系中錯置和局外人的主題。

♂/☉ 當太陽和凱龍結合，我們可以想像在成長期中，與父親和其他太陽型人物的關係所產生的家庭傷痛。這相位也指出父親的傷痛和邊緣感，他的精神也許受到生活的衝擊，而這種氛圍阻礙他人與他建立連結的能力，因此也可能傷害到個人做自己的自信、對自我身分認同的自在、以及以創意和坦蕩的方式去表達自我。然而這相位也可能暗示養父或導師型人物協助療癒我們與英雄性自我的關係，這是我們在家庭體系以外遇到父親關照的地方。

♂/☿ 凱龍與水星的相位會統合邊緣化的主題與手足故事，這可能暗示在手足或家庭體系中被疏離、或感到無立足之地，之後這可能會以同輩社群中的邊緣感再度展現。凱龍也象徵受傷與治療，而這也可能已經在手足體系中得到體驗，在現實層面中，這主題可能暗示手足身心的缺陷、繼手足、或因為死亡或家庭分裂而與手足分離。

♂/♀ 家庭突顯女性所受的傷害，這將影響家庭對女性價值、性愛和女性角色的態度。過去家庭可能曾經貶抑女性地位，這塑造了之後的人際關係、家庭中姊妹以及與其他女人的關係。

♂/♂ 害怕受傷的恐懼平息了行動的欲望，這種恐懼也許存在於家庭氛圍中，使孩子意識到不要自主行動或者冒險，以免受傷。家庭的傷痛指向表達憤怒和理想抱負、以及努力爭

取一己所欲的火星，這渴望和意志可能曾經受到傷害，並在孩子的好奇心和自發性上留下陰影。

## 凱龍在第3宮

當凱龍在第三宮，家庭主題包括被領養或被放棄的手足、過繼或同父（母）異母（父）的手足——某個不完全屬於手足體系的人，或者可能產生分裂。同樣地，這可能並非現實層面的展現，而是感到被錯置和無法適應體系的感覺，這也可能暗示家庭中手足之間的溝通可能會有點困難。

## 凱龍在第4宮

當代表局外人的原型出現在代表家庭的第四宮，個人可能會覺得自己是原生家庭的外來者，或者他成長的家庭是當地文化的外來者。家庭的氛圍可能因為被邊緣化而受到影響，無論是文化、種族或是經濟的邊緣化，並且也將對孩子造成影響。這同時也暗示錯置、收養、移民、失去家庭或家鄉的主題，可能對個人的安全和穩定發展帶來影響。

## 凱龍在第7宮

當凱龍在第七宮，個人可能容易被一些身處邊緣、被錯置或受傷的人吸引，此種與他人的傷害和傷痛產生連結，以及處理他們渴望治療和幫助的方式，最先會反映於父母關係中，這也將彌補手足之間的邊緣感和傷痛。

### 凱龍在第8宮

家庭的遺產可能以各種方式受到影響，但是潛在的共同點是與家庭的錯置和動盪有關，也許移民、離婚、分離和失落，產生了家庭的情緒遺傳和遺產。

### 凱龍在第11宮

凱龍落在第十一宮，容易在之後的同事及夥伴關係中再度感受到早期被邊緣化的感覺，但是家庭的傷痛也剛好能夠在這些關係以及與親密友人的關係中得到修復。朋友和夥伴可以治療與他人失去連結的傷痛，並且有助於重塑早期格格不入的感覺。

### 凱龍在第12宮

在集體潛意識中，凱龍的主題可能承擔的是外來者、傷痛象徵的形象，也許是一位導師或治療者。無論此主題如何呈現於外界，受傷和療癒的模式皆來自於祖先的傳承。家庭背景中，也許存在著由移民、遣返、收養、放棄、不明的心理失常等所產生的未被療癒的傷痛；個人對於祖先遺傳中未被處理和未被療癒的事物相當敏感。

## 家庭體系中的天王星

個性和獨立都是天王星在家庭體系中的重要標誌，天王星與內

行星的相位揭示了歷險、冒險和在情緒上自給自足的渴望，無論這些主題是否呈現於家族史中，它們都想被賦予價值和受到體驗。驚喜和意外的改變可能是家庭面貌的一部份。天王星往往會伴隨調整和分離，它與內行星的相位暗示在家庭氛圍中，可能經歷過改變或分裂。因為渴望切斷連結變得獨立而非依附和連繫，因此這原型往往是以與家庭生活產生對立的方式而得到體驗。

♅／☽　天王星對自由的渴望與月亮對依賴的傾向不一定能夠協調，因此，我們可以懷疑在母親和她的家族中存在著傳統和不願墨守成規的角力。這相位往往帶出母親的祖先可能曾經活過不一樣的生命、曾經是積極尋求平等和自由的一分子，因而留下了跟女性智慧和原創性相關的遺產。然而，過去世代的女性可能尚未活出這種特質，她們為了母職而放棄對獨立和教育的渴望。

♅／☉　天王星將非凡和不尋常的特色帶入父親原型，從符號的象徵意義來看，父親可能不遵循傳統、或選擇了獨特的事業或人生道路。父親的遺產可能受到切割，或是過去的分岐及分裂，使他與原生家庭產生分離，因此，想要發光發熱與想要成功的意志與精神可能受到阻斷。家庭中的父親可能帶著切斷連結的模式，然而這也暗示了獨立與原創身分的遺產。

♅／☿　個性、不遵循傳統和自由是天王星的遺產，因此它將此影響帶入家庭的手足故事中。我們可能在手足關係中初次體驗獨立與個性，但另一方面手足也可能是遙遠、疏遠或冷漠的人。這個組合將人類的獨立與分離經驗帶入手足體

系中。在此關係中，我們學到關於自我的獨特和獨立，這也可能暗示了多種體系的經驗，例如同父（母）異母（父）手足、繼手足、混合家庭等。

♅/♀ 非傳統的女性脈絡交織於家庭故事中，因為這兩顆行星的結合暗示對獨立女性的重視和尊重，這些最早是出現在家庭環境中。另一方面，也可能因為缺乏獨立和冒險的價值，因而欣賞自由與另類關係。家庭中女性特質與性愛的遺傳具有獨創性，有時甚至是非傳統或前衛的，家庭對金錢和價值的態度也是非傳統的。

♅/♂ 兩個原型都屬男性傾向，因此也代表了家庭對男性特質與男性角色的態度。歷險、成為先驅、競爭心和勇氣的主題可能透過家庭傳承，而如果這兩個原型的結合受到家庭壓抑時，它可能指向與家中男性有關的意外、敵意和侵略；與兄弟或叔伯之間的不尋常關係、某個非典型的的兄弟型人物，可能也是家庭樣貌的一部份。

## 天王星在第3宮

天王星突發和意外的特質可能影響早期包括手足的同輩關係，無法預期在手足之間會發生什麼事，可能是突然的分離、感覺被遺棄或不尋常的關係潛伏在這種恐懼之中。而對於關係本身所隱藏的緊張情緒，也許會被帶入成年後的人際相遇中。

## 天王星在第4宮

　　在家庭體系的理論中，這結合可能指向疏離的家庭氛圍，而這家庭氛圍相當強調個性和分離，而不是親密。父母或其中一方曾在家庭體系中經歷分裂、離婚或分離，並影響了他們對家庭結構下的安全感。對獨立和個性的渴望，以及與過去的分裂和分離，潛伏在家庭生活的安全感和運轉之下。

## 天王星在第7宮

　　關於兩個獨立和分離的個體如何組成一個互信和安全的關係，將最先被見證於父母婚姻關係中。是否分離將導致離婚或是在伴侶關係中打開新的可能性？在手足關係中將體驗到關係中的獨立性，而這些經驗也會被帶入第七宮的成人關係中。

## 天王星在第8宮

　　做為獨立的原型，天王星在此與親密有關的領域中極不舒適，因此，這可能暗示早期父母婚姻中的分離或緊張的經驗。然而，這裡也是家庭遺傳的領域，由於過去的分歧或分離而逃避親密關係，可能是某種繼承而來的模式。這也可能暗示了預期之外的遺產，或是父母或家族史中的意外發現。

## 天王星在第11宮

當天王星在第十一宮，曾受到家庭否定或缺乏的自由和自主，現在可以透過社會、與他人的關係中發現。

## 天王星在第12宮

天王星是無法預測甚至令人驚訝的，因此這可能暗示無預期的發現了祖先的過去。在家庭主題方面，這暗示在家庭體系中所突顯的獨立、解放和平等，個人可能感覺迫切渴望想要為家庭表達出此種獨立主義的熱情。在祖先的歷史中，分開、失落和裂痕可能打斷了家族的持續性。

## 家庭體系中的海王星

海王星暗示家庭的理想是重要的，即使實際上可能不甚完美，創意、精神性和對其他人的高度敏感都是海王星的家庭生活面向，對情緒的理解、對家人與整體社會的同情以及服務他人的渴望，某程度上都是祖先環境的一部份。然而，家庭中也有很多沒有說出口的規則、理想和期望，並對安全感帶來巨大的影響。當涉及到海王星時，糾纏不清、犧牲、放棄和疾病的主題將為家庭氛圍增添色彩。

♆／☽　當兩個最有同情心的原型結合，可能召喚出強烈的想像力、幻想和期望。以母親的角度來說，這可能暗示了母親自己的夢想和願景、還有她做為母親的角色。孩子對母親

的期望相當敏感，並很想要讓她的夢想成真。家庭中可能會有被動或無法確認的疾病的模式出現，這代表過去的失望和無助，另一方面，創造力和精神性的遺傳也可能是母親才華的一部份。

♆/☉ 海王星看不見的模式可能與父親有關，例如一個消失的父親、一個情感上不存在或是精神上在其他地方的父親，或是他能夠成為他人的救世主和英雄，卻無法拯救自己的家庭。父親也可能被理想化以彌補這種失落。這也暗示想像力和精神性可能與父親的遺傳有關，因此，想要表達這些啟發的渴望，將影響個人的自我認同。

♆/☿ 海王星的領土是廣闊的海洋，而這主題彌漫於手足關係中，在某層面上，這暗示了關係的多面性和無界線，但另一層面上，這也暗示了缺乏界線的人際關係。我們在人際關係中，最先透過複製或模仿手足，學會犧牲自我認同，我們可能會將手足理想化，但這可能也暗示了患病或遇上麻煩的手足。不管是哪一種方式，都會讓我們覺得自己沒有被看見。成年後，為了解開手足之間的糾結，反而造成手足之間的隔閡。

♆/♀ 這些強勁的女性原型，對於家庭女性及其家庭地位相關的事造成影響，從加以理想化至有害的影響皆有可能；無論是哪一種，家庭的女性角色都可能受到這些認知的限制。女性為家庭承擔創造力和精神性的衝動，當這些衝動被否定時，女性價值會受到貶低甚至忽視，使女性容易不被看見以及受到誤解。然而，當家庭體系包容了這些價

值，則可以預期在家庭體系中出現具啟發性、想像力和富
足的女性。

♆/♂ 家庭中的憤怒模式可能與文化或精神性理想產生衝突，因
此孩子可能學會不去認清自我的感受，為了避免衝突而將
之犧牲，或者選擇原諒他人。這種學習而來的行為削弱了
家庭體系及其成員，令孩子不知道自己想要什麼或覺得若
有所失；個人被削弱生命力或缺乏生氣的狀態，可能被捲
入未被辨識或未說出口的家庭模式中。

## 海王星在第3宮

海王星理想化和混淆的傾向，透過手足關係被帶入早期的家庭
環境中，無論那是自己的手足或父母的手足，這也許暗示體系中存
在誤解或犧牲。誤解可能產生隔閡，某個手足犧牲自我，無私地保
護另一人，則可能會導致糾纏不清或使二人漸行漸遠。

## 海王星在第4宮

當海王星在第四宮，家庭氛圍可能充滿着夢想、願景和理
想，卻在每日的家庭生活中流逝。父母在家庭生活中期待的是什
麼？而孩子在此家庭氛圍中吸收了多少？家庭所遺傳的可能是其中
某種創造潛力及靈性覺悟，但這也可能是受到幻覺、欺騙和不真實
的信念所影響。妥善的引導小孩的幻想力，使他們的信念變成想像
力和創造力是相當重要的事。

## 海王星在第7宮

伴侶關係具有強烈的浪漫理想性，因此可能會存在與父母關係或其他關係有關的家庭神話，這些與完美關係有關的浪漫理想故事，可能掩飾了關係建立的痛苦和失望。

## 海王星在第8宮

海王星嚮往理想，而當它落在第八宮，將專注於理想的另一半，而此理想的另一半可能由於各種原因而無法獲得。就像在第七宮一樣，這位置道出了在父母關係或家族史中，與伴侶關係有關的家庭悲劇。家庭背景中可能存在謎團和陰謀，或是感到某些事物的失落或缺席。家庭遺產包括了此種家族檔案中的失落與錯置的幻想。

## 海王星在第11宮

當海王星在第十一宮，如果家庭建立了適當的界線與一致性，便有助於我們辨識人際關係中的幻覺與現實。我們的夢想和理想，在社會秩序、非個人世界中受到考驗。當海王星在第十一宮，我們透過友情找到靈魂伴侶和精神上的同伴；而在家庭中尋求的創造力與信仰，現在可以藉由在社會中的追逐來獲得。

### 海王星在第12宮

當海王星落在其管轄的宮位中，將感到沒有界線也永無止息，在家庭背景中，這可能暗示了尋找祖先記錄、事跡和資訊的過程中，可能籠罩著不確定和誤解。但在家庭靈魂深處其實潛伏著過去的想像與詩歌，個人可以自然地透過音樂、藝術或精神性將它們表達出來，當這些過去可以保持其神祕性，祖先將成為引導美感和神聖主題的繆思。

## 家庭體系中的冥王星

冥王星與隱私、祕密有關，所以當它落入其中一個與家庭有關的位置時，它會象徵家庭體系中的祕密，也可能揭示家庭記事中隱藏的悲傷、未被認知的失落、未被接受的哀傷或不被容許的感受。冥王星並非永遠以這種方式展現於家庭體系中，但一般來說，它會將其領域中的禁忌、悲傷和權力鬥爭帶入家庭氛圍中。

♇/☽ 當冥王星與月亮形成相位，母親或母方家系可能背負著家族的祕密，母親甚至可能隱瞞了這個祕密，而母親本身也是由她的母親或祖母早期所暗藏的家庭檔案所塑造，在占星學上，我們假設該祕密沿著母方家系一直遺傳下來。另一種模式可能是母親所背負的失落和悲傷，影響了個人的安全感和依附程度，也正是這些家族史，對我們的連結感和情緒上的安全感帶來了影響。

♇/☉ 當冥王星與太陽產生相位，在占星學上我們假設此相位涉

及父親與其家系，這暗示著某個與父親或其家系有關的祕密，可能是一個相當有力或完全無力的神祕父親或父親型人物，此家庭故事會影響我們的自信和自我表達，也會影響我們的自我認同。

♇/☿　當冥王星跟水星形成相位，失落和悲傷的主題會與手足故事產生關聯，例如某個未被哀悼的手足或是未被認知的失落，或者一些被打破的禁忌或祕密，以某種方式與手足體系有關。例如非意願懷孕、只有某些手足才知道的祕密、或是某個死去的手足，無論該碎片是什麼，都將幫助我們建立溝通和參與的自由。

♇/♀　金星跟冥王星的相位顯示了透過與家庭女性──也許是姊妹型人物──的關係而被挑起的強烈感受，這些強烈的感覺可能集中於嫉妒、羨慕或背叛，祕密的戀愛、熱情的關係或被否定的愛，都可能影響父母或家庭其他人的關係。這也可能暗示了被家中某個女性背叛的感覺，以及家庭對價值、金錢和資產的態度。從女性角度出發的性愛和權力、愛和欲望、美感和價值等主題在家族史中很重要，這些主題在過去受尊崇的程度，影響了我們對此原型以及為我們實現這些主題的女性的態度。

♇/♂　這強勁的組合使我們留意與兄弟型人物的關係，例如叔伯、家人的朋友等等。這可能暗示著家庭中兄弟之間的權力鬥爭，或是家庭對待男性的態度強烈地影響到個人。關於競爭和得勝、侵略和指導、戰鬥或逃跑的男性故事，在家族史的背景中都是重要考量，過去這些主題受到尊崇或

貶低的方式，影響我們對此原型，以及為我們實現這些主
題的男性的態度。

## 冥王星在第3宮

在第三宮中，冥王星暗示了關於手足的祕密或是手足所知道的
祕密，甚至是除了某手足以外其他人都知道的祕密，或是被迫保守
祕密的手足體系。手足關係或是早期的同伴關係中存在著激烈的情
緒，其原因可能是早期所發生的危機或失落。

## 冥王星在第4宮

第四宮的冥王星指出影響安全感和誠實度的家庭祕密，這祕密
可能未被察覺，但神祕的感覺已滲入家庭的氛圍中。這也可能暗示
某種關於失落或悲傷的模式影響了家庭的穩定性，某種關於死亡或
性慾的壓力彌漫於家庭中。冥王星的模式會透過防衛和安全感基礎
所在的第四宮，被帶入家庭領域之中。

## 冥王星在第7宮

第七宮的冥王星描述了某些在父母婚姻中未被發現的事物，或
是關於在父母之一的生命中，因為曾經失去重要的另一半而影響到
他們的伴侶關係。透過他們應對危機以及處理二人之間誠實和忠貞
的方式，顯示出父母關係對孩子的影響。

## 冥王星在第8宮

在第八宮，冥王星可能暗示來自過去、與親密有關的祕密或是影響家庭的遺產，也許是影響父母婚姻親密度的背叛或失落感。冥王星落在自己管轄的宮位中，暗示人們「打開家庭的衣櫥」，裡面可能有某些已經準備被釋放的禁忌，更深入的挖掘家庭內層，將可能發現隱藏的資源和財富，並可以將它們帶回表面。

## 冥王星在第11宮

第十一宮的冥王星可能描述某種社會禁忌，可能是在家庭範圍之外組成、並確實影響家庭氛圍的某個神祕結盟。透過朋友和同事而體驗的失落和悲傷，可能觸發早期原生家庭的傷痛。

## 冥王星在第12宮

當冥王星漂流至第十二宮，暗示了埋藏在家族史中的祕密和恥辱的陰影，這可能是關於家庭紀事中未被表達的悲傷、未被認知的死亡或是被打破的可恥禁忌。生與死往往與冥王星糾纏在一起，而這些生死事件可能是祖先環境的一部份，研究家族史可能是承認過去的鬼魂並使它們安息的一種有意識的方式。

請記住占星符號是如何運用各種方式展露出它們的意義，行星還有其他可能展現家庭模式的微妙方式，例如：

• 守護其中一個結束宮位（第四、八或十二宮）

- 守護其中一個關係宮位（第三、七或十一宮）
- 守護第十宮
- 行星落入與家庭議題有關的星座，例如雙子座（手足議題和經驗）或巨蟹座（家庭議題和經驗）

## 家庭的月亮

月亮是家庭的強力主題，因為它代表了祖先遺產的模式和個人命運中屬於本能部份的情結，它也暗示了家庭可提供的依附程度與連結的緊密性，我們可以分成三種不同的方法，從家庭角度來看月亮的相位。

### 1. 內行星跟月亮的相位暗示了原型在家庭中被體驗的方式。

⊙ **太陽和月亮的相位可能描述：**
- 與父親有關的「神祕參與」，你認同父親安全感的強烈程度
- 父母的情緒氣氛和互動程度
- 父母的婚姻
- 父親家庭的遺傳
- 父系傳承下對女性的態度

♀ **金星和月亮的相位可能描述：**
- 與姊妹的關係
- 家庭對待女性的態度
- 家庭對價值和價值觀的看法
- 關於金錢、財產和伴侶關係的家庭故事

♂　**火星和月亮的相位可能描述：**
- 與兄弟的關係
- 家庭對待男性的態度
- 家庭的侵略模式和憤怒的表達方式
- 關於冒險和欲望的家庭故事

☿　**水星和月亮的相位可能描述：**
- 親屬與家庭成員之間的關係
- 家庭的凝聚力、連繫和延伸
- 手足的故事
- 家庭對於學習的態度

**2. 社會行星跟月亮的相位暗示家庭中的社會、文化條件與經驗，家庭的社會規範自然地影響了個人。**

♃　家庭的道德和信仰影響了安全感和歸屬感，這包含家庭對於以下主題的態度：
- 公民法
- 道德
- 哲學和宗教
- 教育的期望
- 國外旅遊與居住

♄　家庭的標準和規則影響了依附感和安全感，這包括了以下主題：
- 自然法則
- 界線和控制

- 權威、聲望和地位
- 關於成功的傳說
- 傳統
- 對於表現的期望和表現出來的角色

**3. 外行星跟月亮的相位，將特別揭露來自於家庭的過去，並影響個人成長的創傷、壓抑、被埋藏的悲傷和恥辱，這些都是家庭命運的古老痕跡。**

☊ 感覺自己是家庭體系和一般體系的局外人，這包括了以下主題：
- 家庭的傷痛
- 養育、放棄和領養
- 失去精神
- 被剝奪權利和邊緣化

♅ 家庭中的個性和自由影響了建立依附和安全感的能力，這包括了以下經驗：
- 打破傳統
- 脫離關係
- 家庭的分裂
- 中斷連結

♆ 理想化和犧牲都是影響安全感和親密度的主題。
- 幻覺和理想的失落
- 犧牲和糾纏不清

- 精神性的價值和創造力
- 家庭中消失的、失去的和未知的事物

♇ 家庭的祕密和恥辱可能是家庭面貌的一部份，這部份可能無意識的影響我們的安全感和歸屬感。這包括了：

- 否定
- 漠視和虐待
- 愛的力量或是權力的愛好
- 操控
- 悲傷、失落與及未完成的哀悼

因為月亮的連結和依附範疇，對於家庭和個人發展來說極為關鍵，我們將更深入地探討其細節。

Chapter 3

# 依附關係：月亮的傳統

它從你的家庭開始

但很快就會改變你的靈魂

——李歐納・柯恩（Leonard Cohen）, Sister of Mercy

## 月亮的遺傳

家庭從一開始就存在，無論命運如何安排，家庭都是建立最早
的人際關係、踏出第一步、並最先與他人產生依附經驗的地方。依
附或是穩固連結的經驗，對於是否能夠在家庭的界線外安心探索人
際關係有著決定性的影響。如果你曾經歷一段安穩的依附關係，那
麼便能確定主宰環境的感覺，並可以更加察覺到安全感，也能更清
楚自己是被愛的。依附是每日透過不斷參與家庭的日常生活以及歸
屬在家庭範圍內、並在其中付出關愛而發展出來，在安全巢穴的庇
護以及自我受到足夠保護下，更強大的自我和歸屬感將透過掌握個
性而發展出來。在完美的世界中，家庭母體將支持和保護自我。

霍華・薩司波塔斯（Howard Sasportas）在其著作中將探討占
星學月亮隱喻人際關係的章節命名為「初戀（First Love）」[30]，標
題靈感來自瑪姬・斯卡芙（Maggie Scarf），當提到母子連結時，
她提出這樣的論點：

但正是生命在這種「初戀」的關係中，不成熟的人類才能為了

---

30 麗茲・葛林（Liz Greene）&霍華・薩司波塔斯（Howard Sasportas）：*The
Luminaries*, Samuel Weiser, Inc.（York Beach, ME: 1992）, 51.

日後的戀愛關係而發展出天生的樣版或模式。[31]。

　　運用此種表達，霍華‧薩司波塔斯將我們的注意力引導至本命月亮如何揭示母子連結、以及最初關係中所體驗和內化的安全感。我們成人依附的藍圖在此早期連結中已被設定，因為月亮是盛載童年時感情、連結、溫柔和溫暖以及所有其他與情緒狀態有關的記憶容器，無論那相關狀態牽涉的是希望、恐懼、喜樂或是失望。「母愛」是月亮的重要面向，而在探討本命月亮時，我們能夠瞥見並更清楚理解到一些本能性和潛意識的反應，這些反應被我們帶到成年生活的依附和親密生活中。

　　做為最早的感受和反應的象徵載體，月亮載有我們從最初的連結儀式和家庭經驗中所感受到的經驗，以及所有在家庭氛圍中所吸收到的印象。月亮依附的影響可能是各式各樣的，範圍從愛和安全感的內化到被拒絕或遺棄的內在感受。雖然月亮暗示著個人的內心世界，卻經常受到過去（往往是祖先和家庭）充滿在家庭中的感覺所影響；因此，月亮對嬰孩有著最重要的影響，也是我們內在嬰孩的象徵。家庭氛圍和我們與照顧者之間的連結影響了早期經驗，因為這些時期的記憶是在我們擁有說話能力之前，甚至是在胎兒時期，因此月亮的內容是幻想性以及感覺的回應。情緒氛圍的改變也許被認為是一種不安全或不穩定的感受，尤其當家庭的氛圍被破壞的時候，這些都會被月亮吸收。生存、依賴、安全感和防衛心、滋養和無助感都是環繞著月亮原型的議題，因此，在成年生活中，這些議題皆可能受到星盤中二推月亮的移動或行運觸及本命月亮而啟動。

---

31 瑪姬‧斯卡芙（Maggie Scarf）：*Intimate Partners: Patterns in Love and Marriage*, Random House（New York, NY: 1987），78.

心理學理論詳細的紀錄了母親的連結對嬰孩的情緒安全感與社會適應所帶來的心理動態特徵，以及這些如何影響其他人際關係中親密度的維持。其中特別有趣的是依附理論，探討母子連結的早期領域，這是由瑪麗・安斯沃思（Mary Ainsworth）和約翰・包比（John Bowlby）最先提出的，《安全的基礎》（A Secure Base）——這個與月亮有關的詞彙是約翰・包比其中較受歡迎的著作[32]。包比在書中概述了他的依附理論，基本上假設了安穩的連結可以發展出個人在家庭界線之外探索的能力，也就是幫助我們開創家族以外的人際關係，依附理論的前提是假設個人經驗到某種強大的安全感，就能夠更容易去掌控環境。

月亮作為一種多層次的象徵，是最個人也最深入的占星符號，其快速的運行速度，繞行黃道一周只需要27.3日。在占星學上，我們以各種占星學上的可能變化去體驗月亮，使我們感受月亮的特質，那些深刻象徵習慣性和本能性的內在事物，紀錄著我們最早期的感覺印象。它在家庭體系中相當重要，因為它暗示了早期生活和家庭的氛圍、滋養和連結程度、以及在安全的氛圍中感到被支持與包容的能力。由家庭的背景中，我們可以藉著許多方式去思索月亮，以下是一些月亮遺產以及它對我們成長產生影響的思考方式。

---

32 約翰・包比（John Bowlby）：《安全的基礎：親子連結和健康的人類發展》（*A Secure Base: Parent-Child Attachment and Healthy Human Development*），Routledge（London: 1988）. 約翰・包比和瑪麗・安斯沃思是描寫依附方式的先驅。

## ・依附的人和照顧者

依附是情緒安全感和內在安全感發展的早期經驗，母親通常是我們第一個建立依附的人，但是在某些複雜的情況下，另一個照顧者可能成為我們依附的人，例如養母、父親或代替母親的人。月亮的星座和相位將引發依附的主題，並影響孩子童年與家庭產生連結感受的方式，這有助於建立情緒安全感的根基，並可以在往後的親密關係中重新觸及這部份。月亮蘊含著我們依附照顧者以及之後的親密伴侶而體驗到的安全感和滋養，某程度上，我們可能將月亮視為初戀，並成為建立生命其他依附的立足點。

## ・安全型依附、連結以及分離的能力

分離與連結有著密切的關係。分開卻不傷及情感的能力是安全型依附的結果，因此，當一個人感越到安全，就越能在不帶負面情感或想法的情況下分離而獨立。月亮的相位揭示安全型依附卻能成功的與他人分離的傾向，月亮提醒了我們依附、連結和分離的情況下可能發生的複雜情況，這影響到我們內在、甚至延伸至外界能否感到安全和安穩的能力。早期生命經驗中安全依附的程度，將影響成人生活中與他人建立連結和分離的方式，月亮的緊迫相位可能指出了依附的困難以及親密與連結的感受能力。

## ・與愛有關的首要行星

月亮作為母愛，暗示了被愛的經驗以及感覺被愛的能力，從占

星學的角度來看，這發光體象徵了我們身體與情感安全感的最原始基石，這是青春期的形成基礎，隨之而來的是由金星所代表的成人愛情。因此，月亮充實並支持整個青春期開始直到成人生活的金星發展；月亮作為最早期人際關係的樣版，鞏固了金星原型的進程與成熟。

### ·代表家族體系的月亮

月亮代表女性祖先的體系，也就是原生家庭以及祖先中的女性；這不單暗示了家庭背景中女性的遺產，還有這些女性所承擔的感覺經驗。月亮相位揭示出家庭對於女性的態度，特別是對於母職、照顧的態度以及其他親密女性的議題。二推月亮標示了家庭生活循環、其女性成員的改變，以及家庭成員共享的情感經驗；在這種方式下，二推月亮就像是家庭生活的氣壓計，它往往與祖母、母親和女兒有關的世代體系中所發生的情緒變化同步。

### ·家庭氛圍

月亮的相位、宮位和星座、以及落在第四宮的行星，象徵了家庭氛圍。我們可能將家庭氛圍視為情緒和情感、感受的表達、家族感情和連結的程度以及家庭母體中根深蒂固的模式和情結，我們可以透過檢視月亮，挖掘出那些孩子潛意識所吸收的模式。家庭的氣氛或處境模式包括了精神特質、法律、態度、價值、道德以及父母家中明顯或潛在的期望。在人類學中，參與部族潛意識的經驗被視為是神秘的，正是這種「孩子在原始無意識中對父母的認同」或神

秘參與，「使孩子感知父母的衝突，就像是自己的麻煩一樣」[33]。

## ·原始感受、學語前的感覺生活、感受的記憶

　　月亮的相位幫助我們去想像學語前和出生前的感受和影像，甚至是胚胎時所經歷的感受或印象，這些主題不一定是字面的意義；然而，反應和反射透過身體感官和反應、夢想、願景、回應、疾病等等承載，這些月亮感受都與母親或當時家庭氛圍中的情緒糾纏不清。月亮紀錄了所有我們曾感受、渴望、品嚐、觸摸、聽過和嗅過的事物，並把這些心理記憶儲存於身體中。當二推月亮在人們廿七到五十五歲期間展開其第二次循環時，往往會將這些早期被否定或壓抑的感覺挖掘出來，而這些往往是家庭面貌的一部分。

## ·安全的基礎：我們如何防衛和保護自己

　　月亮象徵了我們最深層的情緒模式，並反映了我們如何建立保壘和保護自己。就如同之前所討論過的，這樣板被安置在較早的童年中，並透過家庭之外的人際關係而重現並重新處理。思考我們對於歸屬感的感覺、在現實家中的舒適感、如何建構自己的巢穴和生活空間、飲食模式以及日常習慣，有助於揭示月亮安全機制的有效性。

---

33 榮格（Carl Jung）：*The Collected Works of C.G. Jung,* Volume 17: 217a.

### ·家園、家鄉和家庭周圍

　　月亮是家，是為了滿足安全所需的外在符號，月亮的相位描述了家庭的需求，從而反思我們的內在需求；這是我們尋找的歸屬感，因此月亮相位顯示了我們如何支援自我需求。月亮作為一種象徵符號，與家園有關，無論那是指國家或是原生家庭、家庭本身、象徵性的家庭或是我們感到最舒適和最安心的地方；改變住居、離開家庭範圍或家鄉、歸屬感和安定感都是月亮的本質。

　　月亮的遺產幫助我們思考如何真實地與他人產生依附，以及需要甚麼才能感覺安心，雖然這裡的需求不一定是家庭經驗，但在成年後的人際關係中，家庭經驗對於重新照顧自我的這部份十分重要。雖然月亮所象徵的可能是外在世界的歸屬感、家和安全感，但它最終所揭示的是如何在自我深處中尋找撫慰和舒適感的真實方法。月亮星座描述了如果想要安全的建立依附的話，所需要的是甚麼。本質上，月亮永遠都充滿童心，因此，在成人的世界中，認知這些月亮的需要是相當重要的，使它們不會下意識的被轉移到之後的人際關係中，並期待朋友和伴侶去滿足這些退化的需要，而未被滿足的月亮需求將產生依賴感。月亮星座的特質反映著需要家的感覺，以及與別人同住時可能顯現出來的需求。把個人習性、習慣和日常規律帶到成年後的人際關係是月亮的功能之一，其中一個理解你的月亮遺產的方法，就是從思考月亮星座開始。

　　**月亮在牡羊座**：暗示了愛和玩樂是不可分割的，換句話說，當關心與愛伴隨冒險和玩樂出現，依附自然會建立，俗話說「如果你愛我，就跟我一起玩、一起開心，但不要控制我。」這暗示了當依

附的界線是安全而寬鬆的時候，關係就會有更多的空間。當孩子想要表達、表現好奇和問個不停時，孩子會接收到被愛和被關懷的感覺。雖然躁動的情緒可能逼近臨界點，但只有在孩子的需要被阻擋或被威脅時，它才會爆發出來。因此，月亮在牡羊座的人們可能會對情緒頗為熟悉，因為當他們仍是孩子時，可能曾經多次不被允許以自己的方式行動、被大喊「不」加以阻止或需要等待時曾經大發脾氣。**家庭關係是妥協、耐心和保持情緒狀態的訓練場，在家庭的環境中，我們也首次學會競爭、成功與失敗。**

**月亮在金牛座**：舒適感、安穩和身體需求被滿足等，都是建立連結的前奏。傳統上，月亮在金牛座得利，因為這土象星座所代表的沃土、富饒山谷和甘美果實滿足了月亮的需求。當月亮落在金牛座，使它強烈的與土地產生連結，突顯創造舒適感、感到被照顧、安定和愉悅的需求；金牛座符號的有力牛角正是馴養月亮需要的主題，因為能夠駕馭和馴服強壯的公牛，代表能使遊牧生活變得安定。小孩需要安定和安全的基礎，金牛座掌管感官，暗示當孩子被縱容和滿足時就會感到舒適，無論那是透過味覺、**觸覺**、嗅覺、視覺或是聽覺。對生活中的身體儀式感到舒適，對於自尊和個人價值的發展相當重要，當這些主題未被妥善處理，羞恥心可能會被內化，小孩為了感到舒適可能會以食物或所有物的過度補償，透過與舒適、安穩的有生命或是無生命物的關係，產生更強大的依附感。

**月亮在雙子座**：孩子在回應人際關係的連結前，需要有呼吸的空間，無論是身體、情緒或是心理的空間都相當重要。諷刺的是，成年後他們感覺需要離開、疏離的去看清楚一段關係，而當他們還是孩子時，他們需要先感覺到開闊的空間才能夠感受依附的親

密。就像在其他風象月亮一樣，月亮在雙子座有著一個複雜而困難的心理功課，因為情緒安全感的驅力經常受到分離傾向影響，某些此月亮位置最早期的感受記憶可能包括天生的分離感、空間與距離感、或是奇怪的錯置感，以及被隔絕於所在地或安居處之外的距離感。當我們還是孩子時，分離和親密這兩極是透過多樣性、移動、聲音、光線和玩樂連結的，長大後，此二元性則由對話和溝通連結。當小孩感到窒息或無法自由行動時，人際關係的連結可能會引發焦慮感，因此依附需要透過多樣性和變化來推展；當小孩覺得能夠在個人和共生此先天的二元性之間自在行動，便能發展出安全的依附。

**月亮在巨蟹座**：巨蟹座是月亮的自然所在，水元素暗示了情感上密不可分的安全感與親密，因此，月亮在巨蟹座會本能地尋求母親或親密照顧者的依附。安全感最重要的部分，是強烈需要被保護以及感覺自己屬於家族的一份子。這些人天生對母親的感覺和情緒特別敏感，並特別容易受到家庭的情緒氣氛影響，如果安全感和家庭庇護的深層需求被妥協，那麼，擁有足夠的安全感去表現自己的脆弱和開放的先天本能也會被犧牲。當小孩感到不受保護或不知所措，他們會退回自我保護的硬殼中。做為開創星座，巨蟹座暗示了孩子需要根據自己的本能、直覺和感受行事，然而，正因他們對於別人如此敏感，他們最先學會的可能是回應他人的情緒。因此他們在建立依附的功課中，其中一部份是要學會對自我感受感覺安心，尤其當他們的感受與所愛之人不同時。依賴是家庭生活中必然的一部分，而當月亮在巨蟹座，往往在照顧自己與他人的需求之間會有一個良好的平衡。

**月亮落在獅子座**：依附的傾向是有足夠空間讓他表達、冒險和

展現活潑的一面。當孩子感到有人歡愉地給予回應，內心中被愛
和被關懷的意象將受到鼓舞，一些讚賞就已經很受用，而掌聲越
多，他們就越加快樂。受到他人支持性的看待，能讓孩子更容易表
達、引發好奇和更喜歡發問。對小孩來說，溫暖、溫柔、一致性和
玩樂，對於安全感和依附感是必須的，讚美和支持煽動著情感親密
的火苗。如果沒有這種愛的展現，孩子會藉著故意搗蛋而變得難以
應付，甚至是毫不回應、或變得自戀，如果這孩子感到被冷落，
本能上可能會將自己塑造成戲劇性主角。在小孩面前表現出他們是
被愛的、回應他們的創造力以及成就，能支持他們發展健全的自
尊；感到自己是特別、被選拔出來的、並且他們創造性的努力和世
界性的目標受到支持，對於孩子來說都是重要的。小孩可能本能上
仰賴父親，向他尋求創造和表達需求的支持及滋養。

　　**月亮在處女座**：在日常的生活規律足以提供凝聚力和持久性的
情況下，安全感便會存在。擁有這個月亮星座的孩子，本能上需要
秩序以及依附的一慣性，因為當日常生活中的慣例被改變時，可能
會出現緊張或疑慮的情緒。成人可以學習調整，但嬰孩在體系混亂
時會感到不安，因此這主題暗示了安穩的依附是從規律生活的穩定
中開始，如果缺乏穩定性或是日常規律經常改變，孩子會感到混亂
和無法信任。當月亮落在土象星座，這些感覺很容易轉為生理的變
化，可能帶來胃部不適、緊張或身體不適。處女座是古代收獲女神
的形象，她知道四季更迭的次序、一年中的不同時節、各階段的間
隔和長短，而這正是孩子需要知道自己生命節奏的隱喻，他們本能
的將自然循環排序，並引入需要被支持的童年生活中。因為與自然
世界比較協調，孩子可能對人造和人工纖維、食物和共鳴產生不良
反應，這全因他們需要自然的滋養與步調。透過家庭生活的神聖儀

式：集體的靜默、尊重隱私和不矯揉造作的親密所提供的自然環境，便能提供安穩的依附。

**月亮在天秤座**：就像其他風象星座，天秤座需要空間才能感覺舒適，但本能上同時受到伴侶關係的吸引，雖然他們的成人生活是處於一段關係中，卻仍然會主動建立自我的空間和分離感，這有時看起來是相當矛盾的。當月亮在天秤座，依附由伴侶關係推展，如果初戀是母親而孩子卻因她而感到窒息，這可能會種下對於伴侶關係的矛盾感受。因為他們天生就有建立人際關係的本能，因此孩子很容易便能找到伴侶，無論是父母、手足或是朋友，而為了感到安全和舒適，孩子也需要安靜及和諧的氣氛。他們的情緒受到周遭事物以及其美感、對稱和美學的強烈影響，當混亂的事件、凌亂的狀態和雜亂的事物出現在孩子四周時，他會難以感受及感覺舒適。因此，他們在學習伴侶關係上其中一個最棘手的問題，在於如何接受和應付負面情緒，特別是屬於自己的。當憤怒和嫉妒心與他們理想中的伴侶關係產生衝突時該如何處理？當他所愛的人生氣或難過時，孩子會感到不安全。然而，在他們成熟以後，對於這些感受將感到比較安心，最終使他與伴侶打造一個更親密的連結。當親密和自我空間的矛盾在童年時取得很好的平衡，便能建立安穩的依附。

**月亮在天蠍座**：在所有水象星座中，天蠍座占有黃道上人際互動的領域，將其深度和激烈感受帶入成人的伴侶生活中。月亮在天蠍座本能上會尋求激烈和強大的依附，而第一個接收到這種強烈感受的是母親或母親型人物。當熱情的連結和融合出現時，就有可能產生依附，當擁有深層的親密感，孩子便可能發展出信任他人以及對自我強烈情緒感到安心的能力。如果這種深層的融合感被

妥協了，那麼讓孩子安心的成為心中精力充沛的人的能力也會被犧牲。而在擁有如此強烈感受的情況下，無懼報復的將之表達出來會比較有益。有時候，激動的情緒會變得強烈、極端或黑暗，當這些情緒受到他人以批判性的方式回應時，小孩會察覺他的感受是危險的。天蠍座是固定星座，當水被固定時，它可能淤塞，因此持有這些感受，暗示它們可能會變得混濁，而且污染那些輕鬆安全的感覺流動。月亮在天蠍座暗示著深層的情感以及對信任和親密的需求，然而，並不是每個人都能夠忍受這種情感的濃烈程度，因此孩子可能學會做情緒上的區分並變得慎重，有些人會將這種表現認為是保持神祕。安穩的依附使孩子對自我的深層感受和強大本能具有信心，讓他們忠於自己深層的本能性自我。

**月亮在射手座**：做為第三個火象星座，射手座往往被形容是眼界遼闊的冒險家、旅行者和開朗的人，有些人則認為當它感到被束縛或圍困時會退縮，而那些出生時太陽或月亮經過這個星座的人，可能天生便已經哼著不想受束縛的調子。因此，當月亮在這星座時，自由感會推展依附的建立，對自由、遼闊空間及異國土地的享受並不代表他們無法認知依附的價值；事實上，**正是依附所拋下的定錨，使他們充滿彈性、隨處行動**。因此，年青人可能閃過跨越佛羅倫斯老橋、攀登喜瑪拉雅山、太空旅行或在印度洋暢泳的想法，這些自由的主題揭示了他們想在家庭及文化傳統的界線外冒險的本能；當好奇心、行動感以及想要探險的渴求被滿足，安穩的依附就會建立。

當月亮在射手座，孩子對於可能發生的事物抱持著強烈的想像和感受，因此發展自發性、冒險和獨立能使他們建立生命的信念。諷刺的是，當月亮在這位置，早期生活的住所、家庭狀況或生

活安排可能發生改變，但正是家庭處理這些事情的方式影響了安全感，小孩本能上希望這是一場冒險而不是紛擾，其中支持孩子情緒的特質是樂觀、正面的思想和信念，因此當這些特質形成後，就能夠建立一個安穩的基地。

**月亮在魔羯座**：在傳統占星 （classical astrology）學中，月亮守護巨蟹座，因此當它在魔羯座時便落於弱勢位置。弱勢的位置並不代表月亮會處於劣勢或是有任何方式的受損，而是暗示了需要以不同的方式思考月亮如何透過此星座而發揮作用。月亮是流動和具反映性的，而魔羯是具架構和善於控制的；月亮是依賴性的，而魔羯則是比較自發性的，因此找到可以包容這兩極的方式以滿足孩子的需求是一種挑戰。

當月亮在魔羯座，愛和尊重會緊密地交織在一起，具有成熟度、責任感和可靠性的成年人，會比較容易建立依附；而對於孩子來說，當照顧者是一個可靠、一致和自律的人時，比較容易鼓勵孩子建立依附感。月亮的需求是結構、控制和組織，當小孩有足夠的界線自我保護免於傷害時，他們會較易接受連結。然而，早期愛和包容感也可能略帶著不受支持的感受，如果是這樣，小孩會學會自立和依靠自己，因為其他人不一定足以滿足他們的需求。而由於他們比較適合紀律、權威和規則等主題，因此孩子會需要規矩、限制和界線；但是如果家庭的界線僵化、規矩毫無效率或身為父母的人不負責任的話，那麼孩子便會違背其天生的結構需求，所體驗到的是無政府狀態而非秩序。當孩子感覺到父母權威具有支持性，並且這些規矩有助他們去達成目標時，那麼愛就不會與控制或成就糾纏在一起。因為他們對於承認和認同有著高度需要，來自鼓勵型的權威人物的支持和認可，有助於建立安穩的地基。

　　**月亮在水瓶座**：孩子對於實體空間、情緒的安靜、智力的刺激和運轉有高度需求。當諸如自由和不受限制的特質被妥協犧牲，孩子可能難以建立依附；而當處於極為紛擾或動盪不安的氣氛中時，他們可能會表現焦慮，並在無法預期情緒變化的狀況下，深感不安。因為他們還是孩子，會本能地尋找防衛方式，以免變得不知所措或感到窒息，這些可能移轉成為身體的過敏反應或過敏症，而更常見的則是尋找讓自己感覺獨立的方法。這個月亮位置的其中一個主要模式，是在生命中建立足夠的空間去感覺獨立、分離和單身，如果缺乏這些空間，他們會傾向拒絕而非吸引人際關係。因此，安全的依附可幫助他們在親密期與獨處的舒適期之間，提供一個順暢的過渡；當此運作成功時，孩子將學會區別個人與非個人之間的感受。他們天生就對人文主義和平等相當重視，而往往將寬容、人性的理想與個人愛情混淆，或是模糊初戀與朋友的界線。因此，在安全依附能夠產生的環境中，孩子將學會個人感受與利他主義理想之間的差別。

　　**月亮在雙魚座**：雙魚座是佔據黃道上超越個人領域的水象星座，這裡是集體的水域，家庭、文化和種族感受的川流在這裡匯聚為一。因此，當月亮在雙魚座，愛的感覺被超越個人的主題、印象和反應淹沒。從最早期的回憶開始，孩子可能會本能地尋找與他人牽絆在一起的舒適感，並需要與照顧者和環境結為一體才能感到安全；當他們擁有此種深層的融合感時，才比較可能有發展安全感的能力。正因為情緒上極為敏感，孩子以健康的方式感到被支持、被引導去發展創意和同情心是十分重要的事。為了他人的幸福而犧牲自己感受、或者為了他人的需要而使自己被忽視的傾向需要善加呵護，否則尋求被愛和安全感，往往與照顧他人、幫助和回應他人的

需要混淆。雙魚座是變動星座，這暗示了生命感受是流動性的、潮汐般的總是在變動，界線將成為一種議題，因為孩子可能本能地與有需要的人產生依附。由於人際關係的形態上，互相依賴是自然而然的，因此，個人需要注意如何辨識自己情緒上的反應，而這會從與母親的關係開始。打造安全的依附暗示個人認知到自己情緒上的反應，以及如何最佳的將它引導到自我的創造力。

## 依附和分離

星盤上的月亮相位就是我們的月亮遺傳，它描述家庭過去的狀況以及由家庭體系傳承的習慣、模式和命運。月亮影響了由原生家庭養成並帶入到成人生活的安全底線，它象徵了個人需求，如果這個需求未被滿足，個人會在之後自己加以滿足。當星盤中其他月亮主題暗示了家庭關切的事物，月亮本身則勾劃出重要的因素：家庭氛圍、祖先遺傳和家庭模式及習慣。

月亮是我們依附方式的範圍，敘述我們如何自然地建立連結以及我們如何形成連繫和親密關係、建立信任和安全感。月亮的相位暗示著依附如何塑造我們情緒上的幸福感、改變自然連結習慣的情結、或是創傷、以及我們如何重新照顧自己，並在成年生活中為自我提供安全感。**我們能夠依附的程度也是我們可以分離的距離，我們尋找個性和獨立的過程，最終與能夠產生連結的程度不可分割。**

家庭呵護著逐漸萌芽而脆弱的自我認同，讓我們受到足夠的保護可以去探索界線之外的世界，並且是最終安全離去的聖域。在占星學的主題中，這就是月亮的地貌。**月亮象徵儲存感覺和記憶的內**

**在保險箱**，以親屬關係來說，天底是通往第四宮（月亮的自然領域）的大門，是家庭環境氣氛的試金石。第四宮的行星被刻劃於個人與原生家庭的內在安全感上，童年的模式、角色和受到安全保護的感受，皆埋葬在此占星學的地貌中。做為家庭的根基，第四宮的主題（宮首星座、天底的守護星、第四宮行星和月亮的配置）是情緒的基石，暗示了基礎建立的安全程度。反之，這影響到安全感被內化的程度，使發展中的自我瞭解分離時的安全力量。在遠古背景中，天底是我們開始的地方，正如溫尼科特（Winnicott）所言：「家是我們出發的地方。」[34]家或第四宮也是我們的歸屬，而其占星學上的延伸揭示出，可以用來建構歸屬感和分離感的基礎穩定程度。

　　在一個安全巢穴的庇護下，雛鳥學會了分辨保護和入侵的分別，在足夠保護的情況下，小孩發展出足夠的力量去探索，並瞭解到保護者就在伸手可及的地方。從家庭的包容中塑造出一種具支持性的生存本能，孩子從中學會分辨安全與危險的聲音；危難的警訊被發展出來，發出心理警號促使他們飛走，再次回到家庭保護的安全避風港中。理論上，因為這種安全感被內化，孩子會開始能夠分辨保護者和掠奪者，並獲得自我意識，區分自己與家庭避難所的不同。如果保護者變成了掠奪者，那麼家庭就不再是一個避難所，為了生存，孩子會變得與掠奪者一樣，第四宮再也不是孩子需要的避風港。因此，除了月亮及其相位，第四宮的行星對於理解內心安全感和依附程度也是十分重要的。

---

34 D. W. 溫尼科特（D.W. Winnicott）：*Home is where we start from: Essays by a Psychoanalyst.*

依附的行為會在生命的循環中持續下去。在安全與危險聲音的辨識能力被內化的過程中，將發展出知道何時能夠安全離去的才能，並且使人瞭解永遠有一個已被內化的安穩基地能夠回去。但為了發展出這基礎，我們也需要被允許離開，父母小心警慎的眼睛必須同時也是充滿鼓勵的眼神；在父母保護的庇蔭下，照顧者鼓勵探索的同時也希望孩子能夠安全回家，當孩子能夠安心離開到外界探索，他歸來時會希望得到讚賞和掌聲。在心理學上，這種家庭母體以外的探索能力，只能奠基於家庭範圍之內的安全感。而在占星學上，這代表能夠成功離家而進入創造潛能的探索——也就是第五宮的領域，這些皆汲取了第四宮蘊藏的資源。占星智慧暗示著為了得到有別於家庭領域的自我，我們必須先整合我們的月亮遺產。

約翰・包比（John Bowlby）從他的臨床研究中，發展出一套關於依附理論的早期模式，此模式也被延伸與發展。他的理論假設分離的能力是奠基於早年家庭生活中所體驗的依附，從占星的角度來看，我們可能會開始思考個人星盤中的月亮如何陳述個人實際離開困難、缺乏支持的人際關係的能力。

約翰・包比的研究引導他建構了以下的依附風格，這是從家庭角度思考月亮遺傳的其中一種方法。在演繹他的理論時，有一件事變得明確：月亮的相位，也許包括第四宮的行星與其他占星學的象徵，不僅有助於清楚表達我們建立依附的風格，更包括個人對於特定依附方式的需要以及反應。這三種依附方式包括了：1. **安全的依附**，暗示了當孩子有需要時，便會擁有關懷照顧，因此孩子會感覺被庇護、安全及安穩，因此可以將受到關懷與被愛的意象內化；2. **焦慮的抗拒依附**，當保護機制時有時無，這種變動的環境使孩子感到不安，為了有安全感，他們會企圖預測即將發生的事；當安全感

被妥協犧牲時，小孩為了自我保護，會抗拒與他人的連結；3. **焦慮的逃避依附**，當沒有足夠的關懷，孩子會逃避親密關係，使自己不受到傷害。以下是這些依附方式的簡介，當閱讀當中詮釋時，請思考月亮在其中扮演的角色。

# 1. 安全的依附

### 當小孩有需要時，便有適當的關懷

　　當童年時處於安全的氛圍，將促使孩子在熟悉的環境之外探索，並發展出安全的基礎，對於進一步探索的鼓勵、加上歸來時的祝賀讚賞，支持我們得以迎向未知的挑戰。就某種程度上來說，父母讚許、鼓勵的回憶在青春期時「引領我們安全的回家」，確定我們的歸屬有助於我們分離的能力，家的認知被內化而且不會被投射到某個地方、個人、團體或生活方式上。

# 2. 焦慮的抗拒依附

### 保護機制時有時無

　　在這依附方式中，由於矛盾、緊張和分離感而犧牲了與人的連結，建立連結的過程一直都不安全、不規律或過於冷淡。由於這種不確定而犧牲了分離或離開的能力，覺得一旦分離，就不可能再有安全感。因此，可能會不願意分離或向外探索。內在的歸屬感不足以給予保證，使他們難以理解成功與滿足的分離和獨立、或是凝聚與支持的人際關係是可能存在的。

### 3. 焦慮的逃避依附

#### 完全缺乏照顧關懷

為了防止自己受到忽略或拒絕，孩子會逃避依附和連結，他會變得自給自足，並發展出一套防衛性的自我依賴感——依附是危險的，因為它讓個人有機會受到非難和傷害。然而，如果我們不與他人產生連結，我們也無法離開；換句話說，我們無法離開那些不曾體驗過的事情，因為人們在人際關係的存續中，難以分離也難以信任，這影響了參與家庭範圍外的生命以及人際關係的能力。我們可能馬上就發現自己的依附方式包含了所有的型態，但最終每一種依附方式都是獨一無二的。而這理論之所以被提出，是讓我們更加讚嘆月亮在生命和家庭的生命循環中無遠弗屆的影響。

繼續以「分離和依附的相互影響」為前提，我們可以將分離的種類分成三組：1.**「連結－分離」** 2.**「連結－無法分離」** 3.**「無法連結－無法分離」**。在延伸這種分離方式的過程中，很明顯的，月亮所蘊含的經驗也是有效分離的能力，因為健康的分離由安全的依附所塑造，月亮所在的星座對於思考複雜的分離狀況相當重要，如果沒有安全的依附，分離可能會被視為結束、告別或未承諾歸來的離別。

#### 1. 連結 —— 分離

安全的依附有助於歸屬感和受到滋養的感受，這有助於健康的分離；只有我們被鼓勵探索熟悉環境之外的世界，以及我們的冒險已受到認可和高度讚揚的情況下，有效分離的能力才會出現。安全的基礎支持著我們對於熟悉環境以外的探索，並幫助我們掌控環

境，而這是安全發展的必要元素。

## 2. 連結－無法分離

當依附促成依靠和共生，因為僵化及順應環境的壓力，使無法與他人分離的情況變得更加複雜；也由於從未發展任何安全網或安全基礎，混亂的氣氛會在任何需要分離的當下帶來恐懼和緊張。當容易糾纏、混亂或僵化的占星原型（海王星、冥王星及土星）與月亮形成挑戰性相位，便更可能形成這種依附模式。海王星的依附方式可能會發展出無法在家庭範圍之外生存的恐懼、或是遭到我們離棄的事物會因為我們的離開而變得脆弱。冥王星指出我們害怕背叛了我們離棄的事物、或是害怕遭到家庭環境之外我們所信任的人的背叛，複雜的冥王星依附也可能指出緊握讓家庭成員無法離開的祕密。土星與月亮的困難相位，可能會使我們因為在離開時沒有表現出負責任的態度而引發罪惡感、關於能夠單獨生活的自我批評、或是害怕無法自我管理。

## 3. 無法連結－無法分離

無法連結的狀況造成連結中斷，這不是分離感，而是人際關係的連結被切斷。當無法依附時，個人會本能地感到被孤立、被疏遠及被架空，因為無法依附而犧牲了分離的能力。在這樣缺乏依附的情況下，為了防止自己被遺棄，往往會強烈的渴望空間和距離。在占星學上，天王星與月亮的困難相位也許指出這種依附方式，即使是對於月亮在風象星座這種最簡單的占星探討，也能辨識此種動態。

月亮與其自然的居所──第四宮是自我身份認同感到安全、被連結和適得其所的港口；而太陽與第五宮的遊樂場，則是讓分離經

驗發展創造性和自我探索的舞台。自我認同廣泛地被月亮、太陽和它們所衍生的占星原型塑造，與水象和風象宮位相似，我們可以將這兩部分視為歸屬感和分離感。

## 占星學的依附方式

從家庭的角度來看，依附幫助我們思考在家庭中的感覺經驗，以及從這經驗中安全感被內化的方式。而從占星學的角度來看，月亮的相位揭示了依附的心理動力結構，因此，與月亮形成相位的行星需要被讚賞和認知，因為它幫助塑造每個人的依附方式。理論上，合相、四分相、對分相和十二分之五相，這些較強勁的相位突顯了建立安全依附時會遇到的障礙，而這些障礙可能會在成年後的親密關係中被重新體驗。

以下是從依附理論去思考月亮相位的方式，首先只考慮月亮與火星及火星以外行星所形成的相位，因為火星是地球軌道以外的第一顆行星，在意象上處於家庭母體之外。地球軌道以外的的行星會在依附和分離的主題上帶來強大的影響，因為本質上它們存在於家庭的包容之外，當與月亮形成相位時，家庭對待某顆行星原型的方式會塑造出依附的風格，並影響自主性和分離主題的發展。

月亮與太陽、水星和金星之間的相位當然也是非常需要注意的，因為他們揭示出原生家庭的遺產和重要的特徵。然而，與其他行星不同的是，它們受限於地球的軌道中，未從家庭母體中分離出來。因此，我們將分別考量這些星象的依附風格，以及這些可能會導致成年後的分離和關係議題的方式。

　　月亮的相位揭示了人際關係中的本能，在占星學上，與月亮形成相位的行星刻劃著我們依附的方式和產生親密關係的能力。合相、對分相和四分相這些較強勁的相位也許暗示著，與首位照護者的連結過程中最初體驗到的某種依附方式，然後在成年的親密關係中再次經歷。這些相位也暗示了某些連結和依附方式是由家庭祖先所建立的，而這些模式不一定會支持或滋養個人對於親密性的需求。與月亮產生相位的行星，可以用來說明依附方式以及自主性和分離議題的發展──這些在成年後支持親密關係的能力。因此，月亮的相位明顯的指出影響我們人際關係中的親密、舒適和信任能力的依附過程和模式。

　　在占星學上，我們混合著各種依附的方式，雖然其中某一種也許比較明顯，但其他的依附方式也會以不同程度存在，這些依附風格同時影響了我們成人後的依附方式。因此，月亮是重要的關鍵，藉以理解往後人際關係中我們對於被滋養與被關懷的深層需求，以及未說出口的期望。童年經驗預告我們成年後的人際關係，而這可以藉由我們的月亮遺傳得知，它的呈現用來幫助我們反思家庭中的早期童年經驗，這些經驗可能依然影響著我們建立連結的方法，並且同時揭露我們建立關係的獨特風格與本能方式。

♀　在家庭的環境中，火星增強為自己挺身而出的能力，並勇敢地專注於個人目標以及前進的力量。

　　火星也突顯了家庭成員如何受到鼓勵去爭取自己想要的事物、確立自己的權利和觀點以及讓自己的感受保持開放清晰。當它受到阻撓時，它會發出熊熊怒火，產生沮喪感，並使個人失去能量及精力。當火星與月亮形成相位時，家庭中將突顯個性和歸屬感之

間的對話，個人意願和家庭需求會互相競爭，而當月亮跟火星的相位受到壓力時，可能產生衝突。

當安全的依附存在時，或當我們想到火星和月亮的原型之間可能出現支持性的人際關係時，父母會鼓勵孩子表達適當的欲望及自我肯定，並運用個人意志去達到正面的成果。孩子會覺得自己可以表達個性及憤怒，同時仍可以感到自己是家庭體系的一部份和感到被愛；掌控和自我主張受到家庭架構的支持，這會帶來更健康地表達憤怒和競爭心的方式。

當家庭環境並未善加支持月亮跟火星的相位時，消極的侵略性會出現，而阻礙了健康地表達憤怒的能力。或者可能會缺乏思路清晰與決定的能力，使孩子以隱蔽或不正當的方式去追逐自己想要的事物，此時衍生的劇情暗示了如果追逐一己所欲，愛就會被收回。對困難的月亮／火星相位，在家庭中常見的一種回應方式是劃分愛與憤怒：「如果你愛我，你就不會生我的氣」或者「如果你生我的氣，你就不愛我」。這令害怕不被愛或不被接納而學會不表達自己欲望的孩子感到混淆，當身處這種沮喪或缺乏方向的氣氛之中，孩子可能會以「反抗或者逃走」的方式隨意的回應家庭體系中的氣氛轉變。因為缺乏適當的依附而產生不安全的連結時，就會形成沮喪和憤怒，讓個人在人際關係中變得反叛和充滿警戒，這情況也可能由於家族史中未被表達的憤怒而變得複雜。

♃ 木星和月亮的結合暗示家庭彌漫著社會習俗和價值、信仰和道德的氛圍。

木星在家庭環境中推展自由與廣闊的世界觀，而它和月亮的相位暗示家庭對宗教、文化信仰、人文價值的接納，而未來的希望與

信念在孩子的安全感以及家族的連結上扮演著重要的角色。

　　當安全的連結得以發展，孩子會受到鼓勵並跳脫思考框架、接受所有文化和宗教、並找出方式去拓展家庭範圍之外的經驗。孩子被灌輸生命的信念，使他們對信仰產生信心並相信未來，這種依附模式暗示具有自由、開闊和擴展性。

　　當家庭受到信條、僵化的信仰和文化態度的限制，在家庭安全領域以外的冒險能力就會受損，孩子會缺乏對於自己的願景，並對世界和它的未來感到恐懼。如果家庭動力只鼓勵有限的宗教和文化思考方式，就會犧牲了對於未來的希望；而當家庭價值觀變得短視，安全感就會變得微乎其微，然後依附可能與虛假的希望以及文化的錯配混雜在一起。

♄　土星與月亮結合，孩子會容易對父母的限制和規則感覺敏感並受其影響。

　　規則、規矩是家庭生活的重要面向，並能夠將表現、訂定目標及成功的主題整合至家庭氛圍中。家庭環境鼓勵孩子對社會有所貢獻，當依附關係是安全時，這種體驗會是：設下適當界線去確保安全與保護。然而，當依附關係極為脆弱時，孩子可能會感到自己達不到父母要求的水準，使他們感到自己的不足與不被愛。

　　打破規則、規矩的後果，可以幫助孩子設立適當的限制和目標，而且界線確保安全感，因此透過設限和自我管理，孩子會感到自己的力量。家庭生活的預期性鼓勵孩子去感覺事情在自己的掌控之內，並幫助他們處理孤獨的空隙。一段正面的依附同時也將個人命運中的自主性和權威內化，幫助他去包容負面和破壞性的衝動與

感受。

當依附不足時，孩子會感覺到家庭生活的一成不變，規則和界線此時變成了阻礙而非支持的機制。父母會被認為是情緒冷漠的人，令孩子更加害怕被拒絕，在這些嚴格規則的運作下，孩子感到受到控制和囚禁。當缺乏適當的界線時，孩子無法掌控一切，並感到受限和進退兩難，而缺乏足夠的培育或權威的指導，使孩子在家庭中更形孤立。此後，在親密關係中所運轉的模式會是「愛是需要努力爭取的」，他們有種被認真對待的需求，因此當對方出現輕鬆和歡樂的心情時，往往會產生不信任或誤解。這種害怕被拒絕以及缺少樂觀的心態，使人更加依賴自己，並且在親密關係中無法尋求協助。

ℎ 當凱龍和月亮形成相位，會有一種身為社會邊緣人或外來者的疏離感，存在類似「獨在異鄉為異客」的不安。

祖先的精神以及對於移民及改變的選擇，或是父母因受到錯置或排擠的傷痛，仍然影響著家庭的氛圍；對很多人來說，這相位的體驗可能是母親的產後憂鬱症、家庭分離、領養或移民。無論它以哪種方式呈現，都暗示了依附過程受到排斥感所傷，並影響了家庭氛圍和安全感。這組原型組合是複雜的，因為它結合了邊緣化的感受以及被接納的需要，這往往會產生被排擠的感受。

當依附性強烈時，孩子學會身為外來者以及處於環境的邊緣下變得勇敢，父母鼓勵他們健全地感覺與他人的不同，並且表現出身為外來者的自由。正面的依附有助於找到遺傳的傷痛，並將它視為謙遜與深度的來源，讓個人的存在感變得有力量。

　　然而，如果沒有人加以指導或缺乏強烈的依附下，孩子會感到自己像孤兒及被排除在家庭之外。父母的傷痛可能彌漫在家庭的氛圍中，他們可能缺乏活力，讓孩子感到無助以及毫無準備成為廣大社會的一份子。這種感覺被邊緣化以及外來者的模式，使他們犧牲了未來人際關係中的完整性。

♅　當天王星的原型和月亮的原型結合，解脫和分離都是與之呼應的主題。

　　無論是個人所認知的還是真實的情況，都暗示著家庭氣氛可能出現斷裂或混亂，或是缺乏無條件的連結。由於家庭安全性的不協調，使人一方面想要分開和遠離，另一方面卻渴望親密和連結，於是掙扎在自由與親密之間。在人際關係感到矛盾，某部份感覺連結，但另一部份卻想要逃離。個性和獨立都是重要的家庭標籤，無論有沒有被實現。

　　因為有支持性的依附，在家庭中，冒險、承擔風險和情緒上自給自足的渴望受到認同，驚喜和意外的改變也可能成為家庭面貌的一部份，而且這些將增加而非減少家庭的安全性。孩子受到鼓勵，在家庭體系中成為一個獨一無二的個體，並被賦予足夠的空間和自由去追尋重要的事物。孩子已經準備好面對突來的變化，並在家庭以外發展出其他的支持體系，尤其是同輩團體以及其他擁有共同興趣的人。

　　如缺乏足夠的依附，脫離家庭生活可能導致焦慮和切斷感，孩子會感覺與家庭分離，並中斷連結。在尚未準備面對突發改變的狀況下，由於某些意料之外的事可能打亂了現狀，使孩子感到焦慮，而父母似乎也無法給予情緒上的支持，甚至父母可能處於不穩

定或缺席的狀態，孩子因而產生奇怪的依附方式，他們感覺無法安定下來，必須一直變動才能有安全感。祖先所拒絕承認的事，可能包括無法獨立自主、拒絕追求智慧或無法活在框架之外。深入探究你的祖先們，可能發現他們否認個人自由而導致疏離的家庭氛圍。當這種狀況持續，人際關係或會變得古怪，親密主題會專注在自由和親密模式的對立，以及分離感和歸屬感之間的分裂。

♆　家庭的理想相當重要，創造力、精神性和對他人的高度敏感都是家庭生活的重要面向。

　　沒說出口的規則、理想和期望都是一部份的家庭語言，並影響著孩子的安全感，因此，為了符合某些未說口的期望或實現某些未被表達的理想，孩子可能學會討好他人而不是表達真實的自我。當這兩個原型結合的時候，糾纏不清、犧牲、放棄和疾病的主題可能會主導著家庭氛圍。

　　如果父母之間的連結足夠安穩，創造力和想像力會受到鼓勵，這有助於建立內在幻想世界與外在真實世界之間的健康關係。在流動及靈活的家庭氛圍中，即使沒有可見的結構和界線，仍然可以發展出安全感。關於這組合，我們可能問的問題是：你的家庭能夠賦予你即興創作和創造力的信心？你是否對於內在的創造資源感到安心？感到被理解和被接受，可以表達出自我的創造力，而不是將它們貶抑至想像的世界。

　　然而，如果家庭的連結糾纏不清而且依附感減弱的話，孩子可能會在家庭中感覺受到檢視和忽視，為了家庭的完整而需要犧牲個人的獨立與意志，成為未說出口的規範；或者是因為家庭中的疾病或悲劇，放棄個性去參與家庭事務。然而，這會將孩子限制在無法

解開的情結中，使他們面對離開家庭的風險。缺乏界線可能阻礙個人或內在的自我發展，在面對家庭困境的同時，也增加了心理困境的風險，使個人對於拯救或被拯救一事變得敏感。而在成人的依附中，犧牲的模式會在人際關係中持續。

♇　冥王星帶來失去和悲傷的強大議題，以及將禁忌和祕密帶入家庭體系中。

　　權力和具有權勢的人事可能一直是家族史的議題，並影響到家庭的整體性。因為祖先的否定和不被表達的悲傷滲透到現今的家庭氣氛中，因此家庭對誠實、信任和凝聚力的需求相當大。當受到支持時，孩子會感到受到保護並免於受傷，也感到自己是屬於某個由信任連結的族群。家庭在情緒上的誠實，鼓勵孩子參與親密關係並忠於自己的感受，使他們可以在無懼被報復，並且不需擔心說出真實感受會破壞氣氛的情況下，去表達負面情緒。悲傷和失去會被承認是生命循環中的一部份，而孩子也有放手並繼續生活的準備。

　　然而，當依附薄弱，權力和控制可能被用來隱藏某個祕密，孩子可能在充滿祕密和不誠實的氣氛下成長，並被灌輸了羞恥感，無法辨別什麼是隱私、什麼是祕密。權力也可能會被濫用，因為它讓孩子無法表達自己是誰，無力感會導致憤怒，因此家庭氛圍也許會被憤怒和殘暴的感受破壞，孩子會容易赤裸裸地受到攻擊，從而學會不信任外界，並在親密關係中建立不信任的模式。

　　在依附的背景中反思月亮與內行星的相位，我們可以先從下列的內容開始：

☉　在太陽和月亮的相位下，孩子學會了連結，並且感到安心的被

家庭其他成員認同和仿效。

當依附強烈的時候，父母會支持孩子的發展和自我認同，並且主動的鼓勵、灌輸孩子的信心和成就感。然而，如果依附不足，父母會利用孩子去反映自己的需要，而且無視孩子的需求，使孩子在體系中必須呼應他人要求，否則將缺乏自我認同並失去信心。

☿ 水星和月亮的結合將溝通和表達感受的模式帶入家庭領域中。

孩子學會透過溝通而感覺安全，並在家庭體系中產生連結，開放學習的能力植根於家庭對待知識的態度。在正面的支持下，父母會鼓勵個人表達感受並想要知道他們的需要；孩子則感到安心並對學習新事物和表達想法意見抱持開放態度。然而，如果缺乏依附，孩子會表現出對體系的需求，變成翻譯機、媒介和信差，孩子的好心奇及對學習的渴望，會因為缺乏安全感而被妥協犧牲。

♀ 這兩個原型將女性價值帶入家庭經驗之中。

孩子學會在人際關係中建立連結，並對家庭體系中被表達的價值相當敏感，孩子會對父母的喜惡留下印象。當父母支持健全的自尊心，他們會反映出孩子身上具吸引力的特質，並賦予孩子價值感，然後孩子選擇喜好的能力就會受到鼓勵和支持。而當家庭體系的功能失調，男孩可能會透過將母親視為伴侶的方式而建立連結，而女生則可能由於家庭所否定的女性價值而感到自己未得到此種價值觀的支持。孩子會感到無法選擇自己的喜好，並在發展個人品味及價值的過程中無法得到支持。

月亮的符號在星盤中具有多重意義，象徵了家庭主題的錯綜複雜，但它也是母親的體現。在下一章中，我們會從家庭成員的角度去探討月亮的深層意義。

Chapter 4

# 家庭體系與關係

## ——星盤中的父親、母親與兄弟姊妹

## 父母體系：父親與母親

　　父母的性格深刻的影響孩子的心靈，越敏感的孩子越是深刻。即使這些影響從未被提起，卻會在不知不覺中體現出來。孩子會模仿父母的行為舉止，只因為父母的行為舉止是情緒的表達；因此，反而逐漸在孩子的心理產生某種情緒狀態，就好像這些都是孩子自己的行為。孩子適應世界的方式與他的父母親如出一撤[35]。

—榮格（C.G. Jung）

　　榮格和所有的精神分析師一樣，對於父母之於子女的影響有深入的研究，他描述父母的心理狀態在孩子的性格中留下的明顯印記[36]。每個孩子的星盤中也顯示了父母對孩子的許多影響，描繪出父母與其遺傳、親子體系以及父母之間的動態。星盤說明並詳述孩子與父母之間的互動，因此是不可或缺的輔助工具。

## 發光的星體：太陽與月亮

　　由於太陽和月亮是天際間主要的發光體，它們已然跨文化成為神與女神、國王和王后以及父親和母親的永恆象徵。在占星的傳統中，這兩顆極亮的光體始終代表父親與母親，因此，我們首先依他

---

35 榮格（Carl Jung）：The Collected Works of C.G. Jung, Volume 2: 1007.

36 這個概念貫穿了榮格全集：The Collected Works of C.G. Jung. 特別是卷二：'The Family Constellation', The Collected Works of C.G. Jung, Volume 2, Experimental Researches.

們的占星配置，分別描述父母的狀態。例如：太陽與月亮座落的星座、宮位、其支配星。特別是行星與這兩顆閃亮之星所產生的相位，描述了家庭中的父母體系。

首先也是最重要的一點是，太陽與月亮的星象代表個人對於父母的感知與經驗。但是，它們的象徵也可以描述父母的遺傳，或有時也代表父母本身的特殊情況。當我們傾聽個人的父母經驗同時檢視星盤時，找出兩個發光星體的投射領域，可以用來理解原始的男性與女性原則之間的相互作用。

從心理學的角度來看，與母親及父親之間的經驗促成了個人內在的女性與男性原型的發展，並透過關係加以呈現。因此，精神分析學家首先透過「父親」檢視阿尼穆斯（animus）或男性原則的發展；以及「母親」顯示阿尼瑪（anima）或女性意識的發展，而從星盤中我們可以確認這些模式的真實性。雖然我們可能透過與父母之間的關係首先體驗太陽與月亮原型的影響，但是終究這些都早已蘊含在我們自己的星盤中，也就是我們的靈魂之內；因此父母都是我們內在的形象以及外在的體現。當我面對個案的太陽配置時，我經常與他們討論他們對於父親的認知，以及與父親之間的關係。他們的描述皆非常符合太陽在星盤上的隱喻，因此我常反問他們：「但這是你的星盤，你自己如何感知這個模式？」我運用類似的方法，以個案對於母親的認知，分析他們的月亮配置，這些有助於減少個案對於父母的投射，而讓他們回頭察覺自己天生的模式。

雖然這兩顆發光星體的占星配置有助於描繪父母體系，但我發現太陽或月亮與移動緩慢的星體之間的嚴苛相位表現了父母遺傳的動力模式。例如：凱龍／太陽相位可以描述父親受傷的心靈或者他

可能是被領養或移民；也許是因為某些種族、文化、經濟或教育的錯置，使他覺得活在社會的邊緣。天王星／月亮的相位可能指的是一位比較講求智慧而非感情豐富的理智母親；或者是一位與眾不同或獨立的母親。外行星的相位加深了父母經驗的色彩，可以用來描述父母在我們發展階段的行為舉止與性格所造成的影響。因此，想要理解的星盤中的父母體系，可以思考外行星（包括凱龍星與土星）與太陽／月亮的相位，並專注在它們如何描述你的父親、母親以及他們的遺傳。而受到強化的行星與太陽／月亮之一所產生的相位往往就是父母的化身。

二次推運中的太陽與月亮代表整個生命週期的原型發展，當它們與本命盤產生相位時，呈現出這些原型的成熟與個性化，此種動力相位產生的時刻，暗示著個人脫離或意識到父母以及家庭體系。而此時我們也更有機會去找到一個更為真實與個人的方式來表現父母的遺傳。

當行運行星與本命太陽／月亮產生相位時，刺激了父母所遺傳下來的固有模式。這些行運也整體反應出父母的變化與發展。某顆行運外行星與太陽／月亮產生的相位，也會對整體家庭產生影響。當我看到行運的行星與這兩顆發光星體產生相位時，我經常會仔細傾聽星盤主人的父母發生的所有改變，例如：父母的婚姻狀況以及父母的家族關係，因為這些也可能是個人正在發生的改變與轉化。

正如我們已經提到的，占星學中的月亮特別指向母親、她的遺傳以及我們的連結與安全感；而太陽的相位、星座與宮位則用來描繪父親、他的遺傳和祖先以及對於家庭的影響。星盤中其他的行星也以某種特殊的方式與父母產生連結，例如：木星通常被描述為某

種父親形象，特別是寬容慷慨的父母，而土星則被描繪成嚴肅規範的家長。木星與土星可以描繪社會性的父母形象，然而太陽和月亮最能概括個人的父母體系。

## 土星：父母的規範

從傳統的觀點來看，土星等同於父親，在神話故事中也的確是如此。克羅諾斯（Chronus）在希臘眾神中或是土星在羅馬神話中都是「大家長」——也就是奧林匹克山新統治階級之父；在其幼子宙斯的領導下，奧林匹克諸神最終推翻祂。克羅諾斯（土星）是一個象徵「拒絕」和「吞噬」的父親，祂吞下自己孩子的生命力與創造力。因此在占星學上，土星往往是一個矛盾的形象，祂一方面代表界線與控制之必要，也以權威與約束支配他人。在古典占星學與許多當代文本中，土星皆為父親的代表，且仍然被公認為某種父親的典型。然而，區分父親統治權的一個思考方式是：太陽是個人行星，因此等同於個人或親生父親；而土星是社會行星，與社會或公眾的父親有關。雖然從我們可以父母中觀察到土星的律法、支配與規則，但是它們通常是屬於集體共享與社會共同決議，因此土星是一個共識或集體現實，而不總是屬於個人的範疇。

土星在家庭體系中暗示著家庭傳統與結構面、界線、規則與期待，祂代表被投射於家族中的家長或是較為嚴苛的形象。在絕對遵循傳統與保守價值或是家規嚴謹的家庭中，父母一方或雙方便可能符合此一原型，因而增添父母經驗中嚴格或掌控的色彩。當土星與日／月之一產生具有動力的相位時，那麼親子經驗便是壓抑與控制的。隨著我們更加意識到父母的層面，這種體驗可以做為塑造自我

意識的有利指導方針；但當父母本身沒有自覺時，這種父母模式的體驗通常是限制與壓迫的。

雖然土星通常被認為是陽性的，但要記住，根據星座的性質，土星的守護星摩羯座是屬於陰性的，因此祂的支配與規範可以同時是陽性／陰性、主動／被動、或內在／外在的體驗，這些皆取決於個人的覺知觀點。因此，只將土星歸為父親的職權，便限制了此一原型在家庭中的表現。太陽是個人的父親，因此土星更傾向是社會性與統治性的家長（無論是母親或父親的象徵）。在神話中，土星代表時間，是一個吞滅與失格的父親，祂禁錮了自己的創造力以及腹中的孩子。然而，與其解釋這便是父親的形象，我們也可以只當成是土星控制他人自由的某個面向，或者視為個人的自主權不是由自己決定的，而是受到「吞噬」創造力的傳統、規則和法律的限制。

土星的宮位——第十宮正對著第四宮，在思考父母體系的主題上也同樣重要。

## 第十宮

第十宮屬於三個象徵物質宮位（第二宮、第六宮與第十宮）之一，也代表了外在的職業生涯，這個生命過程會先在家庭中滋長並由家庭的幫助和資源鍛練而成。相反的，這條人生道路也可能在缺乏家庭支持的反應下促成。這三個宮位被安置在有形的世界中，它們皆由具體物質組成，例如：感官幫助我們理解這個世界；工作幫助我們對世界有所貢獻；有形的物質支撐我們；而我們的財產使我們得以享樂並提供我們所需。

第十宮是三個物質宮位中的最後一宮，並與家庭有著密切的聯繫。它正對著第四宮，家族的聲音在此產生回音，訴說着我們可能、應該或是可以成為怎樣的人。**從家庭繼承而來並與某種專業、職業或成為世上某種人有關的隱晦態度，皆暴露在第十宮的聚光燈下。**個人家庭的社會地位依然遺留在此後的現代社會中，並影響着我們的現狀。家族企業、家族資產以及家族對外的態度，皆可能是我們職業生涯中極大的資產或負債。因此，第十宮的雛形是根植於家族的世界觀中。

第十宮的另一家族議題也與父母有關。雖然現代占星學大都選擇第十宮做為父親的宮位，但傳統占星學卻認為這個宮位是代表母親的宮位。這場爭論的折衷看法是，此宮位是指世俗的父母，代表對孩子的處世、社會及職業人格影響最大的人，或經常被稱為「塑造、培養孩子的父母」（shaping parent）[37]。

第十宮在家庭中扮演的角色是第四宮（意即家庭根源）的極端。第十宮照亮了家庭的目標與原則，並暗示家庭想要達成的事務。榮格認為孩子們往往在無意識的強迫下，再次展現父母尚未實現的生命[38]；從心理學的角度來說，這個宮位代表著父母從未活過的生活對孩子造成的緊張和壓力。這種焦慮往往迫使孩子活出非真實的自我，藉以取悅父母；父母未完成的目標、失敗的結果和不曾得到的成功經驗皆影響孩子的一生。因此，孩子十宮內的行星受到父母的壓力而得以成功。父母的社會期望滲透到孩子的十宮內，因

---

37 霍華・薩司波塔斯（Howard Sasportas）在他的《占星十二宮位研究》（*Twelve Houses*）中以這個詞彙指稱十宮中的母親。

38 榮格（Carl Jung）：The Collected Works of C.G. Jung, Volume 6: 3070.

此孩子往往吸收到兩層的經驗：第一層是父母的失望，其中包含他們未實現的願望；另一層次則明顯的是父母訂下的規則與目標。

由於這個領域就是印刻在孩子身上、屬於家庭的世俗價值觀和經驗，因此第十宮也可以描述為公開的家庭期望，這與第十二宮中隱藏的家庭欲望和情感不同。第十宮往往描述父母所期待的成功，其中可能來自於社會的規範，而不是個人的本質。因此，父母未實踐的生命和目標投射到新生兒，可能會延續這種符合社會規範的不真實模式，卻非孩子真正的自我。

霍華．薩司波塔斯（Howard Sasportas）在他的《占星十二宮位研究》（Twelve Houses）一書中論及：第十宮代表母親，「因為，她就是我們的整個世界」。這與現代占星學之前的傳統占星學看法一致，這也是古代典籍中的正統觀念，例如：義大利占星師圭多．博拉弟（Guido Bonatti 1207 —1296）引述阿布．阿里（Abu 'Ali al-Khayyat c.770 - c.835）的觀念認為：「無論出生在白天或晚上，都應從第四宮去尋找父親。」[39]後來他用轉宮制詮釋「母親的事物」皆歸在第十宮的領域，因為「父親的妻子」便是代表父親的第四宮（在轉宮制中視為第一宮）的第七宮（夫妻宮）——也就是第十宮[40]。然而，從古代延續到現代的占星作家們的觀念中，究竟第四宮與第十宮各自屬於父親或母親則沒有真正的定論。例如：盧埃林．喬治（Llewellyn George 1876-1954）[41]認為：

---

39 圭多．博拉弟（Guido Bonatti）：The Book of Astronomy, Volume II, translated by Benjamin Dykes, 1248.

40 同前揭書p.1355

41 盧埃林．喬治（Llewellyn George）：A to Z Horoscope Maker and Delineator, Llewellyn Publications（St. Paul, MN: 1970），34.

　　參閱近三百年來出版的十二本占星教科書，顯示了第十宮守護母親、第四宮守護父親。只有早期的一位作家逆轉了這一指涉，而另一位占星師傾向以東方的方式引述第十宮，他認為：在女性的星盤中，第十宮守護父親，第四宮守護母親；在男性的星盤中，第十宮守護母親，而第四宮則守護父親。我個人的經驗則證實了這十二位老作家的教誨。而在卜卦占星學（Horary Astrology）中一個不變的規則是，在所有的狀況下，皆以第十宮代表母親而第四宮則代表父親。

　　許多作者避免明確的討論這兩個宮位的父母議題；而有些占星字典和文本則以這兩個宮位同時代表父母親[42]。

　　幼年與母親特殊的連結模式將在以後的外在生活中體現，因此我們與社會或整個世界的連結方式將會複製我們與母親的經驗。就

---

42 某些文本與占星全書詮釋如下：

　　Larousse Encyclopedia of Astrology（Plume, Canada: 1982）中，第四宮：家與母親（有時指父親）、情感的基礎、父母（149頁）；第十宮：父親（有時指母親）、權威人物（150頁）。

　　The Arkana Dictionary of Astrology（Penguin Books, London: 1985）：第四宮有時被認為是母親的宮位（328頁）；第十宮為父親的宮位（190頁）。

　　The Modern Textbook of Astrology（L.N. Fowler & Co. Ltd., UK: 1978）Margaret Hone 於九十三頁的第四宮中陳述：這個宮位通常指涉母親，雖然這種連結不像古籍那般絕對可靠，如今母親不僅與家庭連結，不像過去的母親大部份待在家，隔絕外界的生活；在九十五頁的第十宮中說道：第十宮習慣上被稱為職業與父親的宮位。

　　Astrology The Divine Science（Arcane Publications, York Harbor, ME: 1971）Marcia Moore 認為第四宮是指母親（313頁）；第十宮是指父親（337頁）。

　　Astrology, A Cosmic Science（Fellowship House, Boston, MA: 1978）Isabel Hickey 在六十頁的第四宮陳述：至少是指生活中明顯的父母形象，有些人認為是母親，有些人認為是父親，端看哪一位是指揮者（第十宮）。然而在六十二頁中認為第十宮是指父親。

如同薩司波塔斯提到：「我們帶著某種期望，而世界也將如此回應我們。」[43]麗茲‧葛林（Liz Greene）也將第十宮的領域與母親做連結：「十宮內的行星與天頂的星座，似乎皆描述著許多母親形象的重要部分；因此，它所描述的就是世俗的母親。」[44]那麼從現代的角度來看，我們如何思考第十宮的父母象徵呢？

在傳統占星中，第四宮是由月亮守護，而第十宮是由土星守護。土星／第十宮自然的與權力及影響力產生連結，毫無疑問的，母親的權威可以放在這個位置。然而，在一個更為家長制的文化中，權威與世俗形象大都由男性擔綱，因此父親也同樣占有這個領域。榮格學派心理分析師維拉‧馮‧德‧海德（Vera von der Heydt）這樣說：

父親體現了我們的意識，他的領域是理性與知識、光與太陽。在父權社會中，長者也就是父親們從事管理、批准律法並維持傳統的職務。對於孩子來說，父親代表家庭與令人躍躍欲試的外界之間的媒介[45]。

從這個觀點來看，父親佔據了第十宮這個世俗領域，特別是往後，當規則與結構對孩子來說變得重要時，但在生命的開始，母親就是全世界。因此，第十宮也許不是父親或是母親的問題，而是關

---

43 霍華‧薩司波塔斯（Howard Sasportas）：《占星十二宮位研究》（*Twelve Houses*）p89.

44 麗茲‧葛林（Liz Greene）："The Parental Marriage in the Horoscope", The Development of the Personality, Samuel Weiser（York Beach: ME: 1987），96.

45 維拉‧馮‧德‧海德（Vera von der Heydt）："On the Father in Psychotherapy" from Fathers and Mothers, Spring（Zurich: 1973），133.

於父母體系以及它如何塑造了我們的世界觀。我們最好記著星盤暗示著原型的風貌，但它並不總是如我們想的那般實用、務實或詳細。我們最好也記著，宮位有許多層次，就像一個考古遺址，每個宮位都有其影響與意義的層面。而在不同的時間點，第十宮中會突顯父母體系中的父母之一。

當我們從榮格的觀點反思內在生命時，我們可以推測，第四宮與第十宮的軸線可能不只是勾勒父母之間的關係，而是內在的阿尼瑪（anima）——女性特質與阿尼穆斯（animus）——男性特質之間的關係。因此，假使第四宮代表父親，那麼他內在的女性形象（透過其母親表現於外）也是此領域的一部分。父親的阿尼瑪最初由他的母親以及家庭的其他女性塑造而成，而這些形象深深的刻印在第四宮的諸多層次中。另一方面，母親的阿尼穆斯也可能是第十宮的組成元素，因此，第十宮也可能蘊含著父親的印記，它塑造了母親男性特質的面向。在第四宮與第十宮心理層面的論述中，父母本身的性別因素以及他們內在的異性伴侶皆涵蓋於此。而這種兩極、宮首星座、特別是宮內的行星，都將塑造出父母體系以及這個體系所扮演的角色。

## 第四宮與第十宮的兩極

因此，由於第十宮與第四宮相對，它成為父母軸線中不可或缺的一部分。這兩個宮位的守護星可以說明我們與父母之間的關係，也是評估此關係是否平衡與穩定的關鍵。守護星的位置也可能會暗示父母角色的重點。例如，我經常看到當第四宮的守護星落在第十宮，或相反的狀況第十宮的守護星落在第四宮；這可能代表父

母一方同時扮演兩個角色，就如同單親家庭的情況。守護星座落於這兩個宮位中的配置暗喻着父母雙方皆可能扮演的角色。同時第四宮／第十宮的兩極性，揭示了父母雙方與家庭環境如何在個人的內在與外在之間產生劇烈的影響。

第四宮位於地平線以下，第十宮則在最高處；第四宮處於下方看得見的領域，而第十宮則聳立於世界之巔。因此，第十宮傾向於家庭顯而易見或公開的期望，以及對整個世界的態度。丹恩‧魯依爾（Dane Rudhyar）稱這個垂直軸線為：「權力之軸」（axis of power），而上升／下降的橫軸為：「意識之軸」（axis of consciousenss）。第四宮的影響是私人的，而第十宮的權力則存在於公共領域。沿著這條軸線，我們體驗到家庭影響了我們對於私有領域與公開領域的態度，以及私我與公開自我的交錯。而每一端的影響，都將延伸到另一端的領域。

魯依爾想像第四宮是「能夠直達地底中心的主根」，他形容第四宮的宮頭是「最深層的支撐點以及地表建築物最安全的地基」。因此，天底指的是祖先的傳統，以及「某種文化立基的偉大圖像與象徵」[46]。魯依爾認為，第四宮指的是我們在家庭狹小的領域中找到歸宿；但第十宮中個人的體驗，來自於追求社會地位過程中的成功與失敗。

第十宮是家庭規劃的終極目標。因此，我們的原生家庭、以及家族對於世俗的成功與成就所存有的期望與態度，所奠定的基石始終支撐著第十宮的社會權力、地位的穩固。第十宮變成在發展過程

---

46 皆出自丹恩‧魯依爾（Dane Rudhyar）： The Astrological Houses, Doubleday（Garden City, NY: 1972），74 - 5 & 117.

中，實現原生家庭的價值觀、傳統、經驗和回憶的外在領域。

## 父母的婚姻

當我們以家庭的生命週期探索家庭時，多數的家庭治療技巧皆以伴侶的承諾與婚姻展開，他們在此循環的下一個階段成為父母。從新生兒的角度來看，這種結合是多方面，親生父母也象徵著神話中的母親／父親，因為在某種意義上，我們可能會認為父母的結合是種原型，所有人類的生命皆是由這對伴侶孕育，因此，這對凡人夫婦的背後也有對神聖的組合。在希臘神話中，這種原始的關係是透過許多神話加以表現：最初是烏拉諾斯（Uranus）與蓋亞（Gaia）──天與地自然的結合；後來以暴雨之神宙斯（Zeus）與赫拉（Hera）兄妹聯姻的方式帶來了生機；金星愛芙羅黛蒂（Aphrodite）與火神黑菲斯塔斯（Hephaestus）、戰神阿利斯（Ares）這對兄弟的結合闡述着關係中的三角習題；而愛神愛洛斯（Eros）和賽姬（Psyche）神聖的婚姻揭示婚姻路中所需要面對的任務和考驗。星盤一方面讓我們看見父母的祖先們，同時它也有助於揭露我們對於父母婚姻的參與和體驗。

麗茲・葛林在《性格的發展》（The Development of the Personality）一書中為占星師們引介父母婚姻中的原型關係的概念[47]。當占星師在檢視家庭圖像時，父母婚姻的強烈印記如何刻印在孩子的心靈中，以及如何影響孩子的成人關係是一項重要的考量。正如葛林指出，當身為凡人父母擔負着神話中普遍的父母陰

---

[47] 麗茲・葛林（Liz Greene）："The Parental Marriage in the Horoscope", The Development of the Personality, 83- 162.

影時，便產生兩種父母體系，因此星盤可以幫助我們在兩種父母體系（原型父母與親生父母）中找到定位。星盤同時揭示父母的主觀期待、他們的祖先模式以及塑造我們成人關係經驗的父母婚姻狀態。

我們在某個時間點出生並進入父母的關係中，這個時間點深刻的影響父母的星盤，因為新生兒的星盤代表父母在他們出生的那一刻的行運星圖。孩子的出生盤也是父母中點組合盤（composite chart）當時的行運圖，孩子在情慾與困難的星盤接觸點上可以意識到與父母之間的整體動態。我們也可以認為孩子在無意識中體驗到父母之間的比對盤，以及其互相形成的強勁相位。在某種程度上孩子內化了這些模式，尤其是當他們與這些占星模式產生共鳴時。我經常看到父母之間的某個相位反映在孩子的星盤中，例如：威廉王子擁有金牛座凱龍星／金星的合相，與他的母親在金牛座的金星產生緊密的合相；他父親的凱龍星在天蠍座對分他母親的金星，因此在他父母的星盤比對中有一個金星／凱龍的對分相。他的星盤與這些原型產生的合相將會使他對父母的婚姻留下深刻的印象。

家庭中的每個孩子對父母婚姻會有不同的認知方式，並以他們各自的方式與父母建立同盟與關係。當我們思考父母婚姻時，以下的這些問題可能值得探討：

在這段關係中，誰擁有權力？你認同誰並且誰讓你感到安全？

父母婚姻中的無意識默契是什麼？為什麼他們在一起？有什麼潛規則和習慣已經烙印下來，並且如何被你內化而影響到你對於關係的價值觀、道德觀和態度？

　　你父母未實現的生活和懸而未決的問題是什麼？這些可能在無意識中塑造你？

　　你感到安全嗎？你覺得他們的關係會持續多久？

　　你的父母是否相互包容？他們是如何解決他們的分歧？

　　當我們開始思考父母婚姻時，可以檢視太陽和月亮之間的相位，因為太陽是父親的原型，而月亮代表母親。威廉王子擁有太陽／月亮在巨蟹座的合相；他的母親與他一樣太陽也在巨蟹座，但她的月亮在水瓶座。他父親的太陽在天蠍座與他母親的月亮產生四分相。威廉王子的星盤展現出他對於父母婚姻的深刻體驗，在他父母的星盤比對中，太陽和月亮之間產生緊張的四分相，我們會想知道他如何面對父母婚姻所營造出的家庭關係。

　　太陽和月亮之間的相位揭示了兩個原型之間的定位，可以讓我們思考父母之間的關係如何被體驗；當這兩個發光體沒有產生相位時，則可以思考出生時的月相（太陽與月亮的循環階段）。

## 太陽與月亮的相位

　　太陽和月球之間的相位形成月亮的週期，他們的角度在天空中實際可見，除了新月——此循環開始的黑暗期之外。雖然這兩顆行星創造了二十九天半的週期，它們可能無法在心理上結盟，因為當太陽和月亮形成困難相位時，它們的關係因而產生了壓力與緊張。這種壓力也可能指出你對於父母關係的體驗，而這種衝突可能會導致你的需要與意欲、或意向與感受之間的壓力。可能有種不知

如何釐清你的需要或是確認自己需要時卻感到不安。

當太陽（父親的化身）與月亮（代表母親）產生相位時，便更強調父母婚姻。因此在這段關係中，原型在主動與被動、行為與本質、男性特質和女性特質之間將更加戲劇化。太陽與月亮之間的相位往往指出個人可能主觀地認同他人的需要，因此在這種情況下，反而需要更加思考關係中自己的反應和感受；他們可能在無意識中私自認同他人的情緒和感覺，以至於無法意識到自己的部分。

當太陽和月亮之間產生挑戰性的相位時，可能難以確定什麼是需要的，因為父母可能更專注於自己而非孩子的需要。因為孩子是透過父母的認同與反應，學習連結、感到安全並表達他們的需要；倘若在建立獨特自我的過程中缺乏父母的支持，孩子很容易將他人的情緒和焦慮認為是自己的。就像一個氣壓計，個人可以讀到情感的氣壓，但不知道這些是屬於自己的。如果父母更關心自己的需要，孩子可能會在此父母體系中缺乏一種身份認同，並且缺乏自信，除非他們迎合他人的需要。隨著太陽和月亮的重要相位，我們可能會以各種方式思考父母婚姻，例如：

♂ 由於合相通常是非常主觀的，有時難以表達，孩子可能已經將自己對於父母婚姻的混亂和困惑感內化了。

我們可能很難在他們的關係經驗中區隔兩人，這兩個發光體是一起的，因此婚姻可能看似相互融合、牽絆、綁在一起，但並不總是以健康的方式。這可能暗示，父母無法單獨的被看見，他們可能表達了相同的觀點和價值觀，因此孩子可能覺得父母之一若缺少另一方，便無法單獨做出決定。父母的意見可能始終一致，無

法加以區分，如果這是常態，那麼孩子將無法體會到如何表達分歧的意見。他們可能會感到被排除在外，不屬於父母關係中的一環。無論父母關係是共生或反覆無常的，孩子不是他們關係組成的一部分，此種感受可能會種下孩子沒有歸屬或格格不入的感覺。因此，當這些展現於孩子的成人關係中，將可能是孤僻或感到難以融入某個組合或團體。

接近新月出生的人可能會暗示在你出生的時候，一種開始或一個新的循環在父母婚姻中展開。出生於月亮黑暗時分暗示著主觀的認同他人，因此在關係中可能需要更加思考自己的反應與感受；例如他們可能在無意識中私下認同他人的情緒和感覺，以至於無法意識到自己的部分。如果太陽和月亮各自落在相鄰的兩個星座，那麼區分太陽和月亮的功課是由星座的不同元素與性質協調而成。然而，當太陽和月亮在一起時，父母婚姻便成為孩子的關係模式的樣版。

☊ 對分相則更為具體客觀，並經常投射至某個事件或人身上，因此個人可能會遇到自己以外的困難，而非個人內在的衝突或掙扎。

滿月時分出生的人，月亮完全由太陽的光芒照亮。一方面，這可能意味著父母之間有很強的合作關係，彼此皆努力的與對方產生連結；同樣的，它也可能代表了兩者之間的分裂或敵對。因此，與其結盟，他們更是彼此的競爭對手。但是關鍵是父母如何應對這種極端，這將讓孩子知道如何解決緊張與分歧的關係。

從孩子的觀點來看，當父母雙方產生互補、維持平衡時，關係便可能存在。但是，如果關係是處在無意識的狀態，那麼父母雙方

可能會產生衝突、無謂的爭論或彼此反對而沒有任何決議、承諾或是毅力。在這種情況下，父母一方會認為衝突完全是伴侶的過錯，導致凡事皆歸咎於他人的模式；或者當他們無法彼此同意或妥協時，這樣的伴侶可能保持彼此獨立。最終，這將塑造出「他人與你完全不同」的成人關係。

□ 四分相結合了心理上的對立因素，並透過緊張與衝突變得活躍。

四分相兩端行星的需要和衝動，難以同時結合在一起，每顆行星都需要發聲，但它們無法同時占有一個空間，而產生衝突，因此這經常是一種磨擦或緊張的經驗。當父母無意識中被自己的需要與欲望驅使時，孩子可能在父母的關係中看到無法妥協的分歧；他們可能會察覺父母之間在需求、價值觀和人生方向的差異。這種關係的核心問題是如何一方面維持關係，另一方面還是得完成需要做的事；父母如何設法解決他們的分歧，彼此妥協並找到合適的時機以理解對方的需求和欲望，皆攸關孩子的認知，使他們做好解決紛爭的準備。但是，父母婚姻關係中如果缺乏覺知，衝突將無法避免，伴侶間的差異也似乎難以處理。

這個相位揭示了父母婚姻的緊張，這些差異如何解決將變得至關重要。這些差異被當成是多樣化或是矛盾的？從功能上來看，這可能表示孩子內化了這些紛爭的解決之道。最終孩子將看到兩種代表父母人格的不同能量，而他們皆努力的理解對方。

△ 三角相位是由相似的元素組成，因此從占星的角度來看，這個相位擁有更多的選擇與比較少的緊張關係。

　　但是選擇並不總是為關係增添價值。因此，父母如何利用他們的資源並努力的共同創造他們的關係，關係到孩子如何體驗父母婚姻。一方面這樣的關係可以被視為流動的，但它也可能代表淡漠甚至漠不關心的關係。如果父母已分居或離婚，這個相位則表示孩子可能有更多的選擇和更廣泛的安全網，藉以應付這種分裂。

✳　一般來說，六分相的星座組合皆為女性特質或是男性特質（陰性或陽性），因此這個相位代表可以兼容並蓄。

　　太陽和月亮之間的六分相象徵着機會。而星座符號之間的和諧增加父母互相協議的可能性，這取決於父母關係的本質與覺知。然而，它的確表示個人擁有更大空間來處理父母的不和諧與不平等，並能衡量雙方的爭議。由於兩者之間的原型結合可以相互包容，它減輕了關係經驗中的緊張壓力。

　　如今有那麼多的孩子都經歷了父母的分居與離婚，雖然涉及到孩子令人感到痛心，但也許最可以減輕痛苦的是，父母有意識的願意在分開的過程中，盡可能的誠實並帶著覺知。太陽與月亮之間的相位是由父母的意識水平來支撐與塑造，這帶來互動和關係的功課。當父母盡可能有意識地的處理關係，孩子的經驗便不會那般受到父母未解決的情緒所影響。

## 第四宮與第十宮的軸線以及第七宮與第八宮

　　正如前面提到的，在傳統與現代占星學之間，關於父母議題的占星原則有各種交流，但不變的是，第四宮代表家庭與其氛圍以及父母的家。當我們將第四宮與第十宮當成是兩個極端時，這便是一

條階級的軸線，以此看來也是父母軸線；當然，做為階系之軸，我們可以瞥見父母以及他們的關係圖像。第四宮和第十宮的守護星、其星盤中的配置以及兩個宮位內的行星，是父母兩極之間的動態隱喻；而父母關係本身暗喻著內在／外在、私人／公共、女性／男性的兩極。在評估此軸時，我們可以無限的想像家庭／家、它的氛圍，承繼自童年的模式，以及代表父母形象的兩端。

第七宮與第八宮是星盤中最接近成人關係的領域，對於孩子來說，父母關係成為所有成人關係的早期模式。因此，第七宮與第八宮內有行星的人，可以透過與父母有關的模式最先遇到這些能量的影響。當思考第七宮與第八宮的層次，以及這些隱藏於其中的模式時，我發現它對於研究父母關係在早期無意識影響我們成人關係模式中，非常具有價值；平等與親密關係是父母婚姻中的關鍵因素，它塑造了第七宮和第八宮的成人經驗。

然而，正如我們將探討手足關係，這些宮位同樣也涵蓋着手足關係的相位。父母與手足關係都是我們早期的經驗，它們也都影響我們成年的關係藍圖。

## 手足體系：兄弟姊妹

土星與太陽代表兄長；木星與火星代表排行中間的兄弟；水星意指弟弟；月亮是姊姊；金星代表妹妹

——古希臘占星師　左羅賽奧斯・希頓（Dorotheus of Sidon）[48]

---

48 內容出自古希臘占星師左羅賽奧斯・希頓（Dorotheus of Sidon）；文章出自於 David McCann, The Traditional Astrologer, # 8 （Spring 1995）.

傳統上，手足的領域位於第三宮。第三宮是三個關係宮位中的第一個宮位，它藏着我們最早的關係模式，卻直接影響到第七宮與第十一宮。透過第三宮這層主要關係，這三個宮位皆與手足的動態產生連結。黃道上代表手足的星座——雙子座，是檢視手足議題及其動態最重要的星座。水星是手足的守護星，亦是手足關係原型的明顯指標，特別是當它與其他行星產生相位時。

手足是家庭生活重要的組成部分，而家庭和祖先的氛圍與情結對於手足的發展與關係產生極大的影響。由於手足是我們最早的平輩、同伴、同儕、伴侶、盟友，戰友、同事、競爭對手和朋友，他們的影響力滲透到占星上的等諸多領域。手足體系的第一個經驗是，共享一個與父母那一代不同的時代。

手足共享相似的世代影響，他們出生於相同的集體氛圍中。這種世代的氛圍由外行星的配置象徵，他們皆擁有相同的海王星、冥王星、或是天王星的星座，因此手足體系是他們的世代縮影。手足有機會參與新興的集體精神，並終生展現它。在千禧年世紀交替時，冥王星在射手座、海王星在水瓶座；元素組合回到了當冥王星在獅子座、海王星在天秤座時火／風元素的六分相。而現在則是土／水的元素組合——冥王星在摩羯座、海王星在雙魚座的世代，重溫了冥王星在處女座／海王星在天蠍座的世代。手足體系的縮影在整體生命週期中皆受到相同外行星主題的影響，使手足共同參與了同一個世代的里程碑，並共同經歷構成他們早年生活的外界事件。

透過兄弟姊妹的動態故事，神話不斷的說明手足是一種原型的現實；包含一種內在現實與以及外在的個人；因此，手足的原型早

已存在於的行星神殿中。傳統占星學授予水星守護手足的角色，而水星掌管的雙子座和第三宮顯然是手足的領域。金星和火星是某個手足最有可能體現的原型，因為金星和火星都是對等關係的原型，特別當性別差異的意識開始發展之後，此兩顆行星所引發的關係，很容易被投射或轉移到兄弟姊妹。奧林匹克山上太陽神阿波羅（Apollo）與阿緹米斯（Artemis）這對雙胞胎與太陽和月亮有關，提醒我們的太陽／月亮關係的另一種層次也可能也適用於手足的經驗。

下表詳細列出在家庭中的兩個體系之間的區別：階級式的家庭體系與平等的手足體系。第一個表是此兩種體系的對比，而第二個列表則是它們在占星術語上的表示：

### 人類經驗的表達

| 父母體系 | 手足體系 |
| --- | --- |
| 等級 | 平等 |
| 垂直 | 水平 |
| 導師 | 朋友 |
| 老闆 | 同事 |
| 父母 | 夥伴 |
| 依賴 | 獨立 |
| 權力的不平衡 | 權力的共享 |
| 治療師 | 諮商師 |
| 共生 | 分離 |
| 回歸 | 發展 |
| 母系社會 | 姊妹情誼 |
| 父權社會 | 兄弟情誼 |

## 占星原型的表達

| 父母體系 | 手足體系 |
|---|---|
| 子午線 | 地平線 |
| 結束的宮位 | 關係的宮位 |
| 天頂／天底 | 上升／下降 |
| 四、八、十二宮 | 三、七、十一宮 |
| 月亮 | 水星 |
| 土星 | 天王星 |
| 海王星 | 金星 |
| 冥王星 | 火星 |

　　當父母和代表權威的象徵星落在象徵平等關係的領域宮位或情況相反的配置時，等級與平等角色之間的混亂是顯而易見的。當這些體系相互交錯，可能將產生不合宜和不確定性的角色。例如，當象徵父母原型的月亮落在第三宮或雙子座，或與水星產生相位時，可能代表手足與父母角色之間缺乏界線。我的客戶月亮落在第三宮，通常會描述他們如何像母親一般照顧他們的手足；或是他們的母親想成為他們的姊妹和平輩，而不是扮演母親的角色。另一位月亮落三宮的個案在青春期時發現，她的姊姊真是她的母親。當月亮在第十一宮，我們可能會像是朋友的母親；或當天王星在第四宮，我們可能想與父母平起平坐。當一個權威的原型如土星落在象徵平等的宮位（第三宮、第七宮與第十一宮）時，由於獨裁式的做法，使得追求一種平等關係變得複雜。例如土星在第十一宮，可能暗示老闆就是你的朋友；或者你覺得同事關係就像你與父母的關係。這些占星配置的背後往往來自家族經驗中不合宜的角色，例如孩子扮演父母的角色，或是父母本身就像個孩子一般；這些角色的互換可以用來思考家庭中混淆的角色與界線。

手足自有其機制，這是家庭體系也是祖先遺傳的一部分。手足
之間的比對盤中演出的劇情，也可以往回溯及家族史。個人和家庭
也透過時間而演變，手足之間相似的相位將在差不多的生命階段中
遇到相同的行運；因此，這是一種持續性發展與成熟的關係。

由於兄弟姊妹分享外行星的組合，因此在手足之間的星盤比較
中，內行星和合軸星是最重要的。如果手足之一擁有外行星與內行
星的相位，那麼出生在同一世代的其他手足，便共同分享了此一外
行星所強調的特別行星組合。因為這種關係是更為平等，因此，
星盤之間的行星相位可能產生的結果，將有更大的空間和更多的可
能。

## 手足占星

在關係的宮位討論中，首先我們視第三宮為手足的主題。宮首
星座及其守護星可以幫助描繪我們在手足體系中本能方式以及經
驗。第三宮內的行星充分象徵手足本身、我們在手足體系中的角
色、以及手足如何影響我們的學習、溝通以及平等關係意識的形
成。在第三宮，我們發現了平等關係的潛在樣版，因此手足在此模
式中扮演著重要的角色。

雙子座是手足的星座及其守護神，狄奧斯克利（Dioscuri）
這對雙胞胎代表了此神話原型。卡斯托爾（Castor）和波呂克斯
（Pollux），這兩顆在雙子座中的亮星代表手足連結的永恆象徵，
此等關係對古人相當重要，因此將他們的故事刻劃在天上。雙子座
所守護的宮位是手足故事可能發生的生活領域；而落在雙子座的內
行星也說明了手足之間的故事。有趣的是，當移動較慢的行星行運

至雙子座時，經常發生意圖建立手足或更平等社會的運動。當外行星行運至雙子座時，手足的故事便開始發生於集體的層面。

　　手足經驗受到與水星產生相位行星的影響。做為一名信使，水星經常讓與之產生相位的行星可以充分表現，而該行星的本質也真實的替手足關係增添色彩。在下一章中，我們將探討雙子座和水星對於手足關係的影響。

　　太陽和月亮普遍被視為父母的原型，但是當父母之一不在時，手足便可能代替父母，成為家庭中的太陽或月亮（希臘神話中的太陽和月亮是雙胞胎，我們將在之後探討）；因此，太陽／月亮這兩顆發光星體也可能帶來手足的議題。從手足的角度思考金星和火星的相位，可以優先考慮此兩顆行星與外行星的相位，這些相位更容易喚起家族命運的古老痕跡，因此其陰影是來自於幾代之前。外行星與金星或火星的困難相位可能為姊妹（金星）和兄弟（火星）關係帶入祖傳模式，或如同我們先前探討的——家族遺傳的女性和男性態度。

　　其他外行星在手足體系中的意涵為：

| ⚷ | （這裡是指手足體系內的）家族傷口、精神損失、局外人、遺棄、領養、感覺被邊緣化、遷移。 |
| --- | --- |
| ♅ | （這裡是指手足體系的）脫離、切斷、分離和分歧、個性化與獨立、隔離。 |
| ♆ | 牽絆與犧牲、理想的幻滅，精神與宗教的理想和信念、家庭所遺失以及未知的事物、疏離、苦難、痛苦和疾病模式 |
| ♇ | 祕密和恥辱、否認和傷害、未解決的創傷、失落和悲傷、力量和愛、誘拐、背叛、斷絕父子關係。 |

例如：莎莉的金星在天蠍座、落在第十二宮，四分相天頂的冥王星。我們在諮商中使用這個意象，探討這個貫穿其姊妹關係中的強大動力。她描述她的姊妹是陰險、卑劣、支配與強迫性人格的人，莎莉完全無法釋懷她夾在自己與她那完美父親之間的巨大陰影。而最後，圍繞在姊妹關係之間的陰謀和祕密在父親的死亡過程與遺囑內容中揭發。

安吉拉的凱龍星／金星合相在第三宮，是三姊妹中最小的。在青春期時，她的姊妹們嘲笑、挪揄她的體重、胸部的大小和裝扮。就像童話中，安吉拉開始相信自己就像姊妹們所形容，是醜陋的。家庭氣氛也受到這樣受傷的女性形象渲染，例如：當安吉拉開始來月經時，她的母親用「男人只想要一件事」這樣普遍的訊息，給她性與男人的忠告，而成為女人的歡慶與性的頌揚這些女性經驗，不僅受到她的母親、也受到同一世代的姊妹們嚴重破壞。當安吉拉訴說這些經驗時，我意識到她是如此吸引人又狀況良好，但這似乎與她的感覺相反。就像希臘神話故事中的賽姬一樣，安吉拉還是在每一段關係中聽到她姊妹們的聲音。

當然金星與火星的相位是多方面的，但我們可以從手足關係中理解這些相位中一個具有影響力的層面。神話中的阿瑞斯（火星）與阿芙羅狄蒂（金星）既是兄妹也是戀人，我們在檢視它們的原型動力中往往遺忘了這種兄妹或姊弟關係的層面，這與忽視兄妹或姊弟之間的強大動力是一樣的。


## 手足之間的年齡差距

一般情況下，手足共享相同的世代影響。他們生於相同的集

體氛圍中，而這些是由外行星的配置所象徵；例如海王星、冥王星、大部分的天王星往往落在同一星座；如果某人在兄姊的火星回歸（火星的黃道週期約為二十二個月）之前出生，他與兄姊的土星甚至可能是相同的星座，或是相鄰的星座。這些共有的外行星配置以及比對盤中外行星的動力相位，也扼要重述了其他手足所有外行星的相位。

珍出生時的冥王星在獅子座六分海王星在天秤座，兩顆行星皆與雙魚座火星產生十二分之五相位，而火星也落在冥王星／海王星的中點。她的妹妹在一年後出生，就在她的生日前後一天內。她的冥王星和海王星皆與珍的火星產生兩度之內的十二分之五相位，於是她的星盤強化了珍本命盤中外行星與火星的相位。珍不僅體驗到自己火星相位的動力，並且在與妹妹的比對盤相位中也加強了這組相位模式。於是她的妹妹經常提醒她與火星特質的困難連結；珍的同儕也會提醒她這個相位，但卻是她的妹妹最先強調這組相位的壓力。珍經常在她的生日期間，想起被妹妹篡奪的感覺。由於她們的比對盤中火星相位所增加的壓力，自珍有記憶以來，她們之間的關係一直是處於爭戰不休的狀態。她們的年齡相仿、擁有相同的重要影響，因此必須在彼此的相似點上努力尋求自我認同。手足之間的認同可以從深刻的牽絆、融合以及模仿，到彼此競爭、除去手足標識並選擇與手足完全相反的事物而展現。

出生於兄姊的土星循環首次四分相之後（約七年半之後）的孩子，可能會感到更加疏離，因為他並未參與或經歷過他們早期的人生階段，而會感到自己是獨自成長或是屬於不同族群。他與兄姊的天王星也會落在不同的星座（天王星每七年換一個星座），使他們個體化的過程也相當不同，這些手足必須以不同的方式去主張他們

的獨特性與個性。占星學透過外行星的分析，為我們提供了一種方法來定義手足共同參與的世代氛圍與精神[49]。

海王星的行運通過一個星座通常是十四年，而由於冥王星的橢圓形軌道，其行運會有所不同。這兩顆行星最後一次落在雙子座的合相是在1892–1893年。1938年冥王星進入獅子座後，便開始加速通過這個星座。冥王星從獅子座的中間度數到摩羯座的過程，平均速度像海王星一樣為十四年通過一個星座。而海王星在1942年進入天秤座，這兩顆行星以六分相開始在黃道上同步運行。這種對稱性持續整個二十世紀的後半葉，直到二十一世紀上半葉的前四十年。在這段期間中，大部份的時間海王星和冥王星都在五度的容許度中，並且產生近五十次正六分相。第二次世界大戰後出生的手足共享了這個世代傳承，他們的生活將被相同的集體事件和發展所感動、影響和改變。海王星代表集體的理想、夢想和願景；而冥王星暗示了世代的意圖、目的和動機。

由於手足體系是世代的縮影，兄弟姊妹都有機會參與這股新興的集體精神，並在他們的一生中展現。隨著冥王星在射手座以及海王星在水瓶座的千年交替之際，元素回到火／風的組合，手足有可能成長在更為意識形態的氛圍中，他們共享的願景與夢想是人道和進步的理念，這種理念受到了跨文化的整體精神所激勵。也許，手足可以再一次不受到家族或文化關係的捆綁。然而、偏見、教條和極權主義的陰影也可能是這一代的部分傳承。

---

49 關於海王星與冥王星對於家庭的世代影響可以參閱艾琳·沙利文（Erin Sullivan）所著的《朝代：家族動力占星》（Dynasty：The Astrology of Family Dynamics）11–27頁中有更詳盡地描述。

　　雖然第一個孩子出生於新的世代，卻比之後出生的孩子更受到父母那輩價值的影響。在家庭中還沒有這個新世代的其他成員，父母那世代的態度仍主宰著家庭的氛圍。對於第一個出生的孩子來說，為了成為團體的一員，放棄自己的身份認同並進入父母的世界是一項艱鉅的任務，而後來的出生的孩子則能夠更清楚地辨別世代之間的界線。長子（女）被用力的灌輸舊秩序的傳統，而年輕的手足則更容易帶來新的與不同的世代宣言。

　　手足體系以外的社會化也會發生在其他同世代的人中，在我們上學的第一天，我們與其他擁有相同外行星以及木星和土星配置的人共用教室。通常是等到木星回歸（十二歲）時，我們才展開符合年齡的熱絡社交。這也是在手足（如果有的話）之間，首先意識的到性別差異。

## 性別、原型與近親關係

　　原型是沒有特別的性別差異，但是文化、家庭與個人則有。原型是無關道德、價值判斷，不像承載它們的人類。詹姆斯・希爾曼（James Hillman）簡潔地指出：「原型超越了男女性別、以及他們的生理差異與社會角色」[50]。如今，關於性別分配的角色具有很大的不確定性；文化制約對於刻板的性別角色已經更為鬆綁了，使反性別心理意識不斷提升。但是，我們仍然對於男性原型與男性特質；以及女性原型與女性特質之間的區別感到困惑。而手足關係卻是不分性別也是中性的組合，因為平等與對稱才是此關係中最重要

---

50 詹姆斯・希爾曼（James Hillman）：*The Myth of Analysis*, Harper & Row（New York: 1978）, 50.

的部分；手足之間的愛原本就超越了性別的刻印。

手足關係的對稱性可能更有助於性別探索，由於彼此之間的平等，手足可以更容易去探索性別本質，而不需承受父母的閹割、排斥、支配或懲罰等無法承受的恐懼。隨著越來越多廣為世人接受的反性別代言的出現，雙性化透過關係而受到推廣，因此，性別政治透過家庭和文化，對於性別角色與性別期待的態度進入了我們的手足體系中。

研究學者認為手足的性別影響到我們陰性或陽性的發展。在姊妹堆裡長大的男孩可能更加誇大陽剛的特質，以彌補他過於女性化的恐懼，因此，他尚未發展的女性面相卻仍然是不成熟的並且依附在每位他不願與之認同的姊妹身上；同樣的，他可能會比其他沒有姊妹的男性朋友更強烈的認同女性面向。擁有兄長的妹妹會比擁有姊妹的妹妹更容易發展更陽剛特質，或者相反的，更加學習成為羞澀和富有誘惑力的人。同性的手足也可以增強我們對男性或女性的認知；一個陽剛男性的弟弟，可能反對兄長極端的陽剛之氣，而發展更多的女性特質作為補償。自我對於男性和女性特質的擁抱，在很大程度上受到手足之間的性別經驗所影響。

金星和火星是我們的手足最有可能體現的原型，由於金星和火星喚起關係中的平等原型，而容易被投射或轉移至兄弟姊妹。金星不僅代表著姊妹的原型，也承載著家庭對於女性的態度；我們會在任何性別手足的關係中體驗金星，但它更容易被體現或投射於某個姊妹身上。同樣的，火星是一個典型的兄弟象徵，它表現出家庭中的陽性態度。除了手足的明顯指涉，我視金星為姊妹的形象而火星為兄弟的形象。金星與火星的相位以及它們在星盤上的配置，可能

訴說一個明顯的兄弟或姊妹的故事，其中帶著家族留給個人的深刻態度。

在荷馬傳統中，金星和火星是同父異母的兄妹，都是木星宙斯的孩子。做為忠實的伴侶、情人和手足，它們往往明顯的代表我們的近親關係或是象徵某種熱烈的關係。另一對神話兄妹或姊弟——阿波羅和阿緹米絲，在尊崇手足的連結上，也是同等重要。

## 兄弟／太陽與月亮／姊妹

阿緹米絲和她的孿生兄弟阿波羅打從出生便彼此忠誠專一，阿波羅是她摯愛的兄弟。《荷馬讚美詩之二——讚美阿緹米絲》（The Second Homeric Hymn to Artemis）[51]告訴我們，當阿緹米絲滿足了她野外狩獵的衝動，她來到兄弟位在德爾福（Delphi）的神殿，掛了她的上衣和弓箭，換上華衣並加入了她的兄弟、繆斯（Muses）與葛蕾絲（Graces）三女神的歌舞中。

阿緹米絲和阿波羅最先連結在他們母親勒托（Leto）的子宮中，在她懷孕期間，勒托所到的避難之處都被拒絕，最後，提洛斯（Delos）這座被遺棄的岩石小島居民提供給她庇護，以換取她的承諾——出生的兒子，在他出名之前，將會最先在這座島上建立神殿，提洛斯島如今得到承諾成為古代的榮耀中心。神話中，阿緹米絲早九天出生在鄰近的島嶼錫拉庫扎（Ortygia），然後幫她母親接

---

51 《荷馬讚美詩之二——讚美阿緹米絲》（The Second Homeric Hymn to Artemis）出自麥可‧庫登（Michael Crudden）翻譯的《荷馬讚美詩》（The Homeric Hymns）Oxford University Press （Oxford: 2001），87.

生雙胞胎兄弟阿波羅。因此，這對雙胞胎早已結合在一起，即便是在他們出生之前，在遇難母親的子宮裡一起孕育成形。阿緹米絲幫忙接生她的孿生兄弟，成了他在人間的女性引導者和同伴。阿波羅和阿緹米絲是親密盟友、夥伴，他們共同保護母親勒托以及她的榮耀。

到了古典時代後期，阿波羅和阿緹米絲成為與兩個與發光星體——太陽和月亮產生關聯，使他們慢慢演變成為一對強大的伴侶關係。阿緹米絲可能晚至公元前二世紀才與月亮產生關聯，那時她已經轉變成為戴安娜。當占星學開始關注希臘時，阿波羅和阿緹米絲確定與太陽和月亮產生連結。占星學上最重要的這對發光體源自手足關係，這點煉金術士知道，而我們卻忘記了。

托勒密在公元二世紀建議，當我們思考男女在星盤上的婚姻狀態時，首先看一下相對性別的發光星體：

對於男性，應當觀察月亮的配置；但是，如果是女性，應該觀察太陽而非月亮[52]。

在現代背景下，我們將它解讀為：運用女性的太陽與男性的月亮描述內在伴侶的某些特點。當代占星繼續檢視太陽和月亮這對強大組合，做為結合或是神聖婚姻的意象，卻忘記了這兩顆發亮星體所隱涵的手足故事。阿波羅和阿緹米絲如今成為太陽／月亮組合樣版的一部分，他們的關係的重要性提醒我們成人關係基礎之下的手

52 J. M. Ashmand, *Ptolemy's Tetrabiblos,* Symbols and Signs（North Hollywood, CA: 1976）, 124.

足連結。

傳統占星學敘述了太陽／月亮的組合是婚姻的指標，這個概念啟發榮格進行了同步的實驗，他在伴侶的星盤中將太陽和月亮之間的相位做比較。榮格說：「托勒密認為男性的月亮與女性的太陽之間的合相，對結婚特別有利。」[53]我所看過的伴侶比對盤中太陽／月亮的相位在兩方面非常明顯：首先，這個相位凝聚了父母的婚姻並且和重溫父母的問題和模式；其次，它吸引了個人的手足經驗：他們的平等意識、能夠成為一個個人並且得以被辨識的能力。這個相位存在兩層關係，而往往在這段「婚姻」中被忽視的是影響伴侶關係的手足模式。

阿波羅和阿緹米絲以自己的方式成婚。阿緹米絲選擇保有處女的身份，以忠於她的兄弟；阿波羅成年後的異性的關係也反映了與他姊妹的深刻連結。他最成功的是與席蘭妮（Cyrene）的關係，而席蘭妮就是他姊妹的翻版：能夠在野外堅強、獨立的女獵手。由阿波羅和阿緹米絲代表的太陽／月亮組合象徵伴侶關係、友誼和手足的忠誠；阿波羅最初便與姊妹結合，就像是她的伴侶一般可以代替她。不像宙斯與赫拉，難以回到手足婚姻中；阿波羅和阿緹米絲則是難以分離。當手足之間的分離沒有發生時，這個主題便進入了成人關係。也許在阿緹米絲和阿波羅的例子中，由於他們在支持和保護他們母親的部分上相互牽絆，因而產生分離上的困難。不好的家庭氛圍可能產生一種牢不可破的依附關係，使手足們團結在一起，卻無法允許其他關係的存在。

---

53 榮格（Jung）：Synchronicity: an Acausal Connecting Principle, *The Collected Works of C.G. Jung*, Volume 8:869.

在異性的手足關係中，可能喜歡以太陽和月亮評估手足之間的動力，特別是當手足變成是一種共生或融合的關係時。當父母之一缺席或是脫離時，無論是太陽或月亮都可能被投射到某位手足身上。如果是父親不在了，某個兒子便非常容易成為父親，擔負起照顧家庭的責任，吸引其他手足的太陽投射；同樣的，如果在心理上或是現實上缺少母親，女兒可能不得不填補她的空缺，成為家庭中的替代性月亮。檢視家族史與動態，這些情況就更清楚了，而這也將呼應星盤中手足與父母角色混淆的主題。

## 手足婚姻

我們往往沒有察覺手足對我們成人關係的影響。我們容易有一種傾向，認為當我們進入親密關係之後便會將手足經驗拋到腦後；但情況並非如此，尤其是當手足一直是我們關係模式中的關鍵。宙斯和赫拉的神話通常被描繪成一種，由於丈夫的風流韻事導致夫妻之間無休止的衝突。然而，一旦他們是兄妹或是姊弟的關係時，他們便溫柔地彼此相愛，並特別准許對方結婚。

## 赫拉的婚禮（Hera's Gamos）

赫拉被奉為婚姻之女神，赫拉的婚禮特別是指她的結盟，「Gamos」意即婚姻。在神話中，手足之間的結合被保留給神，並且「在赫拉的婚禮中實現，其中希臘地位最高的神是她的兄弟，同時也成為她的丈夫。」[54]雖然我們知道赫拉是宙斯的妻子，這個婚

---

54  C. Kerenyi, *Zeus and Hera Archetypal Images of Father, Husband and Wife*, translated by Christopher Holme, Princeton University Press（Princeton: 1975）, 113.

姻另一層關係是兄弟姊妹，當宙斯終於擊敗了他的父親克羅諾斯並登上權力之位，赫拉成為他的皇后。他們的婚姻往往被認為是奧林匹斯山最重要的婚姻。然而，描述他們關係的經典版本卻是：婚姻是有風險的。由於宙斯的不斷捻花惹草與不忠以及赫拉的嫉妒與復仇的果報，兩人暴烈的情緒因而引發了權力的鬥爭。

然而有一段更早時期，奧林匹克的伴侶並不總處於權力鬥爭或彼此設計欺瞞中。這是當他們的姑姑泰西絲（Tethys）和伯父俄刻阿諾斯（Oceanus）在神殿陷入熱戀時，他們被母親瑞亞（Rhea）藏起來，以躲避他們父親所捲入的家族戰爭。

在海下的偉大的宮殿，他們的關係極為圓滿並祕密地維持了三百年[55]。但到了古典時期他們的「祕密」關係不再存在，並且他們關係中的不忠與指責已經成為眾所皆知的事。做為奧林匹斯山至高的神，他們的婚姻反映著成年伴侶所必須經歷的包括正面與負面的經驗。

赫拉和宙斯之間也是手足關係。成年關係中的手足層次，往往是伴侶之間不曾察覺的祕密。赫拉和宙斯的關係提醒我們成人關係中的兩個重要層次：手足關係與孕育子嗣關係。婚姻中所蘊含的手足層次包含平等的感情、自然分享彼此身體與情緒的空間、忠誠與「菲利亞」（philia）──即手足之愛；還有手足之間的對稱性與平等，也反映在這個層次中，但是這層關係也可能引動亂倫的禁

---

55 這個傳說來自於希臘的夏夢詩島，故事有兩個版本，一是他們婚宴持續了三百年；另一版本是說這個婚姻祕密維持了三百年，更詳細的部分可以參閱C. Kerenyi, *The Gods of the Greeks,* Thames and Hudson （London: 1951），95-99 以及 C. Kerenyi, *Zeus and Hera, Archetypal Images of Father, Husband and Wife.* 91-113.

忌。伴侶關係的手足層面可以彼此感受到愛、支持和關懷，但與性無關。在另一方面，關係中的孕育子嗣關係包含對立的緊張、愛與欲望的強烈感情、以及依賴與需求。在這層次中，另一方的未知部分富有挑戰性、激發性以及情慾。

了解成人關係中的這兩種層次，可以擴大關係的範圍，並讓伴侶相處時擁有更大的彈性；而在成人關係／婚姻中平衡這兩個層次是成熟關係的功課。琳達・施密特（Lynda Schmidt）描述成人關係中的這兩個領域是「手足原型（sibling archetype）」和「男女異性婚原型」（marriage archetype）：

「手足原型」提供了理解的可能性，使之脫離孕育子嗣關係的暗示，它允許平輩之間正面和負面情緒的自然流露，這種關係是終身的；而「男女異性婚原型」提供了非理解性的刺激與緊張，它允許本能、男性和女性範疇最極端的生物表達，因此屬於性慾的範圍[56]。

在同一篇文章中，作者強調個人需要平衡這兩種塑造成人關係的原型。傳統婚姻可以從手足關係所提供的平等與愛中受益；而現代夫妻可能會更加自覺地傾向男女異性婚原型，而感到更有激情與安全感。當我們投入與伴侶之間的權力鬥爭以爭取關係的平等時，情慾的牽扯可能會隨之減弱；反之，如果我們迷失於結合的激情中，我們可能會察覺不到關係中的不平等與權力失衡。

赫拉是婚姻之神，做為宙斯的姊妹與妻子，在這個婚姻中，她

---

56 琳達・施密特（Lynda Schmidt）：The Brother-Sister Relationship in Marriage, from The Journal of Analytic Psychology, Volume 25, Number 1, January 1980, 34.

同時體現了手足原型與男女異性婚原型。她身為婚姻的守護神，嫁給了兄弟／丈夫並生活在手足婚姻的祕密中。文化偏見與宗教倫理將赫拉描繪成一個善嫉的妻子——此般永遠不變的刻板角色，並受困於男女異性婚原型中。然而赫拉做為婚姻之神並與兄弟／丈夫宙斯結婚，是非常了解婚姻關係中的另一種層次。我們將她鎖定於刻板、一元角色中，卻並未對於她的歷史以及古老傳統表示敬重，這些讓她與兄弟／女性的男性意向結合的根源——也就是她與她的婚姻所代表的平等與對稱的面向。

　　古人意識到這種強大的手足模式是一種先驗的靈魂面向。這種兄弟與姊妹的關係從極端的親密感到冷漠以對，包括犧牲的意象以及性慾的禁忌感情。在當代社會中，兄弟與姊妹之間性吸引力的禁忌很少被討論。異性手足的關係與他們如何感受到愛、欲望與矛盾，甚至這個動態中所不可或缺的厭惡感都不被討論。在心理上，我們並未察覺這些感覺的處理方式會直接影響我們的成人關係。

　　在占星學上，這個主題自然的發生於代表成人關係的第七宮，而第七宮是代表手足與早期關係的第三宮的自然延伸。然而，當星盤上第三宮與第七宮以及第三宮與第八宮、或者占星原型與手足產生產生關聯時，例如：代表關係原型的金星、火星與水星產生有力的相位時，那麼思考手足模式與伴侶模式之間的關係會是相當有趣的事。

　　當我們與異性手足之間存在着懸而未決的問題或強烈感情時，往往會更加否認手足對於我們現有關係造成的影響。這種否認受到集體意識的默認，因此常常被心理治療師忽略了。但是潛意識

往往會透過夢境或是手足與伴侶之間神祕的巧合（例如：相同的名字、出生日期、出生地或是相似的個性）讓人意識到手足的關聯。

占星學上這種移轉情況，可以在手足與伴侶星盤比對中探討，兩者在星盤上的相似處所顯示的模式，極可能在現有的伴侶關係中重覆出現。有一個非常有趣的練習是，畫出兩張合盤：一張是你與手足的合盤，另一張是你與伴侶的合盤。然後比較這兩張圖，看看是否有類似的模式在現有關係中不斷重複。這種比較有助於察覺你可能在不知不覺中受到吸引的特質，並以這種對待手足的方式回應你的伴侶。透過這樣的星盤比對，出現在同輩關係中反覆的手足議題才得以呈現。

## 手足的星盤比對

我唯一的兄弟──就是我大哥，他離開老家結婚時，我才十五歲。過去那些年，我們共用一間臥室，之後，當我建構家族成員的星盤並畫出大嫂的星盤時，感到相當震驚與困惑，這不正是我的星盤！我們都是天秤座，雖然她比我大兩歲，但是，我們有著相同的合軸星：金星都在天蠍座相同度數、四分相獅子座火星，而火星又與冥王星合相等等。我馬上自我中心的聯想到，大哥也早與我結婚了。我的大哥，是一個符合摩羯座並且土星與太陽對分相的人，他的傳統價值觀使我想要反叛，因此我花了許多年之後才「安定」下來。我的妻子早我大哥三個星期出生，他們擁有相同火星以及火星以外的社會、外行星的配置，因此，也許我和哥哥是以另一種神祕的方式緊密的聯繫在一起！

　　手足動態在我們與我們的伴侶、朋友和同事之間重現，他們代替我們的手足，重複著類似的模式。某個手足的行星配置、相位與模式往往與伴侶的星盤互相複製，這種星盤比對讓學生們相當驚訝。手足關係的移轉比我們願意承認的還常見，尤其是當手足之間疏遠了、彼此生氣或當有未解決的悲痛或其他未完成的議題存在時。

　　手足之間的星盤比對可以清楚顯示並讓我們了解，早期對於同性或異性相關的模式和態度的形成。一般情況下，手足之間從太陽到木星的行星都各自落在不同的黃道星座；如果我們與手足的這些行星落在相同星座，或是與手足的內行星產生有力的相位時，將會指向關係的重要議題。這些相位也可能是家族史的遺傳主題，而驗證這些家族的占星血統時，常常會在其他家庭成員之間發現相同行星的聯繫。手足之間比對盤的相位可能會具體成為某種關係模式，而對個人往後的關係帶來影響。手足關係自有其機制，它是家庭體系也是祖先遺贈的一部分，因此在手足比對盤中上演的劇碼也可能溯及家族史。個人與家庭也隨著時間而演變，所有手足之間類似的相位，在差不多的時間階段將會遇到相同的行運。因此，手足關係是一種持續發展和成熟的過程。

　　在大多數情況下，手足會擁有共同的外行星組合，因此在手足的比對星盤中，內行星和合軸星是最重要的。如前面提到的，如果手足之一有某顆外行星與內行星產生相位時，那麼他便出生於強調特定行星組合的年代。由於手足關係是一種更為平等的關係，比對盤之間的行星相位可能擁有更大的空間和可能。

　　當我處理伴侶的星盤時，我也運用手足星盤比對的方法。其中

行星依然保有其傳統的含義，而內行星的相位則象徵著我們如何與手足成功地互動。當我們有一個以上的兄弟姊妹時，我們可以體驗到多重的關係，因此與每一個手足相處的不同面向，可以藉由彼此比對盤中的相位而被突顯出來。由於關係的多樣性，從兩種手足體系中我們可能不會如其他人那樣對關係具有強烈的感受。手足的多寡決定了我們早期關係的連結是受限的或是多樣化的。獨生子可能缺乏這些早期連結，這些幫助我們在他人的範疇中塑造並定義自我的經驗。

我們展開我們的人生旅程，並與家族中具有影響力的人相遇，他們喚起我們占星以及基因上的天性。接著我們將繼續的檢視雙子座和水星，這些強烈喚起手足深刻連結的神話。

Chapter 5
# 手足神話與占星原型

> 手足之間的連結可能如親子關係一樣強烈、複雜與轉化的
> ——無論是好是壞。從兄弟姊妹中，我們看到自己不為人知的一面。
> 我們對於他們的愛與厭惡反映了許多事，
> 並不只有我們如何與內心深處鮮為人知的領域產生連結。
> 關於手足之爭，心理學有太多的話要說，但神話早已道盡一切[57]。

> ——麗茲・葛林（Liz Greene）


## 神話與占星

如同其他許多文化，希臘人使用星座來記錄並傳達他們的神話。在古典時期[58]，太陽與其他行星在環狀運行中行經的星座所構成的天際路徑稱之為「黃道」（zodiac）。定位這些星群啟發了「黃道星座」的靈感，它們來自於集體無意識將動物形像投射於這些星群中。因此，黃道上的這些星座形象不只是零碎的圖像，而是代表著集體心理賦予天空生命力的能量[59]。

雖然黃道星座圖像相關的神話與其本身看似無所關聯、幾乎是隨機的選擇，但是，當我們運用想像力詮釋這些圖像時，卻有一種生命能量凝聚的劇情出現[60]。因此，我們可以說「黃道」一詞

---

57 麗茲・葛林（Liz Greene）and Juliet Sharman-Burke, The Mythic Journey, Eddison-Sadd（London: 1999），34.

58 希臘古典時期是從古老時期（Archaic periods）到希臘時期（Hellenistic periods），大約是從西元前323年開始，並包含雅典蓬勃發展的黃金5世紀。

59 請參閱Nicholas Campion, The Dawn of Astrology, A Cultural History of Western Astrology, Continuum（London: 2008），173-184.

60 請參閱作者的 The Zodiacal Imagination, Astro*Synthesis（Melbourne: 2000）.

意味著生命循環，它包含了動物與人類的象徵，代表生命本能的
領域。「黃道」（Zodiac）取自古法語的「黃道」（zodiaque）一
詞，它源自於拉丁語，但是更早可以追溯至希臘文[61]。這個詞的希
臘字根是指一圈動物的雕刻圖像稱之為「zoion」，暗示著某種生
靈——也就是某種動物或生命。因此，「黃道」是指一圈動物或一
種生命之輪，代表人類經驗極為神聖的層次；它蘊含著此種古老智
慧，因此也被稱為「靈魂之位」或「心靈的殿堂」[62]。實際上，黃
道是人類第一本書冊，它象徵著人類本能的旅程，是一種以富想像
力的方式來看待生命的架構，這些比古希臘占星師對於它們的看法
更為古老。

　　並非所有在夜空中的發光體都是固定不動的。古人逐漸知道了
會移動的星是行星，想像它們是代表神聖的力量或神靈，因此將它
們以神命名。如今它們被譯為拉丁語，但巴比倫人和希臘人仍以神
之名認知它們。

　　占星學以另一種方式看待這些以天上圖像為本而描繪的神話敘
事，這是一種我們最早想要連結內在與外在世界的方法之一。詹姆
斯・希爾曼（James Hillman）認為神話是「古人的心理狀態」[63]；
而由於占星學的企圖是透過天體的運行去了解靈魂的目的——也就
是心理學的真正本質，因此我們也可以認為，它也是一種古代的心

---

61 「zodiac」這個字來自於「生命」的字根zoe，加上「輪子」diaklos，也就是生命之輪，是一種生命不斷運轉的古老象徵。

62 Robert Schmidt, 'Translator's Preface' from Vettius Valens, The Anthology: Book I, Project Hindsight's Greek Track IV, Golden Hind Press （Berkeley Springs, WV: 1993）, vvi –xvii.

63 詹姆斯・希爾曼（James Hillman）：The Dream and the Underworld, Harper & Row （New York: 1979）, 23.

理學。從古至今，占星學的神話一直都是我們理解週遭世界的另一種方式，這是一種非常有力的神話，因為它透過其星空中的象徵，而引述古代的神／女神以及英雄故事；而它們的形像、圖式與故事敘述著我們靈魂原型的旅程。

神話是一種內在活動的故事敘述，它以想像的語言打開心靈之門。思考神話的方法之一是，它是一種靈魂的特殊語言，也是一種故事情節，將人類感覺經驗中的古老記憶串聯在一起；它超越理性思維的限制，為我們提供一種自然世界的原始視野。當與神話連結時，我們將自己是誰以及從何而來的信仰與認定擱置一邊，並進入淡化個人的現實層面。而這些卻是每個人的現實，就像一個集體夢境，我們只從個人的角度去感知並參與它們。神話結合個人的想像力並激勵我們參與其創作過程。榮格稱想像力為「人類的意識之母」（the mother of human consciousness）[64]，因為在文字發展之前，它孕育著我們最初想要找到的意義與價值，我們的想像力中最強大的語言之一就是神話。

神話與占星邀請我們從原型的角度去思考個人的真理。因此，神話始終認為手足與他們的影響力貫穿了我們的一生。希臘神話以關係的複雜性賦予手足連結崇高的敬意，例如宙斯和赫拉的手足婚姻既平凡又神聖；阿伽門農（Agamemnon）與梅涅勞斯（Menelaus）的手足團結；羅穆盧斯（Romulus）和瑞摩斯（Remus）的兄弟之爭；阿波羅與阿緹米絲的忠實陪伴；伊菲貞妮

---

64 出自於榮格的訪問：Neues Weiner Journal with Carl Jung on November 9, 1932, translated by Ruth Horine. See C. G. Jung Speaking, Princeton University Press（Princeton, NJ: 1977），58.

亞（Iphigenia）與伊蕾特拉（Electra）姊妹的命運；或賽姬姊妹們的忌妒。希臘神話也使天上的手足關係成為不朽，例如海亞蒂絲（Hyades）七姊妹——也就是畢宿星團，因失去兄弟而極度哀傷，她們被宙斯安置於天上；另一組姊妹星群——阿特拉斯（Atlas）的七個女兒也就是昴宿星團（Pleiades），讓人永遠不忘姊妹情誼[65]。同樣的，雙子星座的兩顆亮星——卡斯托爾和波呂克斯不僅成為兄弟團結與愛的象徵，也是血緣原型的符號。

占星學以黃道上的第三個星座——雙子座顯耀手足之間的天生連結。手足關係的重要性隱含於神話中並透過雙子座的經驗展現；它在黃道——即生命之輪上暗示著「雙胞胎」中另一半的形象——以某位兄弟姊妹做為象徵，是出生時便與生俱來的一種先驗的心靈面向。雙子座是黃道上的早期星座，這個形象是個人最初的部分，用以塑造一生的關係模式。雙子座中最初的他者（otherness）經驗，使我們永遠想要與雙生的另一半重新產生連結。無論我們是長子或是年紀最小的、同父異母或是幸存的手足，他們都是我們命運固有的部分，手足連結也是屬於一種個人的層面，它形塑我們未來的關係樣板。而心理分析似乎忘記了這個早期理論發展的事實，它使手足連結中心裡的被剝奪感持續延續。

我們透過自己、家人以及客戶的星盤探索人類的本性，而其中，手足連結受到推崇而成為一種重要、有力的關係。兄弟姊妹可能是我們僅有的終生夥伴，他們可能同時參與我們的誕生與死亡、見證我們的童年並與我們共同分享家族史。手足是我們早期環境中的同伴與「他者」，並讓我們銘記一些早期的態度、價值觀與

---

65 瑪雅（Maia）是赫密士（Hermes）的母親，也是七姊妹中的長姊。

信仰。就像雙子座一樣，手足是充滿矛盾的，手足之間可能既是盟
友也是敵人，或同時是知己也是背叛者。我們希望與他們認同；也
想要與他們完全不同。在手足關係中，我們初步體驗感覺的兩極
性。

　　兄弟姊妹以及他們對我們心理發展造成的影響力是如此強
烈，這些形象也在我們的星盤中，以雙子座相關的行星神祇──
水星──在希臘神話中以赫密士（Hermes）做為象徵。在內心當
中，手足是我們經常面對外界時如赫密士般的隱藏性夥伴──也就
是引導者；做為一個原型的形象，赫密士多方面的代表引導者與騙
子、同伴與對手，因此是手足的守護神。雙子座與水星都是代表我
們的手足以及手足關係的強烈的形象[66]。

## ｜手足星座：雙子座與狄奧斯克利（Dioscuri）

　　……這些大學時光是一段學習、懵懵懂懂踏入新世界、期待
與人接觸卻又被排拒的歲月，極度不確定卻又有狂妄的自信。而越
多的預設，生命的流動似乎越在雙手與才智之間流失，因此，我們
投射於象徵、意象以及文字以確認自我的理解與通達──這就是雙
子座階段：它是通往人類社會的廣大世界以及與至愛結合的偉大經
驗之門。

──丹恩・魯依爾（Dane Rudhyar）

---

66 丹恩・魯依爾（Dane Rudhyar）The Pulse of Life: New Dynamics in Astrology,
　Shambala（Berkeley, CA: 1972）, 51.

　　丹恩‧魯依爾是心理導向占星學（psychologically- orientated astrology）的發展中優秀的發言人，在上面的引言中，他已經概括了雙子座的二元性與它追尋失去事物的本能。正如他所暗示的，雙子座代表人類經驗中，當通往「人類社會的廣大世界」之門被打開時的階段。從雙子座的神話觀點來看，手足的到來開啟了這扇門，於是家庭中的新體系得以建立，也由於手足體系，家庭成為一個社會縮影與關係的早期練習場。卡斯托爾和波呂克斯的希臘神話被刻劃於滿天星斗中，他們是雙子星座中最閃耀的星；兩顆齊名的亮星象徵雙胞胎兄弟之首，以下他們的故事：

　　卡斯托爾和波呂克斯是手足連結的永恆暗示，他們的關係對於古人來說十分重要，而將它刻劃在天上。羅馬人稱這對雙胞胎為卡斯托爾與波呂克斯；而希臘人，則稱他們為狄奧斯克利，也就是宙斯之子。這個父子關係出現於較早期的神話版本，其中兩個兄弟是奧林匹亞眾神之父宙斯、聖神英雄之子。到了古典時代，卡斯托爾和波呂克斯這對雙胞被認為來自一個更為複雜的家庭氛圍。

　　最普遍的神話版本源自於史詩《庫普利亞》（Kypria）[67]，其內如如下：這對雙胞胎的父母是王室夫婦，也就是斯巴達的國王與皇后——麗姐（Leda）與廷達雷奧斯（Tyndareus）。宙斯非常想要得到麗姐，為了勾引她，他設計讓自己得以親近皇后。

　　他將自己變成天鵝，被赫密士偽裝的飛鷹追逐。狡猾的赫密士

---

[67] 這對孿生兄弟的身世有不同的版本，有版本認為他們都是宙斯之子，或者皆為廷達雷奧斯之子；希臘史詩的片段中描述，卡斯托爾是凡人而波呂克斯是神，指出他們兩種不同的出生血統。尚未有暗示卡斯托爾是神而波呂克斯是凡人的相反描述。

與宙斯串謀，將宙斯變形的天鵝，趕入皇后的安全懷抱中；而在麗妲安穩的雙臂中，宙斯強暴了她。而麗妲卻不知前一晚她的丈夫已經讓她受孕，在同時受孕於丈夫與宙斯之後，她生了兩顆巨蛋。

其中一顆蛋孕育出宙斯神的後代──海倫與波呂克斯，另一顆蛋則生出凡人廷達雷奧斯的後代──卡斯托爾與克萊特妮斯塔（Clytemnestra）。雙胞胎的二重性提供多樣化的可能組合版本：例如，其中一對雙胞胎是神，另一對是凡人；一對是男性，另一對是女性；而另一種排列組合是屬於神的男性與屬於凡人的女性或是屬於神的女性與屬於凡人的男性之組合。在這樣重覆與對稱下，手足星座的這四部分是構成雙子座神話必要的組合。這種出生時便存在著他者的複雜星座，以及此連結最終的失落，往往是隱藏在雙子座經驗之下的命運。

兩對雙胞胎帶著手足的複雜糾葛，進入他們的成人關係中。海倫和克萊特妮斯塔與梅涅斯（Menelaus）和阿伽門農（Agamemnon）這對兄弟結婚；而卡斯托爾和波呂克斯也與他們堂姊妹，也是一對雙胞胎結婚。自手足關係中養成的早期印記與模式往往會在我們之後的伴侶關係中重現。而成年後的伴侶與手足相像的經驗並非罕見，無論是特殊習性、人格特質、生日或名字，就好像當一個成年人進入伴侶關係後，便會重現手足關係中的某些精神遺留。

卡斯托爾和波呂克斯在斯巴達家鄉是偉大的戰士，也是受人景仰的英雄。他們善於運動，並且在奧林匹克運動場上表現非凡。人們通常以戴著「皮洛斯帽」（pilos），一種蛋形頭盔來描繪他們，類似的頭盔使他們看似對稱，但蛋形提醒我們，雖然他們是同一個

母親所生，卻是擁有各自的父親。他們看似平等，但命運卻不一樣；即使是同一個母親在相似的家庭環境中孕育他們，他們的天命還是不盡相同。

　　命運使他們陷入於更大的跨文化模式中。帕里斯（Paris）聽從女神阿芙羅狄蒂（Aphrodite）的指示，來到斯巴達勾引雙胞胎的妹妹——海倫，並想要她帶回特洛伊。卡斯托爾和波呂克斯這對孿生兄弟並不知道帕里斯的意圖，親切地歡迎他造訪自己的家。在帕里斯抵達後不久，他們便離家參加另一對雙胞胎、他們的堂兄弟——達斯（Idas）和連史諾斯（Lynceus）的婚禮。然而，在婚禮舉行之前，卡斯托爾和波呂克斯便已誘拐了堂兄弟的準新娘們，她們又是一對雙胞胎，並占為己有。

　　在二元性與孿生的複雜氣氛中，雙子座的故事再度上演。此時，卡斯托爾和波呂克斯仍是一對尚未各自獨立的雙胞胎，從他們的堂兄弟雙胞胎手中奪得另一對女性雙胞胎，他們尚未各自分開獨立，而是一起編織屬於他們自己的故事。每個雙胞胎都有相似的模式、面對同樣的陰影並擁抱類似的關係；當他們處於此種共生狀態時，他們看不到其他人，除了對方的倒影。

　　與此同時，帕里斯利用海倫的丈夫墨涅拉奧斯（Menelaus）離家的機會勾引她，而她的孿生兄弟卻想誘使她回到特洛伊。海倫受阿芙羅狄蒂所惑，跟隨帕里斯，拋棄家、丈夫和兄弟，永遠改變了斯巴達與特洛伊家族血統的穩固。諷刺的是，雖然卡斯托爾和波呂克斯誘拐了堂兄弟已訂婚的姊妹，但是自己的姊妹卻被帶走。這個神話主題揭示了成人手足關係的潛在模式，當人們離開手足體系而去追求外在關係時，可能造成家族動態的潛在分裂。當兄弟姊妹

選擇伴侶後，家庭便永遠改變了，從此之後，手足與家庭星宿都新
加入了另一條家族血脈。家庭體系中的所有兄弟姊妹都得面臨關係
的變化、忠誠的移轉以及兄弟姊妹要離開家進入成人關係世界的現
實，於是整個家庭便不復以往。處理此種突發陰影與未解決情感的
方式之一是將它們投射於手足的愛人、伴侶與家庭，在此神話故事
中，這樣的陰影被投射於帕里斯與特洛伊之家。

這個故事的另一個轉變是當卡斯托爾和波呂克斯與他們的堂兄
弟達斯和連史諾斯四人成功的襲擊鄰國的領土並與搶得的牛群返回
時，兩方在牛隻的分配上發生衝突。由於財產的紛爭，造成波呂克
斯與卡斯托爾的分離，這是雙子座重大的主題。於是，兩對雙胞
胎開始彼此打鬥，在戰鬥中，雙胞胎中的凡人卡斯托爾，中矛身
亡，於是對等的兩人因此被拆開，不再連結。現在他們的命運是
——身為凡人的卡斯托必須死；而擁有不死之身的波呂克斯必須活
下來，於是他們就此分離。

波呂克斯現在是一個人了。眼見他的兄弟戰死沙場並與他分
離，使他難以承受如此的悲痛。畢竟，卡斯托爾彌補了波呂克斯的
缺乏以及失落，現在他感到空虛和不完整。他失去兄弟（他者）的
悲傷過於沉重，使他完全無法忍受這種分離，在絕望中，他請求宙
斯讓他放棄不朽之身，跟著兄弟死去。宙斯罕見的答應波呂克斯的
請求——神之子的這個願望。

雙子座行為被定性為鬆散、緊張和不明確，而蘊藏在這種行為
之下，往往是瘋狂尋找感覺被隔離的事物。在本質上，所有雙子座
的星盤配置，皆蘊含著一種感覺失去另一個雙胞胎手足的心理意
象；人們經常無法察覺失去了什麼，但是這種潛意識卻或多或少驅

動著個人去追求與探尋失去的另一半。在這個神話中，這對雙胞胎／手足切斷了連結，才讓其中的一人可以跨越冥界的門檻；於是，凡人卡斯托爾，成為一個「引靈者」（psychopomp）引領他的兄弟跨越死亡的界線[68]。在雙子座中，分離的經驗喚醒水星的知覺功能，使人意識到潛藏在表面之下的事物。分離引起覺知，但獨立的意識卻是痛苦的。星盤中的雙子座可能帶著最初的覺知經驗，因此也是最早分離獨立的象徵。

雙子座是黃道中的早期經驗，它是三個風象星座中的第一個星座，也是第一個變動與二元的星座；它是黃道上第一個代表二元、分離與相對的意識。較早出現在黃道上的雙子座，暗喻心理發展的初始階段；此時在黃道發展中，理解、反映和分析能力尚未被開發，情感依附的安全感尚未內化。卡斯托爾象徵雙子座的發展過程，在此階段人們過於年少，而無法有意識地承受波呂克斯的深刻失落的影響，因此，這種失落的影響與感受被壓抑、遺忘在陰間。這些悲傷、遺棄和分離的強烈感受被埋藏並呈現於潛意識中，於是表面上呈現的是不安和空虛以及缺少或失去的焦慮，以及一種不完整感，召喚著我們繼續探尋。這種「失落感」經常被投射於外界，特別是與其他平輩共存的環境中。此種與失落的另一半產生連結的感受經常被理想化，而轉變成靈魂伴侶（天秤座）或是兄弟／姊妹情誼（水瓶座）的連結。許多雙子座的星盤配置下皆隱藏著一股巨大的失落感，它難以合理解釋，因此它表現在神經系統中，例如：興奮性的焦慮和無法專心。於是，這種早期分離的潛意識記憶在往後成人伴侶關係或親密友誼中再度被喚醒。

---

68 *Psychopomp* 指的是靈魂的引導者，通常是指赫密士身為進出冥界的靈魂指引者的角色。

關於這對雙胞胎後來如何團聚，有許多不同的版本。雖然大多數的文本認為他們輪流居住在天上與冥界兩個世界，但是對於細節卻有各自的敘述[69]。斯巴達人視波呂克斯——屬於神的那一半為晨星；而卡斯托爾——屬於凡人的另一半為夜星。當其中一顆星從黑夜中升向天際，另一顆星便沉落幽冥世界的微光中，兩顆星永遠被地平線隔開。在一個類似的版本中，卡斯托爾在天上待一天，同一時間他的兄弟則留在冥界；他們在奧林帕斯與「艾瑞玻斯」（Erebos）——即冥界之間彼此追隨，卻永不相遇。另一個版本將他們放在一起：一日在冥界；一日在天上。這些相似的主題皆敘述這對雙胞胎擺盪於躁狂／抑鬱的循環中——意即天堂的高處與冥界的低潮中，這是隱藏於許多雙子座之下的共同主題。「一方升起，另一方則沉落」的這個主題使作家稱他們為「輪替的雙胞胎」[70]。

對於這對雙胞胎死亡之後的故事，有許多可能的解釋，其中之一認為這種不斷尋找失去的另一半似乎是雙子座一部分的命運。這對雙胞胎曾經水乳交融，現在卻永遠分離，這說明了雙子座的本質。但是，我們也可以「讀」到神話的另一層暗示。隨著他們之間明顯分歧的意識，這對雙胞胎更可能體驗到他們的雙面性，而兩者都是雙子座原型的轉變；卡斯托爾和波呂克斯提醒我們對於失去事物的永恆追尋、和解的生命旅程以及手足關係。

69 關於狄奧斯克利死後的結局，根據不同的資料有不同的版本，請參閱Timothy Gantz, Early Greek Myth, John Hopkins University Press （Baltimore, MD: 1993），Volume 1, 327.

70 請參閱 R.H. Allen, *Star Names, Their Lore and Meaning* （Dover Publications: 1899），224-5.

　　雙子座，將手足故事織入我們的星盤中，無論它的配置如何，它喚醒了手足的原型；因此，我們就可以開始想像，當雙子座落在特定的宮頭時，那裡就是手足故事可能發生的生活領域。

## 雙子座為首的宮位

　　星盤中的四個端點與八條區隔宮位的起始線都是既新又陌生、代表人生經驗領域的邊界線。宮位起始線就像是一扇門，代表領域的劃分，並且標記著這些領域。每個宮位所掌管的事物皆與先前的宮位領域不同，因此每個宮位各有不同的過程、習慣與規則。在古希臘，入口與大門都是起點的普遍象徵，特別是冥界的入口；對於個人來說，星盤顯示了把關者或是守門人（以宮首星座及其守護星做為象徵）的個人形象。

　　宮首做為一種門檻的象徵，在從一個領域跨越到另一個時，提醒我們進入「閾限」（Liminality）的狀態。「閾限」是處於兩個範圍中的定點經驗，並且是一種中止與調整的時間點；因此，宮首星座是開始進入新生活領域的有力象徵。星座的本質影響著宮位經驗，也許是當我們進入此宮位領域時，所遇到的第一印象；而此星座及其守護星便是在這個領域中等著我們敬拜的神，而雙子座及其守護星水星透過手足連結及其分離意識受到人們的尊崇。雙子座的性質描述一種初始的意識或分離可能會發生的領域；這是我們掙扎在兩極對立的緊張、奔波在兩個極端並陷入雙子座的二元性領域；這是一個展開早期學習意識、個體化的領域，甚至可能是一個我們焦躁的尋找失去事物的場域。這個宮位也是雙子座準則會帶來一些手足議題的所在；也就此處，我們可能需要發掘一些手足故事

——或許不僅從我們自身的歷史，也從家庭與祖先歷史。

由宮位所描述的環境氛圍是多層面的。首先，宮位往往可以描述實體環境；其次，宮位可以描述心靈的層次——也就是這個領域之下的心靈風貌與氛圍。在所有的宮位中也存有一種目的論的層次：在我生命中的這個領域具有什麼意義？以及這個領域如何整合到我的生命中？在研究宮位狀態的占星描述時，占星家可以暗示在這個環境經驗之下所潛在的意義或目的。

當我們為了加速理解個人的生命模式而深入探討個人展現的強勢象徵以及重要形象時，宮位便顯得相當複雜。我們將專注於雙子座和手足關係的象徵，以進一步探討手足模式。簡單地說，當雙子座落在某個宮首時，可能個人生命的此領域，象徵著重要的手足模式，而這個模式最後可能繼續呈現在此生命領域中。

當我們提到自然輪時，便假設在星盤中沒有被截奪的星座，當兩個同一軸線星座被截奪時，宮首星座的順序就會被打亂而可能產生不同的上升點。在截奪的情況下，相較於自然輪，對照上升星座與雙子座的宮位位置，看看星盤描述可能如何改變。如果是雙子座本身被截奪，那麼這可能暗示，手足故事或手足本身不是那麼容易被理解，而接下來的星盤描述只是思考手足主題的一種方式，如果其暗示的主題，在星盤中有重覆暗示，那麼這個描述的可能性就會被提高，若有兩個或更多個暗示支持這個主題，則這個可能性便更為確定。列在「相似的占星敘述」（Similar astrological statements）之下可能是其他類似的占星組合，這個觀念是建立在一般稱為「占星符號象徵表」（astrological alphabet）的基礎

上[71]；占星原型的精密複雜表現出類似的主題，而模式在一定範圍內卻可以不種方式詮釋。讓我們從雙子座落在第四宮首開始，這是星盤中子午線的底部並且是通往家庭環境的門檻。

**當雙子座落在第四宮首**時（在自然輪中，上升是雙魚座），手足故事可能是父母故事中的一個重要面向；父母一方或雙方可能帶著他／她強勢的手足星座進入他們建立的家庭。

可能是父母不自覺的將手足故事帶入原生家庭的核心，它瀰漫在家庭的氣氛中；這可能是一種失去、分離、疏遠或是影響個人安全感的牽絆與融合模式。通常了解父母的手足故事是很重要的，因為它在早期的家庭氛圍中扮演直接的角色；家長可能會試圖彌補自己的手足經驗，而影響了他們建立的家庭氛圍。

失去手足的雙子座經驗可能是家族史的一部分，一種失去什麼的感覺。這可能是一個家庭中失去孩子的故事，一個不曾經歷過、潛在的手足關係，或者將父母之一當成是手足的獨生子女的經驗。分離意識是家庭氛圍的一部分，而這個範圍可以從看到父母雙方平等、獨立的正面體驗，到家庭分離甚至是手足被父母瓜分的不安經驗。父母嚴重的依附孩子並且形成緊密關係，因為任何手足體系的分歧都可能累積、凝聚失落感；而這些失落感會讓父母面對他們手足之間不完整的關係。因此，與孩子的緊密連結可能有助於彌補這種失落感，這可能一直是父母的手足體系中的一部分。

---

71 西坡拉‧多比恩（Zipporah Dobyns）博士，是二十世紀的最後二十多年來一個備受尊敬的占星家，他設計一個星盤中的互換系統，稱為占星符號象徵表。這種互換系統僅僅是相關的占星象徵組合;多比恩博士建議，這些互換發生時，它強調了星盤中的模式。

在我們年輕時，手足關係可能比父母關係提供了更多情感的安全感，因為它可能提供更多的滋養和歸屬感。個人的家庭氛圍可能因為角色的混淆而更為複雜，例如：手足扮演了父母的角色；另一方面，父母可能更安於成為手足中的一員：母親也許更喜歡扮演姊妹；父親也許更喜歡扮演兄弟的角色，而不是父母本身。在這裡，父母體系內的層級結構試圖等同於手足體系。家長本身可能為了爭取平等而相互衝突，表現出類似手足之間的敵對與競爭；我們也可能經歷父母之間水乳交融，就像雙胞胎一樣無法分開，這讓我們想起阿波羅與阿緹米絲之間的關係。

父母一方或雙方可能想要追求雙子座的永恆青春，而擾亂了家庭的層次結構。權威的角色可能被搞混了，而手足體系可能太早獲得自主感。因此，早期的家庭氣氛可能產生情緒安全的焦慮，造成誰是可靠／不可靠的混淆。當手足扮演了父母的角色或當家長的行為就像某個兄弟姊妹時，離家的過程就更為複雜了。這也將造成往後成人關係中的依賴與平等之間的混淆；或是無法在手足關係與我們的伴侶／家庭關係之間劃清界線。

第四宮不僅意味著我們的原生家庭也代表我們選擇與建立的家庭。因此，我們可能會帶著雙子座的影響，進入我們成人家庭中，並在我們的伴侶與孩子身上尋找兄弟或是姊妹的連結。我們手足的家庭也很重要，他們可能會被納入我們的家庭中，帶來他們的衝突與情結，融入家庭氛圍中。但我們會在自己的家與家人中，極力的尋找失去的另一半，為了提供一個安全基礎，我們需要敬重雙子座的過程是我們的原生家庭的一部分；這可能需要有意識地回到家族史內，與家族中被切斷的手足脈絡重新產生連繫。水星需要以積極求知的氣氛、洋溢著學習、談話和旅行的方式在家庭中

受到敬重；最終，我們為自己提供的安全基礎，是一個充滿了足夠的實質空間來容納我們廣泛興趣的家庭，足夠的情感空間可以舒適的喘息，以及足夠的心理空間來照顧被切斷、承繼自原生家庭的連結。

　　類似的占星敘述：水星守護雙子座，因此水星落在第四宮或巨蟹座將與之共鳴。巨蟹和月亮與第四宮有關，因此，月亮在雙子座或第三宮、月亮與水星產生相位、巨蟹座在第三宮，第三宮的守護星（在自然輪中，此配置的第三宮頭為金牛座，其守護星為金星）落在第四宮或巨蟹座都將呼應雙子座與第四宮的相互作用。

　　**當雙子座落在第五宮首**（在自然輪中，上升是水瓶座）時，會將手足放在個人創造力的門檻上。

　　第五宮的宮首明顯劃分原生家庭（第四宮）與超越它以外的界線，我們越過這個宮首「離家」並冒險進入英雄世界，創造家庭之外的自我生命。第五宮，是第四宮的第二宮，也可以代表家庭提供給我們此旅程的資源，這些資源不必然是財務資源，但也許更與我們從家庭經驗中吸收的價值感和情感的安全感有關。期待我們進入第五宮所遇到的是以自我價值感、自信、穩固基礎並了解被愛的體驗──這些家庭以外的經驗。有了這個堅實的基礎，第五宮唯一的風險是在對別人表達自我時，會危及我們脆弱的自尊與驕傲。如果沒有家庭所應提供的安全基礎，我們便是在冒險，因為我們缺乏先天的資源，去處理「世界將會如何回應我們的自我意識」的問題。於是，他人的回應對我們造成危險，這意味著如果他人的反饋是正面的，我們很容易自我通脹；如果評論是負面的，我們便感到抑鬱，並在他人的反應中，不斷地失去自我意識。

當雙子座在第五宮首時，兄姊可能成為榜樣，其形象提供一個進入外界的管道；或者如果有弟妹，我們可能就是榜樣。在成長過程中，手足的反饋是至關重要的，因為它可以直接影響我們身處於外界的自我力量；也就是面對手足，我們可以去尋找幫助定義自我的個人創造力。他們可以做為我們發展自我意識的反映；當雙子座在第五宮，我們可以從手足身上尋求一種鏡像感。

第五宮是關係的實驗舞台，在此我們尋找一個伴侶以回映我們的自我價值感。在第五宮，我們投入於自我發現的愉悅與創造力中，因此雙子座在五宮也可能暗示，手足是個人創造力重要的玩伴與共同創作者。然而，手足也有可能是我們投射創造力的人，我們只是回應他們，而未察覺自我的創造力；我們可能會視他們為英雄，能夠駕馭外界那條巨龍，而成為我們創造性的自我投射；因此，這樣的組合也可能討論的是手足崇拜的可能性。第五宮經常論及單戀或心碎傷心，這種傷心可能是手足沒有回報我們的愛；他們可能是我們尋覓的情人形象，而就是透過這種心碎痛苦，我們才能夠釋放對於他們的依附。

當雙子座在第五宮，與手足分離而自我獨立是件重要的議題，因為手足連結可能會干擾在家庭以外關係建立的初期過程。我們總是期待理想中的兄弟情誼成為所有關係的一部分，但是當愛沒有得到想要的回餽時，我們便感到失望時。當然，雙子座在此，我們尋找的是英雄式的兄弟姊妹，但也可能體驗到分離與切斷的痛苦事實。在我們離家之旅中，我們可能就是需要從手足之間分離出來，或是走出他們的陰影。由於這個配置，我們可能會因為手足而黯然失色；或因為兄姊離開家鄉、尋找自我的過程中感到被遺棄；或者我們在不知不覺中放棄我們自己年輕的崇高追求。

我們也可能在手足鏡像中看到自我創造力的反映，當我們體驗到我們並非是手足（或是他人）的鏡像反映時，便產生了分離意識。我們可能經常在自己孩子身上看到手足身影，或是在手足的小孩臉上看到自己的影子。我們也本能地將自己的手足議題和經驗帶入孩子們的相互關係中，並容易偏袒重現我們自己的手足地位和／或角色的孩子。

類似的占星敘述：水星在第五宮或獅子座，太陽在雙子座或第三宮，獅子座在第三宮，第三宮的守護星（在自然輪中，此配置的第三宮頭為牡羊座，其守護星為火星）在第五宮或是獅子座。

**當雙子座在第六宮首**（在自然輪中，上升是摩羯座）時，為我們的日常生活帶來手足的故事。

第六宮首暗示著透過創造健康能量的日常規律作息，以維持安康的方式。從某種意義上說，第六宮是我們每日家常的規律作息，提供生活的秩序和凝聚力。這些規律，幫助我們把重點放在日常生活的工作中並維持聚焦感。因此，如果沒有這個支撐穩定自我的溶爐，壓力便會在身體內積累；而第六宮首指向身體的部分系統，是最容易受到這種壓力的侵害。由於雙子座在第六宮首，這種失去或缺少的壓力，可能表現在神經系統中；這種表現可能是咬指甲、神經抽搐，早期吸煙成癮等；呼吸以及呼吸系統也較為脆弱，呼吸急促可能是為了抗衡失去的悲痛。

當雙子座在第六宮，日常生活規律包括與手足分享日常工作與私密空間。對於獨生子來說，這將會是一種巨大損失的體驗。在這種星盤配置中，我常見手足從日常生活規律中消失——遠在寄宿學校、手足因父母離異而分開、或是代表父母再婚之後的手足——複

述了失去手足的雙子座神話，而雙子座在第六宮是從日常生活中展現。

這可能表示，某個命中之人引發了手足議題，而將手足未解決的問題帶入我們的工作範圍中；因此，手足式的競爭可能進入職場。同樣地，我們可能會發現某個兄弟或姊妹就是工作的同事，每天與我們一起生活，一起共同反對其他同事以及聯手反抗如父母般的老闆。在這個工作領域，我們會本能地複製手足體系，將自己置於早期體系中的同一位置，重複我們安於扮演的角色。同樣的，我們也可能有許多同事像是過去失去的手足，並發現我們與合作夥伴相互糾纏或共生；而在規律的工作領域與其他生活中沒有劃分出明確的界線。

我們需要與平輩分享每一天，但仍必須保留自我中心感。因此，工作的多樣化、社會環境和每天與他人接觸的可能性是很重要的。然而，專注於我們自己的興趣而將手足／他人放置一邊也是第六宮的一部分；也就是透過手足關係，我們發現了自己天生的節奏以及最適合我們的事物。

當雙子座落在健康宮位的宮首，手足的健康可能是早年的議題。手足的安康可能是日常生活的重點，我們也可能實際參與照料手足的工作。在年輕時，這可能是混亂和壓倒一切的議題，並產生健康／不健康雙胞胎的二元性；手足的安康可能在不知不覺中塑造了我們對於自己健康與日常保養的態度。如果在早期的手足環境中，健康是個議題，我們可能在不知不覺中帶著這種模式，進入相關的成年領域中，與有健康議題的伴侶／夥伴產生互動。

　　類似的占星敘述：水星在處女座或第六宮，處女座在第三宮首，第三宮的守護星（在自然輪中，此配置的第三宮首為雙魚座，其守護星為海王星）在第六宮或處女座。

　　**當雙子座在第七宮首**（在自然輪中，上升是射手座）時，勢將結合平等的雙方，並重現手足婚姻的原型。

　　這可能暗示，我們不自覺地在重要成人關係中仿效手足體系的經驗，並期待相同的反應和結果。如果我們是老大，我們可能將此經驗帶入成人關係中，期待伴侶聽我們的話，也自然的站在第一位。或者，如果是獨生子，我們可能會發現成人關係中必須妥協並且共享同一個空間，是非常令人難以接受的。當手足議題一直是我們的成人關係的一部分時，占星的象徵首先反映出這個議題。這暗示著過去在手足體系中所經歷的感情二元性或矛盾，再次被帶入現有關係中。

　　失落的雙胞胎——此一神話中的議題使關係成為重點，我們可能會不自覺地期待伴侶填補這個空缺，替代我們所失去的手足。因此，花很多心力將伴侶當成是補充品，填補內在的失落。下降點，代表星盤中守護金蘋果樹的海絲佩拉蒂姊妹（Hesperides），是我們在生命中西方地平線可見的極點。雙子座在這裡可能暗示，將失去的另一半（就如同波呂克斯所失去的兄弟卡斯托爾）投射於伴侶身上。其中一種可能出現的關係模式是：雙方皆反映了對方失去的另一半。下降點的星座往往在伴侶的星盤中明確的呈現，雙子座的敘述會顯現在對方星盤中的可能性很高，而增加了這種呼應關係；因此，伴侶成為永遠地被捆綁在一起、無法分開的雙胞胎。伴侶關係的共生常被誤認為是關係緊密，但是，在表面下有

一種害怕獨立、獨特性和分離的恐懼感。當然在成人關係中有另一極端相反的是，將「雙胞胎的黑暗面」投射到伴侶身上，而他們也極盡表現出我們的陰影，令人想要除之而後快。兩種手足模式都可能會出現在此：我們融入失去的另一半；或需要去殲滅危險的另一方。

雙子座在第七宮暗示着，與手足或伴侶的手足之間的情結或是未完成的議題，已經足夠呈現於成人關係中，而由於雙子座落在第七宮，它可能會轉移至我們「重要的另一半」身上。伴侶可能會引發一些早期對立和競爭──對於所有看似不公平或是分配不均的事產生超乎敏感的情緒；伴侶的手足也可能真的出現在充滿對立和競爭感的場域。

當雙子座落於第七宮，伴侶代替手足成為我們的靈魂伴侶。我們與伴侶分享一切，而往往抗拒擁有自我空間的原始需求。因此，當涉及到關係中的情感與性層面，可能會出現類似手足亂倫的禁忌。這可能會讓人感覺，與伴侶之間維持平等或朋友關係反而令人感到舒適，但如果涉及到親密關係，將冒著極大的風險或甚至變成一種禁忌。因此，關係中缺乏親密性，而這些伴侶為了能夠在一起，往往必須經歷失去親密關係的悲痛。

第七宮可以描述所有一對一的關係，而雙子座在此，我們可能將懸而未決的手足議題帶入我們與朋友和同事密切的合作關係中，並與他們產生對立。由於水星是這個門檻的守護星，它可能影響到我們的伴侶，使他們成為引靈人，帶領我們進入自我未知的陰影中。

類似的占星敘述：水星在天秤座或第七宮，金星在雙子座，天

秤座在第三宮首，第三宮守護星（在自然輪中，此配置的第三宮首
為水瓶座，其守護星為天王星）在第七宮或天秤座。

　　**當雙子座落在第八宮首**（在自然輪中，上升是天蠍座）時，在
共享與神聖的領域——也就是父母與其資源中，帶來手足際遇。

　　這個際遇可以增加親密感或製造手足之間的隔閡。由於雙子座
護衛著祖先遺產的門檻，手足關係在此受到測試，並經常喚起被兄
弟或姊妹背叛的感覺。雙子座在第八宮暗示，我們從家庭所繼承的
事物需要與手足／他人分享。但第八宮不像雙子座的本質，它並不
是一個平等的領域，它是透過手足的表象，讓我們經常痛苦的領悟
到父母的資源——他們的愛、金錢、權力或情感支持，並沒有平均
分配於手足之間；這種背叛——透過更受父母寵愛的手足催化，帶
來痛苦的分離意識。同樣的，為了忠於父母的意志，我們可能已經
注定要背叛我們的手足。正是在這樣的況下，我們必須誠實的獨自
面對手足之間的對立；也就是當此風險被接受時，手足關係才可
能是真實的。有時，這種情況可以重新打造一個新的、開放的關
係，但是當真相被揭露時，關係更常變得疏遠；手足可能仍然投入
於權力與控制的議題，而不是面對他們彼此平等的真相。可能有個
祕密一直隱瞞著兄弟姊妹，或家族祕密不恰當地被手足隱瞞；在某
些時候，這個祕密可能被揭發（雙子座所帶來的意識），而在這關
鍵時刻，手足必須彼此面對。這個占星敘述似乎需要推心置腹的對
待手足，這可能讓人覺得不可能，但最終卻是很重要的。

　　雙子座在第八宮也可能暗示手足故事可能是父母婚姻的一部
分。我曾見過父母的一方或雙方有疏離或死亡的手足經驗，而孩子
不自覺地受此影響。例如：父母或祖父母之一可能是雙胞胎，而另

一個雙胞胎死亡或疏遠的悲痛成為祖先遺產的一部分。情感分離可能發生於父母或祖父母沒有解決的手足議題，留下孩子接承父母尚未解決的悲痛；也就是從親密關係死亡的痛苦，祖先悲傷才可以被喚醒。

由於第八宮是死亡的領域，某個手足的死亡——無論字面上的真實還是由於疏離造成的死亡意象，都可能是一個開端。同樣的，也有可能是手足之間深刻的親密感，阻礙了另一段親密關係的建立；在此，我們可能有一種手足婚姻的意象——如此緊密地彼此融合，而難以與他人建立情感連結。部分的親密關係也可能與伴侶的手足有關，在雙子座落第八宮的占星敘述中，他們當然有可能進入我們的婚姻——無論是實際上還是心理上；因此，某個手足或伴侶的手足（或手足的鬼魂）都可能捲入個人成人關係中的三角關係。

越過這個雙子座的門檻暗示著與最深層的手足議題進行對抗，也就是在這個領域中，我們可能會感到最深的愛和最大的背叛。命運可能繼續將另一個人帶入我們的生命中，讓我們不自覺地將手足關係移轉；這些人通常是親密的朋友，帶來分離和背叛、但也是結盟與親密的原始議題。

類似的占星敘述：水星在第八宮或是天蠍座，冥王星在第三宮，冥王星與水星產生相位，天蠍座在第三宮首，第三宮的守護星（在自然輪中，此配置的第三宮頭為摩羯座，其守護星為土星）在第八宮或是天蠍座。

**當雙子座落在第九宮首**（在自然輪中，上升是天秤座）時，手足關係可能是開拓視野的一個關鍵；手足可能到更遠的地方冒

險，並打破某些家族傳統。手足體系挑戰著家族氛圍中的信仰、道德與哲學態度。

　　第九宮首是超越我們家庭和文化傳承的集體領域之門。第九宮超越了我們已知或過去與現在的經歷，是一種新文化和新生活態度的領域。第九宮在第八宮（連結我們的失落感）之後啟動，是一種積極願景──那些可以超越死亡與可以死後復甦的事物。雙子座在第九宮，可能是手足可以引領我們進入廣闊的世界，超越我們的家庭和周遭的直接經驗。

　　兄弟姊妹可能是進入更高境界的航行者或旅行者，問我們沒有想過的問題、探索我們做夢也不可能想去的地方，讓我們走出護衛家庭道德完整性的柵欄，與外界產生接觸。手足可能喚醒我們尋求真理或者激勵我們建立自己的信仰，他們看似流暢的人情世故，可能影響我們建立世上的信念和價值觀。我們產生一種手足將帶給兄弟姊妹冒險意識的印象，並成為引靈人領著我們到達新領域。當我們發現手足並不是我們期望的精通世故的導師，我們可能會感到失望。我們尋找一個同輩可以與我們一起分享世界的驚奇、探索周遭之外的事物並且探討生命的意義；因此，當雙子座在第九宮，手足可能是我們選擇旅遊目的地、大學課程、另類宗教的興趣或是對於某位作家的迷戀背後的靈感。

　　同樣的，我們可能帶著我們的旅行癖回到手足體系，並嘗試激發某個手足成為我們旅程的夥伴。第九宮也與丈夫／妻子的手足有關，由於雙子座在此，伴侶的手足可能呈現給我們某種新文化；可能透過他們，我們接觸到一個與我們成長的環境格格不入的更大世界，與另一套新的價值觀、習俗和信仰結為親家。我們進入姊妹和

兄弟情誼的集體領域中，也可能在追求智慧的路上找到替代性手足；我們的新的兄弟姊妹可能是年輕自由派、靈修社區的一員或與我們探索同一個地方的同路人。當我們另闢蹊徑去探索周圍的世界時，將再度遇見我們的手足。

類似的占星敘述：水星在第九宮或射手座，木星在雙子座或第三宮，木星與水星產生相位，射手座在第三宮首，第三宮守護星（在自然輪中，此配置的第三宮頭為射手座，其守護星為木星）在第九宮或射手座。

**當雙子座落在第十宮首**（在自然輪中，上升是處女座）時，暗示手足故事可能是公開的父母故事之一；父母的態度和期望受到父母的手足經驗所影響。

天頂是我們出生的那一刻黃道上的最高點，因此它代表了巔峰或者我們努力爭取的目標。由於雙子座在天頂，手足可能是那些我們崇敬或者在我們生活中扮演著權威角色的早期形象，他們的人生選擇可能會直接影響到我們的選擇。天頂是星盤中的父母軸線，代表父母對孩子的外界期望，這可能還包含實現父母沒經歷過的生活。父母在他們手足體系中的經驗將直接影響到孩子，如果這個經驗是疏遠的，那麼有可能會產生一種期望，期待他的孩子將彌補這種空缺，而彼此形成緊密的關係。雙子座在天頂的人，當他們為了滿足父母的期望而以取悅父母的方式與手足相處時，可能會感到壓力；由於，父母理想中孩子們的手足關係與實際狀況之間的差距可能是很大的，使個人也覺得必須維護手足之間的關係。

由於天頂明顯可見，這可能明顯表示手足之間的巨大差異。當雙子座在十宮，由於這種差異不斷地被呈現，我們可能從很小的時

候便意識到我們與手足之間的差異。這可能會使手足體系更為複雜，因為這種差異可能導致父母的偏心。

在這裡，手足議題與權威、控制、傳統和責任的領域相互契合。這可能暗示，我們可能有一個專制的兄長或是身為兄長，覺得需要對兄弟姊妹負責。當雙子座在天頂，給別人一種責任和義務的強烈印象，扮演為照顧他人的角色；最早是在手足體系中，當我們成熟後，便可能變成政治的角色。我們可以非常清楚這種原始關係——使我們之後以父母、教師、諮商師等等為職業的動力。

在個人的經驗中，權威與平等經常被混淆，我們可能會發現權威的人想要平等，或是一個平輩成為權威的角色。我們在手足體系中的初體驗，提供我們試圖平衡權力與平等的生活經驗。

類似的占星敘述：水星在第十宮或摩羯座，土星在第三宮或雙子座，土星與水星產生相位，摩羯座在第三宮首，第三宮的守護星（在自然輪中，此配置的第三宮頭為天蠍座，其守護星為冥王星）在第十宮。

**當雙子座落在第十一宮首**（在自然輪中，上升是獅子座）時，暗示在朋友、同事和社會大眾的領域中遇到手足故事。

第十一宮是社會團體的宮位，我們遇到屬於家庭以外的群體——因為我們的興趣、熱情和專業背景所屬的團體。這也是一個沒有血緣關係而是透過類似興趣的性質而聚集的家族。第十一宮的經驗包括我們小學一年級拍的照片、我們的朋友圈、女童軍以及學校理事會，在那裡我們是社會的一部分，沒有其他家庭成員。但當雙子座在此門檻上時，我們可能會與我們的手足共享這些經驗；他們

可能是我們的同伴、朋友圈與公眾生活的一份子；手足可能引導我們離開家庭到一個興趣的新領域。由於精神連結導致手足難以分離，只能透過真正的分開，例如就讀不同的學校等才能達成；而這可能會成為成人團體的模式，由於我們持續認同團體中的他人，因此難以與其他成員產生區隔。雙子座在第十一宮暗示，我們透過更大的社區參與找到自我的獨立性。

雙子座在第十一宮也可能暗示，我們以手足模式處理友誼與同事關係。朋友是我們的兄弟姊妹，在不知不覺中重新創造血緣關係與我們的模式，例如：手足之爭、忠誠度等。有時我們可能稱某個朋友的綽號為：「兄弟」，或是用「她就像是我的姊妹」類似的表達。我們可能會覺得與朋友的關係緊密，這是一種我們無法從真正的兄弟姊妹中感受到的親密感，它們代替了我們失去或理想的手足。由於第十一宮也是一個關係的宮位，我們都容易與我們的朋友和同事重建未完成的手足之事。不過，雙子座在第十一宮暗示着，我們可能會在我們加入的組織與團體遇到這些未完成的手足議題；人們應該留意的是，我們可能重現手足順位或完成依舊存在的手足競爭。雖然這在團體中可能必要的功課，然而他們的行動意識有助於緩解由手足因素的扭曲造成的緊張。

許多社區活動認同手足原型背後的緊密連結的普遍性，利用志工幫助被剝奪權利及弱勢的團體，往往以手足連繫命名，例如「老大哥」或「兄弟和姊妹」；當我們與此交換層次連結時，我們便賦予了「兄弟和姊妹」這類術語一種公共意義。當雙子座在第十一宮，我們在的更大的社會中尋找兄弟姊妹；透過志同道合的追求，我們重新找回了手足。

類似的占星敘述：水星在第十一宮或水瓶座，天王星在第三宮，天王星與水星產生相位，水瓶座在第三宮首，第三宮的守護星（在自然輪中，此配置的第三宮首為天秤座，其守護星為金星）在十一宮或水瓶座。

**當雙子座落在第十二宮首**（在自然輪中，上升是巨蟹座）時，我們以祖先血統編織雙胞胎的故事。在此，我們有一種失去雙胞胎之一的印象，深深植根於祖先的記事中，並在早期階段，留下難以抹滅的印象。

帶有這種印象的人往往覺得自己真的失去了雙胞胎手足，這個想像的過程讓人想起失去的雙胞胎手足：這是一種自我的某部分尚未出生以及失去的意識；這個印象暗示著共享於子宮內的原始記憶以及它的失去。雙子座暗示著覺知，但第十二宮代表前意識、集體的與深沉的無意識狀態；因此分離的印象深刻的印烙在心靈中，平時無法察覺，卻透過夢境、非理性思想或是感覺、幻覺、想像中的玩伴和創造性的努力，明顯表現在想像中。現代科學證實，失去尚未出生的雙胞胎手足可能不是純粹的幻想，許多胎兒在娘胎時是一對雙胞胎，但為了生存與其他併吞者或是強勢者產生抗爭；這場發生在生命之初、所有意識之前的競爭甚至是可以被察覺的。另一個因素可能是父母或祖先之一與雙胞胎手足共享子宮的記憶，可透過家庭的心理氛圍傳遞給孩子；擁有這個配置的人在家族血脈中經常有一個雙胞胎手足，或是一個疏遠的手足故事。

這種配置暗示，我們可能會容易受到手足的無意識所影響，也許活出他們的一些幻想或為了他們成為代罪羔羊。可能是一種為手足犧牲自我的深層衝動，為了解救某個兄弟姊妹，而放棄自我的

認同感。當然，在手足體系中，這個位置最容易演譯成被犧牲的人，有可能是一種不被手足看見或承認的感覺。

這種配置也可能提供一種共生的、理想化與認同的手足關係，也許活出他們的抑鬱或絕望，它也可能表現在生病的手足，移轉了他人的注意力。這個意義上的手足結合痛苦的另一面：分離甚至疏離；無論這種連結有多深，分離感的覺醒是猛烈的。雖然我們可能利用手足體系從更嚴厲的現實關係中安全撤退；我們也可能會因為手足的排擠而感到孤立和孤獨，而不得不在某個時候從這個體系中退出。這份功課似乎是我們需要學著在自己與手足之間劃下更明顯的界線，以確保我們不會將自己限制在手足的繆斯或幫襯的角色。

善於表達他人的感受或承認別人深刻痛苦的這些才能始於手足體系。聆聽者、傳遞者、引導者、服務者這些角色的發展，犧牲了個人的對外展現；之後，這些角色可能被帶入平等關係的成人世界中，而與他人互相糾纏、牽絆。渴望為了手足捨棄自我、在沉溺中迷失而最終要求自我的獨立意識，都是過程的一部分。

類似的占星敘述：水星在第十二宮或雙魚座，海王星在第三宮，海王星與水星產生相位，雙魚座位於第三宮首，第三宮的守護星（在自然輪中，此配置的第三宮首為處女座，其守護星為水星）在十二宮或雙魚座。

**當雙子座落在上升時**，手足故事落在個人生命的地平線上。

上升是我們進入世界的地標，從象徵十二宮的子宮到擁有肉身的精神，像冥界之河──忘川，我們越過這個邊界進入肉身，忘記

我們的過去以及之前發生的一切。上升象徵了我們在世上首次的遭遇，當雙子座落在我們生命的地平線上，我們可能進入已被手足定義的世界；手足可能已經以他們在家庭中所建立的利基，設下先例。

當雙子座在上升，我們需要將自己等同於周遭環境。弟妹會非常小心的以兄姊為模範，模仿他們的身分，以類似的方式表現自己。雙子座的模仿對象將是某個兄弟姊妹。

上升是內在生命與外界之間的銜接機制，對於保護個性表象下的私人面向是極為重要。因此，在雙子座在上升的年輕階段中，當內在的自我仍處於潛伏狀態而人格面具極為重要時，手足關係可能相當緊密；但是隨著時間的進展，可能會痛苦的清楚明白，與手足在表面下並沒什麼關聯。現在，矗立在地平線上的是失去雙胞胎手足的經驗，是獨立與手足之間不相同的痛苦現實；往往這樣的經歷可能是相當無意識的——個人感到困惑為什麼兄弟或姊妹的關係會形同陌路。成年人可能生活在不同的世界，當我們有意識地想要連接這些世界時，需要跨越它們之間的鴻溝；卻在之後證實，以類似的模式快速的認同他人後，才發現人我之間並沒有那麼多共同點。對於雙子座上升的人，這個劇情可能是學習維持關係，並且在最初的認同已經消失並產生獨立性與差異性時，如何在關係中繼續航行。

這個配置在另一方面可能暗示，手足之間有較強的競爭傾向；手足不僅用來做為榜樣，更是一個標竿。手足是容易看見的，他們的成功與／或失敗是我們進步發展的痕跡。在這裡，人們也可能同時發展和手足完全相反的個性，他可能扮演一個不同於

手足的家庭角色，並以這種方式設法在手足的關聯中再次定義自己。

人生來就具有連結與分享的衝動，然而也容易成為他人缺少的雙胞胎手足／陰影；雖然最初可能有一種想要模仿手足／他人的衝動，但我們往往與他們不盡相同。當雙子座在上升，在家庭中我們容易成為手足陰影的投射對象。

類似的占星敘述：水星在第一宮或牡羊座，火星在雙子座或第三宮，火星與水星產生相位，白羊座在第三宮首，第三宮的守護星（在自然輪中，此配置的第三宮頭為是獅子座，其守護星為太陽）在第一宮或牡羊座。

**當雙子座落在第二宮首**（在自然輪中，上升是金牛座）時，以價值觀、財產和所有物連接手足的主題。

我們的手足關係的經驗可能被用來定義我們價值觀——什麼是我們欣賞的和喜歡的。在手足體系中，我們可能對照手足而定義我們的價值觀；我們可能在那些我們認為是值得的與有價值的事物上，仿效手足而發展我們的品味和鑑賞力。那些對我們有幫助的手足也可能扮演引導的角色，讓我們獲得資源，增進我們的舒適與安全感。這也可能意味著手足一直支持、幫助我們更安於身體與它的運作。然而，另一方面，我們可能覺得被另一個「邪惡的雙胞胎手足」盜／騙去我們的資源，他們可能偷走屬於我們的東西。無論是盟友還是敵人，手足幫助或阻礙了我們通往物質世界的方向。

由於這個星盤配置，我們被招喚與手足分享我們的資源。第二宮代表我們開始以屬於我們的事物定義自我並尋得安全的領域。第

一宮的「我」很快就發展成第二宮的「我的」，而由於與雙子座在這裡，我們可能透過與手足分享或主張所有權，而意識到自己的資源。我們在與手足相關的領域中標注、主張屬於我們的領域，學習與他們分享，並且明確的劃分我們的版圖。弟妹可能覺得他們擁有的東西是傳下來的，因此不屬於他們而是兄姊的；而兄姊們也可能會因為必須交出曾經屬於他們的東西而感到不滿。雙子座在第二宮對於手足之間任何的資源不平均是十分敏感的，可能會覺得需要擁有他人所擁有的事物才會有平等的感覺。我們如何分享資源——玩具、衣服、甚至是愛的早期經驗，可能是一個我們成人後如何感到舒適的與伴侶分享事物的先驅。

我們的自我價值和自尊可能受到手足關係以及他們對於我們的評價的直接影響。我們可能會從手足身上尋找一種自我價值的反映，在個人價值的發展上，他們成為最重要的人。想要擁有我們認為有價值的事物也是這個領域的一部分；我們可能佔有手足或是被他們所霸佔；而在青春期，當我們可能覺得擁有我們的朋友，不想與手足分享或是相反的情況，可能會使佔有的情況更形嚴重。這些強化了我們早期的關係，使手足分離變成是一項艱鉅的功課。

在手足體系中，我們可能首先學到什麼對我們是有價值的，然後繼續在我們的成人關係中，尋求這些價值；我們可能會不自覺地希望，我們的成年朋友和伴侶帶著同樣的態度和我們的手足一樣，與我們分享他們的資源。也許在尋求手足的評價中，我們也不經意地開始重視我們自己。

類似的占星敘述：水星在第二宮或金牛座，金星在雙子座或第三宮，金牛座在第三宮首，第三宮的守護星（在自然輪中，此配置

的第三宮首為巨蟹座，其守護星為月亮）在第二宮或是金牛座。

**當雙子座落在第三宮首**（在自然輪中，上升是牡羊座）時，使每一個星座皆落於它們的自然宮位中。這種配置暗示手足在我們學習爬行、走路和說話的成長階段產生重大影響。

雙子座與第三宮皆是關於早期意識、好奇心和新事物的驚奇。因此，手足可能是這些好奇與驚奇的偉大目標。由第三宮代表的發展階段，我們脫離嬰兒床和嬰兒車的限制。有了這個新的移動性，尋找事物背後、更高層、過去與超越正在進行。在此，我們可能會發現某個兄姊指導並激勵我們走向更遠的地方。同樣的，這可能代表兄姊發現了超越手足體系之外的自由與空間。我們可能會覺得是手足之一的雙胞胎，並一起步向家庭之外的世界——鄰里、教室和校園。毫無疑問，手足是我們第一個社會體系，這些體系中，我們尋找我們的朋友和知己。

這種形象可能暗示手足之間相互學習，或者學習是他們之間一個重要的宣言；語言和思想的發展是第三宮的功課，對於手足來說很重要。我們將我們的思想或能力投射於某個手足身上，可能創造出「出色的」或「聰明的」角色；幾年後，我們可能會發現我們的手足已經學會並研究正吸引著我們的事物；手足可能像一個引靈人，引導我們投入學習、研究和教育這些有趣的領域。為了發展一種學習、交流和表達自我思想的健康關係，與手足對話溝通的需求是非常重要和必要的；手足之間的身體和心理活動對於滿足交流和關係的需求是很重要的。如果沒有這些，就會產生很大的失落感。因此，獨生子可能需要創造一個雙胞胎手足、玩伴或交談的對象。

　　部分的手足交流是八卦，對罵，說謊和欺騙——這些都是這個配置的鮮活意象。根據星盤中的其他相位，這些可能是一種傷害；因為在第三宮我們首次經歷言語的力量，而負面的謾罵可能已經破壞這些經驗。我們也可能為手足取綽號，並且記得揶揄與戲弄他們的生動畫面；好的一面來說，這可能意味著我們早一點跟手足學習轉移和減輕受到批評或謾罵的影響。由於我們的手足，我們可能學會成為騙子，就像赫密士一樣聰明的以智取勝。毫無疑問，這是很強的手足連結，並且埋下想要尋找另一段平等關係的伏筆。

　　類似的占星敘述：水星在第三宮或雙子座，第三宮的守護星（在自然輪中為水星）落在第三宮。

　　水星是以雙子座為宮首的宮位守護星，水星的星座以及宮位特別是相位，也會被納入這一領域；因此，水星的配置將會調整和修正這些情況。我們將在本章的後面研究水星在手足故事中的重要角色。

## 行星在雙子座

　　行星的原型表現受到它所座落的星座影響；因此，當行星在雙子座時，它的衝動和本能受到手足原型的影響。當個人行星在雙子座會將手足故事帶入個人領域，而木星和土星可以描述與手足關係有關的社會、政治、法律和文化變革。例如，當木星和土星在雙子座期間可能便是在平等、思想交流和溝通上的社會和政治變革。而當外行星在雙子座說明的是與手足原型相關的大型集體運動，例如：種族和性別平等、兩黨政治、國際合作以及新思想溝通的探索。

## 個人行星在雙子座

☽／Ⅱ　月亮在雙子座就如同其他風象月亮（天秤座和水瓶座）一樣，有一個複雜而困難的心理功課。月亮在風象星座暗示情緒安全感的驅力是不斷經過分離經驗的篩選。

　　月亮記錄的最初情感包括天生的獨立、空間和距離感。因此，這裡有一種奇特的錯位感：從根本或安定之處被切斷的感覺。親密感與獨立感之間的鴻溝驅使月亮在風象星座的人來回擺動在兩個極端之間。

　　在成人生活中，建立一個與周遭不同的獨立身分是健康的功課，但對一個處於早期發展階段的兒童來說，是可怕的。在早期生活中，最初需求是依附和連結，它增加孩子的保障與安全感；擁有安全的依附感使他們更輕鬆的跨越父母與家庭，進入社會；當我們擁有感情上的安全感與連結時，分離的過程將會更容易、更不害怕。月亮在風象星座暗示著，早期的依附參雜着分離與疏離的意像；月亮是學語和出生之前的意象載體，此時它回到切斷的初始感受。雖然這些感受在家庭氣氛中可能並不明顯，但是這些強大的意象仍然滲透到我們的感覺中；因此這些連結的儀式將形成早期的感受並引發焦慮。即使在成年生活中，月亮在風象的人仍會感到因為親密經驗造成的焦慮；相反的，月亮在風象的人當他們與所愛的人疏離時，仍會感到關聯與連結。當月亮在風象的人擁有獨立感時，也就是與所愛的人保持足夠的空間與距離，他們會表現出親密、依附與愛的感受；這是由於失去聯繫，我們才開始察覺到愛的連結。對於月亮在風象的人來說，失去也包括實現了深度連結的痛苦；悲痛和失落往往是情感遭遇的催化劑。

在安全的依附與功能上的獨立性之間，蘊含著失去生活供給的恐懼。雖然這可能是所有兒童的共同恐懼，但是對於風象月亮、尤其是月亮在雙子座的人來說，這是太早的經驗。雙子座是早期的經驗，還不具備自我力量可以包容依附與失落之間的分割；也許，為了與這種不安全感相抗衡，月亮在雙子座的人寄託於某個思想或他人，以彌補這種失落感。然而，這種配置的命運，最終是要讓人突然意識到失落，並且往往由外在真正的失去觸發。例如，芭芭拉的丈夫為了另一個女人在而要離開她，同時間行運冥王星對分芭芭拉在雙子座的月亮；令芭芭拉驚訝的是，失去她丈夫這件事卻喚醒了七歲時，面對哥哥逝世的痛苦悲傷。她以為她已經為哥哥哀悼，然而，之後便自無法承受的巨大失落感中逃避。成年後的這個冥王星行運迫使她與自己的感受產生真實的連接，並允許她哀悼她第一份愛的死亡。

我總是很驚訝月亮在雙子座往往真實的呼應手足的失去；為什麼占星象徵有時非常精準反映了現實，而有時卻純粹只是心理的意象，這是一個有趣的謎。就如同命運一般，月亮在雙子座的人似乎掙扎在失去「另一人」的深刻失落中，無論是手足、伴侶，朋友、父母或子女；這種失落源自於深刻的意識到自己缺少另一半。早期的手足失落並不總是發生在現實中，卻仍然是一個強大的意象，屬於無意識中的一部分。它可以被當成尋找失去的另一人的經驗，無論是透過我們的成人關係或是孩子；由於月亮在雙子座，這種失落也可能透過沒有為人父母來反映。

月亮與雙子座兩個占星符號的組合暗示，月亮的絕對與等級體系透過平等關係經驗的篩選；母親是等級體系的一部分，卻可能會被當成是姊妹。月亮在雙子座的經驗，母親可能就像是一個年輕

的女孩而不是女人，她渴望成為孩子的朋友而非母親；在這種情況下，孩子為了安全起見不得不改變自己的角色，成為母親的姊妹。家庭結構可能會試圖以平等原則運作，留下女童對於自我角色與期望的困惑；當年輕的小女孩感覺到領導層的空缺，她可能承擔手足的母親角色。因此，家庭成員之間這條無形卻神聖的界線被超越了，使孩子容易太早負擔父母的責任。

當月亮在雙子座，由於其共生傾向的本質，可能會覺得與手足合併的感覺。月亮是愛的首要行星，而這種無條件的愛與接納可能曾在某個手足關係中經歷；因此，與手足的分離經驗可能是痛苦的。手足可能接收了這種無條件的投射，並與某個兄弟姊妹形成融合與依賴關係；有時候個人──假設是兄姊，覺得他或她必須扮演父母的角色，正如佛洛伊德那樣，或者相反的，扮演兄姊的小孩，使個人難以從體系中分離與獨立。當我們為人父母並且期望與我們的孩子維持一種平等關係，在家庭中可能會重新產生父母／子女／手足角色的混合。

♀／Ⅱ 　與同是代表女性行星的月亮相較，金星與雙子座的感覺更為相近。

金星是一個多面向的女神，從中東而來，在東方與她相似的神包括腓尼基人的阿斯德爾特神（Astarte）──成為雌雄同體雙性的女神。

在神祕的占星學中，金星守護雙子座，代表我們第一段平等關係並重複手足的主題。金星在這個星座，提醒我們手足連結的重要性，以及這種關係如何讓我們察覺被愛、重視和讚賞的感覺。

金星與三個風象星座的密切關係也同樣在赫西奧德（Hesiod）

的「宇宙起源論」（cosmogony）中，顯示在她的守護星座天秤座以及她的別稱「烏拉妮亞」（Urania）——天王星（水瓶座的守護星）的女兒的相關事物中。由於守護金牛座，她也是感官、土象以及情慾的女神；但在風象星座中，她找到她風的本質以及在靈魂伴侶的永恆追求中所關注的平等。在在風象星座中，金星尋找完美的愛情，這種理想化與愛的現實過程中自然經歷到的痛苦與失落相抗衡。當金星在雙子座，除了母親外，第一份濃烈的愛的經歷可能是兄弟姊妹。雙子座是二元性的；因此，伴隨著黑暗面：失落、拒絕或痛苦。也許就像波呂克斯，我們必須向神請願，赦免我們在愛中分離的痛苦。

金星在雙子座可能對某個手足帶有愛的衝突與矛盾感，並在理想化與詆毀之間搖擺；但是，也可能是對稱性的手足關係。隨著金星在雙子座，異性手足可能會安於成為手足的伴侶與夥伴，就像阿緹米絲一樣，姊妹可能覺得能夠認同兄弟的男性特質；或像阿波羅一樣，兄弟可能覺得能夠認同姊妹的女性特質。這種手足關係，可以替彼此提供一個空間，能夠安心認同自我的鏡像。同性的手足配對也可能變得兩極化，例如，某個兄弟可能更認同男性特質，另外一個可能更偏向女性認同；這種想要完全不同於對方的衝動是強大的。在一個健康的手足關係中，這將意味著角色的靈活性；然而，在一個不正常的家庭氛圍中，這些角色都可能成為僵化的特質：例如：「她就是個女運動員」、「他就是個藝術家」；「他就是出色的」、「她就是漂亮的那個人」。金星在雙子座，雖然提供手足之間角色很大的彈性變化，但也可能經常在尋找與手足不同的角色中變得僵化。

金星在雙子座暗示著想要和諧的手足關係的衝動。然而，在祖

先的背景下，金星（做為女性的載體）在雙子座同時也暗示，在家
族中的姊妹關係是非常重要的。哪一種手足關係被遺傳：母親的姊
妹關係，父親的姊妹關係是如何？家庭對於女性的態度為何，是否
平等？在這個配置下，特別是當金星與外行星產生相位時，往往有
一個女性的傳統，影響著個人手足領域的福祉。

　　金星傾向的三角形可能會持續終生，有某種跡象暗示著手足分
離不曾發生，手足的愛依然受到檢驗。青春期的三角關係可能發生
在朋友與手足中，之後則是伴侶與手足。但是，我們也可能將這種
三角關係移轉到伴侶和他／她的手足。隨著金星在雙子座，愛情是
不安和多變的，而這種三角關係可能成為擁有空間、避免承諾的辦
法。隨著金星在雙子座，手足／另一人可能同儕圈的一份子，所以
手足之間共有朋友和同伴，甚至有時候共有情人；透過這種方式雙
子座仍維持單身獨立，並與第一份愛——手足之愛捆綁在一起。

　　手足可能是我們一面重要鏡子，它反映我們的價值觀、我們如
何安於自己的形象、我們的品味、我們重視、欣賞的事物。當金星
在雙子座，我們的手足是我們建立成人關係的一部分。當其他行星
與金星產生相位時，與將有助於建構關係動態的樣貌。

⊙／Ⅱ　儘管報章雜誌的占星專欄皆專注於太陽星座，在實務
　　　　上，太陽不是像專欄作家希望我們相信的那麼典型或易
　　　　於分類。

　　在占星的傳統上，太陽代表父親的原型；這是因為父權體制
的傳統中，將父親置於家庭體系的中心，正如太陽是太陽系的中
心。同樣的，太陽被描述為生命、活力、能量和本質的來源，它是
有目的也是屬於個人的。然而，太陽做為體系的焦點，不僅代表父

親或原型的核心，而是一種心理過程——也就在是「自我意識」（ego self）與「精神意識」（psyche self）之間不斷開展的關係。英雄的希臘神話描述著英雄之旅的過程；英雄的試煉與努力，就像寓言一般透過自我的力量、意志與聰慧在偉大壯舉中完成。然而，英雄卻無法完全發揮自己、放棄了這個過程而衰敗歸來。在這個循環的階段中，主人公將進入神的境界，進入理智束縛之外的寓言世界，這個境界我們稱之為「精神」的世界。太陽之所以難以成為類型，因為它代表著我與更深的自我之間原型的流動與動態的交換過程。太陽所象徵的英雄必須面對試煉與艱苦。

太陽在雙子座經歷的過程是與人類關係的二元性與複雜性進行對抗。家庭可能不自覺地認為太陽在雙子座是這二元性和複雜性的「載體」。與其他的配置相較之下，我覺得太陽在雙子座察覺並意識到生命的二元性，他們的辛勞在於促成對立面的整合。對於一個僵化刻板的家庭來說，雙子座的二元性是可怕的，他們的防禦方式是只認同孩子的一個面向，無論是雙胞胎的光明面或黑暗面，這使雙子座的分裂更加雪上加霜。

在神話中，英雄的過程中包含了某位導師，這是類似於太陽的培育與生命中支持的能量。對於太陽在雙子座的人來說，這可能是某個手足或代替手足的人，如朋友或同事，他們鼓勵某種與生俱來的薩滿能力，使雙子座人跨越到另一邊，培養他們的想法，並支持他們對於生活的矛盾觀點。如果沒有這種支持，雙子座往往是注定要失控的來回擺動在生命的極端之間，並在這個過程中耗盡神經系統。為了能夠體驗活力和能量，並在世界上發光發熱，個人有必要能夠在極端之間自由擺動。

太陽在雙子座的過程是以手足原型為中心：與平等、思想交流，對稱性相關。雙子座的太陽，在他們的友誼中創造手足經驗並且在情誼中建立志同道合的平等；在與同事的相處中，他們有如找到了兄弟姊妹。但透過這些關係，複雜神祕的手足模式因而產生：競爭、忠誠、冷漠、團結、熱情，支持和愛。太陽的精神動力透過手足及其替代被喚醒；正是透過這些關係，可以探討其中思想的卓越和幽默，而學習在關係中可以自由呼吸或窒息。而平等是必要的，由於專注於平等，長者也可以被認為是平等的，或脅迫式的等級制度與父權制度。

♂／Ⅱ 火星當然表現出更多的男性的原型。它的男性特質是比太陽更具差異，火星是男性生殖器與陰莖頭──兩個主要的男性認同核心。

火星在雙子座是一個強烈的兄弟形象，擁有或缺乏一個親生的兄弟，並在生命早期的同儕圈中尋求一個戰士的形象。這個配置讓人立刻聯想到手足之爭和與血親之戰，這是經常發生的情況；但火星在雙子座也同樣代表手足是勝利者，是其他手足的榜樣和英雄，並成為自我認同和獨立過程中重要的推手。值得注意的是，當火星落在雙子座，我們將敏銳地察覺到自我的不同，並意識到自我的個性。我們可能體驗到最初與手足分離的焦慮，並以他們為標竿而成就自我；或做為我們新認同的基準。透過兄弟姊妹，我們可以學習如何坦然面對自己、建立自己的界限，為自身的權利抗爭，去感受獨立並打造一個獨立的身分。由於手足，我們可能會感到安於渴望不同的東西，並且成為與他們不同的人。

手足之爭可能是公開化的；在評估如何處理這些競爭情緒，家庭的態度非常重要。如果火星的能量被拒絕或缺乏表達的出口，那

麼它將向內投射、回到自我；當火星被迫回到其自身，它開始潰爛，產生毒性。未被展現的火星症狀是缺乏活力、熱情減退、疾病、沒有方向、缺乏目標。當手足之間的自然競爭受到處罰或貶低，可能會變相轉而向手足表達憤怒。因此，這些憤怒也可能自然地在我們的工作夥伴、同事，甚至是伴侶的競爭中引發；壓抑的火星也缺乏清楚分辨，或者知道它想要什麼。這類雙子座的火星會受傷——因為他們無法向手足表達自己的情緒波動，使他們與其他同儕並無差別。

火星尋求榜樣。在希臘神話中，火神赫菲斯托斯（Hephaestus）是阿瑞斯（火星）的兄弟，其家庭氣氛瀰漫著父母雙方的排拒，因此火星選擇與兄弟相異的身分認同。同性的手足之間，身分認同可能是一個議題；火星在雙子座透過手足去面對自己的另一半。在一個充滿支持的家庭環境中，這可能會帶來良性競爭；但是，在一個分崩離析的家庭中，火星在雙子座可能會與手足開戰，相互競爭並且想要「殺死對方」。無論是否能夠有意識的接受與否，火星在雙子座可能是我們強烈認同的某個真實的兄弟。

在荷馬史詩的家譜中，阿芙羅狄蒂是戰神阿瑞斯同父異母的姊妹，他們是一對情侶。當火星在雙子座，異性手足可能是我們性慾發展與認可的重要象徵；手足形象可能仍然是我們成人性慾與關係的一個重要面向。在積極方面上，異性手足可以幫助我們在性慾上擁有信心和自信，承擔我們的伴侶投射，直到我們準備好分離並轉移到另一段關係。這個配置的陰影，會讓我們嫉妒手足的朋友和伴侶，而無法順利的與手足分離。對於一個女人來說，火星在雙子座可能是一個強大的內在兄弟形象，是她的異性特質的一部分。性慾嘗試的可能性存在於所有的手足關係中，但與火星在雙子座更為自

覺。火星在雙子座在生活衝突和雙重性中繼續為平等而戰。

# ☿／Ⅱ

水星不像其他個人行星那般符合性別典範。

雖然赫密士絕對是男性，占星學上的水星已經極少以性別定義，而經常被描述為無性的、雙性的或雌雄同體，這是水星擁抱二元與對立的天生能力。像一個薩蠻巫師，赫密士／水星穿越生死界線，扮演跨界與引導的角色。

由於水星不以性別定義，該行星的能量不容易歸於某個兄弟姊妹，而是暗示在早年的手足、之後的同儕的關係中哪一種特質與主題是根本重要的。水星在雙子座，手足體系的重要性立見分曉；在此體系中，我們發現生命的雙重性，某個手足成為我們替代的雙胞胎手足。在手足體系中，我們可能會鍛鍊語言、溝通與社會技能；並且重視早期教育：可能從某個兄弟姊妹身上，我們學會仿效或重複，為了學習以及跟上手足，可能會模仿他們的舉止、手勢和語言。手足關係影響著我們學習、研究、溝通與探究的能力與衝動。當水星在雙子座，手足成為我們發現和學習過程的指導，或者反過來說，我們的手足可能終生遵循我們的引導。當某個手足冒險進入新領域而其他人也隨身在後的時間，可能發生在生命週期中的不同階段。這個主題可能在我們與朋友或伴侶的成人關係中重現。

水星也是盜賊的守護神。當它落在雙子，指的是手足的騙子形象；它所代表的撒謊和欺騙，是手足體系中的一部分。也就是在手足之間，我們可能已經精通了說謊、偷竊和欺騙的藝術。在手足體系中，這有可能是個議題——由於手足的謊言我們感覺被欺瞞或受

到不公平的處罰。在此，我們也可能學習到八卦；因此，父母的介入、適當的指導是非常重要的。如果沒有這個權威，水星可能會迷失在自己的謊言和詭計中。

　　與太陽在雙子座相似，水星在雙子座具有雙重性和兩極的覺知，從兩面看待所有的經驗。在手足體系中，可能會產生「排行中間」孩子的角色，他們來回傳遞訊息，解釋體系中的情緒，並試圖解決其他人之間的緊張關係。他們擁有能夠體會整體格局的才能使之能夠認同雙方，但這可能被解釋為不忠誠。因此，想要其他人達成某個共識或承諾可能並不容易；因為人們能夠給與承諾的唯一方式是，繞過中間孩子的仲裁直接與另一方溝通。

　　他們可能已經先在某段手足關係中體驗過溝通和語言的力量。對於水星在雙子座來說，對於沒有說出口的、曾經可以說出來的或已經說出口的話經常有種遺憾或失落感。開誠佈公並有效的與我們的手足溝通有助於建立直接與他人連結的信心。水星類型的人是體系中的說書人及編劇，往往本能地說出需要說的話。隨著水星在雙子座，我們朋友和伴侶關係，就像我們的手足關係；最優先考慮的是思想交流和過程討論的才能。

## 社會行星在雙子座

♃／Ⅱ　每十二年木星會回到雙子座，可能與更深入了解人權和
　　　　公民自由同步，當手足機制變成了一個縮影，我們可能
　　　　會對於更大社會中的平等、分享和社會化更表示關切。
　　　　木星代表的是跨文化經驗；因此，我們可能期待建立新
　　　　的國際聯繫與關係。

在個人層面上，這可能暗示著很多手足或更多跨文化的手足體系，例如：同父（母）母（父）的手足或 父 母的繼手足。這也無疑暗示著，手足體系就是已經成型的社會信仰和意識形態的基礎教育，它參雜着社會原則和道德；因此，可能是你或你的手足之一，承擔起道德指導或輔導的角色。木星經常與弟妹相關；因此，在手足體系中這個星座配置是很重要的，因為這個手足可能是個旅行家、教育家、溝通者或冒險家。

**木星在雙子座的時間表：**

| 年份 | 木星進入雙子座 | 木星離開雙子座 |
|---|---|---|
| 1905年至1906年 | 1905年5月21日 | 1905年12月5日 |
| | 1906年3月10日 | 1906年7月31日 |
| 1917年至1918年 | 1917年6月30日 | 1918年7月13日 |
| 1929年至1930年 | 1929年6月12日 | 1930年6月27日 |
| 1941年至1942年 | 1941年5月26日 | 1942年6月10日 |
| 1953年至1954年 | 1953年5月10日 | 1954年5月24日 |
| 1965年至1966年 | 1965年4月23日 | 1965年9月21日 |
| | 1965年11月17日 | 1966年5月6日 |
| 1977年至1978年 | 1977年4月4日 | 1977年8月20日 |
| | 1977年12月31日 | 1978年4月12日 |
| 1988年至1989年 | 1988年7月22日 | 1988年12月1日 |
| | 1989年3月11日 | 1989年7月31日 |
| 2000年至2001年 | 2000年6月30日 | 2001年7月13日 |
| 2012年至2013年 | 2012年6月12日 | 2013年6月26日 |
| 2024年至2025年 | 2024年5月25日 | 2025年6月10日 |
| 2036年至2037年 | 2036年5月10日 | 2037年5月24日 |
| 2048年至2049年 | 2048年4月23日 | 2048年9月23日 |
| | 2048年11月13日 | 2049年5月6日 |

♄/♊ 平均每29年到30年土星會回到雙子座，這段時間同時

是對於結構、邊界與界線、等級與平等的辯論或控制問題，改變其理解與執行方式的關鍵時刻。

土星是權威和控制的原型，而雙子座喜歡平等溝通；因此，這種組合經常是複雜的。在這期間　蒙的是關於社會平等、國界、社會法律的新改革與新法規。

在個人層面上，手足經驗可能牽涉到義務和責任；因此，你可能會覺得必須負起照顧手足的責任，或是感到被手足控制或指揮。土星往往是孤立的感覺經驗，當它落在雙子座，可能暗示著與他人切割的感覺，無論是身為獨生子，或手足之間的年齡差距太大。這種排拒感可能成為社會經驗的早期記憶。或許，這可能暗示著一個善於挑剔的手足，被你內化成為自我內在的批評。早期與童年的同儕團體——無論是手足、同學或堂表手足的經驗中，可能已經塑造了深厚的社會責任感。我們需要思考這些反應是否是真實的衝動，或只是童年留下的輪廓。

**木星在雙子座的時間表：**

| 年份 | 土星進入雙子座 | 土星離開雙子座 |
| --- | --- | --- |
| 1912年至1914年 | 1912年7月7日 | 1912年12月1日 |
| | 1913年3月26日 | 1914年8月25日 |
| | 1914年12月7日 | 1915年5月12日 |
| 1942年至1944年 | 1942年5月9日 | 1944年6月20日 |
| 1971年至1974年 | 1971年6月19日 | 1972年1月10日 |
| | 1972年2月22日 | 1973年8月2日 |
| | 1974年1月8日 | 1974年4月19日 |
| 2000年至2003年 | 2000年8月10日 | 2000年10月16日 |
| | 2001年4月21日 | 2003年6月4日 |
| 2030年至2032年 | 2030年6月1日 | 2032年7月14日 |

| | | |
|---|---|---|
| 2059年至2062年 | 2059年7月13日 | 2059年11月21日 |
| | 2060年3月31日 | 2061年9月1日 |
| | 2061年11月25日 | 2062年5月16日 |

## 外行星在雙子座

♅／Ⅱ　平均每84年天王星將重回雙子座，並停留七至八年的時間。

在此期間，我們可能期待知識的改革和革命或撼動現狀的新意識形態的產生。因此，出生於該期間的人，當他們長大後勢將推動文化上的知識變革。然而，這一代也可能在手足關係中經歷戲劇性的改變，例如突然的失去或分離。這是實驗關係的一代；也許是更大社會結構的瓦解和分裂，使早期手足連結的模式是不安全的或是依附的。友誼和群體經驗對於這一世代來說最為重要，因為這可以治療手足關係留下的痛苦。

**天王星在雙子座的時間表：**

| 年份 | 天王星進入雙子座 | 天王星離開雙子座 |
|---|---|---|
| 1941年至1949年 | 1941年8月8日 | 1941年10月5日 |
| | 1942年5月15日 | 1948年8月31日 |
| | 1948年11月12日 | 1949年6月10日 |
| 2025年至2033年 | 2025年7月7日 | 2025年11月8日 |
| | 2026年4月26日 | 2032年8月4日 |

♆／Ⅱ　海王星平均在一個星座停留14年的時間，當它完成165年的黃道週期，將再度回到雙子座。

海王星在雙子座的組合帶來想像與靈性、鼓舞詩人和刺激思想

家去建築新夢想並表達意象的一股新潮流。那些出生在這一代的人代表這股新的創作力，並渴望以更富想像力的方式表達。這一代人相互傳遞相關的新理念，並期望群眾的機會平等。這是集體夢想以新途徑平等地共享資源的時候。

**海王星在雙子座的時間表：**

| 年份 | 海王星進入雙子座 | 海王星離開雙子座 |
|---|---|---|
| 1887年至1902年 | 1887年8月16日 | 1887年9月21日 |
| | 1888年5月27日 | 1888年12月28日 |
| | 1889年3月22日 | 1901年7月20日 |
| | 1901年12月25日 | 1902年5月21日 |
| 2051年至2066年 | 2051年7月16日 | 2051年10月23日 |
| | 2052年5月12日 | 2065年7月3日 |
| | 2066年1月15日 | 2066年5月2日 |

♇／Ⅱ　p146冥王星的黃道週期是247年，意味著它只能每三個世紀回到雙子座一次。最後一次回到雙子座是在1882年到1914年之間；而在此期間，冥王星與海王星產生合相並展開始兩者新的行星循環[72]。

　　在上一次冥王星在雙子座期間，心理學誕生了。在世紀之交，佛洛伊德、阿德勒（Alfred Adler）和榮格建構無意識地圖，透過他們思想、理論和深刻思維讓人們覺察到人心的幽冥世界。由於當時冥王星尚未發現；因此，它的原型模式仍然是集體的未知，只透過當時少數的個人表現出來。冥王星的領域往往是死亡和悲

---

72 海王星與冥王星在黃道上的循環中，容許度約5 - 6度的合相約500年一次。最後一次落在雙子座是在1891年至1892年間，兩顆行星合相在雙子座7-8度，而在1398年至1399年之間，合相於雙子座2-3度。因此，再往後兩個海王星與冥王星循環中將有四個雙子座的合相。

傷，而雙子座的神話講述了失去兄弟的悲劇；三位現代心理學的創始人，每位都曾在他們的童年失去兄弟，但失去手足的心理影響相對在早期精神分析中並未加以論述。而這些失去手足的精神分析創始人，最終成為精神分析學派本身的一部分，手足之爭表現在早期精神分析領域的同行競爭中。冥王星在雙子座帶出與同儕相關的強烈情緒，但與失去有關的悲痛仍然受到壓抑。

雙子座的故事往往比占星學所認知的還要複雜。它是一種象徵，代表我們生命中初始關係的模式。這對雙胞胎的靈魂形象是由雙子座所表現的人類經驗原型。它的守護星水星也體現了手足原型，而它的神話也是理解這份關係的證明；在水星的希臘神話中，以赫密士代表，其故事聚焦在身為弟弟的經驗。

## II 手足的守護神：赫密士／水星的原型

「赫密士之神」與他的哥哥太陽神阿波羅的關係，是理解原型中競爭與和貪婪層面的一個關鍵[73]。

——琴・篠田・波連（Jean Shinoda Bolen）

赫密士決定在奧林匹斯山諸神中確定自己的地位。身為奧林匹斯山眾神至高統率宙斯之子，赫密士有機會成為重要之神。但為了在眾神之中佔有一席之地，他視其哥哥阿波羅為障礙物。他的想要成為不朽之神的野心與其手足之爭，被描述於《荷馬的讚美詩——

---

73 琴・篠田・波連（Jean Shinoda Bolen）：Gods In Everyman, Harper & Row （San Francisco, CA: 1989），168.

讚美赫密士》（Homeric Hymn to Hermes）[74]中。

與兄弟激烈的競爭明顯是赫密士與生俱來的權利，自出生就已經表現出來。這個模式似乎是手足命運的一部分——爭取手足之間、的平等。赫密士與阿波羅身為同一父親、都是宙斯所生，此時，他開始爭取父親所認同的、如兄的地位。

赫密士出生在已有許多兄姊的家庭，這個位置可能使人產生羨慕之情，因為年幼者容易感覺到自己與兄姊之間的權力不平衡；當年幼者傾向於羨慕，而為人兄姊者可能更容易產生嫉妒之心[75]。當愛被轉移到另一方時，從背叛的愛中產生了嫉妒，或者我們懷疑某個對手代替代我們，偷走我們的愛。當年幼的手足篡奪我們的位置，並將父母的愛與情感皆吸引過去，讓我們陷入三角關係中時，便引然我們的此種情緒；而羨慕是教化與力量的基礎，在手足體系中，是年幼者羨慕長者的地位和財產。於是赫密士處於劣勢，而阿波羅可能會覺得被父親的新歡，這個聰明的新生兒所背叛。

羨慕和嫉妒是人類正常的情緒，並在家庭中醞釀；當然，當一個新手足進入體系中時，會使之成真。但是這些情緒使人困擾到何種程度或是否產生情結，得取決於家庭的氣氛、父母在識別和扭轉這些情結的成熟度、以及家族命運中祖先的手足議題。

小兒子赫密士在追求平等的對象是哥哥阿波羅，而不是父親宙

---

74 《荷馬的讚美詩——讚美赫密士》（Homeric Hymn to Hermes）出自《荷馬的讚美詩》（The Homeric Hymns）p43－64。

75 參閱 Louis H. Stewart, Changemakers: a Jungian Perspective on Sibling Position and the Family Atmosphere, Routledge（London: 1992），97–8.

斯。他竊取奉獻給阿波羅的牛，企圖引人注意，也許是羨慕哥哥的財產，而且清楚知道這些是阿波羅最重要的財產。牛的形象是交織手足神話的象徵；在雙子座神話中，牛成為兩對雙胞胎之間爭執的焦點。這象徵是多層次的：在此，可以代表羨慕他人的貴重之物，以及手足在所有權、資源共享方面的經驗；有時候，它可能代表的是關係之下的原始感情，或者其中天生的生產力。因為手足關係是一種生產關係，創造力在其中播種與收割，並且影響著我們的價值觀和自尊。在占星學上，這些是屬於雙子座之前的金牛座、代表所有權的領域。由於金牛座是雙子座前一個星座，它也是手足星座情結堅實的埋藏之處，可以解釋為何赫密士不得不偷竊哥哥阿波羅的牛隻？

雖然這些兄弟們並非同一母親所生，卻擁有相同的父親。他們都不是父親唯一的兒子；因此，兄弟平分父親的疆域，而其分配取決於手足排序。赫密士身為弟弟，覺得必須竊取哥哥的財物；而身為哥哥的阿波羅，覺得必須捍衛自己的領土，避免弟弟的篡奪，對於不再獨佔父親及其資源感到憤怒，他現在不得不與兄弟共享家族資源。

相較於父母的等級制，手足體系要求此體系的其他成員之間的平等。這對父母來說非常不容易──必須確保平等、公正的對待子女。當我們了解到，我們必須共享最大的資產──也就是我們的父母，這種競爭、敵對，生氣與憤怒的感覺使這個問題更形複雜。與手足共享父母的資源，無論他們是生是死，都會產生羨慕與嫉妒之情。而對於太陽神阿波羅來說──與他人共享父親更是不容易。

赫密士與偷竊、欺騙的關係清楚描述於《荷馬的讚美詩──讚

美赫密士》中竊取兄長珍貴財產的過程。此種行為原本就存在於手足體系中，當這些表達方式受到懲罰勢將阻礙手足之間平等的自然發展與成長。赫密士與阿波羅的父親宙斯，並不參與這個階段，就如同許多父母，無視於孩子們彼此之間的詭計。但做為一個父親，他勢將很快以公正、公平和見識來解決紛爭。

赫密士盜走兄長的牛群，巧妙地將牠們藏在一個山洞裡，並帶走兩隻母牛供俸給神[76]。有趣的是，赫密士將牛切分為十二等分進獻給每位神祇，或許是做為一種進入家庭的自我鼓勵儀式；哥哥的兩頭牛在儀式中被犧牲了，就如同兄姊常常覺得犧牲了一些有價值的東西給弟妹。阿波羅最終發現他的牛失蹤了，質問赫密士，他被赫密士的盜竊行為所激怒。赫密士是一個精練的小偷，現在更是一個撒謊的高手，表現出一派天真，因為嬰兒可以宣稱自己是無罪的——他怎麼可能是阿波羅認定的小偷，他昨天才剛出生！騙子的原型是由赫密士體現。為了得到認同，身為弟妹的人往往由此神引導。

雖然赫密士似乎必須從兄長那裡拿點什麼才能感受到平等，這個故事還告訴我們，年輕的赫密士送他哥哥一件禮物——七弦琴。赫密士竊取阿波羅的牛之前，在洞外遇見一隻烏龜，受其美麗耀眼的外殼啟發，他決定製造一把可以發出和諧美好聲音的樂器。因此，在他出生的第一天，赫密士發明了七弦琴，這是他的哥哥阿波羅與神話有關的樂器；是這個小偷弟弟給他的，它成為阿波

---

76 《荷馬的讚美詩——讚美赫密士》在這部分暗示赫密士是第一個發現火的神，這是對於神的一個有趣的看法，而將他演繹成為鍊金術之神，想要對水星／赫密士有更深入的看法與整體的歷史研究可以參閱Freda Edis, The God Between, Arkana（London: 1995）

羅整體身分認同的一部分。

最後，赫密士告訴阿波羅牛的藏處，並發出平等之聲明；兩兄弟現在有可能建立一段良好關係。在手足層次上，我們學習分享權力和資源，這是手足體系的啟蒙之一，其成員屬於一個群體、共享家庭的資源與權力。在運作良好的手足關係中，由於年齡、身體大小、智力以及父母影響造成的權力失衡；最終由合作、交流和友愛的精神所代替。手足體系是社會結構的縮影，也就是在此，我們學會如何在世上為自己找到平等地位。赫密士雖然終究是老二，仍然找到平等的地位；他與兄長不同卻與他平等，不像他們與父親宙斯，是權力失衡與不平等的關係。

赫密士被派遣的其中一個角色是引靈人，是唯一可以進入冥王黑帝斯（Hades）領地的使者；同時也成為引導靈魂跨越生死邊界、臨界空間之神。赫密士做為手足領域的守護神，同時也在此領域扮演著引靈人的角色。手足往往是我們早期靈魂的引導人，兄姊幫助弟妹跨越重要的門檻；而弟妹受到兄姊跨越門檻、改變生活方式的影響。在我們年輕的歲月中，是手足見證了我們生命的快速發展，而且往往是首先見證我們童年重要儀式的人之一。

阿波羅和赫密士賦予我們兄弟由競爭蛻變成友愛的原型故事。雖然他們的父親是一個有權力的人，但是宙斯賦予他們足夠的自主權，使之彼此平起平坐，他創造出一種潛在對手可以變成平等的氛圍。他們關係以競爭、敵對、盜竊、憤怒和謊言展開，但最終在有價值的交流中結束，每一個人都為彼此加分。雖然他們常常被看作是左腦半球的神，但他們也扮演薩滿的角色。赫密士是跨界者，引導靈魂到冥界；阿波羅主導占卜和治療的領域；他們共享相

似的人生方向，面對生命的秩序，這對於他們的父親來說相當重要。他們現在是平等的，並且掌管自己的私人領域；透過他們的手足關係，羨慕和嫉妒找到它們的互補面──即力量與愛。

阿波羅是太陽的體現，而赫密士是水星的化身。占星學上的太陽和水星總是很接近，在黃道上的距離不超過一個星座。做為親密的夥伴，他們的命運是要找到一種方法，處理隨著熟悉與親密而來的強烈矛盾感。身為兄弟姊妹，他們必須找到一種方法來分享他們的資源，而沒有受騙的感覺。由於他們在天文學上的關係，跟著太陽每年的週期中，水星將出現三次的逆行；在這些時候，我們想像的平等、溝通、分享和社會關係的手足主題，將再度被考量。

水星是赫密士在占星學上的代表，它是手足的守護神並共同守護雙子座；透過水星的星座與和宮位配置述說手足故事。然而，透過水星的相位，手足原型是最明顯可見。由於水星是行走最快的行星並且渴望互動，因此它和其他行星的關係將會表現出，最初在祖先或家庭的手足模式中經歷到的主題與模式。與水星產生相位的行星將帶來它們的原型，並影響到手足和同儕關係的領域。

## 水星的相位

某些天生手足經驗的模式可以透過與水星產生相位的行星能量顯露出來。做為一名信使，水星經常想要充分表現出與之產生相位的行星，努力打開溝通的管道；此行星的本質往往十分真實的影響到手足關係。

水星是決意引起兄長和父親注意並在家庭中占有一席之地的小

兒子;所以他是一個為人弟妹的福神,也代表手足關係中固有的典型主題諸如:競爭、和解、嫉妒、陪伴、分離、溝通、支持、忠誠和友誼的連結。這些都是我們與手足和兒時玩伴第一份同儕關係的所有元素。與水星產生相位的行星將有助於我們思考手足以及之後的朋友和夥伴的定位。

傳統占星學以難易程度區分相位。在現實中這並不容易,因為一個相位的和諧或困難是受到從家庭氛圍到個人意識層面等多種因素的影響。在占星學上,互相產生相位的行星其內在本質是很重要的,無論它們互相是對立、支持或是矛盾。也許我們可以認為,在三分相與六分相等傳統「和諧」相位為我們提供了更多表現的選擇;由於相位的張力降低,因此比較不會使該能量變得複雜,然而,這也必須考量許多變數。而四分相與十二分之五相位等較困難相位結合心理上的矛盾元素[77],但在充滿支持與理解的家庭氛圍中,這種困難的結合可能已經被抒解了。因此,每一種相位都必須考量個人因素。

做為一個原型的反映,手足——兄弟或姊妹,也是一種動態溝通與關係上的內在形象與典型。手足是同儕關係的典型,因此也是我們檢視同儕關係的隱喻。水星等同於溝通——也就是圓滿關係的首要關鍵。這些相位顯示出被帶入成人關係中的溝通模式,但這些是我們早期的手足關係的經驗。

---

77 例如四分相和十二分之五相位,火元素和風元素不是與土元素便是與水元素產生相位,反之亦然;這些元素組合在心理上是不同傾向。我們所說的占星學上的對分相是結合火與風(皆為陽性)以及土與水元素(皆為陰性)可相容的元素。

　　水星與其他內行星的關係突顯出手足經驗中的個人議題，而與木星和土星產生的相位可能引入社會和公共的議題。當凱龍星、外行星與水星產生相位時，我們注意到祖傳模式滲入手足體系中，或影響到自然呈現的手足關係的集體壓力。

☿－☉　在地球中心占星學上，水星與太陽最大的距離是28度，因此與太陽的唯一相位是合相。

　　水星和太陽之間的合相有兩種類型：「上合相」是從地球的制高點看去，順行水星與遠側太陽的合相；「下合相」則發生在當水星逆行、並行經地球和太陽之間與太陽產生的合相。在水星逆行期暗示著手足議題的強調。

　　隨著水星和太陽合相，兄弟姊妹之間的融合或混淆可能發生。這也可能暗示，兄弟和父親的角色互相牽扯；比如父親像手足般具有競爭性，或手足扮演父親的角色。或者，像阿波羅與赫密士一樣，為了得到父親的讚許和認同而相互競爭。然而，其結果使早期的經驗是雙重的；學習這種既是陪伴也是責任的關係。這也可能暗示，父親的溝通風格影響了手足之間平輩關係的發展和互動；父親在認同和表達自己想法的自信影響了個人在溝通意見和想法時的自信。在手足關係中可能存在著父母的偏心問題；無論是感到手足所造成的陰影或是受到父母偏袒的不安。

☿－♀　金星和水星的距離也維持在76度之內，兩者主要的相位是合相與六分相，該組合暗示了姊妹的原型和對於女性的態度。

　　這些相位中的行星可能在手足體系中指出女性的主題，以及手

足如何受到原生家庭所呈現的女性態度的影響。例如水星和金星合相，在家庭中某個姊妹或女性，可能是來自祖先無意識的家族女性觀念的化身，這些態度影響女性在家庭系體系中的平等與角色。姊妹原型與家庭對女性的態度、平等議題在家庭氛圍中形成。身為姊妹或與姊妹的關係有助於奠定未來的關係；在成人關係中我們將重現這些態度與平等、女性的主題。平等、友誼、性與愛是成人關係的動態元素。

價值、自尊、分享和平等主題在早期的手足經驗中也同樣重要。這些互動影響成人的價值觀、自尊以及有價物的分享。在某種程度上，成年的伴侶、朋友和手足都是相互產生聯繫的。

☿–☽　當水星與月亮產生相位，手足之間照顧與養育的主題是很重要的，這往往指向某個年長的、保護我們的手足或是我們照顧的弟妹。

可能是父母及手足角色之間的混淆或缺乏界線，也許母親寧願扮演手足，或是她需要手足的照顧，在父母的權威與朋友角色之間可能難以區別。

這種模式突顯出在家庭中，能夠清楚表達個人感受的方式。家庭中的情感交流造就了個人和手足處理互動的方式。從更積極面看，手足之間可能已經能夠互相傳遞他們的愛和關心。我們的手足影響我們溝通、思想交流和學習的所有模式，我們可能還記得受到手足責罵或議論的情緒。從這方面來看，我們可能會將手足之間的沉默，當成是想要了解手足之間缺乏溝通之下的感受；這可能會轉化成善於表達朋友或伴侶的感受。情感的表達力是關係的一個重要面向，這些最先是在手足的連結中學習。

☿-♂　水星與火星的相位暗示，獨立、競爭和冒險可能是早期
　　　關係的主題。

　　這可能預設了在往後一對一的關係中，處理競爭的可能方式。該組合暗示了兄弟原型以及對於男性態度的影響。

　　我們可能將效仿的人或是戰士典型投射到手足身上。在一方面，這個相位暗示了支持和鼓勵性的兄弟形象；另一方面，它可以指向某個霸凌和專橫的兄弟姊妹。越是困難的相位可能會強調敵對、惡性競爭或野蠻行為。手足之間的權力是陽具中心、也是最大、最強悍的，並可能以攻擊的方式使用手中的權力。無論哪種方式，手足扮演着催化劑的角色，促使個人獨立和追求目標。

☿-♃　木星與水星的接觸暗示著，與某個手足之間在思想與理
　　　想方面的廣泛交流，他們可能是我們的老師或指導者。

　　兄弟代表社會、帶領我們超越了家庭的信仰和道德。我們可能與手足分享各種經歷或是受到他們所追求的生命意義啟發。這個聰明的手足的負面形象可能是一個傲慢或自大的兄弟姊妹，他是偏見、獨裁和霸道的。在手足體系中，我們可能已經體驗了廣泛的經驗，幫助建立我們的人生哲學。當然、學習、旅行和冒險的主題也與兄弟有關。

☿-♄　土星往往象徵兄長或唯一的手足。當土星與水星產生相
　　　位，可能意指與手足有關的責任和義務，因此往後其對
　　　象可能指向與我們有關的平輩。

　　在手足體系中，我們可能已經發展出自主意識，並在自己與手足之間畫下適當的界線。因此，這個相位可能意味著穩定和持久的

關係，並經得起時間的考驗。然而，它也暗示手足經驗中有一種孤獨或獨立的感受，其中的界線卻變成是人我之間的障礙；這種排拒感可能會滲透到我們以後的關係中。這個相位同時也暗示著手足扮演其他家族成員的老師、權威或父母的角色。而其負面，可能產生消極鬱悶、傲慢或拒絕的手足形象。

☿-⚷　凱龍與水星的相位為手足領域帶來指導、傷害以及療癒的主題。

這可能意味著手足促進我們精神上的發展，激勵著我們英雄的靈魂；但是，它同樣暗示著手足就是傷痛的象徵，也許是透過虐待、遺棄或拒絕。由於這個相位，我們可能會感到手足之間的疏遠或分離，彷彿是遭受同儕社群的放逐，這種邊緣感可能會重新在我們成人關係中觸發。在真實層面上，這個形象可能暗示某個兄弟姊妹身體或精神上的障礙、某個被收養的手足或是因家庭分裂、死亡產生的手足分離。某個同儕或同輩的意像帶有排斥、拒絕感。

☿-♅　當天王星與手足產生相位，可能為手足體系帶來個性與自由。然而這個原型配置的另一個面相，可能表示體系內的分裂／分歧。

從手足、之後的朋友和伴侶關中，我們追求自由、冒險和實驗的感覺。手足可能是我們第一個獨立和個人化的形象，像一個自由戰士和反叛者。然而，手足也可能是疏遠、孤傲或是冷漠的。它的消極表現，可能是已經脫離我們、不負責的、甚至是殘酷的手足形象。手足之間的分離可能是祖傳命運的一個部分，也是我們已經繼承的一個形象和感覺。

　　因為這些相位行星，我們在群體中尋找我們的個性，並且或許不得不先在手足關係中鍛鍊我們的獨立意識。而透過成人的友誼、團體組織和同儕關係，我們發現我們精神上的兄弟姊妹。這一相位可能暗示，手足之間的連結不是透過血緣而是透過精神和志同道合的價值而建立的。

☿－♆　創意、神奇和著迷是海王星領域的一部分。當它與水星產生相位時，我們希望與兄弟姊妹分享這個想像的和夢幻般的境界。然而，我們也可能將手足理想化，當作是成長困境中的庇護，想與之融合並免於苦痛。

　　在一方面，這個相位可能暗示着慈悲和忠實的手足；另一方面，它暗示了欺騙或對某種事物上癮的手足。我們可能在手足關係中首先學會了犧牲我們的身分認同感，在理想化或保護某個兄弟姊妹中放棄自我。由於這個相位，手足相互牽絆的可能性將會提高。

　　這可能暗示某個生病或痛苦的手足，因此使我們無法被看見。我們渴望親近並與手足分享內心世界的奇蹟，但諷刺的是感覺與他們相當疏遠；因此，這種手足關係經常有消失的可能。這些感受也可能存在於家族的無意識中，世代被流傳下來。在祖先的手足關係中可能存在消失、陰謀和欺騙的主題。

☿－♇　冥王星的領域是冥界，它與水星的相位暗示著手足可能是一個媒介，向我們展示這個地底世界。

　　這可能暗示與手足共享一份深刻而難以磨滅的連結，一種親密與信任感。然而，另一種極端會帶給我們手足之間的背叛和情緒控

制。在手足體系中，資源、權力和愛的分享是重要的，當這些分配不均時，可能會引發爆炸性的結果。

　　祕密是冥王星的一部分，而在與水星的相位中，這些祕密將與手足有關。由於這個相位，手足體系中經常存在着祕密——某些手足知道而其他人被蒙在鼓裡；或者某個手足握有家族的祕密。無論哪種方式，都產生一種體系內的不信任和情感的不安全感。冥王星的死亡遭遇也可能是這相位的一部分，透過手足關係面對失落或悲傷的感覺。這也可能暗示，在家庭中存在著與死去手足相關的、未被哀悼的悲傷以及未被承認的失落。在手足體系中，我們第一次面對誠實、信任和感情的強大衝擊。

　　與雙子座和水星相關的神話和占星學帶出手足關係的潛在遺傳和模式。雙子座激發了象徵手足的第三宮，如同巨蟹座之於代表家庭的第四宮。在之後的宮位中，占星原型將揭示成人關係發展的模式，離開家庭進入親密關係。讓我們接著討論星盤中的五至八宮，我們透過成人關係規劃人生之旅。星盤中的這部分是當代占星學「人際關係宮位」的一部分，它也可以被稱為「親密關係的發展和互動」，其中發展個人和親密關係的過程，在此日趨成熟。

Chapter 6

# 星盤中的手足議題

心理諮商占星師詢問個案童年時期家中的手足關係，
對諮商效果幫助很大[78]。

—— 霍華‧薩司波塔斯（Howard Sasportas）

探討手足模式在占星學所蘊含的指標意義，不僅可增進我們對於手足的了解，也促使我們更加理解成人後所面對的人際關係。以下說明幾個我過去的諮商個案，均涉及比較複雜的手足問題。

## 手足早夭

家裡若有孩子早夭，將為整個家庭帶來沉重的打擊，極度的悲傷讓家人陷入四分五裂的局面，造成永恆的哀痛。由於小孩早夭悖離自然，無法延續家族命脈，可說是正常家庭生命週期的例外，因此，傷痛更是複雜深遠。孩子早夭可說是人間悲劇，我常納悶家人如何承受得起此一打擊？但是，承受歸承受，回到生活常軌又是另一回事。若要重返正常生活，孩子早夭所引發的傷痛就得盡可能在家人之間獲得全然的接納與諒解。然而，為了緩解失落感與悲痛，勢必得將孩子早夭的打擊，壓抑至糾葛難解的感受之中，誠如神話故事所描述死後的冥界生活，需要藉助明智合宜的引導。對於失去手足的孩子來說，遺憾的是父母或其他家庭成員卻無法提供明智合宜的引導，因為大家早已陷入極度震驚恐慌中，而父母或家族長輩對於孩子早夭的反應或舉動，則為倖存的孩子透露了很重要的導引線索，相當關鍵重要。悲痛，正是強而有力的個人獨特經

---

78 霍華‧薩司波塔斯（Howard Sasportas）：《占星十二宮位研究》（The Twelve Houses），51.

驗。失去手足的年幼倖存者，極需適當的引導來度過此一人生難關，但這對父母來說卻是加倍煎熬，因為喪子之痛早已讓父母陷入悲傷的深淵。

　　心理分析大師佛洛伊德（Sigmund Freud）、阿德勒（Alfred Adler）都曾在童年時期經歷幼弟早夭的創傷，因此，對他們日後提出的心理學說影響很大。另一位心理分析大師榮格則是家中僅存獨子，在他出生之前已有三位兄姊陸續早夭，雖然他並未親身經歷手足早夭的震撼，但是，他始終活在兄姊早夭的陰影之下，家庭氣氛充滿悲痛。十九世紀末年，兒童死亡率相當高，因此，孩子早夭可說是司空慣見，對於已失去手足的倖存者該如何緩解悲痛，卻不予重視。直到最近，醫界仍傾向建議父母領養或再生一個孩子來緩解喪子之痛，但依舊忽視孩子早夭所帶來的巨大悲痛[79]。時至今日，醫藥發達，手足因病早夭的個案已經大幅減少了，但是，因為自殺、車禍、嗑藥過量、溺斃或其他意外事故而導致手足早夭的情況，卻讓人為之深感不平並且感嘆死不對時。

　　當務之急在於盡量緩解已失去手足的倖存者所難以排遣的悲痛，無垠無涯的悲痛讓倖存者陷入孤獨，不僅沒有安全感，也擔心自己即將步上早夭的後塵，尤其在他們最需要父母關愛之際，卻得不到應有的照顧與關注。孩子早夭，通常會使父母對於倖存子女產生嚴重的焦慮，反而變得過度保護或焦躁不安，這使倖存子女始終活在手足早夭的陰影之中，家庭氣氛隨之大變，家人之間小心翼翼不敢碰觸禁忌話題，言行多所顧忌保留，折磨人心。至於往後在倖存子女之間，也將產生角色重置、地位重劃的現象，藉以填補早夭

---

79 其中最令人驚懼的「替代兒」是希特勒，在他出生之前有三位手足早夭。

手足在家中原有的角色地位，而父母通常刻意偏袒早夭的孩子，倖存子女也主動取代早夭的手足，努力彌補家人互動的空缺遺憾。然而，為了適當緩解孩子早夭的痛苦，家人之間需要努力釐清在孩子早夭時期所感受的複雜情緒及深沉的悲痛。

直到近代，一般人才認為父母應該出面保護倖存子女，不宜讓他們參與家中孩子早夭的治喪階段，好讓他們盡可能過著正常的童年生活；但是，悲痛卻不可能就此輕易被父母隱藏起來，掩飾悲痛雖然是出於好意，反而對倖存子女有害。刻意隱藏的難解悲痛，始終盤據在家庭氣氛之中，壓制倖存子女的心理健康，有鑑於此，班克與坎恩（Bank and Kahn）兩位學者針對父母的喪子之痛，提出重要的省思：

> 一旦父母因為喪子之痛而失去生命的意義，出於對早夭小孩所傾注的自戀狂熱，勢必陷入過度悲傷，導致倖存子女也被迫耽溺於變態的悲哀之中[80]。

其實倖存子女的生命意義，也將隨同早夭手足而陪葬了。從占星學來看，手足早夭所帶來的重大創傷，清楚顯示在冥王星原型與第三宮的相位關係，或是與手足相關的占星象徵。相似的星象組合例如：冥王星與水星、金星之間所形成的相位，或火星、天蠍座落在第三宮、或冥王星落在第三宮等。此外，凱龍星原型也與痛失手足有關。倖存子女一旦在童年早期即已被迫面對代表死亡、傷故、失落、結束的冥王星，而凱龍星原型也同時化身為早夭孩

---

80 史蒂夫・班克與麥克・坎恩（Stephen Bank and Michael Kahn）: The Sibling Bond, Basic Books（New York, NY: 1982），273.

子，這將在倖存子女心靈中，留下傷痛的烙印。雖說各種占星的原型都跟失落有關，卻各有特殊情節。

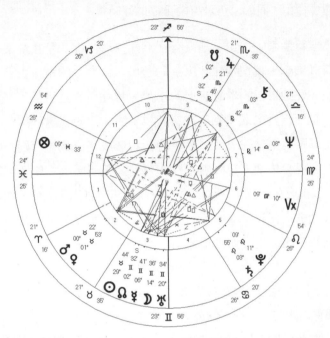

▲桃樂絲，1947年5月22日，上午7點50分（格林威治時間扣掉10小時）33S52，151E13

　　雖然我記得很久之前曾為以下個案提供占星諮商，距今已有很長的一段時間，但是，個案的經歷卻深深震撼了我。日後透過個案本人清楚表達她對早夭手足的悲痛，終於獲得極佳的療癒效果，也讓我留下深刻的印象。個案名叫桃樂絲，在她剛滿四十八歲時首次來找我做占星諮商，幾周之後，她又打電話給我，希望能繼續與我做一系列循序漸進的諮商，好讓她能進一步深入探索與我初次諮商時所浮現的生命主題，那就是她早夭的妹妹。根據她的星盤所示，行運冥王星正值逆行而與她落在第三宮的太陽形成對分相，接下來幾年還將持續與她的南交點形成合相，而與她的水星形成對分

相——她的水星正好與落在雙子座的北交點形成合相，同樣也是在第三宮。此外，接下來幾年她的推運火星走到雙子座，也將與她的水星產生合相，看起來正是療傷止痛的好時機。

桃樂絲是家中長女，她只有一個妹妹珍，妹妹是在桃樂絲兩歲的時候出生，就在她妹妹出生的時候，桃樂絲的推運太陽行至雙子座（在她自己的本命盤上，水星、月亮與天王星都落在雙子座），正好跟她的北交點形成合相[81]。她妹妹的太陽則落在天蠍座，正好跟桃樂絲的火星／金星的合相形成對分相，而她妹妹的月亮／金星合相卻正好與桃樂絲的月亮／天王星落在雙子座的合相，形成對分相。從上述星象看來，我們不難猜出早夭的珍在世時的形象。桃樂絲對於妹妹的記憶幾乎已遺忘殆盡，唯一的印象卻使桃樂絲費盡畢生心力也想要刻意遺忘。桃樂絲的月亮落在雙子座，正好跟她的天王星合相在天底，因此，隨著她妹妹的早夭，她生命的某個重要部分也跟著失落了，這促使她急於在日後所建立的人際關係之中尋求彌補。此外，桃樂絲的凱龍星落在天蠍座，正好與她妹妹的太陽形成合相，而她妹妹的太陽則正好與她的土星以及金星／火星的合相，形成T型三角相位。

在桃樂絲快滿六歲的時候，妹妹發生意外，當時她們全家人去鄉下拜訪朋友，桃樂絲與妹妹珍則自顧自四處玩耍，父母及其他長輩也都沒有注意到她們姊妹倆的行蹤。屋外有一片池塘，成群野鴨飛經池塘就會聚集在一起落腳，兩個女孩看到野鴨很好奇，就朝著池塘走去，珍不小心滑倒了，不幸溺斃在池塘裡，接下來，桃

---

81 太陽／月亮同時接近南北交點，指出桃樂絲在接近日蝕時出生，這在她出生前一日發生，自此，日蝕的循環重覆發生在她生命週期的重要時刻。

樂絲就再也想不起來究竟發生了什麼事。令桃樂絲印象最深的就是父母從此對她始終保持緘默，只要她一踏入父母所在之處，他們立刻三緘其口，不發一語。桃樂絲說她只記得在門後聽到父母爭吵不休，互相指責對方；但是，當她一踏進房門，爸媽立刻停止對話，不發一語，誰也不理會誰。因此，只要桃樂絲在場，就沒有人再提起她妹妹，彷彿她妹妹從未存在過一般。

此後桃樂絲的童年就隨著冰封的過往而消逝，日復一日在靜寂無聲之中度過，只留下片段的記憶，有趣的是，這正是促使桃樂絲尋求占星諮商的主因，因為她對現在的人際關係也有類似的感受。桃樂絲的天王星落在天底的第三宮，正好合相她的月亮，而她的天王星落在天底、或者天王星／月亮所形成的合相，正是意味著疏遠、親人離散的家庭氣氛，使她對於生命有分裂、解離的破碎感。因為過去不曾有人伸出援手幫助她從妹妹早夭的悲痛之中走出來，也沒有人曾經幫助她緩解對妹妹早夭的罪惡感，因此，我問桃樂絲：知不知道她妹妹葬在何處？她說不知道，而且，她從來也沒有想過要去問有關妹妹的下落。

桃樂絲後來想起父母不准她去參加妹妹的喪禮，在舉行喪禮的那天，她孤單一人被送去鄰居家，而她很討厭跟那位鄰居做伴，這使她感到十分的不安，彷彿被世界所遺棄，同時，她也感到深切的自責、罪惡與孤單。由於欠缺必要的情感支持，桃樂絲無法走出妹妹早夭的傷痛，隱藏在內心深處的罪惡感使她的情緒無法得到正常發展，而現在冥王星的行運，幫助桃樂絲開始回想童年。透過我們的占星諮商，她開始重拾童年，努力回憶她妹妹曾經發生的往事，她才終於有機會面對深沉的悲痛，傾洩而出的悲哀，終於融化了冰封的陳年舊事。

悲痛會日積月累、鬱積漸大，因此，我們必須謹慎疏導悲痛的情緒通道，就像寓言故事中潘朵拉的盒子，緩解鬱積於心的悲痛，個人才得以完全對世界舒展。冥王星的能量若無法得到充分表達，就可能遭到漠視、遺忘；然而，一旦我們有機會表達冥王星的能量，將如釋重負，得到解脫、舒緩、轉化的感覺。對於冥王星，我們得賦予崇高的敬意，而且，為了擷取冥王星的智慧，時機很重要。手足早夭的經歷，在人的一生之中可說是重大的心理成長里程碑，像吉娜在第三宮就有冥王星／水星的緊密合相，她既生在冥王星與水星形成合相之際，意謂著在她出生第一年裡冥王星行運，就會一直與她的本命冥王星形成相位。例如在吉娜出生幾個月之後，她母親又懷孕了，不幸的，她弟弟卻胎死腹中，等她長大後，家人說因為母親當時還得時時餵養、照顧她，未出世的弟弟才流產了。

克布勒羅斯博士（Dr. Kubler-Ross）指出，歸咎責怪，正是一般人療傷止痛的必經過程[82]。然而，吉娜卻成為弟弟胎死腹中的替罪羔羊，她從弟弟早夭所感受到的悲痛，就轉變成罪惡感，大家只看到母親的喪子之痛，卻忽略了吉娜失去弟弟的哀傷。霍華·薩司波塔斯也提出冥王星、水星在第三宮形成合相，會將倖存子女所經歷的悲痛過程變得更形複雜：

一位女子的星盤顯示水星與冥王星在第三宮產生合相，在她六歲那年弟弟過世，而她到了廿八歲還認為那是出於自己的過錯，可

---

82 伊莉莎白·克布勒羅斯（Elisabeth Kubler-Ross）：*On Death and Dying*, Macmillan（New York: 1969），50–56.

能是她說錯話或做錯事，才害得弟弟送命[83]。

　　另一位個案莎莉，她的水星跟土星合相於第三宮處女座，正好與射手座的凱龍星、第十二宮雙子座的月亮，形成T型三角相位。原來打從莎莉很小的時候起，她就得幫忙照顧妹妹，一天她妹妹突然發高燒，莎莉完全不知該如何是好，最後家中長輩終於回來了，就立刻將妹妹送去醫院，不久後妹妹病死在醫院裡，從此之後，家中沒有人跟莎莉解釋妹妹的去向，她不僅沒有參加妹妹的葬禮，也沒有人再提起過她妹妹已經死了，家人之間缺乏溝通，使莎莉備感冷漠，不幸的是，倖存子女往往必須面對家人的冷漠，似乎很難避免這樣的模式。

　　對阿德勒來說，弟弟因病早夭，激勵他日後立志成為醫生，可惜阿德勒對於心理學的貢獻，往往被心理分析大師佛洛伊德、榮格等前輩的光芒所掩蓋。事實上，相較於同時代的心理分析師來說，阿德勒提出更明確的觀點，幫助世人直視心靈深處。阿德勒心理學的精要在於「個人心理學」（Individual Psychology），將個人置於生命的中心，每個人都必須為自己所做的人生抉擇負責，這正符合水瓶座的特質，阿德勒認為圓滿的人生必須為社會公益而活，賦予人道主義情操，並為維持社會秩序而獻身，而社會的穩定基礎建立在構築社會體系的小宇宙，也就是我們個人賴以成長茁壯的小家庭。

　　從阿德勒學說來看，佛洛伊德、榮格以及阿德勒三位學者分別提出不同的心靈觀，原因在於三人在家中的出生排序。也就是

---

83 霍華・薩司波塔斯（Howard Sasportas）：《占星十二宮位研究》（The Twelve Houses），189.

說，每個人在家中享有的地位高低各不相同，影響日後的價值觀以及人生目標。佛洛伊德、榮格都是家中長子，身為長子，親子關係獨占生命的重心，因此，佛洛伊德、榮格都認為孩子初生時期唯一最關鍵的家庭關係，就是親子互動。然而，阿德勒在家中排行第二，在他出生之際，另一位手足已經是家庭星盤中的一員，對於家中排行第二的孩子來說，天生下來就必須與另一位手足分享父母的關愛。因此，阿德勒認為佛洛伊德之所以過分看重父母對孩子心靈成長的烙印，事實上是出於長子獨尊心態，等到弟妹陸續出生之後，長子原先在家中獨享的優越地位遭到篡奪，才會在心態上想要回歸到原本備受父母嬌寵的獨生子優勢地位。至於阿德勒心理學則側重追求卓越，強調從自卑心態超越奮起，這正是他身為家中次子的最佳寫照。但凡家中次生子女打從出生開始，就得學習建立人際關係，並且與同輩分享資源。然而，身為家中長子的佛洛伊德，則強調獨生長子受到父權陰影的壓抑所形成的「伊底帕斯情結」（the Oedipal Complex），相對來說，阿德勒身為家中次子，反而是受到哥哥陰影的壓抑。

典型的家中次子，很容易認清自身處境：彷彿一生都在與人競賽，始終都有人超前在一、兩步之遙，勢必得急起直追，超越前人，因此，必須時時保持全力以赴，持續不斷想要超越兄長，爭取一切勝過兄長的成就[84]。

至於長子則處心積慮想要除掉勁敵，取代父親，藉此回歸到初

84 阿德勒（Alfred Adler）：*What Life Could Mean to You*, trans. Colin Brett, Oneworld Publications（Oxford: 1994）, 128.

生時期完全享受母親寵愛的優勢地位。然而，次子卻往往必須在後苦苦追趕，一心一意想要超越兄長，因此，產生勁敵心態，這也就是阿德勒個人心理學的要義所在，有別於佛洛伊德的長子心態。佛洛伊德強調伊底帕依情結，意謂著獨生長子一生下來就想弒父娶母，獨占母親的寵愛，猶如希臘神話伊底帕斯王在不知不覺之中竟犯下弒父娶母的滔天大罪。阿德勒則從家中次子的經驗出發，提出「自卑情結」（the inferiority complex）。

　　1870年2月7日，阿德勒生於維也納市中心區（Rudolfsheim），可惜至今並沒有他正確的出生時間，他不像佛洛伊德、榮格都有明確記載的出生時刻，即使參照坊間各種占星學專書以及年譜，仍只

看到莫不同的說法[85]。此外，不僅阿德勒的出生時間成謎，就連他
的生平事蹟也不可得知，他並未留下大量的書信，也沒有眾多的研
究檔案，有關他的照片、影音紀錄也很有限。然而，反觀佛洛伊
德、榮格都留下豐富的個人資料供後人研究，因此，阿德勒的學說
並非透過書籍寫作獲得世人的迴響，反而是透過教學才得以流傳至
今。基於解盤所需，我試著以阿德勒生日當天正午的星盤為例，說
明他的星盤所代表的意涵。

阿德勒的兄弟星盤包含他哥哥席格蒙（Sigmund Adler）在內，
他哥哥生於1868年8月11日；除了席格蒙之外，阿德勒還有另一位
哥哥艾伯特，比席格蒙還早出生，可惜在嬰童時期就已早夭，因
此，並未留下艾伯特的出生紀錄[86]。雖然阿德勒在家中排行老三，
但實際上他是存活下來的次子，因此，他在家中的地位變得更加複
雜。有趣的是，阿德勒的哥哥也叫席格蒙，正巧跟他在學術上的最
大勁敵佛洛伊德同名，似乎注定阿德勒也要活在學界前輩佛洛伊德
的陰影之下。而根據記載，阿德勒的哥哥席格蒙天生就是絕頂聰明
的人。

對阿德勒來說，童年經驗之中最重要的烙印就在於弟弟魯道夫
的早夭，他弟弟在1874年1月31日死於白喉，這一天正好是阿德勒

---

85 洛伊絲・羅登（Lois Rodden）在《美國星盤書》（The American Book of
　Charts），〈占星電腦資訊服務〉（Astro Computing Services）（San Diego, CA:
　1980）260頁中，將阿德勒出生時間列在不明欄位：不明的資訊包括被修正以
　及推測的出生時間。她引用了一個時間是上午12點15分，這是發表在《水星時
　刻》（Mercury Hour）雜誌（1976年7月）由Dewey引用了Ebertin而來。羅登也
　列出了其他的推測時間。

86 阿德勒的手足們以及其出生時間請見Henri Ellenberger, The Discovery of the
　Unconscious, Allen Lane（London: 1970），649.

的水星回歸。阿德勒出生在他的水星逆行時期，而在他弟弟病死當天，正巧是他的水星第五度回到本命位置，至於行運的天王星也正值逆行，與他本命的逆行水星形成第二次對分相。從星盤看來，當天王星與水星形成對分相之際，往往發生手足分離、或顯現手足模式的意涵。行星行運至本命水星更加彰顯手足的主題。而天王星行運至水星促使手足分離、或將修補重建手足的模式，再加上水星回歸，代表弟弟早夭將對阿德勒的想法造成重大的烙印。

誠如逆行星接近個人的內在核心（象徵逆行星接近地球）所示，阿德勒出生時正值水星逆行，更強化兄弟關係的重要，從我的經驗來說，**出生時水星逆行都與手足離散或失去手足有關**，甚至包含對手足其中一人產生強烈的認同感，因此，這提醒我該抓住這個線索，繼續在星盤上探查其他有關兄弟姊妹的主題。

手足以希臘神祇赫密士的化身登場，擔任我們的引靈人或是心靈嚮導。從字面上來說，兄弟姊妹引導我們走過危險的人生旅程，或提醒我們該留意複雜困難的問題，也就是說，手足扮演「轉換目標」（transitional object）的角色，帶領我們從童年邁向下一個人生旅程，引導我們走向未知的領域。即使失散的手足仍能繼續引導我們邁向另一個世界。阿德勒的弟弟就死在他的小搖床邊，這使他留下深刻的烙印，因此，弟弟的早夭形象引導阿德勒邁向心靈深處的探索，這也是阿德勒初次面對死亡、失落以及傷亡事故，對他的自我意識產生重大的衝擊。

在他將滿五歲時，阿德勒得了肺炎，差一點喪命，這次瀕死經驗為他的童年留下第二道深刻的烙印。就在這一年，土星行運至他的太陽／火星合相之際；此時，行運冥王星也四分相他的推運太

陽，並且行經太陽／火星合相的中點。而阿德勒的冥王星、土星同時行運至太陽／火星合相之際，更強化阿德勒打從童年時期就渴望爭取（火星）個人獨特性（太陽）的企圖心。

就在弟弟過世沒多久，阿德勒因為得了軟骨症而不良於行，因此，他小時候對於父親每天帶他去散步，鼓勵他擺脫軟骨症的折磨所感受到的父子親情，留下深刻的印象。阿德勒因為罹患軟骨症，曾經很長一段時間無法行動自如，在父親陪他散步的時候，他爸爸照例會反覆鼓勵阿德勒努力克服病魔，這給阿德勒帶來重要的啟示：「兒子啊，千萬不要相信別人跟你說的話！」[87]父親的格言為阿德勒的個人心理學奠立基礎，在努力達成目標上，個人的實際行動比言語更重要。行動、動機，正好呼應阿德勒的太陽／火星合相，尤其在他才四歲這麼小就失去弟弟，付諸行動，正可有效取代悲痛，奮發向上的意志也可以彌補被死亡吞噬的恐懼感，更何況阿德勒本人在弟弟病死隔年也差一點死於肺炎。

阿德勒日後提出了「器官劣等學說」（the theory of organ inferiority），所謂「劣等器官」象徵著自我與身體二元論如何彌補「精神情結」（the psych complex）。我常常思考：究竟肺炎對於阿德勒有何象徵意義？肺炎是否象徵他對於失去弟弟而無以表達的悲痛？次子，對於家裡刻意壓抑的情感往往特別有共鳴，無法表達的悲痛常透過身體或疾病而彰顯到個人的意識層面。對孩子來說，以生理或情緒的病態、外傷或理智退化等劣等器官為象徵，表達對家人逝去的創痛，家中壓抑的澎湃情感排山倒海般淹沒孩子的潛意識，因此，孩子只能透過病痛讓家人看到彼此內心的創傷。阿

---

87 Phyllis Bottome, *From the Life*, Faber（London: 1944）, 16.

德勒就像兩位前輩佛洛伊德、榮格一樣，也深受家中壓抑情感的影響，只是他未必有自知之明。

對阿德勒來說，哥哥席格蒙、弟弟魯道夫分別代表兩個極端的形象，阿德勒的哥哥身手矯捷，弟弟卻因病早夭。然而，阿德勒雖然也曾病危而瀕臨死亡，最後卻逃過一死，其實就在阿德勒的弟弟病死之際，阿德勒星盤上的推運月亮正好在雙子座，再次確認阿德勒因失去弟弟所承受的情感創痛。一年之後，阿德勒本人也因為罹患肺炎而瀕臨死亡邊緣。正當阿德勒處於天王星行運階段，適逢弟弟病死，意謂阿德勒極想擺脫弟弟病死的陰影，這才促使他走向康復，並沒有因為認同弟弟之死而步上早夭的後塵。因此，阿德勒深信個人潛意識源於我們所親身經歷的社會經驗，而我們對自身人生經歷所賦予的意義，則決定了潛意識的走向，透過我們的個人抉擇，引導我們邁向未來人生。阿德勒的太陽／火星在水瓶座合相，正好又與天王星形成相位，意謂他必須先從情感漩渦之中跳脫出來，刻意疏遠情感創傷，他才有辦法保持理智釐清自身處境。阿德勒從自身經驗出發，堅信個人擁有抉擇能力，並應自行選擇該如何回應人生。對阿德勒來說，奮發向上，正是擺脫手足早夭的失落感以及內心創痛的最好方法。

人生經歷並無成敗可言，我們不會因為對自身遭遇感到震驚，便陷入痛苦，也就是所謂的人生創痛中。正好相反，我們應該從中記取教訓，好讓過往的人生經歷也能符合我們未來的目標。人生經歷並不能就此決定我們是什麼樣的人，相反的，我們應「自主決定」該賦予人生什麼樣的特殊意義。當我們根據自身特殊的人生經歷而判定未來人生的走向，勢必遭到誤導，因為個人處境無法決

定人生意義何在，我們反而必須自主決定個人處境的意義何在[88]。

家中次子的生存策略在於發展理智，遠離情感創痛，因為次子就像家中氣氛變化的晴雨計，反映家人之間難分難解的情緒波動。因此，家中次子勢必要建立一套應變的理智機制，以免遭到家中巨大創痛所淹沒。

阿德勒在童年時期所經歷的手足互動關係，促成他日後所提出的各種學說：器官劣等論、自卑情結、奮發向上追求卓越、手足關係及在家中定位的影響等。就像佛洛伊德、榮格兩位心理分析大師一樣，阿德勒的個人經歷對他日後學說產生重大的影響。阿德勒成功克服病魔之後，他將自身以及日後的心理學說歸屬於「自我的超越性」（the superiority of the ego）。同理，他對於心理焦慮症（neurosis）也有類似的看法。阿德勒主張，心理焦慮症的癥狀在於未能克服自卑感、欠缺自信，並且未能認清只要個人努力終究可以改變環境動態。由於阿德勒的太陽／火星在水瓶座的合相，因此，他特別強調努力、動機、奮發向上，仰賴自我的動力而鞭策上進。自我理念（ego ideal）在阿德勒的兄弟關係之中得到強化，藉以紀念健康的大哥席格蒙以及病死的弟弟魯道夫。

阿德勒在《個人心理學》一書中，反覆提及童年經歷所留下的心理印記，對於個人所產生的深遠影響：

個人所表現的獨特態度，皆可從童年經驗找到根源。個人在未來所呈現的態度，早自襁褓時期即已模塑成形，唯有透過高度內省

---

88 阿德勒（Alfred Adler）：*What Life Could Mean to You*, 24.

才可能達成根本的改變，若在心理焦慮症患者身上，則需透過心理醫師為之進行個人心理分析[89]。

## 身障手足

　　家中有身障兒，不免讓家庭承受更多的負擔而陷入困境，由於身障兒需要更多的照顧，因此加重父母的壓力，無論是時間、心力、資源，都相形見絀，在不知不覺中家庭氣氛瀰漫著沉重的壓力、緊張、挫折以及怨怒。父母的婚姻關係因此承受著莫大的壓力，很可能也嚴重破壞到親子關係，其他正常子女可能會覺得備受忽略，甚至想要跟身障兒競爭父母的呵護關愛。身心正常的子女往往感到疑惑不解，急於想知道何以家人之間變得氣氛緊繃而劍拔弩張。在「正常家庭生活」遭到破壞之後，促使正常子女變得更加早熟，並且根據自己在家中與身障兒的相對關係而重新定義自己的角色。此時，父母的態度與作為將直接影響到家中角色扮演的格局，雖說並非所有身障兒的家庭一定都將陷入困境，事實上，我也看過有些身障兒反而變成家中的親愛寶貝，激發家人對彼此的關愛與奉獻，使家人之間變得更和睦團結，也就是說，身障兒反而變成家庭的核心，同時，亦扮演著家庭療癒者的角色。

　　身障兒的誕生，在家人之間引發悲喜交加的感受：每個人都有不同的感覺，也對自身的角色產生不同的想法。家庭氣氛因為身障兒的到來，頓時充滿憐憫、遺憾、羞恥、罪疚、責怪、關愛、悔

---

89 阿德勒（Alfred Adler）：*The Practice and Theory of Individual Psychology*, Kegan Paul（London: 1945），10.

恨、疑慮等各種情緒，此時身障兒的手足若能客觀表達感受，不帶
價值評斷，公開討論他們內心的疑惑與怨懟，這對於促進家庭氣氛
和諧，可說至關重要。若是正常子女之間並沒有開誠布公，也沒有
坦然分享感受，家庭氣氛勢必充滿陰霾，子女被迫吸收負面的壓抑
情緒，也就是說，若沒有適當機會表達的話，手足之間將無法排解
對於身障兒的罪惡感與自責。

詹姆斯在他的土星回歸時，前來找我做占星諮商，他生於
1966年，他的天王星／冥王星合相，與他的凱龍星／土星的合相
產生對分相；因此，他的土星回歸同時受到這些行星相位以及凱龍
星對分相的影響，變得更加複雜。詹姆斯在家中三兄弟裡排行最
小，他妹妹則天生重度智障，到了詹姆斯四歲那年，妹妹被送往收
容所，此後詹姆斯很少再看到他妹妹，到了詹姆斯廿一歲那年，妹
妹過世了，那年詹姆斯的金星與土星／凱龍星的合相，也形成合
相，就在他的凱龍星首次出現滿盈四分相時，妹妹過世了[90]。

由於詹姆斯的海王星落在第三宮天蠍座，天蠍座是第三宮的宮
首，我詢問詹姆斯的兄弟姊妹情形如何時，他第一次回答我的時候
完全不曾提到他妹妹，直到我針對他的星盤中所顯示的手足主題開
始說明之後，他才提起他有個妹妹。顯然，在他心目中妹妹早已消
失了，無影無蹤。對詹姆斯來說，他唯一的妹妹其實代表著一段殘
缺不全、無人知曉的關係，這在他成年後的人際關係裡，始終反覆

---

90 關於更多凱龍星的循環請參照布萊恩・克拉克（Brian Clark）：*Keys to
Understanding Chiron*, Astro*Synthesis（Melbourne: 1997）. 另外兩本非常好的
書關於凱龍星以及其循環的書是梅蘭妮・瑞哈特（Melanie Reinhart）的《凱
龍星：靈魂的創傷與療癒》（*Chiron and the Healing Journey*）以及 To the Edge
and Beyond.

出現此一固定模式，尤其從我們開始諮商之初即已顯現出來。透過我們之間的討論，詹姆斯開始了解當他在占星諮商過程之中，透過如隱喻般的心靈之旅，即可幫助他坦然承認並接納妹妹的存在，未來才能夠促成他與人建立圓滿的互動關係。從中詹姆斯表達他對自己及哥哥們因痛失妹妹而產生的憤怒與悲哀，事後他也清楚認識到自己先前未能針對內心的失落感，充分表達哀傷。

　　不幸的是一旦家中身障兒遭到父母遺棄，倖存子女往往因為擔憂自己是否也即將遭到遺棄，而不得不認同父母的價值觀。傑洛德在占星諮商過程中告訴我，他弟弟是唐氏症兒，就在他弟弟被送去收容所之後，他下定決心成為家中最有出息的兒子，因為他知道這是出於父親對他的深切期盼。傑洛德後來成為傑出的律師，但是，他骨子裡卻更熱愛旅行探險，直到卅九歲那年，他終於下定決心放棄在職場的顯赫成就，放手一搏，想看看大千世界的美好。當然此舉格外加深他對爸爸的畏懼，擔心父親反對並認為他是不肖子而將他掃地出門，猶如他弟弟小時候的遭遇。而其實，傑洛德同時也為了失去弟弟而深感悲痛。

　　家中倖存子女對於失去手足的反應各不相同，有人會付諸行動，直接了當表達叛逆，藉以轉移家人的注意力，不再專注於失去的身障兒；也有人備感孤立，甚至感覺被犧牲了。維琪為了大兒子克里斯多福的乖張行為感到擔憂不已，她的小兒子賈克白在一場車禍之後嚴重傷殘，無法行走。然而，賈克白卻殘而不廢，愈戰愈勇，堅信他自己一定可以重新站起來，再度行走自如，這讓維琪深受鼓舞感動。但是，在大兒子克里斯多福身上，反而看不到身障的賈克白所展現的積極熱誠與旺盛的生命力。當然，維琪也注意到克里斯多福的異常行為，正好是在弟弟賈克白發生車禍之後才開始

的。克里斯多福的海王星／火星合相在第三宮,與他落在第六宮的月亮產生四分相,因此,我猜想克里斯多福刻意變得軟弱無力,就像他弟弟賈克白一樣,其實是要讓母親能對他付出更多的關愛照顧,如同對弟弟的特別關照一般。

　　家中若有身障兒需要照顧,勢必面臨各種不同的問題以及層出不窮的狀況,因此,在占星諮商中,讓個案有機會說出自己的成長故事,就足以讓他們獲得勇氣與力量。然而,若要進一步尋求關係和解,必得配合占星學上的象徵,例如當瓊安充分理解她的星盤上的占星象徵之後,她才終於願意正面肯定她與身障兒弟弟的手足之情。

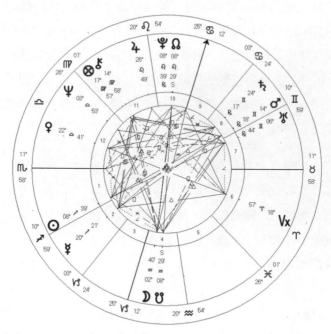

▲瓊安,1943年12月2日,上午4點30分(格林威治時間減去11小時)37S49,144E58

　　瓊安在家中排行老二，上有哥哥，下有弟弟，在她五歲那年，弟弟出生了，在她母親住院待產的那幾天，瓊安被送去大阿姨家借住。瓊安永遠也忘不了她母親懷抱著弟弟從醫院回家的情景，就在那一天，瓊安也被送回家，她立刻衝向家裡的大門，媽媽正站在門口迎接她。媽媽手裡抱著瓊安的小弟弟，原本興高采烈的瓊安一看到裹在毛毯裡的小弟弟，立刻覺得很好奇，甚至覺得很奇怪，為什麼弟弟的腿上要纏著石膏？弟弟的出生震撼了全家，因為直到弟弟馬汀出生，母親才驚覺原來他是唐氏兒！馬汀生下來就雙目失明，而且，還有O形瘸腿，因此，腿上纏著石膏，這就是瓊安對於小弟弟的第一印象。

　　瓊安的太陽落在射手座，與雙子座火星形成對分相，而她的太陽、火星又與處女座的凱龍星形成四分相，因此，瓊安兩個陽性行星都與凱龍星形成四分相。就在弟弟馬汀初生之際，瓊安的推運太陽正好與火星與凱龍星形成正相位。弟弟馬汀正好同樣也有太陽、火星、凱龍星等所形成的相位，但是，馬汀的太陽與火星合相在雙魚座，並且四分相射手座的凱龍星。馬汀初生時，行運凱龍星在射手座與瓊安的太陽相差一分之內，這個行運便是馬汀的星盤。從瓊安與馬汀的姊弟比對盤來看，馬汀的凱龍星與瓊安的太陽形成合相，因此，馬汀化身為傷殘的手足，鮮活的成為凱龍星行運至瓊安的太陽、本命盤T型三角相位的象徵。從此之後，瓊安竭盡心力照顧馬汀，鍾愛這位天生殘障的小弟，直到馬汀過世為止。瓊安藉此療癒自己內心的傷痛，同時也是她內在陽性形象的展現。

　　在瓊安的哥哥希恩身上，也看得到同樣的傷痛，希恩的月亮落在射手座，合相瓊安的太陽，代表手足伴侶的象徵，猶如希臘神話中的月神阿緹米絲與太陽神阿波羅姊弟。此外，希恩的月亮也與弟

弟馬汀的凱龍星很接近，而希恩的太陽落在第十二宮摩羯座，意謂他自視為家庭的犧牲者。希恩一輩子都在努力追求智慧與完美，導致他無法安於固定的人際關係，因此，他曾經好幾度陷入精神崩潰，讓他變得非常沒有安全感並極度依賴他人。瓊安回想起小時候的哥哥，根本就不像希恩現在的樣子，由於瓊安與哥哥之間火星與月亮的相位，因此，兄妹倆從小就經常在嘻鬧追逐、玩耍受傷之中度過童年，就像很多手足都有強盛的火星相位一樣，兄妹倆總是對彼此直接了當表達敵意或衝動，瓊安指著自己身上的疤痕說：「這就是證明！」顯示哥哥希恩的肢體暴力。

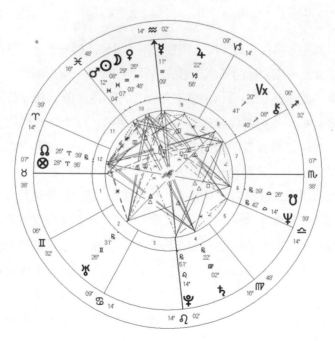

▲馬汀，1949年2月27日，上午11點（格林威治時間減去10小時） 37S49，144E58

瓊安想起弟弟馬汀誕生後，家中緊張氣氛立刻高升，由於馬汀需要特別照顧，家人從此很少外出旅遊，即使全家人好不容易終於

有機會外出旅遊，父親卻總是亂發脾氣，暴怒連連，搞得全家人敗興而歸。瓊安想起有一次全家人開車去看露天電影，弟弟馬汀卻在車上一直哭鬧，父親忍不住大發脾氣，把話筒砸向聽筒架，並在震怒中駛離電影院，一連好幾天都還在發脾氣。家中氣氛因此變得緊繃而嚴肅，瓊安父親的家族對於弟弟馬汀天生殘障頗有微詞，認為是家族恥辱，頻頻施壓，要求父親把尚在襁褓的馬汀送去收容所，最後，瓊安的母親也累得疲於應付，因為過勞而生病，無法再承擔照顧身障兒馬汀的重大責任。

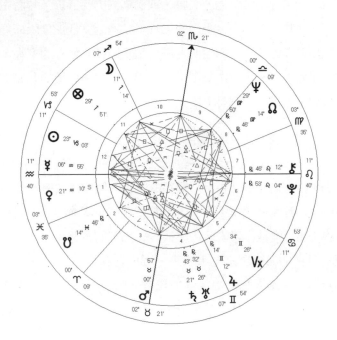

▲希恩，1942年1月14日，上午7點50分（格林威治時間減去11小時） 37S49，144E58

　　瓊安的父母親在各自的原生家庭中，也都經歷過痛失男性成員的往事，因此，馬汀天生殘疾也意外引發父母自身過往的傷痛，讓父母額外夾雜著塵封已久的羞辱及無助感。瓊安的父親有一位雙胞

胎弟弟，後來因為犯下醜聞而逃家，從此音訊全無，與家族失去聯繫，因此，自從瓊安的叔叔逃家之後，她父親再也不曾見過這位孿生弟弟的面。

瓊安的外公在她母親兩歲那年過世，瓊安的母親在家中四姊妹裡排行最小，因此，家裡全部都是由女人掌權，而瓊安的冥王星、月亮分別落在第四宮與第十宮（也就是父母宮），並形成對分相，使她很容易感受到母親心靈上的失落感與傷痛。凱龍星／太陽的相位，通常呼應了受傷、失聯、或傷痛的男性形象，轉而體現於家中男性成員之間。一旦受傷的男性形象遭到女性形象所掩蓋，家庭氣氛反轉為陰盛陽衰的情況，就會嚴重影響到倖存的家人，這在瓊安的星盤上顯示，家中為了失去的男性形象所引發的悲痛與失落感，很容易直接影響到瓊安本人。

瓊安後來變成弟弟的褓母，她的魔羯座落在第三宮首，而守護星土星雙子座則落在第八宮，此外，她的土星與水星形成對分相，也再度確認她願為手足而犧牲的角色。瓊安的月亮落在第四宮水瓶座（馬汀正好也是），代表兒時曾在家庭環境中照顧同輩，也就是說，馬汀變成了瓊安的「小孩」。馬汀的巨蟹座在第三宮，而守護星月亮則與金星落在水瓶座，形成合相，因此，姊姊變成母親的代理人。瓊安也把弟弟當成玩伴，放學之後，她都急著趕快回家，跳進弟弟的搖籃一起玩耍，互相拉著對方的頭髮，放聲嬉鬧大笑。雖然馬汀看不到，也不會走路，但是，瓊安知道馬汀認得姊姊。瓊安深深記得她與弟弟之間分享著親密感與互愛，這讓她弟弟也受到濃濃的關愛與照顧。

後來瓊安的母親負荷不了沉重的照顧責任，變得愈來愈衰

弱，顯然全家人都需要好好休息、放鬆一下，因此，一家人決定出外旅行。但是，馬汀卻被單獨留在家裡，交給看護照顧，好讓全家人可以輕鬆出遊，完全不受馬汀的打擾。沒想到這卻是瓊安最後一次見到弟弟馬汀。全家外出旅遊一周之後，瓊安的父母接到看護打來的緊急電話，叫他們立刻回家，馬汀突生重病，三周之後，馬汀宣告不治。在家人外出旅遊之前，瓊安臨行前特地跟弟弟說再見，沒想到從此天人永隔，再也見不到弟弟。當她接獲弟弟的死訊時，她正在朋友家。瓊安聞訊立刻跑回家，一路上她的內心掩不住狂喜：她為父母大大鬆了一口氣，總算卸下了沉重的負擔；然而，她同時也瘋狂地感受到莫大的悲痛，百感交集，她的情緒被失落感、罪惡感所拉扯，事後也沒有人注意到她所經歷的情感創痛，瓊安獨自一人承受著失去弟弟的悲痛。透過回憶，瓊安還是想不起來何以在弟弟病死之前的一個月裡，她卻始終沒有機會再見弟弟一面？至今她仍感到深切的遺憾，彷彿並未善盡責任，潛藏在內心的創傷仍然痛徹心扉，如果早知如此，她絕不會輕率就跟弟弟道別。

　　喪禮過後六周，瓊安仍然為弟弟感到悲痛不已，她常常趴在弟弟的搖籃上，痛哭失聲，從瓊安通往冥界的入口——第八宮落在雙子座看來，在她痛失弟弟之後，通往冥界的通道因此打開了。家中失去身障兒，勢將引發五味雜陳的情緒，使療癒的過程更加複雜。瓊安感受到各種情緒，卻沒有人了解她的悲痛，因為家中並沒有人公開表示哀痛，也沒有人願意提起曾經發生過的憾事。由於痛失稚子可說是一場家庭悲劇，因此，瓊安的家人均刻意保持沉默，希望能藉此保護倖存子女。然而，沉默卻造成倖存子女之間的孤立感，無法分享內心的悲痛，同時，也讓倖存子女大感納悶，何

以家中並沒有人像自己一般深感悲痛？倖存子女反而為此感到困惑，甚至因為受到孤立而憤怒不已，開始懷疑全家人是否刻意隱藏什麼重大的祕密！在悲痛過程之中，未曾受到情感支持的倖存子女，往往會感到憤怒與罪惡感，因而對自己覺到羞愧。羞愧感繼而引發更大的沉默與隱祕，在這樣的家庭氣氛之下，內心仍潛藏著悲痛的倖存子女為求出路，勢必得跟家人的沉默合流，藉以保護父母在家中的立場。對瓊安來說，由於她的月亮／冥王星的對分相，正巧橫跨第四宮與第十宮的軸線，意謂瓊安的未來可能就是照顧她母親。

瓊安的月亮落在水瓶座二度，在弟弟過世時，行運天王星落在獅子座的第三度，與她的月亮形成對分相，意謂著她與安全的目標物現已分離。當行運天王星經過她在水瓶座的月亮時，將會再度激起失去安全感的意象。此時她的推運月亮在星盤上已整整繞了一圈半，正要行經第三宮，這讓瓊安終於有機會抒解她對弟弟的悲痛，幫助她重新感受、回想、緩解她對弟弟的思念。即使弟弟過世已長達四十一年，瓊安至今依然難忍痛失弟弟的哀傷。

馬汀過世之後，家庭氣氛立即轉變，瓊安變成家中的老么，她想起母親因此更加注意她的動向，甚至常常為了小事而對她吹毛求疵。家中若有孩子過世之後，倖存子女在家中的地位也跟著重新洗牌，對瓊安來說，她變成了家中的新寵，父母也更加關照她，當然，獲得父母格外寵愛的代價卻是弟弟早夭，這引發了瓊安內心深沉的罪惡感。一旦家中有孩子過世，父母往往會把失落的焦慮感傾注在倖存子女身上。但是，隨著身障兒早夭身故，家中每日例行的生活重擔頓時減輕許多，瓊安的母親不再愁容滿面，也不用整天操勞過度，因此，有更多的時間來關照瓊安的成長，而爸爸也不再像

過去一樣經常暴怒，同樣也有更多的時間可以帶著獨生女瓊安開心的去看露天電影。

　　弟弟馬汀在瓊安過十二歲生日的前一個月病逝，那時正值她的木星首度回歸，又正好與行運冥王星合相而讓情況變得更加複雜。這裡顯現的是有趣而錯雜的象徵，代表弟弟馬汀過世讓瓊安感到如釋重負的同時，也難忍悲痛。就在馬汀臨死前兩天，木星／冥王星產生了準確的正合相；因此，瓊安進入青春期的關頭，正好籠罩在失去弟弟的陰影之下，同時，也讓她哀嘆逝去的童年。就在馬汀過世不久之後，凱龍星在水瓶座行運，正好行經瓊安在第四宮的月亮。沒想到正當瓊安的凱龍星逆行並經過她的月亮時，她卻得了小兒麻痺症，此後長達六個月之久，瓊安癱瘓在床無法動彈或下床行走，猶如弟弟馬汀在世時的狀況。由此可見，瓊安藉此完全認同已故的弟弟馬汀，好讓弟弟仍能在家中立有一席之地。對於倖存子女來說，往往會以各種方式藉機表達在家中遭到刻意壓抑的悲痛，例如：重病、情緒起伏擺盪、破壞行為、憂鬱症等，都是用來表達悲痛的方式。

　　哥哥希恩的冥王星則與水瓶座的水星形成對分相，而在弟弟馬汀過世十八個月之後，行運天王星正好與他的水星產生對分相，行運凱龍星卻與水星形成合相。冥王星／水星的接觸，代表痛失手足，至於行運則標示著希恩的心靈主題。每當家中小孩過世之後，倖存子女都可能冒著認同已故手足的風險，此時，父母與親友往往聯合起來，藉此互相慰藉。由於希恩認同父母親友的悲痛，他在不知不覺之中成了替罪羔羊，重現家中受傷男性成員的形象，藉著療癒家中遭到嚴重損傷的男性成員，好讓深藏的傷痛得以顯現。希恩後來經歷多次的精神崩潰，更加深他在家中的孤立感與憂

鬱症。換句話說，他的壯烈犧牲就是為了埋葬家中痛失手足的複雜情結。可見倖存子女均各自以不同的方式表達內心的悲痛。

由於希恩、瓊安兄妹終其一生都沒有生育，家族子嗣包括希恩、瓊安、馬汀在內的子女星象，至此告終，而馬汀的冥王星跟天底形成合相，代表家族子嗣的終點。瓊安將弟弟馬汀看做是自己的小孩，因此，馬汀早夭也是導致瓊安終生不育的主因之一，對瓊安來說，她不僅失去了摯愛的弟弟，也相當於失去了自己的兒子。瓊安與弟弟馬汀之間強烈的姊弟關係，涉及許多重要的占星學上的象徵，讓她們的姊弟關係大大超越時間的束縛。也就是說，姊弟倆的上升／下降軸線的星座正好相反，瓊安的水星合相馬汀的宿命點（Vertex），而馬汀的水星則合相瓊安的南交點（South Node）。因此，在瓊安父母都將過世時，她轉而關心哥哥希恩的健康狀況，因為一旦父母都過世了，家族命脈就只剩下瓊安與哥哥希恩了。

## 性愛

羅馬詩人奧維德（Ovid）曾提及希臘神話中，一對雙生姊弟貝妣麗絲（Byblis）與考諾斯（Caunus）的悲劇愛情故事。貝妣麗絲對兄弟考諾斯產生強烈的愛欲[91]，起初她以為這應該是正常的愛戀關係，但是，日久之後，她發現自己早已陷入對兄弟的熱戀而無法自拔。貝妣麗絲為了取悅兄弟而精心妝扮，擔憂自己在兄弟面前的形象是否美好，並且，開始幻想跟兄弟上床的綺麗景象。貝妣麗絲

---

91 奧維德（Ovid）：*Metamorphoses*, trans. Mary M. Innes, Penguin（Harmondsworth: 1955），Book 9:215-21.

深為自己對兄弟的狂熱愛戀所折磨，同時也苦於她們只是平民身分而非希臘眾神，因此，她並無法像希臘眾神與手足大方的相戀，例如：海神歐宣諾斯（Oceanus）跟姊妹泰莉絲（Tethys）結婚，農神土星（Saturn）與姊妹莉亞（Rhea）結婚，就連愛神邱比特（Jupiter）也與雙生姊妹茱諾（Juno）結婚！然而，貝妣麗絲只是平民，她不能愛上自己的兄弟。

　　貝妣麗絲最後決定寫一封情書給兄弟訴說情衷，表達她被愛神擾亂心智所感受到的狂喜。可惜，她兄弟考諾斯讀完姊妹的情書，卻震怒不已，對於姊妹提議亂倫之戀感到噁心憎惡，但是，姊姊貝妣麗絲卻對此戀情無法自拔，一心一意想要引誘兄弟考諾斯。最後，兄弟考諾斯終於忍無可忍，逃到國外，落腳在遠海邊境，建立一座海岸新城。貝妣麗絲遭到兄弟考諾斯遺棄之後，悲痛欲絕，最後發瘋了，在一場歇斯底里的發作之後，貝妣麗絲決心去天涯海角找尋兄弟。可憐的貝妣麗絲由於悲痛過度，無法遠行，最後撲倒在一條木造小徑上，痛哭至死，山澤女神妮芙（Nymphs）可憐貝妣麗絲的遭遇，將她的淚水化為湧泉，讓持續噴發不歇的淚泉警惕世人，不能貿然犯下手足相戀的禁忌。但是，事實上在兄弟姊妹之間違反異性手足戀（姊弟戀或兄妹戀）的禁忌者，卻並非少見。

　　古人對於兄弟姊妹的異性手足情感，認識相當廣泛，從極端親密到漠不關心，從犧牲奉獻到愛戀性慾，各種情況都曾發生過，但在當代社會中，對異性手足之間涉及亂倫的性吸引禁忌，卻鮮少有人提及。現代在手足之間的互動，一旦涉及彼此的關愛、欲望、矛盾甚至厭惡，這些複雜卻重要的異性手足情感就無人願意觸及，就連兄妹戀或姊弟戀的禁忌（the brother-sister incest taboo）也乏人

聽聞。即使根據報導顯示，違反異性手足戀（兄妹戀或姊弟戀）的禁忌，比起違反成人戀童禁忌（adult-child incest）還高出五倍之多，卻仍沒有人願意提起[92]。既然違反異性手足戀的禁忌相當常見，卻又遭到世人漠視，可見手足之間的緊密連結一向也都受到普遍的刻意忽略。由於手足的緊密連結往往被壓抑至潛意識，異性手足關係的原型也始終禁錮在黑暗之中，不見天日。學者古根鮑爾克雷格（Guggenbuhl-Craig）對此指出，回顧婚姻史可以得知，許多婚配關係的原型曾在歷史上因故遭到排斥、否定、禁止，最後被打成了病態、偏執的婚姻形式。例如：異性手足婚原型（姊弟婚、或兄妹婚），正是被打入禁止之列而遭譴責的婚配關係之一。意謂當我們充分了解關係在時代意識上的變動，就更容易趨近現實發生的狀況：

　　像月神阿緹米絲與弟弟太陽神阿波羅的姊弟戀，堪稱異性手足戀的原型，將再度重現，而手足之間發生持久、全然的親密愛戀關係，就不會被譴責成亂倫禁忌或變態關係。（有趣的是，在英國維多利亞女皇時代，異性手足戀就受到相當的寬容，不像在現代被打成是亂倫禁忌。）[93]

---

92 勞拉‧M‧馬科維茨（Laura M. Markowitz）在《家庭治療網絡客》（Family Therapy Networker）卷18-1，27頁中，「共享的章節」（Shared Passages）提到，當權者對於手足亂倫的事件經常視若無睹，手足之間也加以隱瞞，當亂倫被揭露，家庭經常關起門來，守口如瓶，試圖隱藏這種恥辱，而不是解決它。因此，準確的手足亂倫統計數據難以評估。但是，家庭治療師、社會工作者、心理學家和家庭社會學家皆認為其發生的頻率很高。

93 阿道夫‧古根鮑爾克雷格（Adolf Guggenbuhl-Craig）：*Marriage Dead or Alive*, trans. Murray Stein, Spring （Zurich: 1977），58.

　　反觀榮格以文化原型而非個人經歷的觀點，討論異性手足戀的禁忌，雖已承認確有異性手足戀的心理，卻並未討論在手足之間的實際發生狀況。至於佛洛伊德的同輩歐尼斯特・瓊斯（Ernest Jones）則承認：「在童年早期，發生在兄弟姊妹之間的性愛經驗可說相當常見。」[94]但那只是延伸自伊底帕斯情結的後續發展，也就是說，神話故事早已確認異性手足戀的歷史事實，卻仍得不到心理分析的正視：發生在手足之間的性愛，其實正是一股強大的動力，並可能在未來的人生階段之中反覆重現。

　　性愛、或性好奇，也常見於同性的手足之間（兄弟戀或姊妹戀）。在家中我們不免要與同性的兄弟姊妹做比較，通常來說，「性角色」（sexual roles）也是透過其他家人的一致評價所分派：「他讓女人心碎」、「她很正點」、「他身材很好」、「她是個性感尤物」，這都是在家庭生活中常聽到手足之間對彼此的評語。同性手足也是我們性啟蒙的好榜樣，觀摩他們如何邁入性愛世界，可供我們參考。到了青春期，手足之間又開始產生競爭，嘲笑對方的外型、掩飾自身的性感、批評彼此的穿著打扮或交往對像，兄弟姊妹藉此互相殘害。這都是青春期上演的戲碼，對某些人來說，手足相殘深深影響日後對個人身體形象以至性態度的看法。

　　在手足之間進行性遊戲，可說是家人關係的自然進展，尤其在朝夕相處的手足之間更常見，一旦彼此的性好奇得到滿足之後，發生在手足之間的性經驗往往就會遭到遺忘或者嚴加保密。倘若家庭道德觀念過於嚴肅，手足之間就會產生罪惡感、羞恥心，更不願意

---

94 歐尼斯特・瓊斯（Ernest Jones）：*Hamlet and Oedipus: the Oedipus Complex as an Exploration of Hamlet's Mystery*, Doubleday（New York: 1958），157-8.

對外透露此一可怕的祕密。假使是在道德觀念淪喪的家庭之中，手足之間可能投向彼此的懷抱，尋求安慰與舒適感，在兄妹戀或姊弟戀之中尋求庇護，甚至透過性交獲得被愛的感覺。這樣的情形可能在兄弟姊妹之間出現一次，也可能持續多年之久。手足亂倫情結（sibling incest complex），大都發生在同齡的兄弟姊妹之間，彼此地位平等，通常並沒有涉及權力關係，而且，在事後成為隱藏的祕密，讓兄妹戀或姊弟戀關係被雙方很有技巧地壓抑下來。對很多兄妹戀或姊弟戀來說，往往都要在事發很多年之後，才有勇氣首度向心理諮商師透露，至於占星諮商師則在解盤過程之中，見證個案透過表達潛藏內心的多年祕密，而獲得療癒的力量。

當行運天王星行經瑪格莉特的下降時，與她在獅子座的月亮開始形成對分相，並且接近位於巨蟹座的上升。此時行運冥王星剛行經瑪格莉特的太陽／水星的合相，因此，為了能在她的星盤上探索更大的範圍，並從西方地平線與月亮形成對分相的表面看到更多新訊息，我問起瑪格莉特可曾想起在她十二歲那年，發生過什麼特殊經歷，因為那時正值她的天王星週期行進至半途，以下便是我們的討論心得。

瑪格莉特與大她兩歲的哥哥愛德華，都是父母在二次大戰期間匆促相戀的結晶，兄妹出生時，父親都在歐洲戰場上衝鋒陷陣，因此，母親總是反覆抱怨父親在她第一次懷孕時就要她墮胎。然而，瑪格莉特的母親堅持獨自一人生下長子愛德華，哥哥出生之後，順理成章就成了母親的「小男人」，如同瑪格莉特從小所見，哥哥是母親的最愛。印象中，瑪格莉特並沒有與父親在一起生活的記憶，唯一想得起來的回憶是在她四歲那年，父親離家的那一天。

　　後來，母親帶著哥哥、瑪格莉特一起移民到澳洲，原本是要去投靠父親，但是，她們母子三人卻沒有與父親同住，反而是去舅舅家住，後來因為舅舅家裡的氣氛太緊張，母子三人只好轉而投靠到姑姑家去住。這讓我對於瑪格莉特上一代的手足關係深感好奇，潛藏在父母雙方家族之間姑嫂伯舅的命運糾葛，似乎相當難解。難怪瑪格莉特對於童年回憶幾乎遺忘殆盡。然而，由於她的海王星正好落在天底，恰巧與天底的守護星金星形成合相，同時，她的冥王星也合相月亮，因此，應該有很多重要的回憶被徹底遺忘了吧！

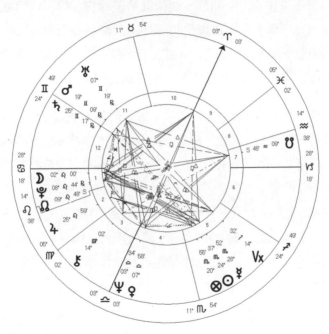

▲瑪格莉特，1943年11月17日，上午9點30分（格林威治時間減去1小時），51N06，0W43

　　原來瑪格莉特的父親有婚外情，後來乾脆離家與懷有身孕的女朋友同居，母親則在她七歲那年透過舅舅介紹而改嫁另一個男

人。瑪格莉特相信這種安排是因為只要有人照顧她母親，舅舅就可以卸下責任。但是，舅舅卻替她母親找來一個非常有趣的替身，充當母親往後的照顧者：她母親的新任丈夫不僅嚴重肢殘，還有駝背，而且根據瑪格莉特的說法，「繼父對他們兄妹倆非常殘暴」，常常丟下他們兄妹倆不顧，哥哥愛德華則被賦予重任要將妹妹看管好。自從繼父取代哥哥愛德華在家中的地位之後，哥哥就開始疏遠瑪格莉特跟媽媽，這使瑪格莉特深受打擊，讓她在家中同時遭到哥哥與母親的拒絕。而她母親再婚之後，不久就懷孕了，這使瑪格莉特在家中的么女地位，很快就被同母異父的小妹給取代，從此進入她所謂生命中最黑暗的時期。此時行運土星進入她的天底，越過海王星／金星的合相，繼而行經第四宮。土星代表嚴峻的現實，徹底挑戰瑪格莉特原本對家所懷抱的理想或幻想。

瑪格莉特的生理發育來得很早，家裡的氣氛令人窒息，她只好轉向哥哥尋求曙光，因此，只要能獲得哥哥的讚許，什麼事她都願意做。瑪格莉特的哥哥就是她的英雄，兄兼父職，在瑪格莉特短暫卻動盪不安的年幼生命中，哥哥可說是唯一可以讓她長久依靠的男人，同時也是她可以長久愛戀的對象。瑪格莉特的第三宮的守護星水星，合相第五宮天蠍座的太陽，或許正意謂她將亦父亦兄的英雄形象融合為一。此外，她的水星／太陽合相也與木星形成四分相，更加突顯在她心目中的男性英雄形象。而哥哥愛德華的土星／月亮的合相，與瑪格莉特的太陽／水星的合相，在兩人比對盤中形成對分相，瑪格莉特的太陽與哥哥愛德華的月亮在此接觸，爆發更加強勁的力道。但是，瑪格莉特的凱龍星也落在第三宮，與逆行的火星形成四分相，象徵天生受創的男性形象，對她來說，首先是父親離家，後來是傷殘的繼父，接下來就轉移到哥哥身上。

　　在瑪格莉特看來，哥哥看起來既性感又迷人，在她十二歲那年，她就完全屈從於哥哥對她產生的性好奇，由於她深愛著哥哥，因此，她覺得兄妹既然是戀人，她當然願意為最愛的人做任何事。瑪格莉特回想起她曾經告訴自己：「假使這樣做，就能讓哥哥愛我，那就照做吧。」她在自己的臥室跟哥哥上床，她說：「事後，我立刻感到一陣悲傷，我覺得此生我已永遠失去他了。」即使瑪格莉特從此不曾再與哥哥上床，兄妹倆也不曾提起過這件事，並且成為他們兄妹之間的祕密，但是，直到今天為止，瑪格莉特仍然說她不曾像愛她哥哥一般深愛過任何一個男人，她甚至大感不解，何以命運如此捉弄人，既然讓兄妹倆曾經如此熱情相戀，卻又要將他們強行拆散。因為在事發隔年愛德華就離家從軍，瑪格莉特又落得孤單一人，不久後第二位同母異父的妹妹也相繼出生，讓瑪格莉特在家中更形孤單，她完全被遺忘在自己的小世界之中，孤單一人。

　　瑪格莉特說她分不清跟哥哥上床所帶來的羞恥感，與她自己對於性慾所抱持的整體羞恥感之間有何不同。雖然她對母親所表露的性慾及其性關係感到著迷，卻也讓她深惡痛絕。然而，哥哥既是迷人的年輕男子，當然總有女朋友為伴，至於父親更是風流成性，花邊新聞不斷；因此，瑪格莉特時時擺盪在海王星／金星所建構的浪漫愛情、理想主義、與冥王星／月亮所表露的強烈欲望中。這全與她父母的風流性格以及家裡所瀰漫的性態度，有著緊密關聯。

　　當行運冥王星經過瑪格莉特的太陽／水星的合相，促使她生命之中很多重要的線索全都重新連結起來，例如：她終於離婚了，而她的親生父親以及她所棄養的女兒，在同一年裡主動與她聯繫，至於她的繼父則過世了。過去已然結束，未來正待開始，同時喚起很

多童年的回憶，這皆是瑪格莉特所經歷的遭遇，直到現在她才回想起她哥哥愛德華以及她曾與哥哥共享的相知相愛。此時瑪格莉特才清楚意識到，多年前她爸爸一走了之、繼父冷淡以對、哥哥離家從軍，這些傷痛都不會再度重演。行運天王星行經瑪格莉特的第七宮，與她的月亮形成對分相，代表她即將與過去的傷痛模式告別；同時，她還能掌握機會超越它們，邁向未來。從瑪格莉特口中所描述的家庭氣氛，與極易發生手足亂倫的環境狀況相符：在不安定的家庭中，父親因故缺席或離家，接著外來入侵者（繼父）破壞家庭忠誠，家中缺乏關愛或照顧。就在這樣支離破碎的家庭氣氛之中，手足只好向彼此尋求慰藉，互相取暖。

重回神祕主題，提醒我們必須確認在手足體系中，也可能出現強大的愛欲關係，尤其在進入青春期之後，性啟蒙被喚醒，金星、火星的原型開始顯現生命力並在世上尋求化身，其原型也會出現在手足的關係中。瑪格莉特的金星落在天秤座，哥哥愛德華的火星落在牡羊座，金星、火星都各自落在其守護的星座，意謂兩股能量蘊藏無窮的潛力，而瑪格莉特的火星與哥哥的金星形成四分相，代表此相位將爆發既迷人又性感的交互影響力。

## 手足的祕密

家族祕密不僅導致家人關係分裂，也因此弱化家人之間的團結，因為在家族祕密中往往充滿著羞恥心、罪惡感以及深切的悔恨，因此，必須加以禁制使之不見天日，藉以保護家人避免淪為羞辱的笑柄、或被貼上社會所不容的污名，甚至遭到驅逐。為了保護孩子，家族祕密往往都受到嚴加保守；然而諷刺的是，即使是出於

好意，家族祕密依然籠罩在孩子的心頭，造成困擾。事實上，對孩子來說，家族祕密無法具有保護作用，因為孩子天生就活在更趨近於潛意識的世界之中，也就是家族祕密遭到禁錮之處。冥王星的原型就與固守祕密所造成的毒性、陰暗效應，有著緊密的關聯，同時，也與揭露祕密所產生的治療效果極有關聯。

在手足體系中，也可能帶著家族祕密所造成的潛在破壞，導致手足分裂、或反而融和為一。由於家族祕密壓抑家人之間的誠信與親密感，因此，無論我們自認與手足之間有多麼親近，祕密的破壞力仍將否定彼此的親密感。此外，家族祕密也將在手足關係之中造成權力懸殊差異，信任感因此遭到破壞，而且，從此很難再予修復。例如手足之一可能被要求嚴守另一手足的祕密，以至於雙方都陷入為難的處境；甚至有時所有的兄弟姊妹皆知家裡的祕密，但是，彼此之間卻不清楚究竟誰知情而誰不知情。這樣一來，家中氣氛勢必會受到瀰漫在家人之間的懷疑、猜忌、孤島心態以及焦慮感所淹沒。

約翰是家中五個小孩中的老么，在他七歲那年，他的大哥死於船難，或者至少這是大人跟他所說的理由。大哥名叫傑瑞米，在家裡的孩子中，約翰最喜歡大哥，因為大哥對他特別照顧，而傑瑞米也深得約翰的崇拜。然而，除了約翰之外，家人全都知道傑瑞米舉槍自殺，但由於父母認為大哥自殺的噩耗，不應該讓家中么兒約翰知道，因為真相對於約翰來說過於沉重，父母希望其他孩子都要嚴守大哥自殺身亡的祕密。但是這種看似良善的意圖卻使約翰被隔離在其他手足之外。事實上，傑瑞米死於十九歲，而到了約翰正好也是十九歲那年，他與姊姊起了嚴重的爭執。當時手足之中只有約翰還留在家裡與父母同住，並成了家中不肖子，浪蕩不羈，以他自

己的話來說，當時的他「正經歷艱難的時期」，這讓父母深感憂心。這時，姊姊看不慣而插進來護衛父母，約翰轉而與姊姊大吵起來，互相用激烈的言詞攻擊對方，姊姊一時衝動，脫口而出，對著約翰高聲咆哮：「就像你那死大哥一樣，怎麼不也拿把槍把自己的腦袋給轟了？」冥王星嚴守的祕密此時完全被揭露了，原本天真無知的約翰給嚇得屈服了，突然之間，遭到背叛的失落感、悲痛、憤怒，全都一發不可收拾。約翰這下終於明白，何以這麼多年以來，他都覺得自己在家中備受排擠，這樣的情景就像某位家庭諮商師所做的如下描述：

　　疏離感可根據家中誰知道、誰不知道、或誰不知道誰知道，而在家庭的次系統（subsystem）中形成隔閡感。假使父母只跟其中兩個孩子說起老三的祕密，隨即在父母與兩個知情的孩子之間就形成祕密同盟，使老三遭到排擠[95]。

　　有時，透過真誠的關愛以及想要建立真正親密關係的衝動，即可破解家族祕密的魔咒。我們都知道，必須徹底清除內心的祕密，才能從中得到解脫。艾咪在家中四姊妹裡排行老三，根據她的說法，四姊妹至今仍像朋友一般互相關照，即使她們全都長大成人也都各組家庭，四姊妹依然非常親近，常常邀集四姊妹的家人一起過生日、度假，共同參與各種家族儀式。然而，這麼多年以來，三個姊妹卻聯合嚴守有關大姊珍的一個祕密，讓艾咪深感困擾。大姊珍在十六歲那年慘遭強暴而懷孕，事後只好墮胎，而父母

---

95 Peggy Papp, 'The Worm in the Bud: Secrets Between Parents and Children', in Evan Imber-Black （ed.）, *Secrets in Families and Family Therapy*, W. W. Norton （New York: 1993）, 68.

卻在事發前一年已經離婚，當時父親又正好再婚，因此，珍不幸經歷的創傷，讓家人大感震撼。但珍卻以為只有父母及當局知道發生了什麼事而已。珍在案發之後投靠父親，由父親出面「解決一切事情」，家中剩下三個妹妹，聽說大姊是為了就近上學方便，才搬去與父親同住。幾個月之後，大姊珍平安回家了，但是，全家早已陷入沸騰，沒人質疑離家的大姊為何始終孤立在三個妹妹之外：原來是出於母親的刻意安排，加上四姊妹正值青春期，又還要適應新繼母的到來。此外，就是出於繼母親口告訴三個妹妹，關於大姊珍遭到強暴的祕密，繼母還警告三個妹妹不准告訴別人，以免再次揭發那場醜陋的悲劇。

廿五年之後，艾咪仍感困擾，她覺得自己很虛偽，無法真誠面對大姊，尤其珍對她一向照顧有加，大姊一直都是艾咪的忠實支柱，因此，我問艾咪她想為大姊做些什麼，於是我們一起探索後事發展：艾咪的本命盤上冥王星／月亮在第十二宮形成合相，在我們進行諮商時，正接近她冥王星循環的四分相，她的本命冥王星守護第三宮，正好是行運冥王星當時行經的宮位。每當外行星與其出生盤中的原來位置產生相位的同時，恰巧又與內行星形成相位，這往往構成最有力的行運組合，意謂個人的出生主題即將重覆顯現，在心靈上也準備就緒，得以面對強大的挑戰。此時的艾咪清楚知道她該做什麼，她想冒險一試，就像她說為了能與大姊珍建立真正的親密關係，她必須勇敢說出深藏心中的祕密，這從她的星盤即可看到顯現出強大的支持力量，鼓舞她完成困難的任務。

祕密夾帶巨大的力量，橫跨在我們的人際關係中，壓抑親密感與安全感，然而，慎重起見仍需分辨祕密與個人隱私（privacy）的差別。若想嘗試將綑綁著我們的祕密加以公開，這並非像美國電

視劇那般隨意揭露個人隱私。透過共同淨化、公開坦誠以及團體淨化等方式，都是廣受歡迎的新時代治療術，也是治癒家庭創傷所必經的歷程。祕密屬於冥王星的統治領域，「那看不見的」冥王黑帝斯正是其稱號，因此，療癒必須在個人隱私之中進行，尤其當人際之間的親密連結已遭祕密所破壞。隱私也是建立手足相互連結的要件，我們學習如何將手足體系納入個人的隱私範疇，並將我們所關愛保護的價值灌注於其中。至於隱私與祕密的差別在於：我們會在個人隱私之中界定自己，而且不會否定自己，我們學習在隱私之中榮耀自我意識；但是，當我們嚴守祕密的時候，卻是在否定自己，尤其當我們與他人共謀嚴守祕密，例如家族祕密，人際互信體系終將因為彼此之間的無力感、虛情假意而走向崩解。

## 雙胞胎

　　雙胞胎總是引人著迷，就像羅列於黃道──也就是生命循環中所看到的雙子座這一對原型（archetypal pair），即可為證。但在此，我無法公正評斷雙胞胎所蘊含的複雜意涵，我只能從手足的特殊類型之中，確認雙胞胎或多胞胎的意義。雖然占星學偶爾會提到雙胞胎，但是，我認為占星界仍須針對雙胞胎此一獨特領域，再做更全面的檢視[96]。

　　先不論基因，雙胞胎除了更難分難捨之外，其實與其他手足

---

96 Suzel Fuzeau-Braesc在《個人與個體差異》（Personal and Individual Differences）卷13-10（1992年2月）的67頁：「對於雙生族群的占星假設實證研究」（An Empirical Study of an Astrological Hypothesis in a Twin Population）得出肯定的結論是：根據與雙胞胎個別的出生時刻相關的星象差異所產生的心理輪廓，在某種程度上可以被清楚描繪，這在統計上無法歸因於機率。

一樣，都要面臨相同的人生困境。然而，由於雙胞胎在誕生之前必須同時分享母親的子宮，他們的自我意識以及人生方向，始終都得固植於另一人。因此，雙胞胎經常得從鏡子裡仔細找出各自的獨特性，也許還得從陰影處看出極端的差異，或者反過來正向認同對方而融合為一。從占星觀點來說，雙胞胎的星盤幾乎一模一樣，唯一的差別僅在於他倆各自面對星盤的態度，這才創造出各別的個性。雙胞胎可能會將星盤分別拆開來審視，或者各自以不同的方式解析同一張星盤。雖然占星學已備有詳細的技巧為雙胞胎分別解盤，但是，基本上雙胞胎的星盤可說完全一樣。更有趣的是，雙胞胎具備相同的題材，卻根據各自不同的線索，編織成自己的人生故事。

　　雷蒙・布蘭德（Raymond Brandt）正是《雙胞胎世界》（Twins World）雜誌發行人，他曾說：「我今年六十七歲了，我的雙胞胎弟弟在廿歲那年過世了，雖然我以特殊的方式深愛著我的太太與小孩，但是，我的雙胞胎弟弟才是我的另一半，他才是我此生的初戀對象。」[97] 提到雙胞胎，讓我們想起強烈且重要的手足連結。由於諸多原因，現在有越來越多的雙胞胎接連出生，例如：服用人工受孕的藥物、或高齡產婦更容易生雙胞胎等。此外，研究也顯示很多小孩在娘胎裡其實一開始是雙胞胎，這可從超音波檢中證實。從雙胞胎變成單胞胎的現象，稱為「雙胞胎消失症候群」（the vanishing twin syndrome）。雙胞胎原型，代表強而有力的形象，像雙子座原型以及消失的雙胞胎之一，似乎都與基因智慧（genetic intelligence）有關。我有一位年輕個案，她星盤上的雙子座落在第十二宮首，而月亮則落在雙子座，與第六宮海王星形成對分相，她覺得自己像是失去了雙胞胎的姊妹，因此，永遠都在

---

97　Jill Neimark, 'Nature's Clones', in *Psychology Today* 30, no. 4（July/August 1997）.

追尋逝去的另一半，這當然很可能正是她的親身遭遇！在本書第
八章，我們將探索溫蒂的故事，她同樣也是雙子座落在第十二宮
首，而她的土星正好也落在第十二宮，後來溫蒂得知她的另一個雙
胞胎妹妹，早在母親子宮裡就消失了。

在神話中，遭到征服而被犧牲的雙胞胎之一始終都是慣常出現
的主題，時至今日，我們總算了解到這實際上也是出於自然淘汰的
結果。根據超音波技術清楚顯示，很多雙胞胎到最後都變成了單胞
胎，被犧牲的雙胞胎之一可能被倖存的單胞胎給吸收了，或者在母
體不注意的情況下已遭到排除。最新統計顯示，孕婦懷有雙胞胎的
比例高達六分之一，但是，實際上倖存的雙胞胎卻只占出生率的
六十分之一而已，此一現象稱之為「雙胞胎消失症候群」。雙胞胎
之一被迫犧牲後，遺留下單胞胎，最終宣告誕生，這其實不僅僅是
神話的主題，同時，也是常見的生物現象：

我們在娘胎裡的時候是雙胞胎，但是，等到我們出生的時候卻
只剩下孤獨的單胞胎了，我們一開始認定自己是雙胞胎，後來雙胞
胎的另一人卻消失了。世上第一對雙胞胎（the First Twins）在娘胎
裡一起與太初原力（forces primeval）經過殊死決鬥，才為我們在
這世上開天闢地，好讓我們在這方土地上馴養馬匹、犁田、躲避閃
電，直到後來，雙胞胎之一吃掉另一人，消失的雙胞胎之一只剩下
乾癟的軀體，彷彿莎草紙的碎片[98]。

在神話中出現的雙胞胎及其犧牲者的形象，到後來似乎全都變

---

98 Hillel Schwartz, *The Culture of the Copy: Striking Likenesses, Unreasonable Facsimiles*,
   *Zone* Books （New York: 1996）, 19. Schwartz also quotes statistics and examples of
   the 'vanishing twin' syndrome.

成通報誕生的使者，例如：城市或帝國的建造、突顯個性所代表的
英雄任務、或新生命的誕生本身等，皆以雙胞胎為象徵。此外，也
許雙胞胎還代表個人意識開始啟蒙而分化的象徵，因為雙胞胎的形
象正是二元性、公平對等以及確認另一人存在的最佳寫照：「雙胞
胎，天生就是完美本體的理想化身。」[99]由於雙胞胎正是強有力的
清楚形象，難怪雙胞胎的主題早以各種不同的形式，交織在各種
社會文化的神話傳統裡。就像雙胞胎立刻會讓我們想起雙子座的形
象，因為雙子座在占星學上正是代表手足關係的標誌，讓雙胞胎原
型始終交織在占星學的黃道中。

---

99 Yves Bonnefoy, *Greek and Egyptian Mythologies*, translated by Wendy Doniger,
University of Chicago Press, （Chicago, IL: 1992）, Volume 2: 33.

Chapter 7

# 家庭的生命旅程與行星週期

現在和過去

也許存在於未來

而未來蘊含在過去裡

如果所有的時間都是永恆的存在

那麼，它們皆無可彌補[100]

——T.S.艾略特（T.S. Eliot）

　　從意識的觀點來看，我們以線性方式體驗時間的流逝，從現在走向未來，並從過去一路來到現在。也許就像艾略特的想法一樣，某程度上，時間是混合在一起的。我們有許多思考時間的方式，例如，古代希臘人把克羅諾斯（Chronos）視為不斷流逝的時間，就像同樣以此命名並吞下自己兒子的泰坦族（Titan）一樣，時間消磨了所有事物，像是砂漏和拐杖等與時間流逝相關的事物，與克羅諾斯產生了關連。但做為早期農業之神，鐮刀也是祂的符號，雖然這符號與力量和豐盛有關，它也同時象徵了時間的縮減。反諷的是，克羅諾斯同時也主導著某個黃金年代，一個人類和平地生活，並像神一樣活得豐盛、「可悲的歲月不會降臨在他們身上」的年代[101]。在很久之前，克羅諾斯的年代是仁慈而不死的，但現在祂的時間卻將一切消磨殆盡，因此，克羅諾斯的這種矛盾成為占星學上土星原型的基礎面向，克羅諾斯的時間以各種代表時間

---

100 T.S.艾略特（T.S. Eliot）於《四個四重奏》（Four Quartets）中的《被焚燒的諾頓》（Burnt Norton），第1-5行。

101 赫西俄德（Hesiod）於其長詩《工作與時日》（Works and Days）中描寫的黃金時代（Golden Age），這引言來自Hugh G. Evelyn-White的翻譯, Harvard University Press（Cambridge, MA: 2002），11.

流逝與紀錄的文字，成為我們的辭彙，例如：

chronological代表按時間順序而記載、chronicle代表按時間順序詳細記載的編年史、或chronometer是測量時間的儀器，但最惱人也最無情的字可能是chronic，代表無可避免的時間侵蝕。克羅諾斯在我們的語言中仍然是強烈的時間符號，而祂的使者——土星則是占星學上其中一個偉大的時間統治者。

然而，希臘人也知道另一種時間，稱為凱羅斯（kairos），祂擁有主觀甚至是超自然的特質；克羅諾斯代表了線性以及可被量度的時間，凱羅斯則是指某個關鍵、指定時間或是適當時刻，這個字的早期用法，意指當可能性發生時所出現的機會或時刻，在古代的希臘術語中，它意指一個機遇，使人進入關鍵的時刻並善加利用。而在荷馬式希臘語（Homeric Greek）中，凱羅斯意指「可穿透的機遇」，這也許來自那位瞄準對方盔甲裂縫並捕捉機會的弓箭手，也是早期弓箭和時間之間的象徵關聯。這個字也與編織有關，在想像上經常來自於命運和時間的關連，讓人想起荷賴（Horai）跟摩伊賴（Moira）這對姊妹的同盟。以象徵角度來說，「命運之網中出現的機遇，可以意指時間中的機緣，也就是當模式彼此緊密吸引或被打破的那一個永恆時刻」[102]，凱羅斯正是當時間的面紗被揭開、機會出現的那一刻，類似於「那一刻終於到來了」或是「時機來了」。在當代的思考方法中，我們可能會將凱羅斯與靈魂的時間或時間成熟的神祕過程結合，凱羅斯也許就像出生並開啟我們生命重要機會的一刻。

---

102　詹姆士・希爾曼（James Hillman）：'Notes on Opportunism', 來自 *Puer Papers* 一書, 由James Hillman翻譯, Spring（Dallas, TX: 1994）, 153.

這兩個概念體現了時間在質與量上的本質，以及其字面上與虛構的特質。做為占星師，我們一直處理兩者，將意義投射到真實的行星循環當中，使用克羅諾斯的時間，讓自己意識到生命中屬於凱羅斯的一刻。雅努斯（Janus）是掌管通道出入口及門扉的羅馬神祇，做為門神，祂的祝福對於每個生命的出生以及每一天、每個月和每一年的開始都是必需的，因為，祂把自己的名字賦予每年的第一個月（January）。雅努斯有兩張面孔，其中一面望向東方的日出，另一面則望向西方的日落，做為擁有兩面的時間之神，祂也提醒了我們東方和西方文化對時間所抱持的不同態度、時間的客觀和主觀本質、其可度量以及神祕學的面向、以及古希臘人對克羅諾斯與凱羅斯的認知。

當思考家庭和祖先的主題時，我們會面對世代中發展的故事和主題，記憶、情緒、傷痛、意見和感想都被投注於時間之中，使它的本質不再是線性的。占星學的符號同樣包含了在世代中被神話化的家族史，因此，當符號顯示了某些可能性，也許不是目前彰顯的特色，而是來自沉重的家庭陰影。舉例來說，某個太陽／海王星合相的年輕男子雖擁有引人注目的音樂才華，卻一直不被允許彈奏任何樂器，因為在他的家庭中，音樂並不被視為男人可以選擇的事業選項。某個擁有十宮星群的女人是一個成功的芭蕾舞家，但她卻不為自己的事業而感到快樂，她在母親意願的驅使下選擇這職業，因為當時母親懷了自己而放棄跳舞；就像母親一樣，最後她對自己的社會角色並不滿足。

我們的占星技巧教導我們如何在星盤中閱讀關於性格、事件、模式和主題的內容，然而，能夠聆聽隨著時間發展而出現的週期性及不斷重覆的主題，並對它們做出回應也相當重要。透過這種

做法，我們可以忠於占星學上的描述，但也可以容許個人和主觀的理解出現，如此一來，我們可以多面性和歷史性的體驗到星盤中的占星符號，而這些都是由於我們是家庭母體的一員。

在這一章中，我們將探討一些技巧和手法，增加家庭如何隨著時間發展的思考方法；反過來說，也希望得以深化占星符號，並讓我們更加瞭解凱羅斯的時機概念。在個人層面來說，當我們更深入領略自己的星盤時，將預期帶來更多對原生家庭的反思，以及它們如何影響了我們的發展。我們會先著手於家庭生命循環的概念，當我們注意到從出生到童年、青少年、成年、中年、老年直到死亡的個別生命循環，家庭治療將同時著手於家庭生命循環的概念。理論上，我們可能會在任何時期展開生命循環，但我們一致的以成人後伴侶之間的訂婚和承諾之後展開，這也是每個個體離開原生家庭、進入自己選擇的家庭，並展開始新循環的時間。我們會透過檢視家庭生命中的這些階段，去欣賞占星學的循環如何跟家庭的所有世代互相呼應，這會讓我們重溫行星在生命循環中的行運。而我們會透過木星的十二年週期去觀察，因為這循環跟這些發展階段互相呼應，我們也將介紹家庭時間的概念，它闡明了時機如何在世代中重覆。

家系圖（genogram）是處理家庭主題其中一個發展出來的技巧，因為當檢視家庭時，將會產生很多資料，因此家系圖能協助分析並專注於重要的資訊上。當你開始著手於你的家庭星盤，你將會製作很多星盤，而如果你決定要製作推運圖、中點組合星盤、婚姻或死亡星盤的話，你將會被這些資料淹沒。此時，運用某些方法統合資料就變得重要。雖然你會自己找到占星資料的分類方法，但家系圖在組織不同世代的家庭體系上相當有用。我經常鼓勵我的學生

去建立自己的日誌或筆記本，專門用來搜集家庭資料，無論那是星盤、照片、信件、故事等等，這本筆記本也包括了你對於自己家庭動態的反思和深入觀察。

## 家庭生命循環

　　家庭模式自然地循環著，因為新生兒會像他們的父母、祖父母和祖先所經歷的一樣，經過生命的不同階段。生命階段重覆著，雖然每個世代會經歷不同的社會氛圍，但其中的模式將會留下並在各世代中重覆。家庭將與時間一起流動，當第一個孩子出生，伴侶成為父母，他們的父母成為祖父母，而當青少年從高中畢業，他們的父母會經過中年的考驗，而他們的祖父母則慢慢邁向老年。從占星學的角度來看，行星的週期在每個世代中展開。

　　社會學家注意到家庭生活中這種不斷重覆的模式，並瞭解家庭成員的來去，對於雙方家庭及其成員所帶來的強大烙印。在研究家庭生活的關鍵階段過程中，社會學家同意某些發展是家庭生命循環的重要過程，例如訂婚、結婚、小孩出生、青春期、離開家庭、衰老以及面對死亡。在這些過渡階段中，家庭及其成員受到改變，這些家庭生活中的來去或加入及離開，被視為決定性時刻和轉捩點。進入一個新的家庭被認知為「融入危機」，離開被視為「解體危機」，讓人瞭解到當有人新加入或離開某個團體時，體系中的反應所造成的心理影響及壓力。學者認為當加入或分割的自然循環遭到阻礙或否定，可能會在某個或更多的家庭成員身上出現失調或病態的家庭模式。

因此，家庭並不是固定不變的，它存在於時間變動中，而雖然我們在童年時最能深切地感受到它的影響，但它的影響將持續終身。它是一個多面性的組織，每個成員不只是基因，在情緒、經濟和心理上都是它的一部分。從占星學角度深入思考家庭，暗示著家庭的本質根植於每張星盤中；而從整體的角度觀之，本命盤、行運盤和推運盤與家庭模式和動態之間是互相聯繫的。個人星盤的行運會透過家庭體系產生共鳴，這在占星學上是顯而易見的，因為家庭成員之間的星盤往往會有著相似的行星度數、角度或其他配置，因此，將同時觸發家庭成員星盤中的行運事件。

我們生活於不斷變遷的世界之中，也許現在這種情況比過去更加明顯，因此，為了不斷適應社會變遷，家庭也經常處於變動中，當家庭難以適應社會變遷時，家庭支持其成員的心理方式，要比任何時候來得重要。而自早期學者研究，家庭便不斷地在改變——混合、單親家庭、同性關係和無子伴侶如今都是合法的家庭單位，因此，當深入思考家庭及其隨著時間的改變時，我們必須盡量保持開放與彈性。

就像其他生命體，家庭有著自然的生命循環，家庭成員在成熟的過程中經過不同階段及成長儀式[103]，此生命循環也可以與行運及二次推運中行星、交點和其他天體的自然占星循環結合研究。家庭生命循環有很多不同的版本，因此可知它比個人生命循環更為複雜，不過，最終個人的生命階段概括在更大家庭生命循環之下。由社會學家E. M. 杜瓦爾（E. M. Duvall）所提出的八階段模型涵蓋了

---

[103] 如對更完整的家庭生命循環感到興趣，請參考貝蒂・卡特（Betty Carter）和莫妮卡・麥高域（Monica McGoldrick）所撰寫的The Changing Family Life Cycle。

家庭的生命，是最被廣泛運用的一種[104]。

| | | | |
|---|---|---|---|
| 1 | 戀愛期 | 5 | 孩子離家獨立 |
| 2 | 婚姻生活 | 6 | 伴侶生活的重新調整 |
| 3 | 養育孩子 | 7 | 老年期 |
| 4 | 孩子的青春期 | 8 | 死亡 |

其他的模型可以多達廿四個階段，新增及離去的家庭成員往往呼應其生命階段，並為所有成員帶來極度的壓力。然而，我們可以想像家庭生命循環包含所有發展階段、意外傷痛以及成員來去都是從伴侶結合為一體的關係展開，這包括了生育、孩子的成長與離家的生命循環，而在孩子建立伴侶關係並邁向各自的家庭生活時，變得圓滿。

家庭生命循環的轉型期正是當人們變得最脆弱的時候，轉型是關鍵的，留意這些家庭生命中的轉捩點，可以幫助其成員更有意識和更有效地進行轉變。例如，當第一個孩子即將離家，對家庭來說是關鍵的階段，顯示每位成員的危機和改變。弟妹們的排序將順勢往前順移，自動填補離去手足所留下的空缺，他們的角色、責任和特權勢將移轉。當其餘的家庭日常生活重新恢復時，送走了第一個孩子的父母會更有意識的準備進入生活的重整階段。當我們有系統地觀察占星學，我們會看到個人星盤中的行運將呼應家庭體系中的其他成員。無可否認的，兄弟姊妹主要的行運和生命階段會直接影響到其他人，手足們共同度過了影響性格養成的年紀，因此，他們

---

104 E. M. 杜瓦爾（E. M. Duvall）：*Marriage and Family Development*, Lippincott（Philadelphia, PA: 1977）.

的經驗會互相影響，他們在早期生命中的行運和二次推運烙印在我們的經驗中，並影響我們與占星象徵和原型的關係。

以下的表格列出了以伴侶為中心的傳統核心家庭（a classical nuclear family）的里程碑，就像之前所述，這些家庭觀在某種程度上是過時的，不過應用在其他家庭環境的樣版上，依然游刃有餘。家庭生命循環可以在任何時間展開，然而，我們的討論的確是從兩個成人承諾、訂婚那一刻展開，因為這正是建立新家庭的可能性出現的時候。在這一刻，兩個人離開各自的家庭體系去建立另一個新家庭，將對於原生家庭的忠誠轉移至新家庭的發展；在整個家庭生命循環中，三角關係和共謀的可能性仍持續存在著。

在家庭生命的每個里程碑之中，共同議題和挑戰都會在此轉型時期出現在家庭所有成員身上，當然，也有一些相當具有獨特性及個人的事件會在此強勁的階段被顯露；因此，在接下來的家庭發展階段中，反思自己家庭生命循環的經驗，以及此時你的問題與關注的焦點。我也曾經觀察在此時突顯的占星原型，但是思考其他占星主題以及在此轉型期需要認知的占星配置也十分重要。生命循環中的轉型期，往往會呼應社會行星和外行星的循環所形成的四分相、對分相和合相（回歸）這些主要相位。

我們可以從伴侶之間最初的承諾、訂婚，也就是當兩人離開各自的家庭，共同組織新家庭的時間點，思考家庭發展的最初階段。

| 里程碑 | 家庭議題 |
|---|---|
| 訂婚 | 當兩個來自不同家庭背景的人訂婚，原自對家庭的忠誠將轉移到伴侶身上，家庭的親密模式以及信任和安全感的議題，可能在此他們結合為一體並建立新家庭時產生。對新生活來說，信任和安全感的建立影響深遠，就像埃里克‧埃里克森（Erik Erikson）在他的生命階段中所承認的一樣。從占星學的角度看，伴侶的合盤是重要的，但從個人的角度看，值得注意的是，可能重現來自原生家庭的親密和關係議題；因此，勢將突顯第七宮及第八宮的主題與及金星、火星，注意行星循環以及重要行運，都將為這段關係造成影響 |
| 成家／同居 | 資源、權力及金錢的分享在此時成為焦點：我們如何與他人分享我們的資源和空間？來自原生家庭的習慣性模式被帶入新的家庭之中，這些議題都強調了第八宮；然而，考量第四宮和月亮以及來自原生家庭的生活模式及規律也相當重要，再一次參考伴侶的比對盤，找到如何處理關於生活慣例、價值、溝通和情緒表達的線索。 |
| 懷孕 | 懷孕期間會發生能量轉移，能量從伴侶及情人的女性角色轉移到母親角色，這種「母親／情人」的分裂改變了關係的本質，並觸發許多占星學上與月亮和金星、它們的關係和相位以及它們的二次推運相關的主題。本命盤和中點組合星盤中的第五宮、第七宮和第八宮再次突顯其重要性。 |

隨著老大的出生，勢將組織新家庭，當伴侶成為父母，他們的父母則當了祖父母，新的責任和角色與新關係隨之產生。而隨著老二出生，家庭會出現新的體系，手足體系會成為家庭的次系統，這個家庭現在擁有著兩層的結構。

| 第一個小孩的誕生 | 隨著家庭中第三名家庭成員的到來，母親、父親及孩子之間會出現明顯的三角關係，也就是佛洛伊德所說的「戀母情結」衝突。伴侶應如何扮演父母的角色？而孩子又如何在他們的關係中找到自己的位置？此將突顯代表子女的第五宮，同時代表父母間親密關係的第七宮與第八宮以及月亮、太陽和土星這三個父母形象亦會被強調，一連串的學習與改變將發生在此階段。孩子的星盤，其實也是父母在孩子出生時的行運盤，這比對盤的相會將持續影響整個生命循環。 |
|---|---|
| 第二個小孩的出生 | 隨著另一個孩子的出生，家庭中形成了次系統，形成手足體系，並帶來平等和階級的議題，並產生新的角色和期望，兄姊會覺得被取代，弟妹則需要在手足和父母關係中尋找方向，手足由第三宮、雙子座和水星的相位所代表。 |

就如之前的所認知，依附和分離是家庭生命中的不可或缺的面向，分離發生在家庭生命循環中的各階段，其中在成長階段的戀母情結時期與青春期中，某些分離更是相當明顯。思考這些分離經驗相當重要，因為此階段中所發生的情緒經驗和感受經驗，有可能會留下記憶並／或在後期生命中其他的分離中再次被觸及。

| 上學 | 當第一個孩子離家就學，與父母以及其他的手足分離，父母重新感受離開家庭的安全感、初次分離的經驗，而弟妹們也可能體驗到失落感，雖然這可能引發弟妹分離的議題，但同時也觸發了父母本身教育和就學的議題。水星和第三宮再次在學習和就學的早期經驗中扮演了關鍵的角色。 |
|---|---|
| 青春期 | 青春期在家庭生命中是相當重要的時刻，因為它引發年輕人的反叛以及對自由的渴望，同時也觸發了父母的青春期和那些年少輕狂的回憶。木星和土星這兩顆社會行星以及二次推運的月亮在此時扮演著重要的角色，注意在家庭生命循環的此階段，青少年與父母之間在這些星體的循環中是否產生連繫，青少年往往會觸發正處中年期的父母內在的青春期焦慮，並可能面對此階段中不曾體現及／或未曾表達的感受。 |
| 離家 | 當第一個或者另一個小孩離家時，將發生另一次的分離，並產生權力鬥爭，而家庭角色也開始轉變、我們想要離家的原因以及離家的方式往往是家庭情結的一部分，倘若不加以覺察並清楚分辨，勢將在往後生命循環的分離中重覆出現。 |

一旦孩子離開，他們的自我旅程將在家庭日常互動之外開展，雖然家庭可能不再是他們日常經驗的一部分，他們情緒和心理依然沉浸在家庭的環境之中。平均壽命、性別角色、經濟不穩定及社會風氣的改變皆影響此轉型期，並改變了對於離家、守護未來、事業成就和組織家庭的期待。當離開家的成人決定安定下來，生命循環的下一個階段將會展開。

| 孩子<br>成家 | 當長大成人的孩子開始與他人攜手建立初始的伴侶關係時，循環便開始重覆。來自兩方原生家庭的模式、習慣、學習到的慣例和情結都會影響新家庭的形成，忠誠和信心的議題將再次出現，這些議題也許來自於家庭生命循環中父母及／或祖父母的訂婚階段。 |
|---|---|
| 孫子 | 當孫子出生的時候，老化的議題變得明確，三個世代如今一起邁向未來，包括父母、成年子女以及孫子的新三角關係可能出現。 |

當最初的伴侶逐漸衰老，生命與價值會被重新處理，而退休問題、生命重心和目標、身體健康、職業和面對死亡的問題變成當務之急。

| 退休 | 退休問題延續衰老的主題，但同時帶來地位、價值和遺產的議題。 |
|---|---|
| 死亡 | 當父母之一過世，整個體系會被重新洗牌，遺棄與失落、不完整的感覺、遺產的主題和未解決的家庭議題將──浮現。 |

　　當然，家庭可能會出現許多不同變數，擾亂其自然的循環，父母的疾病及死亡、裁員、離婚、家庭破碎、移民、分離以及角色轉換皆將擾亂家庭的預期計畫。然而，透過時間思考家庭的演變，是一種有效的方法，用以探討家庭的多面性與我們在此循環中的位置。這些變數是生命的一部分，在占星學上由行星循環以及家庭成員星盤中的行運所象徵。行星週期為個人與家庭建構生命循環，而個人的行運則帶來干擾與變數。

　　當你處理循環的主題時，需要了解你可能正處於某個循環階

段，家庭裡的長輩可能已經經歷過這個階段，而他們的經驗可能會細微地影響你對此階段的理解。晚輩可能感受到長輩的支持，或相反地，認為他們的經驗沒有助益而加以排拒。如果家中某個晚輩正經歷某個你已經經歷過的行星循環，思考你對於這個晚輩的處理方式所抱有的期望以及潛意識批判，這將會帶來助益。因為，你的主觀理解和記憶會扭曲你的期望。

最近，我有一個女性個案，她廿九歲的兒子迷失了自我方向、難以找到「適當」的工作安定下來而感到焦慮。就像她的兒子一樣，她也正經歷自己的土星回歸，於是我鼓勵她去思考當她接近三十歲時的人生處境——當時的回憶、感受和欲望？相當有趣的是，她記起自己當時的猶豫和迷失。透過想起自己當時的過程，她能夠跳脫兒子的人生困惑，而雖然她與兒子的土星回歸有一整個循環之隔，同樣經歷土星回歸讓她可以對內心那個三十歲的自己抱有更多的同情心，並分辨自己與兒子的過程之間的不同。

思考成人星盤中的推運月亮，雖然我們已經察覺到它是個人在此生命階段的情感發展，但它也與其他家庭成員的發展相似，例如他們的子女及／或父母在這階段的狀況。從家庭的背景觀之，子女及父母能夠輕易牽動成人的情緒發展，並造成影響，因此成人星盤中的二推月亮也許也反映了另一位親密的家庭成員的情緒發展。我會建議首先考量母親然後才考慮其子女，這種例子便是家庭發展中的一種神祕參與。

從孩子的觀點看，他會將土星的行運視為個人的感受，也許是學習到行為的結果、設立的新規則與界線，但這也可能與父母的改變同步，可能此時的家庭環境中，因為父母體系的轉變而產生更多

的限制感，孩子會將這些視為自己的經驗；當我們全面而有系統地觀察時，我們不僅可以從個人角度去觀察行星循環，也能夠以其他家庭成員做為背景去觀察。

身為占星師，我們必須注意到生命循環中不斷出現的相位，並反思這些相位有否也在其他家庭成員身上發生，或是對於整個家庭體系有著什麼意義。在認識家庭生命循環的過程中，占星師可以認清行星行運的力量如何與整個家庭互相呼應，而不是只限於個人層面上。

## 家庭時間

家庭成員的時間模式的另一面向，我們稱之為「家庭時間」。家庭時間意指潛意識中，對於家庭經驗的重要時刻和年齡的記憶。一般來說，家庭時間是一種機制，讓身體紀錄傷痛的過渡期及未被表達的悲傷，然後在重要的年齡或是重覆原始傷痛的週年紀念日，釋出這些記憶，並與此呼應。當家庭經歷了某種衝擊，倖存的家庭成員不但會留下強烈感受的烙印，更會記得事件發生的時刻。

艾弗爾・恩肖（Averil Earnshaw）指出家庭時間是一道橋樑，幫助我們透過家族史認清事件如何被定時，她透過許多歷史案例，指出在家庭生命循環中，事件如何重覆發生於特定的年齡，並質疑「我們對於自我生命時間的意識程度」，她指出家庭時間是潛意識中對於家庭傷痛的記憶：

以人類年齡做為標籤所紀錄的家庭經驗，是不同世代間的連

繫橋樑，即使它們不存在於意識層面，也無可避免的持續停留在
身體的記憶之中，並在可預期的年齡以真實和情緒事件的方式爆
發[105]。

　　舉例說，三歲時失去父母之一的事件可能成為個人心理層面
上的分水嶺；此重大傷痛對於三歲的孩子來說，極可能留下了印
記，並以恐懼和焦慮的方式滲透個人的生活，這也正是未解決的悲
傷與失落所產生的後遺症。在他們生命的此時，存在著突然分離或
其他意外失去的風險，事實上是複製了此種切斷模式。

　　父母的死亡年齡十分重要，因為它代表事物終止的年紀，我們
往往無法看到這個年齡以後發生的事或者在此年齡的任何經驗，除
了傷痛產生的失落。當我們慢慢接近這個父母死亡的傷痛年紀，在
潛意識上可能會漸漸感覺沉重，這些時刻在家庭的生命循環中，
以潛意識及自動運作的方式被體驗。當人們即將步入父母死亡年
齡時，可能會感到焦慮，但不一定會察覺到這可能與「自我認同
了父母的死亡時刻」有關。任何家庭傷痛都會被包容於心理的時間
內，直到在適當的時候被釋放，無意識的認同父母死亡的傷痛，可
能產生恐懼和焦慮，或者將以某種方式去重覆此模式。

　　例如，我的個案在八歲時患上了嚴重的偏頭痛，當她廿四
（八歲的三個循環）歲時症狀便消失了，在她前來諮商的時候，父
親已經離世八年，而在此時，她的偏頭痛再次發作，因為她提起了
八年前失去父親與及偏頭痛的復發。我察覺到家庭時間的現象，於

---

105 艾弗爾‧恩肖 （Averil Earnshaw）： *Time Bombs in Families and how to Survive Them*, Spencer Publications, （Sydney: 1988）, 17.

是我問她八歲的時候，家中有否曾經發生過什麼事情，她也開始感
到好奇。在家庭時間以八年為單位的情況下，也就是她父親死去後
所經過的時間，她開始感受到並憶起八歲時偏頭痛初次發作的早期
傷痛。她父親在某個周末將她託付給給鄰居，而在她被留給別人照
顧時，受到一個寄宿於該家庭的男人性侵，她對於父親將她丟下感
到憤怒，而當考量父親的時間軸時，她想起了祖父也是在父親八
歲時離世的，這是另一個以八年為單位的遺棄主題。這就是家庭
時間，思考傷痛的時間軸，會讓我們意識到潛伏在家庭底下的斷
層，這使我們能夠認識到心理的時間框架，而在一段時間的歷練
後，我們有可能從此模式中被釋放出來。在這案例中，個案對於父
親在八歲時被遺棄一事感到同情，這讓她也對八歲的自己感到憐
憫，她同時也明白自己已經在一種更大的模式中得到彌補，而她也
更尊重此模式。

　　稍後我會畫出佛洛伊德的家系圖，然而做為家庭時間的案
例，我們可以注意到他在他父親四十歲半時出生，而當佛洛伊德邁
入同樣歲數時，他父親離世了，這觸發他想要分析自我的想法，並
催生他的心理分析學。與此相似卻也完全不同的是，莫札特的父親
三十六歲時生下這個天才兒子，而莫札特卻在三十六歲的生日不久
之前過世。做為占星師，我們在這些例子中注意到重要的生命循
環，在接近四十一歲的時候，二次推運的月亮會與其出生盤位置對
分，而海王星也會與出生盤中的位置形成上弦的四分相，在三十六
歲生日前不久是木星回歸。注意到這些占星時刻和家庭時刻，它們
是一種有力的工具，為我們的生命經驗辨識重要年齡的課題。

　　在手足體系中，在某些年齡經歷過的傷痛，也可能將在家庭生
命循環中重覆發生，如果我們在極為年幼時失去了某個手足，未被

表達的悲傷以及這個經驗所帶來的震驚可能會影響到成年後人際關係的穩定性。將失去事件發生的歲數做為一種時間長度，當我們進入一段成年人際關係，經過差不多的時間之後，可能會開始對該段關係感到難以言喻的焦慮和恐懼。重要的年紀，尤其是當傷痛與失去的年紀，會被印刻在靈魂之中，這種特定的時間可能傳承在家族的時間軸線中，並再度重現於我們的生命中。家庭時間經常存在，並常常頻繁的與家庭和手足傷痛發生的時間相仿，並透過聆聽與連結個人生命的重要年齡而發現。恩肖以這種方法去描述時間：

> 我們皆活在兩種時間之中：鐘錶上的時間和家庭時間。小時候，我們學會用時鐘去閱讀時間，但沒有人教導我們如何去看家庭時間。我們相信我們擁有時間，但時間也以某種神祕的方式擁有我們！[106]

家庭時間的運作獨立在行運之外，但也與行星的某個行運、或行星循環中產生的強勁行運、以及二次推運同時發生，家庭時間透過反思家族史和主動聆聽而被證實，也受到家系圖的組織和家庭時間軸線的建立所啟發。

要概括你在家庭中也許會重覆出現的重要時刻，試著反思所有家庭改變或傷痛發生的時間，當你回憶時，記下成員進出家庭群體的時間，這些改變可能包括：

---

106 艾弗爾・恩肖（Averil Earnshaw）：*Time Bombs in Families and how to Survive Them*, 32.

- 父母之一的死亡

- 手足的出生或死亡

- 祖父母之一的死亡

- 祖父母或某個親戚搬入或遷出家庭

- 離婚和再婚

- 放棄或領養小孩

- 遺棄

- 離開家庭——無論是手足或是你自己

- 手足的伴侶關係、結婚和離婚

- 搬家、買賣房子、移居、移民、所有影響家庭動態的安全感和運
  作的重要變動

- 其他人搬入或遷出家庭

- 擁有及／或棄養寵物或寵物的死亡

- 其他家庭傷痛，包括成員縮減、失去、悲劇等等

　　一旦你回想起重大的過渡時刻，你就已經準備好繪製家庭時間
軸線，它從你的出生直到你離開家庭建立自己的家庭為止。每次家
庭發生改變時，無論是有人加入或離開家庭還是重要的傷痛，你都
需要紀錄當時涉及了家庭的哪部分、以及他們當時的年齡，因為當
時的年齡是家庭時間的其中一個面向。

　　從你的出生開始，使用圓點、星星或其他符號去標記，列出當
時家庭成員的名字和年齡以及任何你想附加的符號，把線延伸到下
一個符號，也就是家庭第一次發生改變的時候。同樣地，列出進
出家庭的成員。使用線去連接各個階段，如果當時發生了創傷事
件，你可以將線往下拉以中斷其延續性；另一方面，如果有任何
正面的喜慶和經驗發生，你可能會希望把線往上拉。在畫線的時

候，你可以盡量以具創意的方式去製作你的時間軸線，最重要是注意要記下時間和年齡。

在將日期編排後，你可以為這些時期建立星盤，確認是否有任何的循環在家族史中重覆，注意任何重覆的行運。在以下例子中，羅拔於家中排行第二，有一個比自己年長兩年的姊姊。

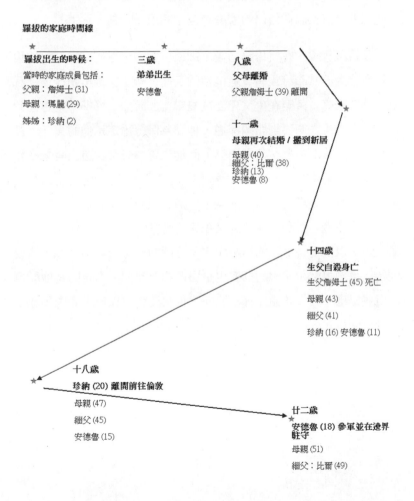

**羅拔的家庭時間線**

**羅拔出生的時候：**
當時的家庭成員包括：
父親：詹姆士 (31)
母親：瑪麗 (29)
姊姊：珍納 (2)

**三歲**
**弟弟出生**
安德魯

**八歲**
**父母離婚**
父親詹姆士 (39) 離開

**十一歲**
**母親再次結婚／搬到新居**
母親 (40)
繼父：比爾 (38)
珍納 (13)
安德魯 (8)

**十四歲**
**生父自殺身亡**
生父詹姆士 (45) 死亡
母親 (43)
繼父 (41)
珍納 (16) 安德魯 (11)

**十八歲**
**珍納 (20) 離開前往倫敦**
母親 (47)
繼父 (45)
安德魯 (15)

**廿二歲**
**安德魯 (18) 參軍並在邊界駐守**
母親 (51)
繼父：比爾 (49)

注意一下，當羅拔出生的時候，母親正值她的土星回歸，因此羅拔與她母親共享同樣的土星，此時觀察其他成員的星盤，找出其中的模式，也具有相當大的價值。在三歲四個月的時候，弟弟的出生帶來了「融入危機」，而八歲時，父母離婚以及父親的離去則帶來了「解體危機」；三年後，母親再婚，而再三年後，父親離世。這簡短的概要有助於確定家庭時間與及行運的觀點，但這練習也能幫助你去反思你自己的家庭時間中的重要時刻。

羅拔跟我說，在父母離婚後，即使母親適應得相當好，但他也覺得自己對於照顧母親有著壓倒性的責任，即使在她再婚後，這感覺仍然持續著，甚至在生父死亡後變得更加激烈。姊姊珍納專注於旅行，而弟弟安德魯則開始叛逆，他認為保持穩定是他的責任，甚至嘗試在情感上跟繼父建立連結，而他也認為繼父與自己有某些相似的地方。在建立他的時間軸線時，他理解到當他祖父在四十四歲、因心臟病去世時，當時父親也肩負了照顧母親的責任，那時他父親才十五歲，而羅拔注意到父親死亡時當時自己與父親之間的年齡差距、以及當時父親的年紀與祖父之間的年紀的差距相似，他也開始注意到祖父和父親的抑鬱也是自己的一部分，但正因為他能夠將這些提出、與人談論並尋求協助，他感覺將在往後生命中更加注意到這個模式。

羅拔的第七宮有冥王星，並跟第四宮的月亮和第十宮的太陽形成了T型三角相位，羅拔的父親有太陽／冥王星合相，而祖父則有太陽天蠍座／冥王星巨蟹座的三分相。

## 占星學上的生命循環

在占星學上，有多種看待生命循環的方法。所有行星都有既定的循環，它們週期性的回歸象徵了回家，並標示了週期上的成熟。以生命循環來說，劃分生命階段的那些行星週期比較重要，而土星和二推月亮將是重要的指標，因為它們分別有著27.3年與及29.5年的清晰週期。

這些行星的三次循環，刻劃出許多已發展國家之人的壽命。三次的二推月亮循環長達八十二年，也就是日本、瑞士、以色列和澳洲這些國家的人們的平均壽命[107]；三次土星循環則長達八十八年。月亮交點也將生命以18.6年為單位劃分為四至五個階段，四次月亮交點週期長達七十四至七十五年，也就是阿根廷和塞爾維亞這些國家的平均壽命。因此，這些占星學的循環也測量着家庭生命，並對家庭中的轉捩點相當重要。下表概略地記下了對分相和回歸發生的年份，我們可以用以思考我們自己和家庭發展。

| | 第一個循環 | | 第二個循環 | | 第三個循環 | | 第四個循環 | |
|---|---|---|---|---|---|---|---|---|
| 行星循環 | 第一次對分相的年齡 | 第一次回歸的年齡 | 第二次對分相的年齡 | 第二次回歸的年紀 | 第三次對分相的年齡 | 第三次回歸的年齡 | 第四次對分相的年齡 | 第四次回歸的年齡 |
| 土星 | 14-15 | 29-30 | 44-45 | 58-59 | 73-74 | 88-89 | | |

---

107 如想參考平均壽命的統計，可以參考由聯合國出版的《世界人口展望》（World Population Prospects），2006年版本– www.un.org/esa/population/publications/wpp2006/WPP206_Highlights_rev.pdf．當中資料截至2005年10月。

| 二推月亮 | 13-14 | 27-28 | 41 | 54-55 | 68-69 | 81-82 | | |
|---|---|---|---|---|---|---|---|---|
| 月亮交點 | 9-10 | 18-19 | 27-28 | 37-38 | 46-47 | 55-56 | 65-66 | 74-75 |

另一顆跨越人類一生的，是以八十四年為其循環的天王星。請不妨以我們和家庭各自成長的重要轉捩點出發，思考此循環中的四分相和對分相。

| 行星循環 | 上弦四分相（Waxing Square）的年齡 | 第一次對分相的年齡 | 下弦四分相（Waning Square）的年齡 | 第一次回歸的年齡 |
|---|---|---|---|---|
| 天王星 | 20-21 | 38-42 | 62-63 | 84 |

在此循環中，我們可以劃出七次的木星循環，而如果以木星十二年一次的循環為單位，我們則可以運用占星學的方法，劃分出七個生命週期中的明顯階段。這些階段在家庭生命中同樣重要，因為它們暗示了社交化階段、成長段落以及邁入成年、改變和成長發生的時間。在認識這些主要循環之後，你也會開始看到家庭生命中這些循環的重覆主題。

下表將生命循環分成了七次的木星循環，因為木星的週期實際上是11.88年，在後來的循環中，回歸的時間可能會相差一至兩年，而基於木星在黃道上的順行和逆行，每個人的行星相位時間也會因而有些微偏差，所以如果需要查看準確日期的話，請翻查星曆表（ephemeris）。但是這表格可以做為占星學上各階段的樣版模型，研究此生命循環的圖表也能幫助我們對占星學的生命風格更加熟悉，一旦我們熟習了這圖表，我們便可以在生命和家庭的世代當

中來去自如。

## 從木星的角度去看占星學上的生命循環

　　我把某些循環再細分成不同的階段去突顯占星學中的現象，例如內行星的第一次回歸、以及社會行星與外行星重覆的強勁循環，請容我再次提醒，這些只是大約的年齡。雖然這只是思考生命循環的方法之一，但當我需要在家庭以及不同世代之間的各種不同發展階段之間來回探索時，這是最能幫得上忙、也是最有用的方法。這裡並不包括凱龍星的上弦四分相、下弦四分相和對分相，因為在其軌道的離心率影響下，每個世代之間形成這些相位的年齡都各有不同。如欲查閱凱龍星循環相位的時間表，請參閱我所撰寫的《打開凱龍星大門的鑰匙》（Keys to Understanding Chiron）[108]。

　　生命循環理論和研究在心理學、社會學和當代的非小說類寫作中皆持續受到歡迎[109]；早期的心理學研究者埃里克・埃里克森（Erik Erikson）不但自行發展了包括了八個階段的生命循環理論，更提出了與這些生命階段相關的功課[110]。他的第一個生命階段佔據了生命之初的前十二到十八個月，嬰兒的任務是要處理信任和不信任的對立、以及建立連結和連繫的主題；此第一階段與依附和信

---

108　布萊恩・克拉克（Brian Clark）：*Keys to Understanding Chiron*, Astro\*Synthesis www.astrosynthesis.com.au（Melbourne: 1999）．

109　蓋爾・希伊（Gail Sheehy）是這領域中一個很受歡迎的作家，她的著作 *Passages, Predictive Crises of Adult Life* 和 *Pathfinder* 都很受歡迎，她也為 *New Passages* 和 Understanding Men's Passages 執筆撰寫相同領域相關的文章。

110　埃里克・埃里克森（Erik Erikson）：*Identity and the Life Cycle*, International Universities Press（New York, NY: 1959）．埃里克森所提出的八個生命循環階段如下：

任有關，因為嬰兒的需求和世界觀都與父母的反應息息相關，這項
功課會在生命中的第五階段——也就是十九到四十歲的年輕人階
段中會重現，並帶回「親密關係與孤立之對立」的依附功課。然
而，其他大部分的階段都比較趨於個人傾向並與家庭圈子之外相
關。雖然家庭治療使人察覺到因時間演變的強大家庭意識[111]，但
是使用行星循環的占星學模式也總描繪出生命的階段。

| 第一次木星循環 | 童年：零到十二歲 |
|---|---|
| 嬰兒期 | |
| 　月亮回歸 | 27.5日 |
| 　水星回歸 | 11-13個月 |
| 　金星回歸 | 10-14個月 |
| 　太陽回歸 | 1年 |
| 　火星回歸 | 22個月（17-23.5個月） |
| 童年早期 | |
| 　木星對分相 | 6年 |

| | 大約年齡 | 任務 | 失敗的結果 | 成功的結果 |
|---|---|---|---|---|
| 1 | 嬰兒，從出生到十八個月大 | 信任 | 不信任 | 希望 |
| 2 | 剛學走路的小孩，從十八個月大到三歲 | 自主 | 懷疑 | 意志力 |
| 3 | 學前階段，三至六歲 | 自發性 | 罪惡感 | 目的 |
| 4 | 童年，六到十二歲 | 勤勉 | 自卑 | 競爭力 |
| 5 | 青春期，十二到十九歲 | 自我認同 | 角色混淆 | 忠誠 |
| 6 | 青壯年，十九到四十歲 | 親密感 | 孤立 | 愛 |
| 7 | 中年人，四十到六十五歲 | 傳承 | 停滯不前 | 關懷 |
| 8 | 長者，六十五歲到死亡 | 自我完成 | 絕望 | 智慧 |

　我們可以把這八個階段，以月相中的八個階段的角度去思考。

111 舉例說，貝蒂‧卡特（Betty Carter）和莫妮卡‧麥戈德里克（Monica McGoldrick）在The Changing Family Life Cycle一書中詳盡地紀錄了家庭在其生命循環中的事件。

| 二推月亮的上弦四分相 | 7年 |
|---|---|
| 土星的上弦四分相 | 7.5年 |
| 潛伏期 | |
| 月交點對分相 | 9年 |

　　**童年中期**可以被界定為七歲半到九歲，或是土星上弦四分相和月交點對分相之間的時間；**童年晚期**可被視為是九歲到十二歲，也就是從月交點對分相到木星回歸之間的時間。留意周歲前四顆內行星回歸所帶來的強大影響。

| 第二次木星循環 | 青春期：十二到廿四歲 |
|---|---|
| 青春期早期 | |
| 　第一次木星回歸 | 12年 |
| 　二推月亮對分相 | 14年 |
| 　天王星上弦六分相 | 14年 |
| 青春期中期 | |
| 　第一次土星對分相 | 15年 |
| 　第二次木星對分相 | 18年 |
| 　第一次月亮交點回歸 | 19年 |
| 青春期晚期 | |
| 　二推月亮的下弦四分相 | 20.5年 |
| 　海王星半四分相 | 20.5年 |
| 　天王星四分相 | 21年 |
| 　土星回歸下弦四分相 | 22年 |

　　雖然我們一般傾向把經歷青春期的人和「青少年」劃上等號，但是世界衛生組織和許多心理學學者都以此木星循環的年齡定義青春期。在這時期中，腦部仍然持續的發展與成長，留意廿一歲

左右密集發生的行星循環相位，在很多文化中，這個年齡被視為
「成年」。

| 第三次木星循環 | 青壯年：廿四到卅六歲 |
|---|---|
| **青壯年：土星回歸前** | |
| 第二次木星回歸 | 24年 |
| 二推月亮回歸 | 27.3年 |
| 第二次月亮交點對分相 | 28年 |
| 海王星上弦六分相 | 28年 |
| 天王星上弦三分相 | 28年 |
| **青壯年：土星回歸後** | |
| 第一次土星回歸 | 29.5年 |
| 二推月亮月相回歸<br>（Progressed Lunation<br>Phase Return） | 29.5年 |
| 第三次木星對分相 | 30年 |
| 二推月亮四分相 | 34年 |

成年生活會在此階段之後延續，然而，我用「**青壯年**」描述這
段將開始承擔責任、並踏入成人經驗的重要時間。這階段的中間點
是土星回歸，它是生命循環中此階段生動的象徵和隱喻，它將個人
推向自主與自我管理、覺悟、可靠和具有責任感的主題中。

| 第四次木星循環 | 中年危機：卅六到四十八歲 |
|---|---|
| **第一階段：即將邁入四十歲** | |
| 第三次木星回歸 | 36年 |
| 第二次土星四分相 | 37年 |
| 第二次月亮交點回歸 | 37年 |

| 冥王星上弦四分相 | 36-40年<br>（注意：只限冥王星在處女座與天秤座出生的世代，其他世代出生的人不會這麼早經歷這相位） |
|---|---|
| **第二階段：踏入四十歲後，人生觀點的改變** | |
| 天王星對分相 | 39-42年 |
| 第二次二推月亮對分相 | 41年 |
| 海王星上弦四分相 | 41年 |
| 第四次木星對分相 | 42年 |
| **第三階段：四十五歲左右** | |
| 第二次土星對分相 | 45年 |

**中年危機**包括了第四次的木星循環，也是所有外行星在它們的循環中皆已產生過困難相位的階段：天王星在其對分相，海王星則在其上弦四分相位置。每個世代都會以不同方式去經歷此過渡期，例如冥王星在處女座和天秤座的世代，會在生命循環中的這個階段遇到冥王星循環的四分相，但他們的祖父母則是其他情況。某些世代會比其他世代更早體驗到天王星四分相，因此天王星對分相和冥王星四分相的時序會有所不同。

| **第五次木星循環** | **中年：四十八到六十歲** |
|---|---|
| **邁入五十歲：凱龍星回歸** | |
| 第四次木星回歸 | 48年（通常47年） |
| 凱龍星回歸 | 50年 |
| 第二次土星下弦四分相 | 51-52年 |
| 第五次木星對分相 | 53年 |
| **五十五歲左右：反思** | |
| 第二次二推月亮回歸 | 55年 |

| 天王星下弦三分相 | 55年 |
|---|---|
| 第三次月亮交點回歸 | 56年 |
| 海王星下弦三分相 | 56年 |
| **土星回歸** | |
| 第二次土星回歸 | 59年 |

第五次木星循環包含了五十歲到五十九歲的十年，這從凱龍星回歸展開，並在木星和土星回歸時結束，注意這十年期間的回歸次數。在某些世代中，冥王星會在這時候與本命冥王星形成三分相，但對於冥王星在處女座時出生的世代來說，這相位會較早發生。

| **第六次木星循環** | **長輩期：六十到七十二歲** |
|---|---|
| 第五次木星回歸 | 60年（一般是59年） |
| 天王星下弦四分相 | 61-63年 |
| 第三次土星上弦四分相 | 66年 |
| 第六次木星對分相 | 66年 |
| 第三次二推月亮對分相 | 69年 |

注意在這次木星循環中，土星和木星回歸剛好一起在接近六十歲之前發生（也就是土星循環的29.5年的第2次循環共為59年；木星循環的11.88年的第五次循環共為59年），木星／土星的合相循環為期二十年，而在六十歲的時候，兩顆行星會同時回到其本命盤位置。二十年被稱為一「分」，做為紀錄生命的得分方式。六十歲時，我們已經歷了三個得分年，而生命中的成就和經歷也會轉化為智慧，也就是這個木星循環中更偉大的任務。

| **第七次木星循環** | **老年：七十二到八十四歲** |
|---|---|
| 第六次木星回歸 | 72年（一般是71年） |

| 第四次月亮交點回歸 | 74年 |
| 第三次土星下弦四分相 | 81年 |
| 第三次二推月亮回歸 | 82年 |
| 第七次木星回歸 | 83年 |
| 天王星回歸 | 84年 |

　　回首來時路和沉潛思考自己的人生是這階段的關鍵，這是生命中消散月相的階段，生命中的成就和失望都被內化，並成就曾經活出和完成一段真實的人生的完整感。

　　思考這七層生命循環的另一種方法是，其中四層是生命循環的階段，而在每個生命階段之間，各有一個過渡性階段或時間，總數為三段。可以被視為四層生命循環的階段包括：童年、青壯年、中年和老年，而過渡性階段則是童年和青壯年之間的青春期、青壯年和中年之間的中年危機、以及中年和老年之間的長輩期。

　　雖然我們不可能以更加固定或穩定的方法去定義家庭生命階段，階段與階段之間的年代的確代表了改變；正是在此過渡性階段中，人的生命會變得更不確定或更動盪，也更有可能重覆家庭模式。

| 生命循環階段 | 過渡期階段 | 生命循環階段 |
| --- | --- | --- |
| 童年 | 青春期 | 青壯年 |
| 青壯年 | 中年危機 | 中年 |
| 中年 | 長輩期 | 老年 |

　　在家庭的背景中，我們對於自己和家庭內各世代的成員可能會如何體驗和重新經歷相似的行星循環感到興趣，我們也需要注意有哪些循環不斷重覆，以及其他家庭成員如你一樣正在經歷相同的行星循環的重要階段。

# 成年的人際關係：行運、推運和不斷進化的家庭關係

與其他組織不同的是，家庭只能透過出生、領養或婚姻而獲得新成員，而成員也只能透過死亡離開[112]。

—— 貝蒂·卡特和莫妮卡·麥戈德里克

（Betty Carter and Monica McGoldrick）

即使死亡也無法保證我們能夠離開家庭體系，雖然我們可能跟家庭失去聯繫或不曾察覺到它，我們與這體系的關係會永遠持續。例如，我們的兄弟姊妹這一輩子都會是我們的手足與家庭的一部分，對許多手足來說，離家代表着慢慢離開手足關係的熟悉環境、開始邁向世界的過程，即使彼此繼續聯絡，手足之間的日常牽繫也會減少。成年後手足之間通常在周年紀念日、生日或例行假日的聚會上定期見面，這種通常是家庭內的接觸，將我們用力的拉回到過去，而與其說我們正與現在的手足碰面，不如說我們面對的是過去的他們。因隔閡所產生的緊張感會因為回到過去的狀態而得到抒解，我們本能地會回原本建立人際關係的模式中，找到我們的舊壁龕並取回能讓我們感到舒適的角色。我們分享的是回憶而不是目前的生活，我們感慨而不是感受。

共享過往曾經存在過的方式，阻礙了我們與成年後的手足彼此之間的關係建立，我們反而會繼續為了曾經擁有的舒適感而犧牲新關係；成年後的人際關係也可能會因為手足的伴侶、他們的家庭或

---

[112] 貝蒂·卡特和莫妮卡·麥戈德里克（Betty Carter and Monica McGoldrick）在 *The Changing Family Life Cycle* 一書中 Overview: the Changing Family Life Cycle — a Framework for Family Therapy 一節, 5.

生活方式而變得複雜，最重要的忠誠已經從家庭中轉移，迫使我們重新看待手足關係。為了確立健康的成年人際關係，我們也需要接受手足們重要的另一半。

《原生的血緣關係》（Original Kin）作者瑪里昂‧桑德邁爾（Marion Sandmaier）探討「尋找成年手足之間的連結」，事實上這正是此書的副題，讓人想起雙子座尋找另一半／手足的主題。她寫下了自己與疏遠的兄弟間重歸舊好的和解旅程，在其中一個讓人傷感的時刻中，她描寫了手足間獨一無二的連結，他們當時剛分享了一個有趣的故事，然後她觀察兄弟的反應，她這樣說：「我往後靠並觀察我那個像十歲男生一樣高興得顫抖的兄弟，而我當時明白，我的兄弟和我都屬於彼此，而這是在宇宙中將不會、也無法再有任何人可以讓我們有此感受，而這也讓我們繼續努力分享彼此生命一事變得有價值，而在那一刻，我似乎極需把自己這個感受告訴他[113]。」

當離開了家庭環境後，成年人需要努力尋求手足間的成熟關係，恢復「宇宙間無人能及的手足連結」的思維，這往往是中年與之後自我整合的一部分，雖然這可以以表面上與手足們和好的方式呈現，最重要的卻是我們內在跟手足原型重新連繫的旅程。成年後的手足，可能仍然會透過持續的敵對競爭，繼續將兄弟和姊妹視為童年時相同角色，並避免形成新的關係。但事實上，我們逃避的卻是早期家庭經驗如何將我們束縛於同一命運的認知。手足關係不像會離我們而去的父母或之後走入我們人生的小孩，他們會跟著我們

---

113　瑪里昂‧桑德邁爾（Marion Sandmaier）：《原生的血緣關係：尋找成年後手足之間的連繫》（*Original Kin: the Search for Connection among Adult Sisters and Brothers*），Dutton（New York: 1994）.

一輩子，以此看來，手足關係是獨一無二的，因為它可能是唯一會經歷我們一生的家庭關係：唯一可能從童年一直到成年、終生陪伴我們的同伴正是手足，。

家庭連繫所共享的過去，正是使手足連結如此獨一無二的理由，手足是家庭劇中的共同參與者、我們早年生活的見證人，並且守護長久被遺忘的回憶。有時我們會希望將回復的記憶遺忘，當與手足的共同生活太過痛苦，那麼成年後的隔閡防護，將使原有的傷口產生二度傷害。手足記得我們過去的樣貌，那些回憶極為清晰，就像羅拉·馬科維茨（Laura Markowitz）所說：

手足是我們現有僅剩的過去，他們減緩我們過去歷史的流失，幾乎從最初始那些我們最深層、最古老的記憶，但這些記憶有著駭人的力量：每一次我們看到手足，他們有如拿著鏡子立在我們面前，迫使我們看著自己的形象。而這形象可以是讓人感到安心或是使人崩潰的，它可能挑起自我接納與尊嚴，也可能引起羞恥心和屈辱[114]。

星盤的星體移動無法顯示成年後的手足關係將如何發展——這決定權存在於個人手中——但它們的確暗示了手足的原型將於何時被突顯。在我們生命的過程中，手足關係的影響會透過成年後其他人際關係被演繹，而不只是手足關係本身的反映。手足世界是一個原型的世界，不單極欲在未來中被表達，它也植根於我們與祖先們的過去之中。行運和推運都是強勁的主題，它們反映了我們與家庭的生者與死者之間不斷進化的關係；行運的影響牽連甚廣，因為家

---

114 羅拉·馬科維茨 （Laura Markowitz）：*Family Therapy Networker* 18, no. 1 （January/February 1994），69.

庭成員星盤中的某個重要行運，都將會影響包括手足在內的其他成員。現在我們會探討某些推運和行運，它們能夠與家庭關係演化及理解同步[115]。

## 二次推運月亮：我們的情緒記錄

二次推運的月亮是追溯個人情緒發展和進化最適合的占星工具，二推月亮的移動紀錄了我們的情緒反應、家庭氛圍的影響、以及發生於家庭體系中的環境改變。在早期生命中月亮並不具有個人特質，而是包含著母親與家庭，因此它會自由地於融入生活感受，透過「神祕參與」，孩子感受、察覺和紀錄了家庭中成員的情緒和感受。月亮顯示並紀錄了回應的感受和情緒反應，而成為我們生活感受的記錄。因此，二推月亮代表了所有我們嚐過、觸摸過、渴望過、嗅過和感受過的一切記錄。回憶多半是潛意識的，以影像、符號、感受及本能的方式儲存於靈魂中或是烙印在身體內。體內的月亮記憶可能會儲存於腎上腺或嗅腺、肌肉緊張或是過敏症與疾病中。這些原始的月亮式回應，可能會透過我們的飲食習慣、情緒、體形以及在成年後的人際關係中不斷重覆的情緒模式，使我們察覺。月亮是習慣性的，透過其星盤中穩定的推運，使我們能夠意識到情緒反應之下所存在的感受生命。

一段正常的生命歷程中，推運月亮會環繞星盤三次，象徵了青

---

115 當提及推運時，我將只單獨意指二次推運，這推運使用「一天＝一年」的算式，這是我常用的推運／正向推運系統，因為它能夠保持完整的行星速率和正向推運，詳見本人著作《二次推運》（Secondary Progressions），Astro*Synthesis www.astrosynthesis.com.au （Melbourne: 1992）.

年、成年和老年這三個截然不同的發展階段，平均越過一個宮位的時間是兩年四個月，這是情感生活專注於特定領域的時段。這三個階段同時呼應當代家庭中的孩子、父母、祖父母所組成的生命循環，古代人則認為是呼應少女或孩子、母親或新娘、以及老嫗或寡婦的角色。家庭中的這三個世代持續地組成了推運月亮的循環，因此，推運月亮的移動也可以描述家庭中的環境轉變，這可能是原生家庭、自己選擇的家庭或者兩者都有可能同時相關，特別是母親與孩子。整體來說，二推月亮往往象徵著小孩或母親的情緒氛圍，月亮的光芒反映了生活感受、本能、習慣、情緒模式和動機，以及其推運月亮所經過的宮位中情緒上的安全感與防衛層次。

以手足關係的角度來看，當推運月亮經過關係宮位，尤其是第三宮的時候，它將會與手足關係最為相關。當月亮推運經過第三宮，將觸動手足原型；在第一次的循環中，與手足有關的重要情緒內容會被紀錄——同輩之愛或關心的感受認知、與他人分享、熟悉感受的雙向性或是友誼的舒適。同樣地，負面黑暗的感受也會被紀錄，例如激烈敵對、殘忍行為、背叛或是關係中的不安全感、以及友誼的不信任。在第三宮的推運月亮可以使其失蹤手足的傳說露出曙光，第三宮是第一個關於意識的領域，而當月亮推行經於此，將察覺到深層的情緒或生命感受。某個情緒性的事件，例如出生、分離、成年或是手足的成年禮，可能會被第一次經過第三宮的推運月亮所紀錄；當月亮推運經過第三宮，我們會初次意識到對手足的感受，以及他們對我們將來人際關係的影響。第三宮的行星和它們所暗示的模式，將在推運月亮行經過時被觸發，本命中的的手足關係模式將被有意識的感受和紀錄。

當推運月亮在其成年的循環中第二次經過第三宮的時候，重點

會回到與手足之間的原始關係上。我清楚記得曾經企圖向客戶闡明推運月亮進入第三宮的主題，當時推運月亮剛進入她星盤中的這個領域，當我提及手足關係時，她驚呼：「我上個月才剛收到兄弟的消息，他下星期會來探望我。」對很多人來說，這可能並不是特別的事件，但對於這個與兄弟疏遠超過廿年的女人來說，這是相當重要的，這是個試圖和解的會面。當推運月亮「觸及」第三宮首時，我永遠會有種鈴聲響起（在此個案中，真的是指電話響聲）的印象。當月亮第二次經過第三宮時，可能會讓未完成的手足主題再度浮現，身為成人，我們在一個更清晰、有時甚至會以更客觀的方式去檢視早期的人際關係。當二推月亮在星盤中前進時，它也會做為讓事情緩和的媒介，突破了心理情結以及防衛此領域的對立。當推運月亮行經三宮時，它可能喚起早期手足關係的記憶，讓夢境做為信使，進入意識領域的心理傾向是關鍵重要的，因為手足可能會在夢境中出現，提醒我們未被挖掘的陰影素材。這是月亮的記憶，這個成年生活的階段會讓我們更加認識我們的手足動態，我們會本能地發現被吸引，而與手足重新連結，並嘗試滋養早期的人際關係。

在這成年生命的階段中，當月亮推運經過第三宮時，我們可能被吸引去檢視自己的手足關係、以及它對我們當下人際關係的影響，如今我們已經準備好與手足一起邁入成年後的人際關係；如果此種手足關係無法成形，我們可能需要理解並且釋放，並為這個失去進行哀悼。在第二次行經的過程中，我們會回想起我們是否在手足關係中感到舒適或感到歸屬感。我們在情緒上可以更寬容的看待是否能以個人和獨立的方式與手足產生連繫。當推運月亮行經過第三宮，我們能夠更清楚辨別手足的獨立性，而不是只把他們視為團

體中的成員，或是把他們僵化在童年時所扮演的角色之中。

月亮是我們的情緒測量計，也是如何最有效發洩感受的顯示器。當推運月亮進入第三宮，在它第三次循環的最後階段中，我們能夠在手足關係中找到和平及和解。在這階段中，我們最有可能因著家庭生命循環中某個重要過渡而被牽在一起：例如父母之一或其他家庭成員的死亡、孫子的出生、兒女、孫兒或家族中某成員的成年禮。這推運也會彰顯我們看待伴侶與朋友（生命中代替手足的人）關係的感受，月亮的記憶會提醒人生中許多與手足相關的事情，當它第三次進入這一個宮位，它會有意識的開始處理我們在社會中的歸屬感以及它可否應用於我們的手足關係中，當它在此階段中通過第三宮並到達天底，意識會轉向「生命的完結」，為往後的生命提供居所和安全感，而這可能會包括或不包括手足在內。

雖然當推運月亮經過第七宮或第十一宮時，不一定直接與手足關係有關，但是當這些領域使我們與早期的手足關係重新連結時，這個領域依然經常被突顯。在第一次循環期間，我們會對建立關係做出短暫嘗試，而這都會被我們的手足見證和分享，而此時的連結也可能會較易被看見。推運月亮經過第七宮會專注於成年後的人際關係，而經過第十一宮的推運，則會專注於包括朋友與同事的社交圈中。手足的陰影已經準備好在這些情境中被演繹出來，不管方式是經由伴侶三角關係中的第三者、或是職業生涯中的敵人體現。當推運月亮在其第二次循環中越過下降點時，我們成年後的人際關係和手足之間的連繫會相當明顯。在這裡，靈魂對於人際關係的主題會相當敏感，並開始認清我們成年後的人際關係中的模式。我經常看到身為他人手足的人會在此時變得重要，並代表一段關係中原始的舒適感。通過第七宮的月亮會反映出個人生命中的

人際關係模式，並往往將手足關係中未完成的面向帶到目前的關係中。

同樣地，當推運月亮經過水象宮位時，情緒上的專注點會落在家庭關係上。當推運月亮經過第四宮，家庭的基石會被挖出並顛覆，當推運月亮在其第一次循環中經過第四宮，將體驗到許多家庭劇本和模式、以及深切感受並做出反應，與母親的關係以及母親本人都會被突顯。而在此階段期間，對母親的敏感度會提高，而她的情緒和情感的轉變也會影響到我們的安全感。

當推運月亮在其第二次循環時經過第四宮，許多童年回憶都會被喚起，歷歷在目，這往往也是家庭的過往面對當下的現實，使我們更清楚地看見家庭遺贈以及它影響我們成年後人際關係的階段。有一個擁有冥王星和天王星在第四宮並對分在第十宮的土星和凱龍星星的客戶，在其推運月亮剛越過天底進入第四宮時前來尋求諮商，他想探討一下為什麼會感到焦慮。在諮商中，我問約翰在廿七至廿八年前，也就是當推運月亮第一次經過他的第四宮時發生過什麼事，這個問題使他感到頗為震驚的回答說：「我母親死了。」

我們探討了她的死亡、他的失去和悲傷，但約翰的理智使他無法將當下的焦慮連結至自己孩童時所經歷的失落。然而，靈魂對時機的掌握永遠是無懈可擊的，所以我繼續聆聽當中有沒有任何家庭時間的提示，我詢問他的事業和家庭生活，繼續將焦點集中在第四宮和第十宮。而他最近也發生了兩件重要事件：某個親密的女同事，在他倆五年的緊密關係後，離開了他的職場，而他寵愛了五年的小狗也被車撞倒，並需要安樂死。

　　同事在五年後離職與他的小狗五年後死亡這兩件事同時發生，並與他五歲時失去母親一事互相呼應，而這個失去也一直仔細封存在靈魂的地窖中。通過第四宮的推運月亮幫助他回憶，而在此成年循環的階段中，回憶也喚起失去，而他現在能夠更圓滿予以哀悼。約翰在孩童時代的第一個循環中，因為過於痛苦所埋葬的生命感受，在推運月亮進入他第四宮時便已開始鬆動；推運月亮當時位於處女座，因此這種失去和悲傷的感受，因為失去寵物而被釋放。這正是悲傷的累積性本質：當我們感到悲傷時，它提醒了我們生命中其他的悲痛。

　　當推運月亮在其第三次循環中經過第四宮時，我們已經參與年少時的家庭以及自己選擇的家庭，我們搜集自己的家庭經驗的線索，用來重建和塑造生命中下一階段的情感基礎。每一次推運月亮經過第四宮的時候，家庭生活的結構都會透過成員的加入或離開而被重新塑造，這推運往往會與家庭重要的事件同步發生，而這些事件往往成為家族史的試金石和里程碑。推運月亮在其多次循環中每一次經過第八宮和第十二宮時，都會使人意識到家庭的人際關係、遺贈和模式。

## 內行星的推運

　　其他內行星的二次推運也可能訴說持續演化的家庭和手足關係，推運太陽往往在弟妹出生時變得活躍，因為手足的到來是意識上的震撼，這可能是因為即將成為兄姊而首次感到分離感。這種透過手足或手足主題的幫助而得的覺知，也可以由成年後的推運太陽反映。推運太陽是意識生活發展的象徵符號、自我的成長意識以

及在人世間的自我認同，當太陽推運前進的時候，我們要擴大自己的忍耐程度以及對於適應並包容他人差異的認知。當手足出生時，我們需要更加忍耐，並開始進入自己的個體意識，這發展中的個性和差異性會持續在手足體系中被測試，就像它在我們其他關係中一樣。我把推運太陽視為我們與他人的關係中不斷成長的自我意識，這些關係包含手足、伴侶和朋友。

太陽的推運同時也象徵持續發展中的精神性父親形象。對於孩子來說，它明顯指示我們與父親之間的關係，以及他的存在如何影響我們的自我認同。它同時也與我們那成長中、更能以自己為中心的能力，並且發展強大的自我包容性同步。這讓我們穿過自戀的階段，並更加意識到要容忍他人的不同。推運太陽創造了包容他人的陰影和不同面向的能力，並與人際關係中的重要轉捩點同步。

推運太陽與其他內行星形成的相位可能指出手足主題，我發現在辨識手足議題或主題方面，推運太陽與水星、金星和火星的相位是最重要的。推運太陽和本命火星的相位可能會觸發敵對、競賽、環境中的侵略者、攻擊的感覺以及獨立感和分離感。在這推運之下，我們可能會更加注意到自己的個性以及如何表達這種獨立性和能量，這可能與某種手足經驗有著緊密的關係，而且這個手足是此種個性意識原本的催化劑。

推運太陽和金星的相位指出人們逐漸意識到自尊、價值觀、個人品味以及舒適──建立關係、平等感受和對別人具有吸引力。對於自己的身體形象、感性、創造力和性愛的強調可能會曝光，這些都是早期手足關係的元素，它們現在都可能會被察覺。如果金星位於比太陽更後面的黃道經度上，我們在生命的前半期會經歷推運太

陽與金星的合相（最大的年紀約為四十八歲），這重要的行運預告
了更深層的人際關係，並招喚出與父母之間的關係或手足關係的原
始層面。在當代占星學中，這比較像是內在婚姻的主題，一個珍
視自我或所愛之人的意識。然而，這種「婚姻」可能也會喚起父母
婚姻的形象或是兄妹／姊弟婚的原型，喚醒家庭早期愛和性的主
題。這是一種結盟的形象，但我在推運太陽跟金星的相位中往往會
見到姊妹跟任何性別的手足和解，最後，這將會是我們內在的姊妹
和女性人物的意識。

推運太陽和水星的相位最直接道出手足模式，而占星學上這兩
個行星的結合也許提及對於手足關係中的釐清、理解及和解的必
要性，它也可能同時標示了在這體系中分離並要求平等的有意需
求。同樣地，如果水星在黃道推運路徑上位於太陽之前，太陽會
推運前進，並在生命中最初廿八年之內跟水星發生合相。關於手
足，這推運暗示了慢慢意識到這關係的動力，以及它如何影響到我
們的自我表達與現存的伴侶的有效溝通。

推運水星是不斷進化的手足關係的象徵，它變換星座時會賦予
手足關係更大的寬容和視野，而它跟其他行星的相位可能會帶來對
於關係動態更深的理解。

當本命盤水星逆行時，它較執著地專注於特定領域，當個人有
水星逆行，那麼他與手足在家庭的成長階段裡，推運水星會專注於
特定的黃道領域，這象徵手足關係的緊張。水星逆行也許象徵更深
層、更複雜的手足關係，推運水星的方向改變，指示手足關係中
的明顯轉變，因此也相當重要。當它轉向順行時，此推運可能指示
關係緊張的抒解而更能專注於手足議題。當水星從逆行轉移到順

行，我們可能會在自己的手足體系中感到更大的自由、更有能力接受手足關係的複雜性。與推運水星形成相位的行星，象徵著手足動態或主題已經準備好以不同的觀點呈現。

推運金星或火星可能與姊妹或兄弟之間不斷進化的關係有關，當這兩顆行星在星盤中推運並與其他行星形成相位、以及當它們改變方向時，對於這兩種關係都相當重要。金星和火星的推運往往與成年後人際關係的產生和維繫同步，因此也往往暗藏手足的暗流。由於真實的姊妹或兄弟往往會體現這些原型，因此推運可能與手足生命中的重要轉捩點同時發生。

## 外行星行運的影響

在我們成年生活中，當家庭和手足議題及動態受到關注、以及當關係比較適合進行和解或分離的時機，行運是一種有用的指示器。最重要的展露時機，將是外行星與太陽、月亮此兩發光體以及內行星或是星盤中的四個軸點發生行運相位的時候。

由於階級的主題在行運行星的影響下被重塑，當它們與太陽和月亮以及天頂／天底形成的行運相位暗示著與父母的關係和家庭的發展變化。當太陽、月亮或子午線發生行運相位時，家庭體系、包含手足體系皆會受到影響，這些事件可能是整體性、家庭或是世代性的。當水星、金星、火星或上升／下降軸線形成行運相位，手足關係會被突顯，因為這些主題比較呼應水平的或平等的人際關係。

成年生活中的天王星循環象徵了被放棄的事物，天王星的行運

可以使人重新意識到生命中受傷害的部分——分離、未被活出的面向、不曾走過的人生道路。當天王星的行運影響我們的生命時，我們會再次與被遺棄、割捨或解體的事物相遇。而天王星所粉碎的是一種固定、穩定性（這是用來讓自己意識不到這些自我面向的方式），當提及家庭關係時，天王星的行運可能會賦予我們機會與之重新連結及和解，或相反地將共生的連繫切斷。

海王星解開了使我們無視自我更大潛能的束縛，這行星的循環跟我們生命中不確定、迷惑或失去方向的時刻同步，失落的事物會透過願景、幻想和夢境呈現出來。在成人的環境中，海王星的行運有助於建立精神性的觀點，因為自我被迫面對可以實現與無法實現之間的差異。雖然所有外行星都與打破自我防衛及鼓勵建立真實自我有關，然而海王星的本質是比較模稜兩可並充滿幻覺的，時間、優先順序、自我認同和確定的界線都會被細微的移轉並重新安排，直到自我感覺迷失。此時，犧牲是需要的，好讓個人能夠有能力開始向前邁進。對於糾纏不清和一直無法解開共生連結的家庭來說，這行運有助於消融關係的網絡。這個行運也可能使人更渴望與父母和失去、犧牲或不在場的手足之間建立連結，使個人更真實的期待與家庭成員之間的可能性。

冥王星使我們更真實的與地府的自我相遇，在成人的背景中，冥王星的行運揭示了尚未解決的失落，激起我們的悲傷。洩漏、揭露和回想都是冥王星的同義詞，往事將重現好讓我們有機會放手，而鬼魂也需要被好好埋葬好讓生命能夠重生。在手足的環境中，如今有必要性去哀悼這些失去、面對祕密並努力得到一個更真實、親密的連結。我們可能已經準備好去處理那些讓我們被迫受制於父母或手足的議題，並放開那些不曾向早期同伴表達感受所留下

的後遺症。

在家庭的背景下，行運外行星與月亮形成的相位重建我們與家庭之間的關係結構，特別是改變了我們與母親的關係模式，以及得自她的遺傳。當行運冥王星與月亮形成相位，我們所守護的與母親有關的回憶和形象會受到挑戰及轉化，冥王星與真相產生衝突，因此某些事情會被揭示、某些祕密會被揭露或是某些事情會被想起，讓我們與母親的關係變得更為真實。這行運暗示著釋放，無論是關係的轉型、更為獨立自主、分離或是往事得到原諒或是放手；最終，內在的母親形象、外在與母親的關係以及母親本人都會經歷一個轉化的過渡期，並對整個家庭產生影響，家庭的過往會被揭露並加以改革。

行運海王星與月亮的相位暗示家庭中可能有某些細微的轉移正在發生，尤其在個人與母親及祖母之間的關係。雖然可能存在普遍的困惑感、感受變得混亂或欲望被壓抑，但是家庭可能正在發生更大的轉變，並改變情緒的模式以及家庭角色。此時，我們可以預期某些人的加入和離開家庭將攪亂家庭情緒上的同盟感，我們對家庭的期望和失望會受到挑戰，但同時新的夢想與理想將成為焦點，母系的連結會轉移，曝露出其脆弱與依賴性，並邁向家庭生活的新階段。

天王星與月亮無法舒適地的結合，因此它的行運可能為家庭帶來震撼，或突然使它們意識到某些事物，並重組其結構。這些行運強調了體系的僵固並改變其動力，往往某些過去切割的事物將意外地重現，並搖憾故步自封的家庭。這些行運也暗示了分離，而這對於成年及獨立來說是自然的事，但也可能象徵了某些莫名發生及意

料之外的事件。然而，仔細思考，不曾期待過的事物其實往往是家庭試圖壓抑的事物；在這些行運下，我們與母親的關係可能改變，好讓父母及孩子都能夠在活出自己以及在彼此關係之中更加自由。

當行運外行星與太陽形成相位，父親主題和父性會被突顯，當冥王星與太陽產生關係時，光與暗、生與死的兩極性將成為焦點，這可以透過各種方式呈現。兩個原型都一樣不輕鬆，但當它們結合時，將建立一種深層的忠誠和穩定性。然而，這種蛻變既充滿挑戰也具有揭露性，因此這行運可能如表面所示，暗示父親的靈魂歷經暗夜或是在誠實和責任方面受到挑戰。在此行運下，個人可能需要面對與父親的關係，質疑其影響與遺贈，並且觸發人們去哀悼父親不曾給予的事物或是所失去的完美關係。失去和喪親之痛明顯表現在關係中，但在靈魂層面上，自我被強化並變得更有彈性。

海王星也是太陽的對立，當太陽渴望照耀時，海王星把光線擴散，因此在這行運下，曾經被認為的真相以及執著的真理會逐步解體；但是遺留下來的事物對於自我來說則是更為真實與真誠。因此，在此行運下，父親的權威和價值觀會受到質疑，他對孩子所抱持的期許會被妥協；此時，與其嘗試去滿足父親沒有活出的生命或是尋求其認可，如今更重要的是追尋自我真切的目標與精神上的身份認同。在這行運下，可能察覺父親的創造力及精神性的遺產。在表面上的意義，父親可能會經歷自己的轉化，這可能包含某些脆弱或弱點、面對疾病或失去，讓孩子更察覺到父親敏感的一面。理想化可能是為了防止失落感，在此行運下，人們將察覺到失落感，而打破某些與父親有關的幻覺魔咒。

行運天王星與太陽的相位會改變我們對父親的認知以及我們與他之間的關係，做為中心的象徵，這可能暗示徹底顛覆了「我們是誰」的本質並加以重塑，也許進步的機會或是突然的行動燃起了新的可能性。權力平衡會被重新安排，而靈魂中的父親權力可能更傾向於真正的自我認同。天王星往往顯示分離，而這可能暗示了表面上或是某程度上的情感分離。無論是指真正的或心理上的父親，這行運使個人更為獨立，藉以支撐個人尋求自由、冒險或前往未知旅途的渴望，而若是想要加以實現，往往會遇到來自權威中心的挑戰，因此可能產生與父親有關的主題。

行運外行星與水星的相位，可能顯示手足動態的移轉，水星象徵了我們在體系中如何協調出自己的立足點、找到自己的適當位置、以及在更大的團體中找到自己獨一無二的表達。水星做為嚮導、旅行的守護者以及引靈人的角色全都相當重要。在水星的行運中，手足可能會引導我們到達另一層的領悟，該行運不一定永遠呈現在扮演嚮導或旅伴角色的真實手足身上，有時可能是類似的替代者身上。行運冥王星與水星的相位將地府之神帶入手足體系中，曝露了關係的真相，可能手足需要揭發某個祕密，關係才可以得到療癒，手足的死亡或所面臨的死亡威脅將成為一種議題。水星是冥王領域的嚮導，在此行運下，手足將是過去某個未知面向的嚮導、揭露的媒介或是揭發自我黑暗面的丑角，在我們成年後這可能會帶來關係的激化以及對手足之間誠實和忠誠的需求。然而，某些怨恨以及對於手足的強烈情緒可能必須先淨化，如果我們無法做到，那麼我們必須面對放開這層關係的恐懼。

行運海王星與水星的相位讓我們面對手足關係所抱持的理想，也是我們為了避免在關係中感到失望而擁抱的幻象，我們所認

識的動態可能會慢慢解體,連結將慢慢鬆開,然後出現潛在的新連
結。當然,這行運可能與出現在夢境、記憶、幻覺的內在手足形
象同步,讓我們與失去的手足重新產生連結。個人可能會感到迷
失、沒有方向以及無法使用舊有的地圖和理論在人生的旅程中航
行,然而,受到手足的啟發而生的人事物,也許正是在內心引導個
人穿越此轉型之境的嚮導。

天王星與水星的相位象徵與手足的分離,這可能是察覺到手
足或伴侶進入或離開我們的生活空間;如果是「融入危機」,這
可能會伴隨著窒息感、缺乏空間和感覺被侵犯,如果是「解體危
機」,這種分離可能會帶來遺棄,並伴隨惶恐、焦慮或釋放的感
覺,手足意識會被提高。在我們成年後,天王星會與切割的事物
重新連結,因此這可能是我們與某個已經分離的手足重新產生連
結。

與金星產生的行運可能喚醒我們與內在女性形象的關係,這形
象某部分由我們與姊妹的關係塑造,但也包含母親的部分,如果我
們沒有姊妹,這行運可能喚起關係中的姊妹原型。當行運冥王星與
金星形成相位,女性可能會意識到需要處理自己對於「姊妹」的
負面情緒,而那「姊妹」現在正以競爭對手、同事或同伴體現。
這行運使人們對抗較負面情感面向,此面向由像姊妹的人物或姊
妹本人所承載。對男性來說,強大的愛神力量會被喚醒,並可能
面對「兄弟／姊妹」戀的禁忌,他可能會察覺到某股危險的力量迫
使他面對自己的情感;最終,他的欲望會引領他在關係中面對親密
感、平等和公平的主題。成年後,這行運將使他對於內在女性形象
的黑暗面(由某個邪惡姊妹所代表)更為釋懷。

海王與金星的相位吸引我們去意識到女性的創造力量及姊妹原型，我們可能覺得需要放棄個人關係去尋找我們一直追求的創造力或精神結合。身為成人，這行運可能暗示了我們能夠在關係中溝通協調而爭取更多的平等，並且打破姊妹始終所扮演的糾纏不清或受害人角色；我們可能會不禁將姊妹原型視為女創造者和靈感女神。這是一段「充滿情感」的行運，使我們渴望另一半，而這個主題經常透過手足原型呈現。

行運天王星帶來的影響是讓我們感到震撼、震驚而產生意識。當它與金星產生行運相位，我們可能察覺到失去連結的感受而感到震驚，男女兩性都可能更具有能力走出祖先的女性議題，並透過家庭經驗而加以證實。天王星帶來完全不同的觀點：我們已經切割的姊妹關係可能會重現並有待和解，或是我們與姊妹的共生關係可能被破壞；並可能逐漸意識到女性議題上的新觀點。

同樣的，行運至火星可能說的是被引起的男性或兄弟主題，無論是表面上或是心理上；兄弟主題的範圍包括敵對競爭到忠誠、兄弟相殘到相互犧牲。對姊妹來說，神話中的兄弟是具有保護性和英雄性，但有時可能會像阿波羅一樣過於掌控，這個神話中的兄弟也可能是她們的夥伴或是配偶，與火星產生的行運都將喚醒這些主題。對女性來說，這個行運將建構內在的兄弟、平輩和伴侶形象；對男人來說，行運外行星與火星的相位將喚醒兄弟之間敵對和競爭、或是挑戰和支持的主題。身為成人，可能必須同時面對內在的敵人和夥伴，以便讓自我衝突得到一個緩衝點。這行運往往為男性帶來表面上的威脅或挑戰，並由某個兄弟型人物體現，此人演繹出個人想要的獨立欲望和衝動。

　　行運冥王星與女性的火星之間的相位可能引起想要在關係中得到平等的強烈感受，或是希望獨立冒險去主張自我的欲望與主宰自我的命運，並與自我內在強大的兄弟形象產生連結。對男人來說，這行運可能喚醒他與兄弟之間的不完整感覺，並治療那積習已久的怨恨和無力感。當行運海王星與火星形成相位，女性可能為了找尋新伴侶而犧牲她與兄弟型人物原來相處的方式，這種消除與兄弟型人物的關係可能是必須的，因為它有助於個人去展現英雄性與獨立的阿尼瑪斯（animus）形象。習慣將關係理想化的男性，他可能必須面對與兄弟有關的失望，而無論男女性別，透過這相位，與兄弟或兄弟型人物糾纏不清的複雜性，勢必將變得更為明顯清晰。天王星與火星的行運相位激發想要挑戰兄弟、脫離其控制並尋求獨立的欲望；天王星與火星的行運相位既是與男性平等共存的招喚，也是一種機會去建立獨特和自由的兄弟關係。

　　當外行星與金星或火星形成相位，其代表的兄弟或姊妹可能強烈象徵我們生命中生生不息的內在轉變。這些行運可能同時指示想要解決手足關係的渴望，手足是我們生命中錯綜複雜的部分，並影響了我們人際關係的模式。

## 行運至第三宮和第四宮

　　在一般人類壽命中，木星和土星不止一次行運進入第三宮和第四宮，行運木星的本質是將內在已經準備好察覺的特質加以擴張，如果沒有任何事物是準備好被處理的話，那麼就不會有事情發生：本身沒有內容的話，再擴張依然是空無。但是如果有進退兩難的困境正慢慢惡化，木星的傾向是將此狀況擴大，如果是在第三

宮，我會留意到任何與手足有關而未解決的事件。木星的禮物是賦予我們能力，將困境放入生命的整體藍圖中、賦予這件事意義、加強我們克服更大議題的能力。

由於木星每十二年就會回到第三宮，因此個人生命中有許多機會擴展自我對手足關係的認知；當木星行運到第三宮，獨生子可能會覺得更有能力與一個更廣大的體系建立關係，而長子可能感到自己沒有那麼受限於承擔責任的角色中。這行運也可以透過其中某個可能重回大學唸書、海外旅遊、加入某個新教會的手足體現：手足成為了我們內在轉變的催化劑。當木星經過第三宮，留意自己與手足之間的發展會是一件有趣的事，因為他們顯示了我們內在轉變的事件。

當木星越過天底進入第四宮，未來一年的焦點將在家和家庭上，這是木星現在希望擴大的範圍，每十二年木星都會回到星盤中最低的一點，並將新的意義、認知與理想帶入我們的家庭狀況中。以外在層面來說，我們可能準備好把家或家庭擴大，對於未來的潛在希望和信念支撐此成長和擴展的象徵，而這些希望和信念往往來自於某種革新。木星與第四宮行星的行運暗示著可能更加理解家庭的模式，或是累積更多關於家庭處境的了解。

在一般人的一生中，土星的行運會經過第三宮三次。就像推運月亮一樣，土星的行運會將人生分成三個階段，土星代表透過專心致志的努力和奉獻而建立的自我結構，土星的循環帶領我們更投入於世界，因此它經常暗示著離開依靠的結構，因為其目的是要確立自主性和自我控制。土星是界線的成形，所以當它經過家庭宮位的時候，未說出口的規則、傳統和來自原生家庭的規矩會受到質疑。

　　當土星經過第三宮，它的功課將專注在手足事件上，當我們成年之後，土星在第三宮的行運可能同時代表與手足建立更成熟的關係、並以成人的身份共處。此時可能必須尋找自發性的聲音、學會為自己發言並且清楚定義關係的本質。土星與責任有關，而我們現在可能會更傾向與手足做必要的溝通，使我們能承諾一段更誠實的關係。土星行運的現實可能會重新定義我們手足間的責任、重新檢視我們的角色、並重新安排和協議家務的管理。我們將更能看清楚手足關係的狀態，手足之間的關係可能是寂寞且疏離的，而想要試著打破這種藩籬、搭起溝通的橋梁；此時，我們將建立手足關係和其他人際關係的新基礎。

　　行運土星經過天底指出家庭生活的新一頁，當它進入第四宮，可能將以分歧或離開的方式呈現，例如離家或是搬家，它也可能代表受到守護的新基礎，例如以建立新家、家庭計劃或重建家庭狀況做為象徵。不論它如何呈現，經過第四宮的行運都代表了家庭生活責任的開始。在年少時，這可能意指家庭處境的改變所帶來的新責任、新角色，而在生命中較後期階段，這可能暗示為了開啟生命的新章節，對於家庭及家的相關事物所做的深思決定。因為家是我們內在安全感的外在象徵，家的改變象徵內在更深層的轉變；因為第四宮是家庭，我們可能懷疑家會產生重大的重組或改變。當行星在第四宮，它們在我們的防衛系統及家庭關係中扮演了某種角色，當土星與這些行星形成行運相位，我們對家庭傳統、規則和指令的態度會被突顯，幫助我們在這些領域中更加自立。當這些領域過於僵固或限制時，行運土星會為了個人而促使他們去重新處理。

　　行運外行星行經過第三宮或第四宮的情況，不一定會發生在我

們有生之年內，但如果它發生的話，該行運會維持一段長時間。當外行星在這些領域行運時與其他行星形成相位，將出現手足和家庭議題，天王星、海王星或冥王星在第三宮的行運將強調我們的人際關係模式，當它們在第四宮時會專注於家庭遺贈、模式和議題。如果這些行運在我們年少時發生，它們可能象徵了手足關係和家庭關係在我們成年後的人際關係上所留下的永生烙印。

外行星越過下降點也可能以尖銳的方式聚焦於手足和家庭主題，當本命盤中外行星落在第三宮時，這種情況將更為重要。當行星從第三宮移到第七宮，人際關係的更大領域將受到檢視，手足帶來的原始影響變得至關重要。越過下降點的行星可能暗示手足重新進入我們的生命、或是手足原型的陰影浮升，使我們察覺。與此相似地，當在第四宮的本命外行星往上升到達下降點，原生家庭的議題普遍會透過關係的形成過程而被帶到公開的領域，。

在我們年少時的行運天王星可能象徵我們分歧或切割的事物，但在成年後，這個行運可能將被剝奪的事物帶回，年少時也許必須分離的事物，現在不一定要分離。自我已經變得更堅強，而靈魂要求一個機會去整合失去的連結，如此一來，天王星的循環將是重新連結被切割事物的強大力量。成年後的冥王星行運可能會充滿挑戰，但它有助於治療家庭的過去。行運海王星越過下降點也可能招喚手足或家庭關係的和解。

瑪麗安的本命盤有海王星在第三宮，她經常形容自己與姊妹之間的關係是困難重重，她現在終於瞭解自己經常幫她頂罪而拯救了她，以及為了最終是她該負責的事而代她受父母的責罰。當行運海王星經過她的下降點，瑪麗安的姊妹珍妮佛回到她的生活中，珍

　　妮佛逃離一段受虐關係，無處可去而搬來與瑪麗安同住。已經成年的姊妹兩人開始在更具覺知和承諾的層面上，重新定義彼此的關係，正視彼此之間的疏離。而瑪麗安感到比以前更懂得配合姊妹，並更加察覺到自己本能地拯救手足的傾向，她們更加坦白誠實的處理爭執，也更加公開的表達自我感受。

　　家庭關係是永不休止的，它們會透過成年生活的時期和階段而被更新與重新處理。

Chapter 8
# 家庭生命發展階段與行星循環

當我們將家庭視為一個整體時，

我們可在每個人的星盤中，

看到彼此主要的轉捩點中一個值得注意的共時性頻率[116]

—— 艾琳・沙利文（Erin Sullivan）

## 家庭循環

在上一章中，我們參考了社會學家E. M.杜瓦爾（E. M. Duvall）著力於家庭發展中的交點研究，我們也提及了研究個人生命循環階段的埃里克・埃里克森，每位理論家都使用八個階段的循環，去分辨家庭及個人在生命流程中不斷改變的經驗。雖然我們可能會認為將循環分成八個階段的決定是隨機的，但做為占星師，我們已經熟悉了月亮循環的八個發展流程，太陽和月亮之間29.5日的循環，從新月到下一個新月，是每個月都可以眼見的事實，這始終被視為典型的循環。

月亮的循環是一個經典的原型性循環，它標示了從出生到死亡的每一個細微之處，它的八個階段暗示了成長、改變、成熟和死亡的無可避免。做為一個原型性循環，它的精神在於鞏固其他所有循環，而知道它的次序能幫助我們本能地辨認其他循環的慣常階段。在家庭中，當一對伴侶展開他們的關係、同居並創造自己的家庭生活、當他們的小孩或其他家庭成員成熟、離家、建立新關係及展開自己的家庭，這些都是可以預測的改變。時間的旋轉木馬會一

---

116 艾琳・沙利文（Erin Sullivan）：*Dynasty*, 196.

直兜著圈子[117]，把不斷鋪展的月相循環，隱喻作生命的循環，視為人類不同時期和階段中的自然經驗，並幫助我們欣賞家庭生命陰晴圓缺的過程。當我們沿著家庭和個人生命循環去描繪月亮循環，我們可能同時會質疑家庭生命各階段的功課以及其成員如何參與其過程才是最好的，月亮循環的自然節奏暗喻著個人和家庭生命的階段。

下頁表展示了其他概念和理論如何擴展及深化我們對占星學原理的認識，雖然我們無法將某種思想體系直接加諸於另一種思維之上，但其他的思想可以豐富占星學的智慧，月亮循環的每個階段都是個人和家庭發展的階段，這可以透過心理學和社會學的建議來加以擴大。

| 月盈階段（THE WAXING PHASES） | | | |
|---|---|---|---|
| 月相循環 | 這階段的關鍵字 | 個人：埃里克森提出八個生命階段的功課和挑戰 | 家庭：杜瓦爾提出家庭的八個交點階段 |
| 新眉月（New Moon） | 出生 | 信任<br>基本信任／基本不信任 | 伴侶的求愛期 |
| 新弦月（Crescent） | 掙扎 | 自主<br>自主／恥辱與懷疑 | 婚姻期 |
| 上弦月（First Quarter） | 行動 | 自發性<br>自發性／罪惡感 | 養兒育女期 |
| 凸月（Gibbous） | 準備 | 勤奮進取<br>勤奮進取／自卑 | 兒女的青春期 |

---

117　瓊妮・米歇爾（Joni Mitchell）在其歌曲 *The Circle Game* 的歌詞中使用「時間的旋轉木馬」（the carousel of time）一詞。

| 月虧階段（THE WANING PHASES） | | | |
|---|---|---|---|
| 滿月<br>（Full Moon） | 頂點 | 自我認同 | 離家期 |
| | | 自我認同／角色混亂 | |
| 傳播月<br>（Disseminating） | 傳播 | 親密感 | 伴侶的重新調整期 |
| | | 親密感／孤立 | |
| 下弦月<br>（Last Quarter） | 修正 | 傳承創新 | 祖父母<br>的老年期 |
| | | 傳承創新／停滯 | |
| 香脂月<br>（Balsamic） | 退休 | 自我的完整性 | 死亡期 |
| | | 自我的完整性／絕望 | |

　　對於熟悉各行星循環，以及太陽／月亮行星組合循環的占星學生來說，循環已經是眾所皆知的概念，因此對於家庭的各階段結合了行星循環重要的轉捩點、或是個人在家庭生命中的轉捩點與主要行運同步發生，應該不至於感到驚訝。我們現在將轉而討論個人與家庭生命的主要階段，讓我們更加理解自己的人生旅程以及別人的經歷。而這每個階段都至關重要，讓我們了解生命的其他階段以及家庭生活的各種層面。

# 出生

　　雖然生命在出生之前就已經存在，但是一般來說，出生仍然是生命的開端，出生確立我們的分離感、獨立和個性，在個人及家庭生命循環中，出生是人類經驗其中一個最激烈、最能喚起記憶的分水嶺。

> 我們的誕生不過是一場沉睡與遺忘
> 與我們一起升起的靈魂，我們生命的那顆星
> 已經在某處落下了

並從遠處到來

它不完全遺忘

也不完全赤裸

而是追隨著光耀的雲彩

我們來自神，祂是我們的家

天國存在於我們孩提的時光之中[118]

——威廉‧華茲華斯（William Wordsworth）

　　威廉‧華茲華斯的《來自早期童年回憶的不朽頌》（Ode on Intimations of Immortality from Recollections of Early Childhood）是他其中一篇代表作，靈感來自於童年時跟大自然之間美好關係的驚奇片斷，以及成年後關於失去此關係的反思經驗；雖然我們無法回到童年，其回憶卻徘徊不去，即使那感覺是潛意識的。華茲華斯回到童年的旅程使他憶起自己的不成熟，而就像他自己後來所述，正是當時的幻想使他理解自我的不朽。出生代表神聖與世俗世界之間的轉化，而此時的感受經驗是無法用言語解釋的，但出生的轉化往往區別、並總結個人在未來生命中面對轉化期的方式。

　　在希臘神話中，靈魂在進入或離開冥府時將跨越忘川（River Lethe），也就是華茲華斯認為與出生有關的遺忘象徵。出生前與死後的世界將會被遺忘，對於意識生命來說是一個神祕之事，但其內容被封存於一個看不見的容器中，有時會透過幻想、想像及／或

---

118　威廉‧華茲華斯 （William Wordsworth）：來自《最愛的詩歌寶庫》（Treasury of Favorite Poems）中《來自早期童年的回憶的不朽頌》（Ode on Intimations of Immortality from Recollections of Early Childhood），由路易士‧昂特邁耶（Louis Untermeyer）編輯, Barnes & Noble （New York, NY: 1996）, lines 58－66.

感覺的狀態與之接觸。而在時間的流轉中,感受經驗、神話和故事,藉由家庭有意識及無意識的方式傳承。

出生標示了人類旅程的開始以及被引渡至人類家庭之中,做為神話之旅的頂點,出生是一段漫長而嚴苛之旅的終點,就像所有艱鉅的遷移一樣,我們把各種可能性的矛盾混合帶入新的人世中,面對各種可能的興奮感與錯置感相互交錯。生命處於死亡邊緣:是開始也是完結──出生同時是某種共生關係及懸置體驗的總結,也是獨立與進入現實世界的開始。母親的子宮向著世界的子宮開展,而我們跟母親之間的獨處時光將永遠被改變,從一個神祕領域逐漸淡入具有可見形體與具體結構的人世。出生是出生盤被建立的時刻,正是我們踏上個人之旅的時刻,也是當我們必須承載、航向未來的資源被烙印在靈魂的一刻。

為了能夠度過此種轉化並繼續往前邁進,出生以及某些童年經驗必須被遺忘,這初次的劇烈轉化包含著某種悲傷,這與失去那些再也不可知或不可見的事物有關。華茲華斯的詩也傷感地描述此狀態:

曾經,草地、樹林和溪澗
土地和每一個熟悉的景物
對我來說
像是穿戴著星光的盛裝
夢境中的榮耀與清新
今非昔比
無論我轉向何方
無論日夜

曾經相識，不再相見[119]

要經歷子宮由內至外的生命轉化，我們必須捍衛並幫助自己，其中一種自我防衛就是遺忘，但靈魂會記得並本能地知道應付此種和其他轉化的可靠方式。一般來說出生等同於上升，因為在星盤中，東方地平線正是行星升起、讓人看得見的地方，因此，也是黎明或開始的象徵；當行星升起，它們從地平線下廣闊而漆黑的領域中浮現，就如同嬰兒自超越實體世界的遺忘之境出現一樣。

上升點有時與我們用來面對世界的面具或外表有關，在占星學來說，上升點可以揭示許多關於出生及出生前狀態的事情，以及我們本能上如何面對世界的挑戰。水平線上的行星（上升／下降軸線）以及特別是與上升合相的行星，象徵的不單是與出生有關的狀況，更代表每次發生轉化或展新開始時此能量被召喚的方式。行星也闡述了一連串貫穿家庭經驗的主題，因為任何在上升點的行星都會最先面對家庭，並往往是家庭星盤的主題。在我個人經驗中，上升星座在手足及父母星盤中重複是常見的事，尤其出現在他們的水平線、子午線或交點軸線上。舉例說，女王伊莉莎白二世四名子女的星盤中，四個軸點全都落於相同樣的星座。

---

119　威廉‧華茲華斯 （William Wordsworth）：《來自早期童年的回憶的不朽頌》（Ode on Intimations of Immortality from Recollections of Early Childhood），lines 1-9.

| | 上升 | 天底 | 下降 | 天底 |
|---|---|---|---|---|
| 查理斯<br>（Charles） | 獅子座5度<br>24分 | 牡羊座13度<br>18分 | 水瓶座5度<br>24分 | 天秤座13度<br>18分 |
| 安妮<br>（Anne） | 天秤座25度<br>2分 | 獅子座3度<br>18分 | 牡羊座25度<br>2分 | 水瓶座3度<br>18分 |
| 安德魯<br>（Andrew） | 獅子座11度<br>33分 | 牡羊座22度<br>37分 | 水瓶座11度<br>33分 | 天秤座22度<br>37分 |
| 愛德華<br>（Edward） | 天秤座15度<br>34分 | 巨蟹座20度<br>26分 | 牡羊座15度<br>34分 | 摩羯座20度<br>26分 |

　　愛德華的天頂／天底軸線並沒有重複該模式，但這軸線跟他母親的上升／下降軸線及交點軸線一樣；女王的上升點在摩羯座21度22分，而南交點在摩羯座20度6分，緊密地跟愛德華的天底合相；女王的月亮在獅子座21度22分，與其他三名子女星盤中的軸點之一產生接觸[120]。

　　2013年，女王首次當上曾祖母，她的曾孫剛好在滿月前出生：他的月亮在摩羯座28度17分，跟女王的上升點落於同一星座；而曾孫位於天蠍座27度7分的上升點跟曾祖母的星盤產生緊密連繫，伊莉莎白女王的天頂位於天蠍座25度32分，土星則在天蠍座24度26分，即使相隔四代，家庭星盤之間的四角仍然交織在一起。

　　上升點疏導並揮灑第一宮的生命力，同時顯示了我們的早期環

---

120 女王的太陽在金牛座0度12分，緊密地合相長子金牛座0度25分的月亮及於金牛座4度57分的北交點，查理斯跟他的母親分享了強大的太陽／月亮連結，這是典型的「婚姻」主題，也是我常常在母子之間見證的主題。

境，此重要的生命力也能夠被傳送，並專注的支持不斷成長及發展的人格。現實中的身體是我們最貼身的環境，因為它是運送自我的交通工具；然而，家庭環境塑造我們在新世界中的回應和經驗，也同時是最近身的環境。思考上升點的其中一種方式與出生相似，這是一個移動和發光的轉化領域，史蒂芬·阿若優（Stephen Arroyo）稱之為「超驗的」：

上升點象徵了一種整體自我的表達方式，而這種方式是如此直接與自然，以至於沒有任何文字能夠捕捉到其中的精萃；因此，從個人整體整合而成為一個充分發揮、活躍個性的過程中，上升點有著近乎超驗的重要性[121]。

出生主題及早年家庭經驗經常在探討上升點時產生，霍華·薩司波塔斯（Howard Sasportas）將上升點形容是我們「孵化」的方式[122]；換句話說，這是我們如何破開自己的蛋殼而進入世界的方式。任何在上升點的行星都可能會告訴我們出生的故事或某個家庭故事。舉例來說，冥王星可能是與分娩時期的生／死感受或是生產前後的嬰兒死亡有關；海王星可能象徵了關於分娩的不確定及複雜情況、失落的迷濛和迷惘；天王星揭示了接近出生時所發生的意外切斷與分離、突然的侵入及分裂感；土星上升可能暗示著難產，而凱龍星出現於地平線標示了陌生感、出生傷疤以及呼應行星象徵的

---

121 史蒂芬·阿若優（Stephen Arroyo）：《占星·業力與轉化》（Astrology, Karma & Transformation），CRCS Publications（Vancouver, WA: 1978），211.

122 霍華·薩司波塔斯（Howard Sasportas）：《童年的階段》（The Stages of Childhood），出自由麗茲·葛林及霍華·薩司波塔斯合著的*The Development of the Personality*, 32-6.

其他各種情況。

由於沒有任何能夠理解的語言或可以傳達的思想，出生時的記憶被儲存於身體裡及腦海中，但它們同時會被刻在星盤上。上升點的星座、其守護星及起始宮內行星傳達了出生時周圍環境相關的主題，包括當時的家庭狀況。它也標示了出生，而某程度上，我們可以把接下來的宮位視為生命的靈魂之旅中下一個出發及發展的階段。出生的描述是一個重要的故事，尤其當發生產期前後的創傷時，出生創傷將影響生命中的其他轉化，並突顯我們如何嘗試使建設性的事件出現。在這意識之下，我們可以開始確認星盤中的出生故事以及這模式如何繼續發展，上升點同時使我們得以理解自己如何回應轉化這件事。

月亮和其相位也需要注意，因為它們象徵的不單是出生前後的氣氛，也有助於開發出生前後的意象。月亮的象徵是多面性的，而月亮的相位可以被視為妊娠期間的主題，因為月亮同時涉及母親及其子宮。出生前主題也會透過十二宮的意象顯現，因此，第十二宮或與第十二宮有關的行星象徵了妊娠期間的狀況，尤其跟母親在家庭中的感受和事件有關，將月亮視為妊娠旅程的紀錄是其中一個思考月亮的方法。

在家庭生命中出生是一個代價如此高的轉化，但相對地，我們只有少數工具能幫助理解其中出現的過程、突如其來的感受或知覺。然而，占星學可以協助我們去照亮前路。在我的諮商個案中，我有大量第十二宮行星同時具有出生前經驗的例子，而這些例子中往往伴隨了強勁的月亮相位或有行星位落在地平線上。在這些星象下，出生前或出生前後的干擾可能成為往後痛苦的核心；我也

會注意家庭狀況以及這些經驗是否被承認、哀悼或認同，以及這些家庭模式和故事是否被關心。以下是我曾經在第六章〈星盤中的手足議題〉中曾經描述的，但這例子再次提醒了占星學在協助釋放個人及家庭主題的功能。

　　溫蒂的第十二宮首落於雙子座，而土星也落於這一宮中，土星跟月亮及水星形成了上帝手指的圖形相位，同時也是與金星及海王星／凱龍星所組成的T型三角相位的端點，海王星跟凱龍星的合相也緊密的合相天底。凱龍星落在第三宮內，海王星則在第四宮內，水星守護第十二宮及第三宮並與冥王星產生對分相，聚集在第十二宮土星的強力相位將我們的注意力吸引到了這一宮的集體潛意識及家庭領域，同時給予我們出生前的主題，闡述了母親的感受如何被子宮內的嬰兒所吸收[123]。

　　溫蒂的母親在懷她三個月的時候遭遇到令人驚恐的創傷，她當時正站在中西部的家前門廊，等待女兒帕蒂過馬路，那天是帕蒂的七歲生日，母女二人都對計劃許久的慶祝興奮萬分；有一輛車突然失控並在路上猛然轉向，撞倒帕蒂，並在直接撞上一棵樹之後才停住。帕蒂當場死亡，而家人後來發現車上的女駕駛當時癲癇發作。我們看到失去手足的主題反應在冥王星與第三宮守護星水星之間的對分相、凱龍星在第三宮合相天底、月亮與天王星產生的對分相上。透過與天底合相的凱龍星／海王星以及與這組合相產生對分

---

123 霍華·薩司波塔斯（Howard Sasportas）把第十二宮視為出生前的主題，詳見The Stages of Childhood, 出自由麗茲·葛林及霍華·薩司波塔斯合著的The Development of the Personality。有趣的是，薩司波塔斯說：「如果土星在第十二宮，那麼來自母親的土星感受會透過臍帶傳送到嬰兒身上。」, 26.

相的金星（天底的守護星）可以看見這個家庭失去了一個姊妹的氛圍，而這兩組行星也與十二宮的土星形成四分相。然而，帕蒂並不是當日唯一失去生命的人。

當溫蒂十歲的時候，她被匆忙送到醫院，因為主治醫生認為她的闌尾已經裂開，而由於這個問題，醫生後來發現一個與脊椎連接、跟柚子一樣大小的腫瘤，一部份的大腸需要在手術中切除，而基於併發症的關係，醫生認為溫蒂可以活下來的機會不大，那是一九五五年的復活節。

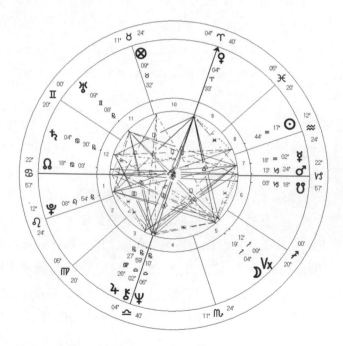

這時候，推運火星跟本命盤水星產生合相，而推運水星剛剛離開太陽，而行運天王星正與他的上升點產生緊密合相，行運木星緊隨在後，這兩顆行星在下一個月會在距離上升點一度的地方產

生合相。溫蒂活了下來。天王星的緊急經驗讓我們與創傷之間透過驚嚇、不可置信或麻木保持足夠的距離，而在這種騷動事件中倖存。但是，十一年後，併發症再次出現，溫蒂再一次被送回醫院，由於第一次手術的感染開始帶來副作用，醫生再一次為她進行手術。

推運月亮此時與天王星形成四分相，而推運太陽做為她不斷進化的自我的力量，此時也已經準備好認同被切割的自我。推運月亮當時正首次經過第三宮，協助溫蒂得知手足的故事。在即將進行手術時，天王星和冥王星在她的第三宮產生第二次的正合相，也正是在這手術結束後，醫生才告訴溫蒂十一年前被切除的東西，而她其實是雙胞胎中的倖存者。當她仍然在母親的子宮卻發生那創痛的經歷時，她的雙胞胎姊妹被吸收了，這被吸收的姊妹有一部份跟溫蒂的脊椎相連，土星守護脊椎，而在神話中土星將他的子孫埋葬了，在溫蒂第十二宮的土星符合出生前的狀況。

因為超聲波科技能夠證實妊娠的早期階段，這證實了很多雙胞胎懷孕最後只會有一個小孩出生，雙胞胎的其中一個可能會被另一個身體吸收，或在母親尚未發現的情況下被排除，溫蒂在子宮的狀況一般被稱之為「雙胞胎消失症候群」（vanishing twin syndrome）的現象。

因此，發展中的靈魂意識到懷孕的事件與創傷，而我們可能會先透過上升點、十二宮和月亮相位的鏡片去看清楚這些主題。某個學生透過她天王／月亮合相的線索揭開了自己胎兒時期的主題，她第十二宮首落於天蠍座，而其共同守護星火星也在天蠍座並與土星合相，這兩顆行星落在第十二宮首，但卻是她具有活力的天王星／

月亮合相，使她與母親的產前驚嚇產生關聯，這使她將某些感受轉變成為觀點，她寫道：

> 占星學的象徵符號曾幫助我解釋、或至少使我對血液及尖銳物件的絕對恐懼和厭惡有了暫時的連結：當母親在懷我的第三十三周，她遭受到一個巨大的驚嚇，這與我兄長突然被尖銳物割傷而留了很多血有關。

> 母親當時正站在廚房，然後幫我父親在農場工作的男人抱著我哥哥站在門口，哥哥的大腿有一道很深的傷口，母親記得哥哥懸垂的小腿正滴著血的印象，拖拉機後面一座脫粒機的刀片割破了他的腿，已經流了很多血。當時我還小（三至五歲），我不斷重複做著被兩個拿著鋸子的工人威脅攻擊的夢，這跟那個經驗有著異乎尋常的相似點，而我察覺到那創傷可能已經傳給當時仍在母親子宮中的我，並且在意象上，受到母親生我時發生大量出血的事件所加強。

> 直到最近，母親告訴我當她懷著我並挺著大肚子的時候，她曾經駕車在前往布里斯本的公路上爆胎——車上載著我當時五歲的兄長和兩歲的姊姊，雖然當時她能夠在沒有撞到其他車輛或將自己的車撞毀的情況下將車子駛到一旁，但她形容當時受到極度驚嚇，並很擔心三個依賴自己的小生命的安危[124]。

懷孕和出生都是處於脆弱的時期，雖然醫學科技已經減低了出生前後的創傷和死亡，但是這仍然相當普遍並且產生不少焦慮，這

---

124 吉爾・德懷爾（Gil Dwyer）：*Weird, Unconventional and Shocking; A Uranus-Moon Tale*, Astro*Synthesis Diploma Thesis, 2012, 39-40.

些擔心可能來自於潛意識，透過時間的洗禮而被包含在未解決的家庭創傷或祕密中，但是這些恐懼仍然是真實並且能夠被感覺到。

　　孩子的出生會影響家庭的所有層級，手足體系將擴大去容納另一名新手足，父母體系將承受更多的壓力，而整個家族也會擴張去接受這個新生兒。孩子的出生並非專屬於這個家庭，並且通常環繞著充滿活力與刺激的氛圍：任何新生兒的到來注定會改變家庭的動態，因為他／她將使家庭重新洗牌，而不再維持現狀。孩子的出生盤永久紀錄的一刻，同時也是此時各家庭成員的行運盤，並且將在新生兒與當時家庭成員的合盤中持續發展

　　出生盤同時代表孩子降生到此家庭中對其結構所帶來的改變動力，因此這值得讓你思考自己出生的時候，因為透過早年參與家庭動態的環境氣氛，能讓你更加深入理解自己的上升點。

## 童年

　　華茲華斯那句「天國存在於我們孩堤的時光之中」讓人想起兒時環境中的魔幻與脫離塵世的一面，這包括了這些早期時光中的奇妙和脆弱。對這位詩人來說，母親在他八歲時的死亡猝然地劃下童年的句點，這時候他被送到學校，並跟他「非常親愛的姊姊[125]」分離了九年，因為她也被送到了寄宿學校，而她的學校在英格蘭的另一邊。

　　對某些人來說，來自嬰兒期的記憶讓人毫無知覺，但對另一些

---

125　華茲華斯在他著名的新詩《丁登寺》（Tintern Abbey）中這樣描述他姊妹（dear, dear sister）

人來說，依然充滿著「悲傷」或「不快」的感受，或者像華茲華斯一樣，對於這段時間交雜著失落及悲傷的複雜情緒。根據最初數年家庭生活的感受經驗，童年可以是理想的遊樂場也可以是無情的戰場，但無論你的經驗或記憶為何，童年的階段始終塑造我們後來的樣貌。

「童年」一詞並沒有明確地指向任何階段，一般只是指嬰孩期和青春期之間的時間，可能我會將早期童年視為邁入現實世界的前奏——代表悠遊時光、無知年歲或是奇幻異想被視為正常狀況，以及所有想像皆為真實的一段間奏。在這期間，孩子的精神生活仍然相當受到父母精神生活的影響，一旦我們經歷了第一次木星循環對分相、推運月亮與本命月亮的第一次四分相、以及土星循環的第一次四分相的動態影響，這個童年時期便會停止，並開始在家庭範圍以外展開社會探索。他們開始上學，而新的存在感以及新的適應世界的方式預告了下一階段。這個人類發展的分水嶺在大約七歲時發生，這正是第一次的土星循環四分相，也是當想像讓位給現實的時候。

心理分析學派對於童年階段有許多不同理論，雖然占星師的角色與目標，與目前分析師或心理學家不一樣，但是這些臨床醫生所建立的理論可以進一步闡述我們的占星主題並賦予靈魂。占星學一般根據內行星、火星及木星的循環將童年期間的各階段歸類，但是心理學及社會學的假設，可以進一步讓我們理解在此生命循環階段所發生的人類過程。我們可以在下表中看到，行星的回歸清楚定義並標示了早期的發展，廿七天大時的初次成年儀式由行運月亮回歸印證，在這廿七天的生命中，月亮通過了每一個星座、在每一個宮位中行運、也與星盤中每一個行星與點形成了各式相位。

| 童年的各階段 | 與年齡有關的發展階段 | 占星學的發展循環 | 行星的首次回歸 |
|---|---|---|---|
| 新生兒 | 0-4週 | 從出生到第一次月亮回歸的27.3日 | 月亮 |
| 嬰兒 | 4週歲到大約一歲 | 從第一次月亮回歸的27.3日到第一次太陽回歸，而這其中同時包括了第一次水星和金星回歸的階段 | 水星 金星 太陽 |
| 學步期 | 1-2歲 | 從第一次太陽回歸到第一次火星回歸 | 火星 |
| 學齡前 | 2-6歲 | 從第一次火星回歸到木星循環對分相 | |
| 學齡 | 6-12歲 | 從木星循環對分相到木星回歸 | 木星 |

　　就如上述一樣，心理動態理論可以運用不同方式進一步闡述童年發展的重要階段，例如佛洛伊德的性心理發展理論（psychosexual developmental theory）根據孩子性驅力（libido）的焦點，將童年分成不同階段。佛洛伊德注意到，孩子在不同的發展階段中，注意力會集中在包括口腔、肛門和性器官附近幾個主要性感帶。當這些階段的發展以及滿足感被妥協犧牲（普遍是需求不被滿足），在孩子的發育中這些將引發某些特定年齡的行為。佛洛伊德認為這情況的結果是在接下來的人生中不斷產生重複的固定行為。做為思考童年發展的其中一種方式，佛洛伊德所提出的三個階段包括：

　　1. **口腔期**（The Oral Phase）描述兒童專注在口腔、並從吸吮和從口腔接受東西以獲得愉悅的階段。這階段一般認為是從出生到第二年。當兒童感到滋養被剝奪、無法滿足地吸吮乳房，或是在這期間感到空虛，成年後的回應方式，會是在身體上的口腔、或心理上的依賴行為去填補這些未被滿足的渴望。口腔的固定行為

可能包括啃咬、咬指甲、抽煙、酗酒以及飲食習慣。心理上，口腔期的人們會重建兒童時期對於他人的滋養及照顧的依賴，他們可能會很容易相信別人並且毫無辨別能力的吞下不當的思想和承諾。在情緒上，他們可能無法壓抑任何感受或負面情緒，就像休‧卡拉高（Hugh Crago）所提出：「他們傾向全心全意而毫無防備地表達情緒，把他們的情緒「嘔吐」出來，毫不理會他們對他人所帶來的影響[126]。」

這時期包括了月亮、太陽、水星和火星的第一次回歸，月亮的相位會在這時期進入生命中並變成最重要的滿足事物——母親的胸部就是月亮守護的。一個具有挑戰性的土星／月亮相位在此階段的體驗可能是飢餓感或寒冷；表面意義上，可能是母乳的短缺或是身體接觸的不足，而情緒上則可能缺乏被擁抱的感受。這些感受被帶入成年期之後的體驗，將是缺乏支持、鼓勵與及情緒上的冷漠。我們的月亮星座也會告訴我們對這時期的傾向，因此，落在月亮守護的星座巨蟹座及月亮得利的星座金牛座的行星可能會在這時期更加易受影響。

2. **肛門期**（The Anal Phase）：一般是在二歲到四歲之間，並專注在肛門、大腸和膀胱排泄，「控制」變成議題，因此，兒童會提高括約肌的控制。我們可能會認為這階段是由發生在第十七至廿二個月的火星回歸所帶來的，而這一時期一般被稱之為「可怕的兩歲」（terrible twos）。因此，兒童本身或母親的自制力會成為議題，就如同表達和分離的渴望，訓練上廁所成為此自制力的

---

126 休‧卡拉高（Hugh Crago）：*A Circle Unbroken*, Allen & Unwin（Sydney: 1999）, 31.

重點。成年後的肛門期個性使人變得一成不變及不懂得放手，因此，他們累積資產以及克制自己的感受和想法。在情緒上，他們或許能夠以憤怒或怨恨去釋放，但無法表達比較有連續性的（例如愛）或脆弱的感受（例如悲傷及恐懼）。他們往往貪戀過去而對未來不具信心，死守著過去不放障礙了個人的成熟發展。佛洛伊德將肛門期的成人視為「強迫性」（obsessional）人格，他們會過度組織、強迫性地整齊，並且情緒繃緊。

占星學上，火星在這時期相當突出，因為想要離開的意志及渴望都被喚醒了，然而太陽也同時在此時覺醒，因此，父親的角色在這階段變得十分重要。太陽及火星的相位會專注於發展意志、自我認同、創造力、能夠自然分離的能力以及父親的動態。對我來說，此時的第二宮相當重要，因為這是我們開始控制身體以及將價值觀內化的階段，因此，在第二宮的行星在這過程中會變得活躍。而基於與這時期有關的流動性及移動，此時的第三宮也相當重要，此時受到啟蒙的第三宮行星將指出我們度過此階段的方式，以及此行星對成年生活的暗示。

3. **陰莖期**（The Phallic Phase）從大約四歲開始，並專注於性器宮，正是在這階段中，小孩逐漸察覺到欲望、性慾和與父母之間的動態。在注意到自己是三角關係的其中一部份時，他希望透過「殺死」父親而與母親團聚，至少這是佛洛伊德所創立的「戀母理論」（oedipal theory），因為這一段也往往被視為「戀母期」（Oedipal Phase），這暗示了在戀母期出現的主題將在青少年時期再次重現，之後在中年時期再次遇見。

因為性慾和我們的自我認同將開始交織在此發展階段中，值得

注意金星和火星的相位及配置，正是此階段以及青少年時期，這兩個原型將開始出現；第四宮也相當重要，因為這是父母的宮位，以及我們與他們之間的連結感。

我會注意第一宮至第四宮之中每一個宮位，都能夠藉由以下方式呼應從出生到七至八歲期間的發展階段：第一宮與出生以及出生後數月中的環境；第二宮則類似於肛門期對控制、自主及意志的發展，在此期間，我們也會吸收家庭價值並嘗試感官上的愉悅，這是我們體驗被重視、被愛、被欣賞的時期；第三宮是意識到分離感、將手足視為他人的主題以及擁有行動及自由的環境；第四宮是家庭以及我們與父母之間的氛圍。這四個宮位可以被視為童年，因此這些宮位裡的行星可能包含這段時期的強烈特質和影響。

做為占星師，我們可以思考的並非是直接解讀這些階段，而是運用這些理論，將它們當成是一種思考方式，看個人星盤在童年時期如何被喚醒。舉例來說，我們可以開始體認某個強化的冥王星／金星相位，可能在發展的戀母意識中變得脆弱，這相位可能會察覺父母關係中情緒上的細微差異，並對於愛的激烈程度或缺乏激烈性、以及關係破裂或背叛的意識相當敏感，這些印象塑造了成人在關係中的信任程度，並且預告此相位在生命中的發展。如果在處理占星主題及配置時，能夠輔以這時期的家庭影響，將有助於闡述人們如何活出原型配置。月亮金牛座與土星天蠍座之間的對分相可能會與拖延或受到控制的「肛門期」行為相當類似。對於這些階段的理解，可以幫助你在人們的生命中找出某個時間點，藉以詢問他們的經驗和家庭故事，從而去進一步放大主題、鼓勵連結和感受記憶，好讓個人能夠感受到這方面的內在經驗。天王星與月亮在第六宮的合相可能會對奶類製品敏感，但是你也可以從口腔期到早期對

舒適感和滋養的不恰當回應，突顯其主題及象徵意義，從而鼓勵個人對這相位有一種感受經驗。麗茲‧葛林（Liz Greene）也有從防衛個性的角度去探討這些童年時期[127]：

　　推運月亮在早年經過的領域極為重要，我假設童年早期的學語前遭遇、認知前印象、感受性回應、內在意象及情緒都是推運月亮所感受並儲存於月亮的容器中，直到自我發展已經成熟去體驗這些感官經驗。當推運月亮在星盤中展開第二次循環，也就是廿七至五十五歲的時候，人們更能夠整合童年回憶，因此，推運月亮可被視為人一生感受經驗的博物館。

　　埃里克‧埃里克森的童年生活階段道出了此時期的功課和挑戰，在考量這些功課時，我們可以思考星盤中的原型布局，因為以占星學來說，很明顯地，某些相位的人將難以度過某些階段。例如，周歲前的信任功課對於一個擁有冥王星／月亮相位的人來說會更加困難，尤其是如果存在失去、禁忌或未說出口的祕密。

| 埃里克‧埃里克森的生命階段 | | | |
|---|---|---|---|
| 年齡 | 功課 | 掙扎 | 結果 |
| 出生到十五個月 | 信任 | 基本信任／基本不信任 | 驅力及希望 |
| 十五個月到三歲 | 自立 | 自立／羞恥和懷疑 | 自制力及意志力 |
| 三歲到七歲 | 自發性 | 自發性／罪疚感 | 方向及目的 |
| 七歲到青春期 | 勤奮進取 | 勤奮進取／自卑 | 方法及競爭力 |

　　因此，了解當時的家庭故事，有助於讓我們更易理解這些相位

---

127　麗茲‧葛林（Liz Greene）：*Barriers and Boundaries, The Horoscope and the Defences of the Personality*, CPA Press（London: 2002），5-23.

如何被體會，火星金牛座與天王星獅子座的四分相可能體會的方式
是與曾經重視的資源斷然切割，強烈的憤怒變得合理化，或是拚命
的緊握住某些事物不放卻又突然冷漠地加以拋棄。在大約兩歲時的
早期發展階段中發生了什麼事呢？

尚・皮亞傑（Jean Piaget）研究兒童的心理發展，並清楚地表述
從「前邏輯」（pre-logical）充滿奇幻想像的時期到邏輯和具體思維
的發展，他闡釋了初期思維認為所有發生的事情都是指向自己的自
我中心性，這自然的發展顯示了在此階段中尚未意識到任何的分離
感，兒童沉浸於自我中心的世界，對於不再看見的事物失去興趣，
但卻在他們的防衛機制——也就是母親——離開視線時感到惶恐。

但滿三歲之後，即使母親消失在視線範圍內，孩子仍然知道她
是存在的，因為個體化和分離感已經發展。皮亞傑和其他人幫助我
們思考星盤中的占星形勢，如何在學字前到文字認知方式、或是學
語前後到口語溝通方式之間進行過渡。在此，我們會馬上聯想到月
亮和水星的發展，擁有海王星與月亮及／或水星的複雜相位，可能
會讓我們懷疑從想像到語言文字的思考方式之間的過渡期可能產生
困難。因此，檢視童年的早期階段中，家庭究竟是強調、支持還是
忽視兒童的認知發展可能會帶來幫助。

交流分析（Transactional Analysis）假設在童年時期會形成三個
自我狀態，而早期發展受到破壞，可能會使兒童僵固在其中某個狀
態中。交流分析之父埃里克・伯恩（Eric Berne）在其最暢銷的著
作《人們的遊戲》（Games People Play）（1964）中提出了他的理
論，而他的同事湯馬士・哈里士（Thomas Harris）則在他的著作
《我沒問題，你也沒問題》（I'm OK, You're OK）（1969）中接續

討論這些理論。三個發展狀態分別為「兒童自我狀態」（child-ego state）、「父母自我狀態」（parent-ego state）及「成人自我狀態」（adult-ego state）。如你所見，這些狀態與占星學原型中的月亮、土星及太陽以及佛洛伊德提出的「本我」（Id）、「自我」（Ego）及「超我」（Superego）理論產生共鳴。

根據交流分析理論，「兒童自我狀態」是最重要的，這狀態從受孕那一刻開始，支持著月亮相位可能顯示出生前整體概況的概念。在心理學上，兒童自我狀態是個性的感受以及所有我們在童年時期曾經經歷過的感受、欲望、味覺、嗅覺及經驗的總合。無論我們變得多成熟，兒童自我都會一直被保留，而站在占星學的角度，月亮總是很容易的回到童年狀態，並且以學語前或前社交（pre- social）的層次去回應。我認為交流分析的描述有效的暗喻月亮及其包含的主題，就如同它是所有感官、情緒和家庭感受的載體，而推運月亮透過個人發展成為這種主題的動力推移。

「父母自我狀態」從出生開始，紀錄了所有言語上及非言語與父母之間的互動，這包括他們口頭的規則和規矩，家庭生活中的種種「應該」及「不應該」，透過非言語暗示和身體語言而留下印象。「父母自我狀態」主要透過直接的指示：「不」、「要小心」、「留神」去幫助小孩社會化；但也包含權威性，例如：「記住我的話」或是限制性提醒，例如：「你不可以那樣做」。這狀態也包括伴隨我們成長的恐懼、關心和防衛。在占星學上，我們可以看到這狀態是由土星所反映，而我們也值得反思土星的早期發展經驗，身為兄長的孩子和／或土星強化的孩子，將非常切合這一發展階段。當這階段缺乏適當的支持和認可，孩子會把土星內化成懲罰性、苛刻及負面的內在批判。

　　「成人自我狀態」大約發生在十個月大，也就是當水星、太陽和金星即將完成第一次循環的時候。它暗示著開始整合資訊來源——來自兒童狀態的感受、父母狀態的規則和規矩，以及成人狀態中的理解。這個狀態更具反省性與思考性，並且對於之前狀態中的困難及左右兩難有新的認知。

　　交流分析所表現的發展狀態呼應著月亮、太陽及土星的原型，而這些能量也與父母產生強烈連結。童年對於家庭生活來說是如此重要的一個階段，因為沉潛在家庭水域的孩子，需要父母的支持及察覺，才可以以健康的方式去航向接下來的日子。正是從童年中我們得到種子發展的畫面和印象，就像占星主題和相位如何在個人的內在生活中具體成形。童年影響了內行星發展的形成，這也是我們如何以社交性及負責任的方式回應的基本原則；我們從童年中尋找行星發展的種子意象，但我們也要反思童年，因為它也預告我們可能在生命中的其他轉型期中重現的早期模式。

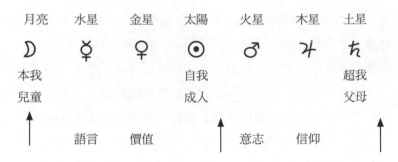

內在的成人學會在兒童時期及父母時期之間調適

　　榮格在撰寫家族排列（Family Constellation）時，提出教育的其中一個最重要目的，是要「讓成長中的孩子從早期環境影響的潛

意識依附中解放，使他們能夠留住其中有價值的部分，並拒絕無價值的部分」[128]，就許多方面來說，這都是一生的功課，也是青少年時期的考驗。

## 青春期

在家庭生命循環中，青春期是童年及成年之間極度重要並具決定性的一個轉型，這時候在身體、情緒、心理和精神方面發生過渡改變。這也是當不確定取代了可預測性，也是由於正在發生的改變而妥協、犧牲了安全感的時候。這些改變往往相當迅速並帶來生理上的尷尬，導致青春期焦慮。而青少年這些喜怒無常的狀況對於父母來說相當熟悉，青春期焦慮及其導致的情緒變化在這階段相當常見，但也會在青春期的發展轉型期之中調整，伴隨荷爾蒙及身體改變的焦慮會在這時期之中平息，但情緒改變也會開始往青春期的後段鋪展。

當青少年開始渴望得到更多自己生命的主導、控制和責任的同時，也會自然地從父母的監控轉移到同輩的影響中，在此過渡期，同輩扮演了重要的角色，但如果青少年遺棄父母或遭父母遺棄，他們會產生心理上的困境。家庭以外的重要人際關係，無論是平等的還是階級性的關係，也會在這時候開始發展，生命模式將慢慢擴展，而對家庭安全基礎的明顯依附會逐步減弱。

在這階段中，當青少年在自我之外開始實驗新的人際關係、友誼及家庭，而改變對於父母的依附關係是顯而易見的。青春期的

128　榮格（Carl Jung）：*The Collected Works of C.G. Jung*, Volume 2: 1013.

三個階段中，其中第一個階段大約在首次木星回歸及首次土星對分相之間發生。在此青春期的階段中，「正常」是他們主要關注的事，而一般來說，家庭及成人都不在此類。從青少年的觀點來看，朋友都是萬能的，而父母則是無知也跟不上時代，當朋友及父母的世界意外地相遇，年輕的青少年往往會因為被看見與父母在一起而感到尷尬。為了企圖豎立自己的獨立性，青少年會忽視並且違反規則以及父母的權威，同時因為失去與父母之間的過往關係而感到悲傷，對失去童年以及親子之間的親密性所產生的難過及悲傷，將與反抗相互交雜。

我們可以將首次土星對分相至第一次交點回歸視為青春期的第二階段，青少年繼續切斷與父母之間的臍帶連結，與父母之間的衝突、挑戰權威及企圖重新協議規則都是正常現象。在身體方面，青少年會長高，並往往超越父母，在心理上，父母的「高度」正在逐漸縮小；而在發展上，青少年會開始把父母的聲音及權威內化，同儕團體中的共同信念已建立完善，而同輩的價值、風格及目標將慢慢取代父母的價值和品味，在青春期的中期，同儕壓力來到最高點。

青春期最後階段，青少年即將成年，此時，伴隨著成年而來的是某些相當強勁的占星行運，這個階段是從交點首次回歸展開，但接下來是大約在20歲半時，推運月亮循環的下弦四分相、同年的海王星循環半四分相、隨後是天王星循環首次的四分相、以及在廿一至廿二歲時土星循環的下弦四分相。十八至十九歲的交點回歸，預告青春期之後的階段，這一刻就像一種呼喚、像是靈魂創造生命道路的衝動被喚醒。青春期的後期中，同儕關係的強度改變，並且可能重新點燃與父母之間的關係，並以成年人的態度去表

現。青少年可能會開始介紹自己的親密關係到家庭中，而此時也比較可能需要父母的指導和經驗協助青少年進入社會。青春期的最後階段，會與即將滿廿四歲生日之前第二次木星回歸同步，第二次木星循環會引來生命循環的新階段，青春期的經驗支持了下一階段的發展。

在青春期，具有種子性格及強大影響經驗的行星循環，將在生命循環中不斷重複，例如，木星循環將再次回歸，土星循環將產生對分相，天王星循環將形成四分相，這裡重要的是青春期的循環往往會與父母當時正經歷的行星循環相合，父母度過他們的青春期的方式，影響著他們如何處理家裡青少年的作為。

人們的啟蒙從分開獨立之後展開，而在青春期，我們首先體驗到的是家庭是否賦予我們足夠的情緒資源，讓我們在此階段之中有足夠的安全感。當小樹苗身在颱風的路徑之中，正是它們的根確保了它們的存活。同樣地，青春期，正是家庭強大的根源緊緊抓住猶如處在暴風雨時期中的青少年，家庭的分裂和複雜情況將削弱家庭的安全基礎。

以家庭的角度來說，青少年的父母和祖父母會重新經歷青春期，雖然他們有機會去療癒以及接受自己青春期的傷痛，但如果缺乏覺知的話，父母也可能將自己的限制投射於青少年的身上。生命將重覆循環未處理的心靈事件，有許多思維是與父母的情結可能再次重現有關，其中一種是當孩子的經歷燃起了父母未解決的轉化，當父母未處理好自己的轉化，他們常常會面對孩子轉化的挑戰，這就是家庭時間。然而，在占星學上，我們也可以描繪出與家庭生命循環互相呼應的重複性循環。

例如，在青春期的早期階段，我們大約在十二歲時首次經歷木星回歸，而父母是如何經歷這段新的信仰、希望、目標及欲望被喚醒的時刻？如果父母本身正經歷著發生在三十六或四十七歲的木星回歸時，可能使情形變得更加複雜。我們大約在十四歲左右體驗二推月亮與原本位置的對分相，這膨脹了各種情緒以及青少年的焦慮，而在四十一及四十八歲時，我們會再次經歷此相位，這相位最初在家庭中的體驗方式，將深刻影響它在這些年齡中再次經歷的方式。

第一次土星對分相大約在十五歲時發生，並在四十四及七十四歲時再次經歷，但這裡重要的是父母如何在表現土星的責任、權力、控制、自我調整、權威性及目標設定的同時沒有展示強橫、缺乏彈性和獨裁的態度。父母在土星對分相時的個人經歷，將讓他們知道如何處理自己孩子此時的轉化，當青少年經歷這個過渡期，父母親將再次浮現自己青春期階段的回憶。在早期童年中，階級觀念是必要的，但如果青少年要發展個人的自主意識的話，這種平衡必須被鬆綁，否則結構和安全感、預測性及控制性都會變得僵化而禁錮、威脅到個人在此決定性的轉化時期的創作力。

十九歲時發生的第一次交點回歸是對世界的召喚，這會在三十七、五十六及七十四歲時重複。十九歲時發生的首次交點回歸，將喚醒父母在生命中的這一刻，對於希望、夢想及渴望的回憶。因此，行運及循環將產生整體性的影響，因為它們撼動了整個家庭體系，但交點的第一次回歸的重點，是家庭如何支持及鼓勵我們走進世界，這受到家庭如何實現夢想的經驗所影響。

在我們二十歲出頭，二十至廿一歲的天王星循環上弦四分相、以及廿二歲時的土星循環下弦四分相，都是我們進入成人生活

的巨大　蒙，父母及祖先的態度和經驗再次產生影響。在四十多歲時，這兩顆行星會帶來交錯的影響，因為在我們三十八至四十二歲時，天王星循環來到對分相，而土星循環也剛好在我們四十四至四十五歲時產生對分相，第二次的土星回歸發生於我們五十九至六十歲之間，並緊接著天王星循環的下弦四分相。從祖先的角度觀之，我們到底如何被塑造去面對這些轉型期？從家庭的角度看，我們看到在每次孩子的轉型期中，父母都有機會找到救贖。

每一個生活階段都為我們帶來重要的任務，在青春期中也有許多重要的功課，但專注在以下三個功課有助於有效進行轉化並邁入成年。從青少年的角度來看，這些功課可能會是多餘的，但它們其實極為重要，這正是父母的指引和支持變得重要的地方。

1. 做為一個成人，你的天命的方向與焦點
2. 變得自主而具有責任感
3. 維持親密關係

當青春期缺乏父母對於這些因素的支持，我們會在中年再次面對它們，並受到召喚重新關注這些未得到內在鼓勵的主題。

青春期最後階段以及走出家庭本身就是一個重要的階段，離家的任務需要經過思考，因為如果沒有察覺這個轉型的話，我們往往會在未來所有的分離中落得不斷重複這種轉型的結果。從占星學的角度觀之，我們可以想像自己如何跨過第四宮及第五宮之間的界線。

## 離家

六十年代中期，披頭四（Beatles）的歌曲《她離開家》
（She's Leaving Home）捕捉了許多出生在冥王星獅子座年代的青
少年對離家的渴望：

> 靜靜地關上房門
> 她留下一封渴望能訴說更多的紙條
> 她下樓 來到廚房
> 緊抓着手帕
> 靜靜地轉動後門鎖
> 踏出門外，她自由了[129]

離開父母而去，沒有說再見，在清晨的黑暗中偷偷溜走，迎向
她的命運；留下供給她「所有金錢能買的東西」的父母無法平復的
震驚。

這讓父母難以置信，並感到被遺棄和背叛，歌曲中的女主角為
了某個「從事汽車貿易的男人」並確認人生將因此更有樂趣而離開
父母家，那個令人窒息的環境[130]。這代表的是全新、刺激、解放
的生活。在不知道未來前途以及不曾察覺離開家裡所引起的悲傷之

---

129 歌詞引用自披頭四 *Sgt. Peppers Lonely Hearts Club Band* 專輯中，由保羅·麥
　　卡尼（Paul McCartney）和約翰·藍儂（John Lennon）所寫的She's Leaving
　　Home.

130 接下來的歌詞都引用自由保羅·麥卡尼和約翰·藍儂所寫的She's Leaving
　　Home。

下，當這份關係一旦失敗，她就會陷入沒有任何防衛或安全網的危險中。家庭環境及父母未能協助她做離家的準備，在缺乏任何鼓勵去支持她跨越通往外在世界門檻的情況下，她可能重新創造原本令人窒息、極欲逃離的家庭氣氛。在占星學上，這存在著退化、回到第四宮的風險，離不開那支撐基礎（天底）的強大、古老模式，她將未來的安全感寄託在原生家庭及祖先元素所建構的基礎上。

一首更早期由蘇·湯普森（Sue Thompson）演唱的歌曲《詹姆斯安穩地扶著梯子》（James Hold the Ladder Steady）以較輕鬆的方法訴說了一個私奔的故事。這是在父母拒絕並嘲笑女兒想與愛人結婚之下的唯一選擇，在冥王獅子座世代的離家主題下，對於每個與此分離階段有關的人來說，往往都是一種創傷經驗。

此世代人離開父母家最常見的方式之一是透過婚姻，透過愛情進入新家庭的門檻，卻不知不覺間重建了他們誓言想離開的家庭場景。他們也可能跌進一個承諾他們新生命的情人臂彎，或是跳上能帶他們去遠方冒險的輪船或飛機，他們天真地以為世界會給予他們父母家應該有的滋養。不幸地，這個重要的轉型期往往未被完成，缺乏任何儀式或是具有覺知的分離過程，因此被留在家中的人往往會感到被遺棄或背叛，而離開的人則感到內疚與不值得。

然而，不只這一個世代的人才會在家及外在世界之間的困境中掙扎，這個生命循環的階段是一個原型性經驗、一段神話以及被詳述的宗教，就像亞當及夏娃離開伊甸園或是離開父親家的美狄亞（Medea）[131]。神話中的女主角也離開父母的家，留下暴風

---

[131] 如需要這主題更詳細的資料，請參與麗茲·葛林（Liz Greene）及茱麗葉·沙曼伯克（Juliet Sharman-Burke）所撰寫的 The Mythic Journey, Eddison-Sadd（London: 1999），74-90.

一樣的情緒及由背叛所編織的網，亞莉雅德妮（Ariadne）與年輕耀眼的英雄忒修斯（Theseus）相戀，忒修斯被派去她的米諾安（Minoan）皇宮去面對她同父異母的兄弟米諾陶（Minotaur）。被愛衝昏頭的她安排並協助他去手刃那身處皇宮地底迷宮內的怪物兄弟，而在密謀參與了這場謀殺後，她跟忒修斯一起逃離了皇宮，並登上了她的英雄所擁有的希臘船艦，逃進了漆黑的地中海之夜。她遺棄了父母的皇宮，不但一起密謀殺害了自己同父異母兄弟，更留下了妹妹淮德拉（Phaedra）。正處於青春期的淮德拉看著姊姊離家的過程，留下了印象並受到姊姊的行動和選擇所影響。在背叛了自己的家庭之後，亞莉雅德妮也遭到背叛，被遺棄在他們離開克里特島（Crete）後第一個靠岸的港口納克索斯島（Naxos）上。

同樣的，亞莉雅德妮的表姊妹美狄亞（Medea）背叛了父親、殺害兄弟、背棄家鄉去幫助一個來自異地的英雄。如果沒有美狄亞，傑森（Jason）無法成功的取回金羊毛（Golden Fleece）；就像忒修斯，傑森也背叛他的助手和愛人。在兩段關係中，都重新創造背叛的主題，當初促使自己離家的情人，現在變成離棄她的人。然而，與家庭及家鄉斷絕關係的創傷有如一道如影隨形的強大力量，它會影響人們的一生，並在其他事物結束之時重現。成功的從家鄉轉型不單代表童年及依賴父母的結束，也是每當舊有模式不再管用時都會重新出現的模式。在生命重要的改變中，往往揭露了「離家」的未竟之事，並把個人的情緒帶回到早期分離時的動盪模式中。當人們離家時，情緒上所要求的不單是那英雄式的衝動，更包括得到被我們留下的家人的支持和鼓勵。

離家代表了每個家庭生命中的轉型時期，這關鍵時間相當重要，因為離開代表了離開家庭子宮的安全及防衛，進入家庭以外的

世界。在占星學上，代表家庭的第四宮及英雄性自我的第五宮之間的門檻，象徵著這轉型階段。在發展上，第四宮代表個人啟蒙的前四個宮位的完結，如果理想的話，會以內化第四宮的內在安全感做為結束。而第五宮代表四個人／我宮位中的第一個宮位，並且是在家庭以外努力建立自我認同的開始，也是將忠誠從家庭母體中轉給愛人的開始。第五宮首區隔了我們的家鄉及外在世界，正是離家時需要跨過的門檻，英雄離開家裡，而第五宮首往往生動的展示離家的過程。

就像其他「生命宮位」（第一宮及第九宮）的宮首，第五宮的宮首代表了出發前往新世界的探索，披頭四那首歌的女主角轉動「後門」鑰匙，踏出門檻、掉進愛人懷抱，就像忒修斯與傑森，他是刺激女主角離開家前往世界探索的英雄體現，可惜的是，副歌明白寫到「歡樂是金錢買不到的」。第五宮代表了家庭無法滿足的外界探險，女主角愛上了一個異國英雄，他代表著她家庭環境以外的世界。在此轉型期中，離開由第四宮所象徵的月亮環境與家庭母體的共生關係，邁向太陽的英雄之旅。而第五宮造就了神話英雄，他與大母神（Great Mother）之龍戰鬥，並且在安適圈以外探險。當第四宮的環境受到祕密、謊言或被壓抑的怪物（就像米諾安的米諾陶、以及傑森所屠殺的惡龍）的毒性污染，那麼英雄性的衝動會想要將怪物「殺死」，這將推動背叛的輪迴。

支持這些改變的，是隱藏在分離的興奮感下那股巨大的悲傷，童年結束了，青春期正在消逝，並逐漸失去無條件被接納的特權。當離家的過程是複雜的時候，個人會隨意、盲目的信任外人，他們以為外面的世界是充滿支持的，然而隨之而來的往往是一種醒悟，將「外在世界會比家庭世界更歡迎我們」的美夢粉碎，被

錯置的忠誠及愛將產生反作用力。這個階段並不是哀悼的時機，在想要發現外在世界的極度渴望下，會帶來一種虛空感，這種哀傷在沒有適當疏導下，會變成絕望、自我毀滅、甚至最壞情況下形成自我厭惡。想要離開熟悉環境的勇氣往往會投射到他人身上，而這個人最後一定會背叛我們，好讓我們找到深藏在第五宮之中的內在勇氣。

分離跟連結之間密不可分，在擁有安全依附之下，才能夠具有分離能力，而不會出現破壞性的情緒。就像之前在第三章的「連結和分離」所探討的，我們有三種連結及分離的類型[132]，依附是人類發展所必須的，因為它讓我們本能地發展出分辨保護者或是掠奪者的能力。當家庭受到怒罵與虐待的干擾，或是充滿暴戾之氣，那麼外面的世界也不會安全。在沒有安穩的依附下，個人往往可能下錯決定，誤信不對的人而因此被背叛。在離家這個轉捩點中，我們的安全依附感成為成功轉型的指標。

依附的方式能透月亮原型（月亮、第四宮及巨蟹座）、其他「結束宮位」（第八宮及第十二宮）以及它們的延伸（天蠍座、雙魚座、海王星及冥王星）相關的方式理解，但是其中一種比較明確描畫依附方式的方法是檢視月亮相位。當移動得較慢的行星與月亮形成困難相位，那麼「離家」過程會充滿不完整及不確定感，透過這些行星與月亮相位產生的情結，這讓轉型過程更為複雜。這些主題也會明確的表現在第四宮裡的行星或守護第四宮的行星，這些都

---

132 詳見約翰・包比（John Bowlby）：《安全的基礎：親子連結和健康的人類發展》（*A Secure Base: Parent-Child Attachment and Healthy Human Development*），Routledge（London: 1988）.

是透過家庭體系反映的強大面向。我會鼓勵你們更深入探討月亮動態的面向，並反思你們的分離過程和依附方式。

　　月亮本質的影響是全面性的，因為它同時描述母親及她的感受生活，甚至她在她自己的家庭環境中的經驗，月亮以這種方式描述祖先遺贈，尤其是來自母親家系。而在表面的意義上，它也同時描述了母親離家的途徑，那是我們本能上可能已經經歷的路。年輕人往往會重覆父母的離家模式，星盤中月亮的描述暗示了我們如何建立連結、以及連結的渴望如何在家庭環境中被滿足，這直接地塑造了我們分離及離家的方式。當月亮的星象或第四宮太難處理，我們可能會切割那一組相位，而成就更具支持性的另一個相位。也許披頭四歌曲中的女主角離開了她的土星／月亮相位，去尋求星盤中更加有利的相位，但如果沒有任何支持協助她越過通往外在世界的門檻，那麼她就注定要將土星／月亮主題帶入她的人際關係之中。

　　家庭治療的先驅杰伊・海利（Jay Haley）提出了四個重要訊息幫助我們在沒有罪惡感、羞恥感或受父母的悲傷妨礙下離開家庭[133]，這些訊息的本質隱藏在我們早期的依附及分離經驗中，並對於鼓勵自我力量的發展相當重要。這類似於神話中英雄試煉的開始，或是神賦予英雄重要禮物、讓他們繼續旅程的功課，這四個訊息包括：

---

133　這四個訊息靈感來自由杰伊・海利（Jay Haley）所寫的 *Leaving Home: The Therapy of Disturbed Young People, Second Edition*, Brunner/Mazel, Inc. （New York: 1997）.

## 1. 你可以離家

　　個人如果能夠從父母的愛中被釋放，以及受到鼓勵離開家庭去追尋自己的生命，便能自由地在父母控制之外展開自我探索，認可、支持和鼓勵性的回憶支持他們過去的旅程。然而潛意識的訊息卻往往是「你不應該離去」，而在後續的每一段成年人際關係中像幽靈一樣徘徊不去。由於這種負面的訊息，個人認為必須在每一段關係追求自由，並不斷確認，他們將終將得到自由。而這種訊息早在每個分離及成年經驗中展開，例如，在第一次火星回歸中，小孩到底是被鼓勵還是被遏止？「能夠分離及離開家庭」的訊息透過生命循環累積，並且在孩子在獨立自立的過程中，感到被鼓勵及協助下帶來助益。

## 2. 我們信任你

　　在載滿父母所灌注的信念下，英雄可以自由地從錯誤中學習，但當父母不相信子女可以在世界中找到自己的路並且成功的話，他們的訊息就會變得具有毒性及阻礙性。如果訊息是「我們不相信你」，個人就會努力的相信自己，並使他們想要在更廣大的世界中證實自己。

## 3. 我們會想念你

　　感到被珍惜能將我們從極力需要得到他人的愛中釋放，知道自己被愛容許我們去愛人，當缺乏這訊息，「我們不想念你」的訊息被內化，那麼不被珍惜的感受就會滲進後續每一段關係中，並在

每一段新關係中，經常需要伴侶一再保證我們是被渴望及被需要的。

## 4. 我們會好好的

　　青壯年人出發前往新世界，卸下對其他家人的責任，他們帶著完整的感覺離開並且真切的知道此一生命階段已經結束。如果不是這樣的話，個人可能會害怕「如果你遺棄我們，我們就會毀了」的說法，然後他們會感到無法應付依賴他們的人，或無法離開困難的處境。在無法自由離開的情況下，個人可能會感到自己被困在自己無法離開的處境之中。

| 成功的離家訊息 | 失敗的離家訊息 | 失敗的離家訊息的結果 |
|---|---|---|
| 1. 你可以離家 | 你不應該離家 | 你保證我可以在這段關係中得到自由 |
| 2. 我們相信你會成功 | 我們不信任你 | 證明你對我是認真的 |
| 3. 我們會想念你 | 你在此不受重視 | 證明你想要及需要我 |
| 4. 沒有你我們也可以過得很好 | 如果你遺棄我們，我們就毀了 | 我無法應付你的過分需求 |

　　當與家庭之間的依附關係具有安全感，當人們離開家庭進入世界時會帶著鼓勵及讚賞的記憶，這些被內化的記憶形成自我力量的基礎，為未來的分離或恐懼絕望提供定錨。這強大的基礎讓個人有能力去度過生命中的黑暗夜晚，而不是變得麻木及無能為力。天底及第四宮的穩固性，為第五宮所探討的太陽主題及英雄性衝動提供了跳板。

　　家庭環境阻礙個人跨越門檻的重要因素，包括：刻板僵化、糾纏不清、混亂和分歧；發現自己擺盪在刻板僵化的緊密束縛，或

是完全不受限制及沒有自制、缺乏中心、安穩基地的家庭環境之中。天底的基礎被弱化，月亮的包容性也顯得脆弱；另一個狀況是個人擺盪在個性受到家庭的扼殺及抑制，或是感到自己被排拒在家庭中心之外，這兩個極端都使離家的過程變得複雜。在健康的家庭環境中，我們感到更自信穩重，顯少因這些極端而四分五裂，結合月亮原型及其他行星的占星主題，將素描出家庭領域的樣貌。

當土星原型被過度強調，家庭的結構可能會變得刻板僵化，家庭成員可能為了迎合外在權威而否認自己的真實性，在這些固執的家庭中，最重要的是已經被接受的傳統、規則和權威而不是個人。當土星被弱化，可能出現一種混亂的家庭氣氛，並且缺乏形式或結構去包容發展中的個人，甚至缺乏安全網去幫助人們安心的在家庭結構及規則之外探索冒險。在混亂的環境中，階級是不存在的，而孩子在年紀還小時就可能覺得必須對父母及／或手足負責，並認為有需要去顧全大局。

在一個疏離的家庭中，與父母之間會產生一種距離感，離開的過程因焦慮感而感到沉重，在這裡會演繹出天王星的原型，在任何依賴性或情緒連結的徵兆下，個人都會本能上抽身而退，潛意識想建立連結的渴望會吸引他人，然而當他人予以回應時卻會被推走，這種「建立連繫／終斷連繫」的動力把依附和分離過程都予以破壞。

家庭成員之間的極度糾纏不清也會妨礙分離的過程，當有著不恰當或不夠清楚的家庭界線時，在怕傷害到被留下來的人之下，離開會變得不容易。在占星學上，這可以透過海王星的原型描述，例如海王星在第四宮、月亮雙魚或海王星／月亮相位的描述，顯示了

個人為了家庭的集體安康而犧牲自己的傾向，如果是這樣的話，家庭的網會困住個人，而造成離家的困難。

冥王星主題的糾纏不清發生在家庭的祕密中、或家庭的背叛具有束縛性威脅之中[134]。當我們情緒上感到對某人有義務的時候，要離開是相當困難的事，冥王星的強勁相位、冥王星在第四宮及月亮天蠍皆與這個主題互相呼應。

## 中年之後

在我們的生命旅途中
我發現自己身處於森林的漆黑中
而筆直的路徑已然消失無蹤

但丁《神曲》（The Divine Comedy）中的內容被視為西方文學中最常被傳誦的，而且可能也是最常被翻譯的。在這裡引用的是來自詩人亨利・朗費羅（Henry Longfellow）[135]，雖然經常被使用去描繪喪親之痛，它們也一直被用來以詩意的手法比喻中年及青春的逝去。這種感傷也是諸如安東・契訶夫（Anton Tchekov）、保羅・高更（Paul Gauguin）、T.S.艾略特（T.S. Eliot）、戴倫・湯馬士（Dylan Thomas）及其他數之不盡、具創意的藝術家們在其生動的作品中表達過。事實上，往往是在中年危機中，偉大的生命作品才得以被孕育並創造出來。

---

134 關於家庭體系，詳見艾琳・沙利文（Erin Sullivan）所撰寫的*Dynasty* 53-60頁，當中根據「建立連繫／終斷連繫」的家庭體系去探討天王星及海王星的原型

135 http://www2.eng.cam.ac.uk/~tpl/texts/dante.htm

　　榮格對於個體化過程（individuation process）的理解出現在自己的中年之旅，這轉型期是一個儀式化的過程，將他從外界的注意力調整到內心世界，他認為自己前往自我的旅程，與神話中下降到冥府類似[136]。在自傳中他自己訴說了這趟旅程，在三十八歲的時候，當「地面真的在我腳下打開，而我墜入極度的深淵[137]」時，他經歷了自己的下降。就像但丁一樣，他也經歷到「森林的漆黑」，雖然這些中年的極度黑暗的體驗往往是絕望、抑鬱、沮喪及失望，這些非常感受都是必須的沉潛，它們下降、更快的找到我們在追求外在的目標與理想時所失去的自我。在中年的時候，靈魂會召喚並尋找深度和意義。

　　一九六五年，心理分析師及機構諮商師雅略特・艾克（Elliot Jacques）在《國家心理分析日誌》（International Journal of Psychoanalysis）中的「死亡及中年危機」（Death and the Midlife Crisis）一文中首次創造「中年危機」（Midlife Crisis）這辭彙。他聚焦在藝術家及他們的死亡經歷，但是他對中年的關鍵階段所賦予的特色產生許多迴響。在現代的流行文化中，這是一個被廣受接納的主張，因為過於普遍而讓所有年紀的人都聲稱自己有「中年危機」。由於生命週期的急劇變化，如壽命增加和離開家庭和生兒育女的年齡較晚，許多早期對於中年危機的描述，已經無法適用於當代正邁向中年的世代。但是許多潛伏的議題，例如轉化與死亡、生命回顧及對於人生優先順序的質疑、創作上的焦慮及精神上的貧乏、以及真實性的全面探索，皆依然適用。

---

136　榮格（Carl Jung）：*The Collected Works of C.G. Jung*, Volume 12:439.

137　榮格（Carl Jung）：*Memories, Dreams, Reflections*, trans. R. & C. Winston, Pantheon Books（New York, NY:1973），172.

中年危機不單是個人尋找意義的功課，這階段也會發生在家庭中，而配偶、子女和父母都會與成人共同參與此危機。在這生命階段中，父母及／或祖父母的死亡使中年人面對衰老過程，或者中年人和他的家庭得照顧他們逐漸老去的父母，這影響了家庭的動力。回想父母在你此時的生命情境，永遠都是發人深省的。邁入中年，人們會回首與子女一般年紀的時光，並準備迎向父母的年代。

在過去的世代中，中年往往與子女步向或經歷青春期、或變得更獨立的過程同時發生，但現今的中年階段可能正是第一個小孩出生的時候，而對許多人來說，此時正是哀悼來不及出生的孩子、並意識到能夠成家的時間已經所剩無幾的階段。家庭生活是一面鏡子，能夠反照出尚未發生的事情及可能發生的事情，因此個人及家庭之間的的距離會變大，一些情有可原的情況，例如經濟困難、失業或疾病，往往是隨著轉型期而來的外在壓力。成人的危機瀰漫於家庭氣氛之中，每一世代對於外在世界的幻滅似乎都有自己的體驗，但內心的面貌卻會保持不變。

大部份的作者認為中年的階段是在三十五歲至四十五歲這十年，梅里・斯坦（Murray Stein）在其著作《中年》（In Midlife）提出「中年的轉型期維持數年，並在三十五至五十歲期間發生，通常會從四十歲左右開始。」[138]。斯坦本能地從三十五歲的第三次木星回歸期間展開這重要的生命階段，並在邁向五十歲大關的凱龍星回歸時結束。在占星學上，我們認為這階段由三十五歲的第三次木星回歸維持到四十七歲的第四次木星回歸，並會在三十七歲至

---

138 梅里・斯坦 （Murray Stein）：《中年》（In Midlife），Spring Publications （Dallas, TX: 1983），25.

四十二歲時特別強烈，而此階段會在四十歲中期由第二次土星對分相所鞏固。這時期重新探索了某些在青春期曾經經歷的重要循環。中年階段造成的影響是整體性的，因為個人的經驗會被家庭中過去、或目前在此階段的其他成員複製，而且這階段會吸引上次循環中受困又未被處理的靈魂經驗。以下讓我們有系統地重溫與中年有關的占星學。

三十五歲至三十六歲之間的木星回歸預告一個與意義有關的危機，它會質疑夢想，並分析從過去到現在主導一切的優先順序。那條鉛垂線會深入至十二歲時的青春期歷險之中，但也會向前伸延，此時將重溫及重新排序那些偉大夢想、樂觀的世界觀及核心信仰。緊接在後的是在家庭生命循環中產生迴響的兩個重要循環：第二次土星跟其本命盤位置的四分相，以及第二次交點回歸，兩者都大約發生於三十七歲左右。第二次的土星四分相會喚醒七歲左右的回憶，但也會重新探索七年前土星回歸所做的決定、改變及所設下的目標。第二次交點回歸則會回到十九歲，在這準備展開中年生活之際，靈魂會再一次召喚。下表歸納出這些情況，當個人透過占星學循環瞻前顧後，會發現其他家庭成員可能也正處於這些循環的轉捩點上。

對於冥王處女座及冥王天秤座的世代，另一組強勁相位會在此時影響個人的注意焦點，冥王星會展開循環的四分相，並預見個人將會下降到榮格對此年紀所描述的深淵[139]。對於這些世代的人來

---

[139] 榮格來自冥王星金牛座的世代，冥王星在這星座中移動得最緩慢，而這世代的人其實要到八十多歲時才會遇上他們的第一次冥王四分相，然而，當榮格三十八歲時描述自己的下降經歷時，當時冥王星其實正跟本命盤位置形成半四分相。

說，中年經歷的早期階段受到靈魂的黑暗經歷突顯，冥王星四分相暗示著誠實面對個人此時的價值觀及忠誠。

| 行星週期 | 中年的年齡 | 需要注意的年紀 | 未來的年紀 |
|---|---|---|---|
| 第三次木星回歸 | 35-36 | 十二歲及廿四歲的回歸、廿九至三十歲之間的對分相，反思你在這些時期的夢想及理想，以及在此年紀與家庭成員的關係。 | 注意下次四十七歲至四十八歲之間，以及五十九至六十歲之間的木星回歸。思考在那年紀時對於自我的想像，以及對於父母及／或祖父母在此年紀的記憶。 |
| 第二次土星循環四分相 | 36-37 | 第一次土星循環上弦四分相發生在七歲，十四至十五歲產生對分相，廿九至三十歲回歸。思考你在這些時候的理想及驅力，以及你與家庭成員的關係。 | 土星循環對分相發生在四十四至四十五歲，而下一次回歸發生在五十八至五十九歲，你此時的決定和選擇會如何影響五十九歲時的結果？你父母在這歲數時在做些什麼、得到什麼回報？你的父母衰老的過程如何？ |
| 第二次交點循環回歸 | 37-38 | 第一次交點循環回歸發生在十九歲，思考這階段的靈魂的渴望。 | 下一次交點循環回歸發生在五十五至五十六歲，對在下一階段的生命，你認為你有能力參與的靈魂渴望？ |

　　發生於三十八歲至四十二歲之間的天王星循環對分相，是典型的中年行運，對於八十四年的平均壽命來說，這的確是中間點了。而在天王星的風格中，這象徵了內心對改變、承受風險、切斷過去以及像塔羅的愚人牌一樣走下懸崖、面對未來的渴望。此時突顯想要重新發現自我、以及重塑未來的中年渴望，這種躁動加快了家庭體系的節奏。而下一個轉角則是一些強大的循環，這些循環描述著中年時期靈魂深層轉化的特徵。下表重溫了這些循環，四十歲左右的人似乎帶著內在想要救贖過去的心理動力。

| 行星週期 | 中年的年齡 | 需要注意的年齡 | 未來的年齡 |
|---|---|---|---|
| 第二次推運月亮循環對分相 | 41 | 發生在13-14歲時的推運月亮對分相以及27-28歲時的回歸。回顧你在家庭中的安全感以及滿足自己需要的能力。 | 下一次推運月亮回歸發生在54-55歲，並展開第三次循環。在中年時期為了確保你與眷屬的安穩及情緒健康所完成之事，能使這階段的家庭生活更有活力。 |
| 海王星循環上弦四分相 | 41 | 第一次海王星循環半四分相發生在20-21歲，思考這年紀時的夢想和理想是什麼？有哪些夢想仍然是真實而可能的？哪裡是不真實也不可能的？反思父母在這年紀時的夢想以及這些夢想最後的結果。 | 八十二歲時發生的海王星循環對分相，就像天王星循環對分相。海王星循環的四分相指出人類生命循環的中間點，提供一個機會，讓我們回顧創作性及精神性的自我，以及家庭遺贈如何幫助我們加深精神信仰？ |
| 第四次木星循環對分相 | 41-42 | 發生在十八歲時的第二次木星對分相會聚焦在：你當時前進的方向是什麼？你現在是否需要重新找回來？例如：失去的教育或旅遊機會等？ | 發生於47-48歲的下一次木星回歸會完成中年階段。為了確保我們的視野和目標以及家庭受到支持，有哪些改變是必須的？ |
| 第二次土星循環對分相 | 44-45 | 直接回溯至14-15歲的對分相，在追求成功的路上，自我的脆弱及力量。 | 發生於59-60歲的土星回歸可以收割目前完成的工作成果：我們如何對於自己真正的需求及目標盡量誠實。 |

　　以家庭生命循環的角度來說，中年人現在已經處於中間的世代，可以回顧生命中戀母期及青春期，以及展望此循環中逐漸衰老

的父母所處的生命之旅。這時期的動態循環讓個人為下一個十年做好準備。五十歲展開的十年，涵蓋了個人及其家庭都需要邁向的強勁行星回歸，當處於核心並已為人父母的伴侶，經過這準備逐漸衰老的十年，他們的小孩也會往世界出發，而這對伴侶的父母則即將退休，並離開他們認識的世界。

## 五十歲及以後

　　五個強勁的行星相位會在從五十歲展開的十年內發生，除了五十歲發生的凱龍星回歸之外，其餘所有相位都曾經發生過，而除了剛出生的十年內所發生首次的內行星回歸之外，並沒有其他的十年會有五個不同行星的回歸。

　　五十歲的凱龍星回歸提醒人們年老的事實，以及對青春的逝去與埋葬，這清楚的暗示我們過去的經歷比在前面等我們的生命多。當我們年輕時，那些讓我們興奮的差異、邁出世界、我們的探索及實驗皆已減少，當人們轉過這生命的轉角而看見新的任務，熟悉的及喜愛的東西會變得更令人滿足。彼得·奧康納（Peter O'Connor）為他的著作《面對五十歲》（Facing the Fifties）下了「從否定到沉思」的副題，這是他認為鞏固此生命階段的任務[140]。

　　當死亡似乎仍然在遙遠的地方，但它是可被看見的，甚至比過去任何時候都更清楚。在往這種無可避免的真相前進的過程中，人

---

140 彼得·奧康納（Peter O'Connor）：《面對五十歲》（Facing the Fifties），Allen & Unwin（Sydney: 2000）.

們矛盾地握有讓靈魂再次被解放的鑰匙，曾經歷死亡的倖存者都訴說一個共同的經歷：瀕死經驗在那一刻讓他們產生想要活下去的意志。在撰寫這此階段時，榮格認為「生命中有太多本該被經歷的面向，被放在塵封回憶的雜物間內，但有時它們也是在灰色塵埃中灼熱的木炭」[141]。在凱龍星回歸的時候，會重新發現被囚禁靈魂中的「灼熱木炭」，而接下來的階段是將它們重新引導到生命之中。五十歲時開始的凱龍星回歸會問的問題是：「在這生命最後部分，我將要做什麼？」[142]

　　五十歲指出新的典範，雖然這個新階段瀰漫著可能性，但接下來的下弦週期所需的地圖與前半生的上弦週期的不一樣，這階段中的凱龍星回歸標示着中年階段。隨著占星學上強勁的行星循環，這張中年階段的地圖將往回溯及，以心理動力的手法去理解我們來自哪裡，並將驅除童年的魔鬼，解放內心的小孩，重新探訪青少年時期，探索較少行經的道路。但五十歲世代這十年會展望未知的新世界，當我們漸漸轉向生命的西方，我們探求意義的任務被染上不同色彩，在人生的早晨中最優先的事情，到了黃昏時可能就不再重要。埃麗卡・容（Erica Jong）這麼形容：「所有你年輕時受過的苦，來到五十歲時，就會變得沒有那麼重要了」[143]，優先順序會轉移，而調整方向的種子也已被埋下。

---

141　榮格（Carl Jung）：*The Collected Works of C.G. Jung*, Volume 8: 772.

142　梅蘭妮・瑞哈特（Melanie Reinhart）：《凱龍星：靈魂的創傷與治療》（*Chiron and the Healing Journey*），Arkana（London: 1998），268.

143　埃麗卡・容（Erica Jong）：'Pathfinder' from *What We Know So Far*, edited by Beth Benatovich, St. Martin's Press（New York, NY: 1995）. 6.

| 年齡 | 行星回歸 | 之前的回歸 | 下一次回歸 | 註解 |
|---|---|---|---|---|
| 50 | 第一次凱龍星回歸 | | | 凱龍星的循環相當獨特，根據它所在的星座，各自有循環中的關鍵點。[144] |
| 54-55 | 第二次推運月亮回歸 | 27-28 | 82 | 二推月亮循環將生命分成三部分。 |
| 55-56 | 第三次交點回歸 | 18-19<br>37-38 | 74-75 | 交點回歸發生於推運月亮回歸的一年之內。 |
| 58-59 | 第二次土星回歸 | 29-30 | 88-89 | 第二次土星回歸及第五次木星回歸發生的時間十分接近，並結束凱龍星所展開的十年。 |
| 59-60 | 第五次木星回歸 | 12<br>23-24<br>35-36<br>47-48 | 71-83 | |

　　下一個重要的占星學回歸會正好發生在五十五歲生日之前，凱龍星回歸之後會緊接著五十二歲的第二次土星循環下弦四分相、五十三歲的第四次木星循環對分相，這是展開改造過程的時候。雖然許多重塑和改造過程發生在五十至五十五歲之間，個人卻可能會感到自己身處於一個懸而未決的狀態，然而，也逐漸定位新生命的方向。在五十歲世代，對於外在世界的需求不會減退，但個人會賦予它們更深層、深思熟慮的回應。凱龍星象徵持續不斷與「另一個世界」接觸的主題，而當凱龍星回歸的時候，世俗及精神世界之間將會變得更為接近[145]。

---

144 詳見本書作者所著的 *Keys to Understanding Chiron*.

145 許多環繞凱龍的主題都指向它做為世俗世界及「另一世界」之間的「橋

　　在踏入五十五歲之前，推運月亮會產生第二次回歸，生命中的推運月亮有三個分開卻互相交織的週期，每個推運月亮的週期維持約27.3年，劃出個人及家庭生命循環中的重要轉型期。在平均壽命中，環繞星盤三次的推運月亮定義了三個截然不同的發展階段[146]：青年、成年及老年。三個生命時期由推運月亮的三個階段象徵：上弦新月的輕少女、滿月時的成年女性以及黑月時的年邁婦人[147]。這三個截然不同的生命階段的融合，有助於淨化生命經驗：白色女神居住在年輕的階段，而紅色女神活化成人階段，在最後的階段中，黑色女神有著這循環的智慧。二推月亮象徵了生命循環中的這三個階段，在五十五歲生日前的數個月，二推月亮會回到其本命盤位置，並在星盤中展開第三次週期。這是月亮第三次及最後一次循環，由黑色女神們所代表，尤其是黑卡蒂（Hecate），在拉丁文中，她的別號是「Trivia」，依字面翻譯的話，為「三岔路」。

　　我們在三岔路口遇到黑卡蒂，在五十五歲的時候，我們站在這三個生命路徑交叉口：我們追憶年輕歲月，回首檢視身後剛走過的成年之路，並展望那尚未踏上的年老之路。這三條路在此匯聚，而我們正要踏上那不曾走過的路。在此生命階段中，家庭可能會產生

---

樑」，它於十一月一日被發現，那是塞爾特人的薩溫節（the Celtic festival of Samhain），他們相信兩個世界之間有著一道間隙，在占星學上，凱龍處於土星跟天王星之間，也就是世俗和精神的原型之間。

146　最近的統計提出澳洲女性的平均壽命為82歲，這與推運月亮的第三次回歸同步。

147　詳見本書作者在心理占星中心期刊Apollon第四期中發表的《二推月亮：謨涅摩敘涅的追憶》（The Progressed Moon: Mnemosyne's Recollections）（December 1999）.

共時性的發展：孫子可能剛開始踏上我們年輕時走過的路，而我們的孩子則可能展開我們才完成的成人之路，家庭儀式和轉捩點包括了孫子出生、父母死亡及兒女結婚。在象徵上，孩子、成人以及這個新的初老階段在路口相遇，因此在我的經驗中，個案往往會在此時做著重要的夢境，或關於孩子、母親和祖母的生動想像，或是某件為家庭整體生活帶來重大轉變的外來危機或事件。所有的路都在此匯合，孩子和成人階段透過生命經驗和記憶被內化，而最後的年老之路已經在眼前。

當我們活在會排斥及邊緣化第三階段的老嫗主題的文化中時，我們有可能會拒絕這長者的階段，以及自己做為導師的角色。我們被鼓勵去緊抓著年輕形象不放，因此我們的靈魂可能會回到不恰當的地方而造成退化，繼續地抵抗衰老過程，想要回復青春，而不是去包容月亮黑暗中的神話，就像暗月（Dark Moon）的所有其他面向，老年神話被我們的文化拒絕及恐懼。

推運月亮回歸同時標出另一個情緒及生理發展的完整循環，當生活來到這個回歸時，身體已經經歷了許多荷爾蒙的轉變，對女性來說，在這十年階段開始的更年期可能是最明顯的改變。但是男性的荷爾蒙也會發生改變，這些改變開始浮現在：夜汗、性慾退減、身體痠痛及疼痛、情緒氾濫。兩性皆發現身形自然的變化，年輕時塑造的身形會為之後的生命改變，在我們五十多歲的時候，「有些事情會改變，而這不只限於身體」[148]。

第二次推運月亮回歸是記憶和遺忘的時候，月亮的記憶以想

---

148 德魯西拉‧莫杰斯雅（Drusilla Modjesja）：“Life at 50”, The Age, Melbourne（August 19, 2000）.

像、象徵、感受、印象、本能的方式被儲存在靈魂裡，或是透過疾病、過敏、痠痛或疼痛被烙印在身體中。月亮的記憶不是線性地記著日期及統計，而是透過夢境和感官被揭示。在這十年的中間點，我們已經準備好彙集生命中的脈絡，透過身體、感受生活、夢境、幻覺其他內在或外在的想像喚醒記憶。在這分岔路口，我們開始回憶和回顧，編織自己生命的故事；在大約五十五歲左右，天王星和海王星會跟它們的本命位置形成三分相，這鼓勵我們彙整自己生命故事的脈絡。

月亮交點在我們五十六歲時回歸，每次交點回歸都會重覆出生前後的那一次日月蝕。在每一次交點回歸，太陽的自我認同會受到挑戰而變得充滿精神意義。**每次的交點回歸就像是一個召喚、一次命運的回溯、一個有目的的覺醒以及一個靈魂意向的提醒。**這交點回歸發生在中年及老年的交界，定義新岔路的重要時刻，交點就像路標一樣指示方向，南交點回歸暗示了過去循環的完成，清空一直以來的保守內涵，好讓個人可以往前邁進，浮現新生命的可能性。當英雄性的自我放棄與世界的惡龍戰鬥，尋求內心世界的寧靜和人際關係的安全感，在這一刻，更真實的功課即將展開。在此十年之初所發生的凱龍星回歸指出英雄的退隱，而這交點回歸則指出進入個人生命的精神領域。艾琳·沙利文（Erin Sullivan）描述這交點回歸時期為「觀察個人生命真正目標的內省力」，因為交點循環指出人們回歸於靈感的啟發，以及重新審視個人的精神之路，這也是當人們重溫宗教及精神性承諾的時刻[149]，我們在此回歸中準備好更完整地活出自己的靈魂。

---

149 艾琳·沙利文（Erin Sullivan）：Saturn in Transit, Arkana（London: 1991）, 85.

交點的行運往往被描述是與他人或重要事件的重要相遇，這重塑了我們的信仰、價值觀或態度。由上一次交點回歸所展開的中年階段的努力和工作成果可以在此時收割，由中年開始追尋的真實性及更深層意義達到頂峰，它所產生的精神性並非是福音式的覺醒，而是個人道德及價值觀的確定感，會有某種召喚啟發我們去放棄對於下一個循環無意義的事物。交點回歸展開靈魂進程的新循環，因此，它代表著五十歲年代所經歷的過渡期的結束。

美·薩頓（May Sarton）在她第二次土星回歸時著作《孤獨日誌》（Journal of Solitude），清晰地描述她掙扎在為了想要的生活而挪出空間、在思考及人際關係之間建立平衡、以及尋找孤獨過程之間。五十歲之後的十年，有助於重新排列人生的優先順序，好讓我們可以挪出時間包容這種孤獨。土星回歸提供一個機會，建立結構以支持這種新出現的生存方式，外在的生活結構已經達到了極限，而靈魂渴望強化它的內在生活。

蒂娜·透娜（Tina Turner）在六十歲時展開了她宣稱的最後一次巡迴演出。「我能夠接受即將六十歲的事實。」她說：「但我想掛起我的舞鞋了，我知道我有能量再次上台，但我不想變成一則諷刺笑話，而抹滅了關於我的短裙和美腿的回憶，我不想聽到人們說『喔，她以前是一個美人，她以前很棒。』我的自尊不容許這種事發生[150]。」三十歲的時候，我們凝望眼前、我們之外的世界，六十歲的時候這會內化並專注於創作性的自我。美·薩頓說她的二

---

150　蒂娜·透娜（Tina Turner）於Tina Turner Turns Sixty一文中的引文，由 *Herald Sun Sunday Magazine,* 的Robin Egger撰寫, Melbourne（November 14, 1999）. 洛伊士·羅丹占星資料庫（Lois Rodden's Astro Data Bank）把這資料列為AA級。

次土星回歸是關於存在而不是作為。兩個強勁的回歸指示五十歲世代的結束，它們代表的是智慧而不是資訊或知識回歸。木星和土星的原型都已經成熟並社會化，現在他們會變得傾向自我並具有反思性。第二次土星回歸和第五次木星回歸指出活在無形、內在、神聖世界的開始。

杰曼・格里爾（Germaine Greer）在她第二次土星回歸時著作《完整的女人》（The Whole Woman），評論家認為這是她在第一次土星回歸時所寫的突破之作《女宦官》（The Female Eunuch）的續集。格里爾的一生都是女性議題重要的發言人，在其中一個她第二次土星回歸時的訪問中，她說人生中最大的悲傷是沒有生兒育女，當她即將六十歲，內在仍然夢想著對生兒育女的期望：「雖然我沒有自己的子女，我仍然有懷孕的夢，我在一個巨大的肚子之中，並漂浮在童年溫暖的淺海裡，我以無比的歡樂和信心等待著，但我正在等著某些永遠不會發生的事情。[151]」。格里爾將冥王獅子座世代失去孩子的主題加以典型化，這種失落有助於把這世代帶到第三階段的智慧之中，而這是在第二次土星回歸時展開的。

年老的樣貌改變了，退休不再像過去一樣是首選，甚至不是目標，問題是我們從哪裡退休？在過去十年心理上的準備，幫助規劃六十歲以後的路，在五十歲世代時出現的創造性、具有回報及價值的事物，現在可以受到尊崇及處理。土星的自主功課，希望現在可

---

151 杰曼・格里爾 （Germaine Greer） 在 *Herald Sun Sunday Magazine* 的訪問 Baby Love, Melbourne （April 16, 2000），洛伊士・羅丹占星資料庫 （Lois Rodden's Astro Data Bank） 把這資料列為 A 級。

以實現；土星期待被認可的渴望，希望現在已經被內化。在這生命階段中，我們依靠自己的投資，而正是對自我的投資，讓我們在這生命循環的階段中帶來最高的回報。

　　五十歲世代的結束標示轉型並邁入過去十年所預備的老年期，年老的焦慮已經消耗殆盡，而無可逃避的事實已經到來，土星在這階段的禮物是可以讓人追求真正生命之作的時間和鼓勵，以及讓人建構勇敢新世界的信念及奉獻精神。而木星帶來了樂觀、願景和新的視野。在她的土星回歸時，薩頓寫道：「我為自己五十八歲卻仍然朝氣蓬勃、仍然談著戀愛、更具創作力、並比以往都要平衡及有力量而驕傲。[152]」

　　當我們從家庭的角度去考量這些改變，變成祖父母的長者角色在這階段中變得珍貴，祖父母專注於外在世界的能量如今轉而向內，有更多的時間去與兒孫相處。而正因如此，祖父母可以更有存在感、付出更多及更有忍耐力，他們教導兒孫的是由人生歷練所「傳承」的人生知識，這讓兒孫去培養不同於父母的傳授，卻仍然是來自家庭範圍的價值和意見。在情緒上，祖父母往往能夠接受並鼓勵孩子沒有讓父母和老師看到的面向，但兒孫給予祖父母的禮物，卻是家庭延續的經驗以及慢慢上升的年輕與靈魂之火。

## 死亡

　　生命是如此受到模式掌控、如此神祕地循環並自我呼應，因此

---

152　引用自美・薩頓在Melbourne Age中的文章Life at 50.

生命的結束可能正絕妙的呼應著開始[153]。

　　俗話說：「因為我們生存，就必然死亡」，我經常思考這個說法，我明白這意義，就如同我們的性格成就我們、刻劃在臉上、行為及姿態上，並存在於靠近人們及離開的方式之中。如果自我意識仍然強大並與自我產生認同，那麼死亡就必然會讓人感到不安，但知道自己是誰以及感受被愛，也必然使這個轉化變得較為輕鬆。生命循環已經來到尾聲，在出生時已經經歷巨大遷移的靈魂，已經準備再次進入未知的轉化。

　　另一個常見的想法是我們會獨自死去，有一個情況很常見：病床上的人死去的一刻，他們所愛的人往往也不在那房間之中。靈魂察覺到那一刻嗎？它知道時間嗎？但即使我們聚集在病床周圍，這轉化仍然是他獨自完成的，最後數年的生活樣貌讓我們準備好面對這轉化。疾病和退化是其中一種面向，但回家的必要性以及回首過往、跟過去說再見也是另一種面向。這些既是淨空生命的儀式，也是得到安慰和慰藉的靈魂感受，回憶幫助我們遺忘，正如同安置和依附感幫助我們分離。

　　以家庭角度來看，死亡讓成年的孩子面對自己有限的生命，家庭中每個人都會更上層樓，已經成年的孩子會變成長輩，而兒孫會面對死亡的真相，他們的父母也終有一天會死亡。此刻的家庭生活，明顯的出現「解體危機」，因此家庭的日常規律會轉而專注在哀傷、憤怒、悲痛以及因失落所引起的矛盾感覺。治喪儀式、哀悼

---

153　休・卡拉高（Hugh Crago）：*A Circle Unbroken*, Allen & Unwin（St. Leonards, NSW: 1999）, 3.

及家庭聚會支持喪親之痛的過程，並理解這種失去與悲傷──它們經常融合情感與過去未被哀悼的失落情緒，因此更顯複雜。在這失落時刻，生命中其他積鬱會同時湧上心頭，使哀悼的過程變得更加複雜。對許多家庭來說，生命中未解決的分裂會將喪親的悲痛過程切斷，因此留下混亂及未被表達的情緒，留給後代子孫在不完整人際關係中，有著無法解開的愛恨失落。喪親之痛賦予人們一個機會去解決這些情況。

　　父母的死亡將是手足體系的轉捩點，在這重要的階段，手足若不是變得更親近，就是更形孤立。失去父母之後，家庭的階級改變了，真正地脫離童年，手足再也沒有父母做為緩衝，也沒有屬於家庭環境中的那個角色。常見的情況是手足會再次發現對方是唯一剩下見證自己童年的人，當公布父母的遺產後，可能重新喚醒手足間的競爭，尤其當遺產分配不均的時候。父母留下的偏心可能是手足關係中永遠無法撫平的傷口，但在其他案例中，我曾經看過爭奪父母遺產的結果讓手足變得更為親近。例如：兩個自廿多歲以後就變得疏離的姊妹，在父親死後卻聯手質疑父親的遺囑，遺囑中的內容是父親的同居伴侶將得到所有遺產，包括她們母親離世時由父親繼承的財產。但是她們的父親過世前曾經說過兩姊妹會得到繼承，因此她們懷疑父親的伴侶強迫他更改遺囑。在訴訟中，兩姊妹重新找到了她們的關係，她們是原生家庭唯一剩下的人，而向外爭取父親的遺產，提供一個機會，使她們對於共同遺產的處理產生共識。

　　死亡讓我們意識到第八宮的遺產和親密感、以及其另一面向──第二宮的物質和價值是密不可分的。因為家庭和父母的物品賦予她們親密關係中的感受經驗，爭奪這些事物是為了承認關係的價值和重要性，這些物品連結死者與生者，並做此連結的象徵意

義。第二宮的所有物可以在死亡時被繼承，但她們之間的親密價值（不一定是金錢上的價值）卻是無價的。

分離跟依附是密不可分的，因此面對死亡，我們的依附感和歸屬感幫助我們更輕鬆地分離。月亮的相位再次讓我們瞭解將如何面對死亡的分離，雖然月亮的相位並不會揭示任何死亡的類型，但如果「我們生存，就必然死亡」的諺語有任何分量的話，月亮相位可能會顯示我們如何接觸死亡。傳統占星學家有許多方法去檢視「生命的長度」，有趣的是，與死亡有關的宮位——第四宮及第八宮皆與家庭有關。雖然個人會死亡，家庭會延續，但在現代的占星學實務中，死亡的預測並不受歡迎也不流行，死亡往往被視為改變的象徵，而星盤與死亡有關的傳統相位，較常被認為是心理上而非實際上的死亡。但是死亡盤是具揭示性的，在占星學上，死亡的那一刻可以總括生命留下的遺贈。

倖存成員的星盤往往透過行運和推運來揭示這種失去，因為成員是體系的一部份，許多相位都會相當相似。某個家庭成員的死亡對於整個家庭帶來影響，而他們在家庭中的位置會一直被保留，他們永遠是家庭母體的一部份，但正是他們所留下的事物，顯示了他們的靈魂會纏繞或是支持這個家庭體系。對於所有家庭成員來說，死亡讓每個家庭成員面對自己有限的生命，但也讓每個人參與了永恒的生命之輪。

Chapter 9

# 基因、家譜圖及家系圖

依我看來，沒有任何處理家庭的模式，

會比被稱之為家系圖（GENOGRAM）的技巧來得溫和、

無侵略性而能有效地喚起某些記憶[154]。

—— 瑪姬・斯卡芙（Maggie Scarf）

## 宇宙基因學

當心理學及統計學家米歇爾・高奎林博士（Dr. Michel Gauquelin）把他的焦點轉向占星學研究，他能夠準確地將星盤中某些位置的行星結合其專業成就，特定的行星原型與某些成功的事業領域產生呼應。此外，他在超過二萬五千名父母及小孩身上所做的調查，提出了父母星盤中某些位置的行星會跟孩子星盤的該部分互相呼應。他是這樣說的：

從檢驗資料所歸納出的整體來說，父母的出生與子女出生的宇宙狀況之間存在著相互關係，這種基因上的影響可以顯示在月亮、金星、火星、木星及土星[155]。

他也認為行星的基因會由同一個家族延伸至手足：

我們總是能夠將行星影響的觀察延伸到同一家族的子嗣身上

---

154 瑪姬・斯卡芙（Maggie Scarf）：*Intimate Worlds*, Ballantine Books（New York, NY: 1995），66.

155 米歇爾・高奎林博士（Dr. Michel Gauquelin）：*Cosmic Influences on Human Behaviour*, ASI Publishes, Inc.（New York, NY: 1978），182.

（6691次的出生比對），手足之間會比沒有血緣關係的孩子之間在水平線及子午線上擁有更多相似的星象[156]。

這在他的著作《行星遺傳》（Planetary Hereditary）上有進一步的探討。

人們被認為遺傳到父母的性格及基因是一件常見的事，例如：「你眼睛跟母親很像」、「你脾氣跟你父親一樣」、「像你母親的精神」或「你父親的訣竅」這些說法都是常見的，因此，假設我們也繼承了父母的行星應該也是合理的：可能「你母親的金星」、「你父親的火星」、「你祖母的太陽」或「你祖父的土星／月亮」都會以相似方式被傳下來，這正是宇宙基因學、行星的影響透過家系而傳承。占星學的基因意指行星的配置透過時間由家族傳承、並在每一新世代之中被重新安排及改變。

「基因」的英文genes在詞源學上的根源可以回溯到希臘早期的隱含意義，與現代意義「誕生於」或「由……生產」相似，也被運用於在許多與出生或開始有關的字，例如：genesis；舊約聖經的第一章《創世紀》（Genesis）解釋了世界的創造或人類種族的起源，這種根源也是世代（generation）或是「來自某個家族或某段時間的一群後代」的想法[157]；它也是基因學（genealogy）的字首，這是指個人或家系的傳承。達爾文在1859年第一次用基因

---

156　米歇爾・高奎林博士（Dr. Michel Gauquelin）：*Cosmic Influences on Human Behaviour*, 184.

157　羅拔・K・班哈特（Robert K. Barnhart）：*the Dictionary of Etymology*, Harper Collins（New York: 1988），313.

（genetic ）這個字意指生物學上的來源及自然成長，而身為占星師，我們從個人的起源或出生時間中去獲得資料。但做為在此的目的，我們所關注的是家庭基因及基因學如何可以幫助我們理解家庭特徵的遺傳、個性的行為模式及遺傳的跨世代傷痛和情結。因此，為了發展出已經在家庭星盤中被揭示的主題，我們將會考慮使用家系圖──它是一張家庭血脈的地圖，描繪出在體系所遺傳下來的家庭模式。

Genus在拉丁文中意指某類或某種級別的東西，這隻字的根源來自希臘文génos──「種族」、或gónos──「出生」之意。有趣的是，這個字在古英文中是kin，這個字與種族及家庭有關，與家族親戚、親屬關係等等有密切關聯。我們的本源、獨特的宇宙論、出生以及祖先對留給我們的遺傳所做的貢獻，這些都埋藏在我們基因中，並顯示在我們身上所遺傳的特徵中。但當透過占星學的鏡片去觀看時，這些基因會在我們的星盤中以行星配置的方式變得清晰可見。行星主題就像基因一樣由家庭遺傳，而注意到家庭對於某個行星原型的傾向，有助於揭示個人的遺產，以及他們對此原型性能量的本能反應。

雖然我們一般會以體型上的遺傳以及身體特徵的遺傳角度去看待基因，但我們可能也可以思考「情緒基因」或「心理基因」，甚至「精神性基因」，這些基因所傳承的不是DNA，而是家庭傳統、價值、與父母之間的氣氛等等。它們在時間和世代之中被傳承下去，並尋找新的意義和表達方式，這些基因中的許多類型或是他們所遺贈的內容，也會透過肉眼看不到的潛意識被傳承下來。因此，我們往往很難知道這些遺贈的內容是什麼──我們可能可以「感覺」它、「意會」它或感到有某些東西在那裡，但這到底是什

麼？這往往是個案向占星師及治療師詢問的問題背後真正問題。占
星師有星盤去引導他們，而星盤是描繪家庭模式的獨特地圖，但
也有另一個工具可以用來幫助檢視這些模式如何在家庭時間中鋪
展，這工具就是家系圖。而意識到它的存在會為你的占星資源帶來
奇妙的附加資料，從事諮商的占星師可以學習在諮商時有效地使用
家系圖，而學生們可以使用它去探討及反思他們的家庭模式，由家
系圖中蒐集而來的資料，往往能體現星盤所提供的原型模式，或讓
它們變得更易被瞭解。

## 什麼是家系圖？

家系圖（Genogram）是一幅描繪出家庭世系、以及將其成員
的資料依時間排列出來，這是把現在的家庭與它們的原生家庭放在
一起，去建立一幅完整的連續性家庭圖畫的珍貴工具。家系圖至少
展示了一等親（first degree relatives）中的三個世代，並以父母為
中心，透過加入描述性的評語以及占星學統計，皆可揭示自我認同
的模式及塑造方式。雖然家系圖是一個近似於家庭樹的圖表，但家
系圖不同之處，在於它包含了遺傳模式的分析、以及祖先和祖先的
人際關係的細節。

家系圖在家庭治療中被廣泛運用，並通常由獨立個案在他們的
諮商師或治療師的指導下建立。家系圖是一種心理學工具，它可以
讓治療師和他們的個案在家族史中辨認出不同模式，這些模式或許
可能會持續影響個案當下的心境，而尚未出現在家庭樹上的關係及
特質，使家庭主題變得更為具體。當反思及檢視家庭時，家系圖是
一個可以因應占星師的需求而修正的有效助力。

雖然家系圖的概念植根於家庭樹之上，但無法確定家系圖的真正來源。家系圖是由梅利・寶雲博士（Murray Bowen）創始，用以代替當時的家族圖，這是一個為家庭治療實務上所設的簡單記錄歷史的過程。另一個類似卻沒那麼廣泛的過程，是在家庭用藥的慣例中，檢視有沒有任何遺傳疾病。薩爾瓦多・米紐慶（Salvador Minuchin）在他的著作《家庭與家庭治療》（Families and Family Therapy）中記錄了他用來建立家系圖的符號，而在一九七〇年代後期，使用的符號已經慢慢受到規範。一九八〇年代，國家基因諮商師學會（The National Society of Genetic Counselors）建立了標準化的符號供基因圖使用，但直到一九八五年由莫妮卡・麥戈德里克（Monica McGoldrick）及蘭迪・格森（Randy Gerson）發行的《家庭評估中的家系圖》（Genograms in Family Assessment）一書，家系圖才在臨床的設定中開始發展及受到推廣。今天，家系圖廣受不同領域的團體運用，例如醫學、心理學、社工、遺傳學、基因研究及教育。莫妮卡・麥戈德里克後來繼續撰寫了許多家庭治療領域方面的優秀書籍，包括《家系圖：評估及干預》（Genograms: Assessment and Intervention）與及近期的《家系圖的旅程：跟你的家庭重新連結》（The Genogram Journey: Reconnecting with your Family）（2011），她也與「族譜設計軟體」（GenoPro）合作創辦了建立家系圖的軟體符號。

家系圖包含與家庭有關的豐富資料。首先，它們包括每個人的姓名、性別、出生及死亡年份的基本資料，附加資料可能包括教育、職業、重要的生命事件、慢性疾病、社交行為、家庭關係的本質、情感關係及社交關係。某些家系圖會包括家庭中常見的混亂狀態，例如：酗酒、抑鬱症、疾病、親密關係及生活狀況。每種家系

圖之間可以有顯著的不同，因為它對於包括的資料類型並沒有限制。

　　家系圖列出的資訊可能包括其他重要的日期，例如結婚或離婚日期以及其他改變人生的經驗。如果占星師希望的話，也可以在加入出生日期之外也加入出生地點，而其中的註解可以把家庭成員的特色典型化，例如：擅於滋養他人的、冷漠的、嚴肅的、歡愉的、逍遙自在的、慷慨的、敗家的等等。又例如：抑鬱症、酗酒、糖尿病的疾病、或其他躁鬱症及學習障礙等狀況。伴侶關係的情緒狀態也可能會被突顯，例如：婚姻問題、家暴、家庭忠誠或是加入分歧、分離及團聚的附註。當占星師在探索這些日期和時間的時候，可以交叉引用這些情緒的里程碑，而我則喜歡視家系圖是一件持續進化的作品，一件讓我感到有足夠的開放空間去描劃及記錄我的感受的作品。做為一個全面性的圖表，家系圖將人們的注意力拉回家庭模式之中。瑪姬・斯卡芙（Maggie Scarf）這樣描述家系圖：

　　整體來說，家庭家系圖試圖記錄及突顯的是，人們傾向對於家族的存在藍圖保持忠心、以及做出內在奉獻的多種（有時是不可思議的）方式──即使他們並不想、也沒有意圖如此，而在某些情況中，即便他們相信自己與原生家庭已經毫無關聯[158]。

　　對占星師來說，家系圖可能會變成一幅有力的拼圖，因為在這幅線性的地圖中，存在著家族史中重複發生的主題及模式。個人往

---

158　瑪姬・斯卡芙（Maggie Scarf）：*Intimate Worlds*, 67.

往會注意到他們當下所關心的事情，其實是植根於家庭的過去，但當家系圖突顯出未被認清的模式，過去的家族史如何穿透現今的氛圍就會變得清楚明確。對占星師及占星學子來說，這不是什麼嶄新的概念，因為我們已經習慣觀察模式如何透過家庭中的相似行星主題重複，但是一旦家庭樹在我們眼前成長時，家系圖讓我們更清楚及迅速地看到當中的連繫。家系圖紀錄了大量的家庭資料，這可能是解開某些當下的創傷或問題的鑰匙，而為了我們的目的，我們會把資料限制並只蒐集三個世代的資料，好讓我們熟悉家系圖的運作，並把蒐集得來的資訊保持在可以處理的範圍。

我們可以用家庭生命循環中的不同時段完成家系圖，而以家庭生命的角度去捕捉某些過渡期。例如，以出生時間建立的家系圖會是其中最先的考量，它凝結這階段的家庭體系，然後也可以為生命的其他過渡、轉型期建立一個家系圖，例如：離家、結婚或父母之一死亡的時候，這些地圖是具有資料性的家庭架構，而為了讓家系圖可以盡可能地完整，調查必要資訊相當重要。

當建立家系圖的時候，需要注意建立此圖時家庭各個成員的年紀，當我們將不同時期的家系圖放在一起，觀察家庭成員如何在個人生命循環、及家庭生命循環中前進會是一件有趣的事。家庭治療師會提出家庭生命循環中所有重要過渡期的發生時刻，因此，占星師可以用自己對行星週期及行運的認識去補足這個面向。家系圖協助我們認知家庭正在發生的多面性改變，所以這幫助我們明白個人的行運和推運都會影響家庭整體，也就是說，它們象徵了同時發生在其他家庭成員身上的改變。

無論是法律上還是只是現實上存在的婚姻或同居，皆指出一個

新家庭的轉型，所以也指出新家庭家系圖的開展，然後，這對新伴侶的第一個小孩的出生，才算是標示新家庭動力的開始。每個伴侶的家庭背景提供了關於情結及議題的重要資訊，這些牽涉到從原生家庭轉移到新家庭的忠誠，以及如何成功地施展新家庭的新傳統和角色。然而，是第一個孩子的來到才讓這些主題落地生根，第一個孩子的出生成為標示，而任何即將生產時的不安及／或創傷可能會點燃某種家庭模式，而這可能已經顯示在家系圖中。做為諮商占星師，以不同的方式去思考第一個孩子的出生，以及任何會在此時可能干擾家庭的模式或事件，往往會帶來幫助。

家系圖對於解讀家庭中不斷出現的模式，以及引發家庭動盪的壓力相當有用，以生命壓力的程度來說，得到或失去一名家庭成員可被視為帶來衝擊、焦慮及痛苦的主要原因。就像之前所討論過的，這兩個交點性事件被稱為「融入危機」，也就是當個人加入家庭；或是「解體危機」，也就是當有人離開家庭或死亡。「融入危機」包括了婚姻、手足的出生、年長的祖父母或其他家庭成員搬入、或成年的孩子返家長住；而「解體危機」包括了孩子離家、離婚、父母的死亡或父母之一離開家庭，這些都是家庭生命的關鍵階段。

這些家庭生命循環中的過渡期、主要創傷及經驗可以被記錄在家系圖上，注意家庭中個人進入或離開的時間點，我們已經在之前的內容中探討過家庭的時間線，這對於注意家庭體系中的壓力及交點會有幫助。某些影響家庭生活平衡、並值得我們注意及記錄在家系圖上的壓力事件及創傷包括：

## 孩子早夭

　　在家庭生命循環中，孩子早夭總是不合時宜、非自然的狀態，它會完全地改變家庭的結構和動力，正因為它發生得不是時候，這種失去尤其令人震驚，倖存者與孩子之間的關係和可能性都被剝奪了，並往往充滿內疚、羞愧、悔恨以及「如果當時……」的感覺。這種失去讓人覺得不公平、不適當及錯誤，父母的悲傷可能會太過巨大，而讓倖存下來的孩子感到自己也失去了父母。當孩子早夭，會激化父母對於倖存子女的緊張感，無論那是倖存還是尚未出生的子女，「替代子女」（a replacement child）的議題都會在家庭氛圍中引起動盪。此時，失去手足的議題不一定會得到妥當處理，它會留下陰影，纏繞著成人關係及／或倖存手足的後代。

## 收養

　　因為收養而失去孩子相當值得被注意，因為這往往會在下一代之中重覆出現，並同時會干擾到出養及收養的家庭。當收養或出養發生，這種失去會被織入家庭的脈絡之中，並且每次在家庭有新生兒出生時都會重新出現。當孩子被收養，這個出養子女會曝露在三種悲傷之下，第一是出養母親的悲痛以及出養父母由於失去這份獨特關係所產生的悲傷；第二，收養父母往往沒有處理好導致他們決定收養孩子的悲傷，最後，孩子自己會在童年成長中失去對自己的基因記憶、以及親生家庭的接觸；被收養的小孩有機會同時吸收出養及收養家庭的悲傷，因為這兩個家庭本身的悲傷往往既不被承認也不被受重視。

## 父母之一的死亡

　　當父母之一死亡，家庭會無可挽回地被改變，因為這提醒了家庭各成員有限的生命，每個人都在家庭中都更上層級並成為更老的一代。如果與父母之間的關係總是很複雜、疏離或令人失望，就比較可能出現一段產生問題的哀悼過程。如果父母之一的死亡在家庭生命循環中不逢其時，他們的靈魂會持續活在各成員的內心當中，父母的鬼魂仍然會存在於家庭氣氛中，並在最容易顯現在「融入危機」的期間。

## 失去家庭

　　人們往往低估由移民或被驅逐，對於家庭造成的創傷性影響，失去家園及文化、摯愛的家及鄰居或是搬到其他省份及國家，都會在家庭之下留下一道斷層。在未來世代的生命中發生重要的轉型過渡時，這斷層往往在他們穩固的表面之下帶來震撼，對於失去家而未被表達的悲傷及失落，將是由未來世代所承載的強力模式。

## 混合及過繼家庭

　　重新組合建立的家庭有其複雜情況及關係上的矛盾，而家系圖有助於檢視每個人會在這現代化的家庭中的哪個位置，找到自己的安身之所。當家庭體系被混合了，每個人在過去家庭的崩壞經驗中，未被觸及的感受和悲傷會被帶到新的體系之中；上一次分裂

經驗的悲傷、或是失去與父母之一接觸的機會尚未得到完整的處理，這會在該混合家庭中觸引發信任及忠誠度分化的議題。

## 送走子女及繼續前行

當子女度過青春期最後離家，家庭會因而改變，處於這家庭中心的伴侶必須要找到關係的新層次，並邁入沒有子女在身邊的新階段，這也可能會引發退化危機，並試圖重回已不復存在的往日時光。父母婚姻會受到尋找新創造力的考驗，成年子女對配偶的選擇以及如何扮演父母角色的方式，往往會在這此過渡期中成為議題。當成年子女組成真正的伴侶關係，他們最基本的忠誠會由原生家庭轉移到自己所選擇的家庭，在此階段中，來自兩方的家庭體系會重組並變成第三個體系。

## 晚年的家庭

成年子女轉型成為父母的過程，會與父母成為祖父母的過程同步，死亡、衰老、生死、老與少會更加成為焦點。而關於如何處理新角色及新生命階段的問題會成為首要任務；新關切、新角色及新生命議題會成為注意力的交點。

離婚和再婚都可以加以描繪，當家系圖顯示出兩個家庭的結合，它會顯示出兩名配偶各自在原本家庭生命循環中所在位置，以及指出其家庭角色、配偶的依附程度以及這對伴侶跟其他家庭成員的關係。來到廿一世紀，家庭的組成單位可能是多面性的，這包括混合家庭、過繼家庭、單親家庭、同性家庭等等。再婚的家庭有

其獨特的家系圖，而與新家庭建立生活的下一個階段，根源於失去的上一個家庭。家系圖包括與原本家庭有關的失落以及新家庭的歡樂所帶來的矛盾感，也需要注意由目前家庭及過去家庭的演繹，所形成的潛在三角關係的。舉例說，這三角關係是兩個新伴侶與之前的配偶之一，或是兩名伴侶與對於過去配偶的記憶所形成的三角關係，新的伴侶關係與舊伴侶關係的鬼魂活在一起，而當涉及孩子時，就會形成一個關於兩名伴侶與一個過去婚姻子女的三角關係。家系圖對於描繪出所有家庭的潛在三角關係相當有幫助。

約翰‧布拉德肖（John Bradshaw）說：「學習使用家系圖就像尋找羅塞塔石碑（Rosetta Stone）一樣。」因為這幫助他理解到「生命中許多的面向，是跨世代歷史的一部分，而不是來自我思考、選擇所做的決定[159]」，這對於我的長期客戶海倫來說當然是真的，她透過家系圖揭示了自己的力量和決心。

## 家系圖的力量：海倫的故事

海倫是我超過廿七年的長期客戶，最初是她的心理分析師建議她來找我，因為當時海倫對於任何心理分析師所建議的傳統心理學及生物醫藥（biomedicine）都沒有反應，當她在治療中提出對占星學的興趣時，那位分析師就催促她去見我，而在傳統的心理治療無效的情況下，他很想知道星盤對此會有什麼表示。當海倫第

---

159　約翰‧布拉德肖（John Bradshaw）：*Family Secrets*, Bantam Books（New York, NY: 1995）, 99-100. 羅塞塔石碑（The Rosetta Stone）是協助解讀埃及象形文字（Egyptian hieroglyphics）的鑰匙，正如家系圖是揭示家族史中隱藏模式的工具。

一次前來諮商時，她四十四歲，她從廿七歲開始就患有慢性抑鬱並持續需要服藥，她承認一直有自殺的念頭，並承受著慢性疲勞症（chronic fatique）之苦以及需要與暴食症搏鬥。她在最初的八年中一連串的發現家庭的許多事，而其中最重大的發現，是發生於她四十九歲凱龍星回歸那一年，那時候她生病的母親告訴凱倫她是被領養的。

海倫的家庭祕密開始被揭開，她的養母認為收養是唯一讓她擁有孩子的最後方法，在這之前，她曾有一個兒子難產而死，也曾經有過兩次流產經驗，海倫在被合法收養之前曾經有七個月輪流受到不同家庭的照顧，而當時的主治醫生將她交給收養父母之前，一直確保海倫是正常及健康的。

當海倫十三歲的時候，她的阿姨桃樂菲在她們家的車庫上吊自殺，而她的祖母珀莎也是自殺身亡的，因此，海倫的母親因為自殺事件而失去了她的母親及唯一的姊姊。海倫不但被原生家庭切割了，容忍了七個月的撫養日子，而且失去了領養家庭中的阿姨及祖母，她的養父柯文也有一個膝下無子的姊妹，因此，海倫是整個家庭體系中唯一的小孩。

當母親離世之後，海倫感到自己從養母的冷漠、不仁和缺乏關心所造成的痛苦之下被釋放，然而其實海倫身上發生的轉化與她探索家族史、以及當她建立養母的家系圖後，所得到的重大發現有直接關連，她的探索引領她走向強大的療癒時刻。

在建立家系圖之後，海倫把她的家庭樹形容為「死亡之樹」，從她探索整個家族的自殺、難產及領養數字，她只能將這形容為一個已經死亡的家庭。而現在這棵家庭樹已經來到生命的

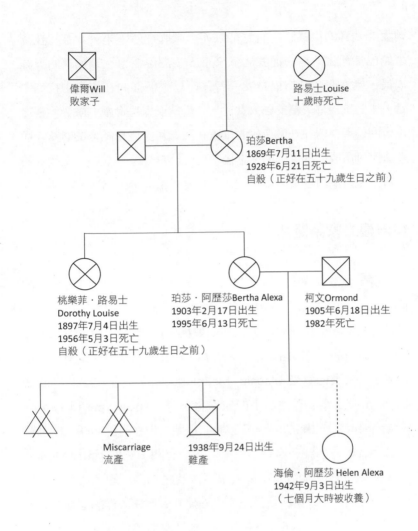

偉爾Will
敗家子

路易士Louise
十歲時死亡

珀莎Bertha
1869年7月11日出生
1928年6月21日死亡
自殺（正好在五十九歲生日之前）

桃樂菲・路易士
Dorothy Louise
1897年7月4日出生
1956年5月3日死亡
自殺（正好在五十九歲生日之前）

珀莎・阿歷莎Bertha Alexa
1903年2月17日出生
1995年6月13日死亡

柯文Ormond
1905年6月18日出生
1982年死亡

Miscarriage
流產

1938年9月24日出生
難產

海倫・阿歷莎 Helen Alexa
1942年9月3日出生
（七個月大時被收養）

盡頭，一旦她的姑姑也過世了，海倫就會成為唯一活著的家庭成員，家庭中沒有人會比她更長壽，因為海倫跟姑姑都膝下無子，其他的家庭成員也都無子女。

但這讓海倫瞭解到自己的堅韌性格，在討論家系圖的時候，

她說「我真的很強壯，居然可以在這家庭裡活下來，我被接枝到
這個已然死去的樹，而我活下來了。」海倫視自己為倖存的家庭
成員，她沒有認為自己是受害者，而是一個從內在資源中找到力
量，去對抗這種失落的強大女性。在理解到家庭命運的陰影元素之
後，海倫現在處在一個較好的位置，去繼承家庭留給她的財富，而
在清楚她所成長的家庭命運之後，她也終於覺醒，並在一個較好的
位置上去接納自己。

## 如何建立家系圖？

當繪製家系圖時，有許多代表家庭成員以及他們的人際關
係本質的統一符號，在早期的家庭治療運動中，薩爾瓦多・米
紐慶（Salvador Minuchin）在《家庭與家庭治療》（Families and
Family Therapy）中提出了一些標準的符號，但就像前文所述，是
莫妮卡・麥戈德里克（Monica McGoldrick）及蘭迪・格森（Randy
Gerson）的《家庭評估中的家系圖》（Genograms in Family
Assessment）一書協助統一此領域的符號。現在有許多關於家系圖
的書籍及網頁，許多網頁都與符號教學有關，例如：http://www.
genopro.com/ 這網頁幫助個人學習以及建立自己的家系圖，所以
你能夠使用許多網路所提供的工具去建立一個關於你的家庭的詳細
家系圖。而在這個Genopro網頁中，提供家系圖案例及幫助建立家
系圖的部分是 www.genopro.com/genogram/。

然而，針對我們的目標，我們會專注在比較常用的家系圖符號
上，並建立一個跨三代的家系圖。首先，盡可能的收集家庭中至少
三個世代的出生資料，包括你的祖父母，如果你已經為人父母，你

可以在之後將這家系圖延伸至包括你的孩子的第四代；而如果你已經為人祖父母，你可能可以建立一個包括你成年子女以及他們的子女的五代家系圖。請使用一張A3大小的紙開始建立你所延伸的家系圖，因為過程中會出現許多更改，不要在意開始時的混亂，我通常會選擇用肉店的包裝紙開始，因為我知道我延展的家系圖，在它終於完成並以我希望它呈現的方式出現之前，會經過許多次的嘗試。我也比較喜歡徒手繪畫家系圖而不用電腦程式，因為這能夠增加諮商時運用此家系圖的信心，稍後你隨時可以將資料輸入電腦所建立的家系圖之中。最初，從包括你自己、你的父母及你的手足的兩代家系圖開始，通常就會得到相當重大的發現，然後將此延伸到你的祖父母、阿姨、叔叔和表兄弟。

## 家系圖符號

### 1. 男性及女性符號

男性由正方形標示，而女性由圓形標示。

**男性符號**　　在符號旁邊寫上你的姓名、出生年份及目前的年齡，稍後你在這符號旁邊加以描述，甚至是占星學上的重點。

**女性符號**　　在符號旁邊寫上你的姓名、出生年份及目前的年齡，稍後你在這符號旁邊加以描述，甚至是占星學上的重點。

### 懷孕以及性別不明

當子女的性別未知，或這件事本身就是家庭祕密時，
就使用三角形。

## 2. 死亡的家庭成員

**死亡**　　　如果家庭成員已經死亡，那就在他的性別符號上面畫
上X號，然後寫下死亡的年份。

**難產**　　　如果某名男性或女性是難產而亡的話，那麼畫上的X
號要超出性別符號。

**流產**　　　如果是流產的話，在性別不明的符號上面畫上一個超
出其邊界的X號。

## 3. 婚姻及離婚

男女關係可以使用不同的線顯示連結，一條沒有斷的線代表婚
姻，男性永遠在左邊。

**已婚**　　　這條線連結男性與女性的符號；可以加上結婚日期。

────────────────

**同居關係**　當伴侶是同居關係，可以用虛線顯示，可以考慮加入
關係的週年紀錄。

─ ─ ─ ─ ─ ─ ─ ─ ─

| 分居 | 當某段關係已經分開，會有一條斜線畫在婚姻或同居關係的線上面，也要被加上分居的日期。 |

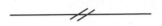

| 離婚 | 當一對伴侶已經離婚，會有兩條斜線畫在關係線上面，也要被加上離婚日期。 |

## 4. 子女

　　親生子女由實體的直線顯示，這條直線會由婚姻線中間往下畫，而他們的次序會是按出生先後、從左到右排列，因此，最年長的手足會在最左邊，而最年幼的則在最右邊，他們的出生年份以及目前歲數也可以在此顯示。如果手足已經死亡，他們死亡日期也會在這裡顯示。如果是收養子女，那麼連接他們婚姻線的那道直線將會是虛線。現在也有一些符號可以代表流產、墮胎或自願性人工流產，當然在家族史中，由於是家庭祕密，這些事往往是不為人知的。

## 5. 關係的類型

　　有很多種的關係類型可以在家系圖中表示，例如，存在著衝突的關係會以鋸齒狀的線代表。

### 存在衝突的關係

### 親密的關係

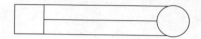

　一段親密關係，會用三條平行線連接伴侶。我們要辨識親密關係及糾纏不清的關係之間的分別，親密關係會透過彈性及健康的界線，去支持對方的個性和獨立性；而糾纏不清的關係中的界線已經崩潰，並把伴侶以不健康的動態結合在一起，這種結合不容許分開也不支持獨立性。

### 疏離的關係

　在疏離的關係中，伴侶之間的界線會像牆壁一樣，將兩人孤立在各自的生活中。

### 雙胞胎或三胞胎

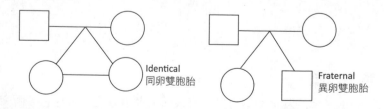

從婚姻線中往下畫的兩條線從同一點出發，如果是同卵雙胞胎

的話，兩名子女之間會以橫線連結，而如果是異卵雙胞胎，子女之間則不會以線連結。

## 家系圖筆記

就像之前所述，你可以在家系圖中記下重要資訊，例如：

### 1. 出生年份

這以範例b.1956的方式顯示

b.1956

### 2. 死亡年份

這以範例d.2012的方式顯示

b.1956
d.2012

### 3. 結婚的年份

這以範例m.1985的方式顯示，並置於連結伴侶的線之上或之下

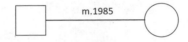

### 4. 離婚的年份

這以範例dv.2002的方式顯示，並放置於切斷婚姻線的兩條斜線附近

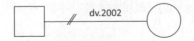

### 5. 個人的年齡

這以範例（56）的方式顯示，並通常會出現在死亡的年份之後

b.1956 (56)

## 家系圖案例

以下是一個家系圖的例子，由法蘭克在他廿五歲時所建立

的，那時候他深切地注意到家庭中的心臟病傾向，他盡可能的從家庭成員身上收集資料，尤其對他們的性格特質感興趣。當時他沒有注意到的是，他父親當時即將邁入他外祖父及曾外祖父死亡時的年紀，即使這是他母方家系，但法蘭克也注意到他的姨丈同樣是死於心臟病，即使姨丈只是透過婚姻進入家庭而不是血親。當完成家系圖的時候，他發現父親已經比法蘭克的外祖父死亡時的年齡要年長兩歲，但在反思已經離世的姨丈、外祖父及曾外祖父的性格時，他看到他們性格上同樣有一種具有野心及要求完美的本質，而這是他和他父親所沒有的。

每個個人都附以特質的描述，雖然這案例並沒有完全符合家系圖的標準，但這可以作為如何為了某種目的而開始以自己的方式建立家系圖的案例，畢竟這是一個創造性的練習，而在這張紙上，我會先注意被檢視的家庭成員之間共同擁有的占星相位。

## 占星諮商中的家系圖

每位占星師都會使用他們認為最適合自己一套技巧，並發展出自己的諮商方式，占星學的諮商各有不同方式也相當個人化。然而，因為家系圖可以是任何類型的諮商工具，因為它是蒐集家庭資料的速記法，而這些資料是與個案的問題或處境直接相關。這些資料不一定需要在治療上被使用到，因為在獲得或記錄細節方面，這些資料也同樣有價值，但這種方法往往會有額外收穫，也就是會讓人看到其中的傾向或說明某種模式的可能性。

當進行諮商時，我往往會快速地描繪出一代或兩代的家系圖，這做法蠻簡單，也不會阻礙討論的流程。例如，在諮商的內容

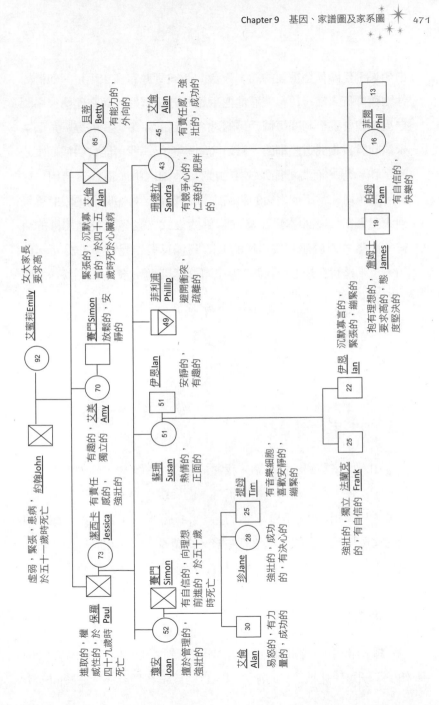

中如果手足關係是重要的話，我會問個案到底有多少手足、他們的性別與排行，然後我會快速地把手足的分布畫好。而在建構家系圖之後，我會逐一詢問每個手足的姓名及目前年齡，我的經驗是個案永遠欣賞我詢問這些細節，當諮商繼續進行，我可能會根據個案的暗示和聯想，而將細節及文字加到家系圖之中。這些資料相當珍貴，並可以在當下或之後的諮商中做為參考，在短時間內就能蒐集到大量關於關係的本質、建立關係的模式、角色以及歸屬感的資料，而這些對於建立成年後的人際關係具有舉足輕重的分量。例如，以下是我在最近一次諮商中畫下的家系圖，當中三名姊妹之間的手足關係相當值得考量。

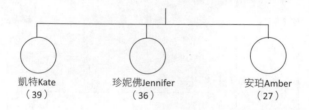

凱特Kate　　　珍妮佛Jennifer　　　安珀Amber
（39）　　　　　（36）　　　　　　（27）

如果個案談到子女的話，我會快速為這名父母、他的伴侶及他們的子女畫下家系圖。我是為了當下而做這件事的，然而在描繪的時候，我會相當注意個案及他的另一半的年紀，並把這些年紀跟他們的父母以及子女的年紀建立連繫。當提及子女年紀時，鼓勵這名父母去反思他們在孩子這年紀時有什麼感覺及發生過的事，往往可帶來幫助，這樣他們就更能注意到自己的內在動力，以及這動力如何在此時透過孩子而慢慢被觸發。

這個微小的圖形概述，建立了系統性及時間性的思維，例如，下圖這快速被建立的家系圖，有助於讓客戶認清家庭時間中不

斷重覆的事情，並幫助她更加注意到自己的過程，以及那不斷重覆的家庭主題的力量。在這個案中，法蘭克及貝芙的連結被畫在二人之下，這是另一種繪畫婚姻線的方式，方便挪出更多記錄空間。

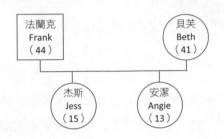

　　在沒有阻礙諮商過程或影響我與個案之間正在建立的互信之下，我嘗試在諮商的部分時間收集資料。當我在記錄資料時，可能會寫下一些性格的關鍵詞，以及一些我認為跟我們正在探討的主題相關的相位模式或占星符號，這張即時的家系圖，非常有助於串聯家庭的線索，這可以使主題及模式開始組合成為能夠被辨識的形態。然而，我在諮商時所使用的星盤及其他筆記都相當混亂，在諮商之後，我會把它們重新描繪，並加入直接相關的筆記，這不但有利於我自己的理解，也讓下一次跟這客戶的諮商變得更輕鬆、親密。例如，能夠提起已被記錄在家系圖的子女的姓名，指出你想要建立彼此的熟悉度和信心，也證明你真的有在聽和有在做筆記！

## 建立家系圖時需要留意的簡單步驟

家庭的男性通常在左邊，女性則通常在右邊。

有時，家系圖會把配偶的位置擺放得比較接近第一任伴侶，然後是第二任、第三任（如有的話），以此類推。在這些情況下，家系圖看起來很容易讓人混淆，所以在表達方式上，我會把前妻放在左邊，並把男性放在中間。下圖顯示了關於此安排的兩種不同表達手法。

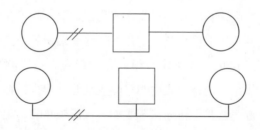

最年長的子女通常在家庭的最左邊，最年幼的通常在最右邊。以下是一個兄長與兩個妹妹的手足排序。

家系圖可以將例如：個人的年齡、出生或死亡年份、職業、死因等等綜合在一起，這全都得看建立家系圖的人希望在其中整合什麼資料。以下是一張基本的家系圖，包括了四十歲的肯恩，他

三十六歲的妻子茱莉，以及他們的兩名子女安和喬。

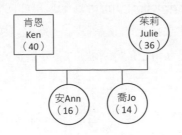

在另外這個案中，卅五歲的傑森和卅六歲的茱莉已經離婚，二人育有一子（托比，十三歲），茱莉已經再婚嫁給約翰，約翰現在是托比的繼父。

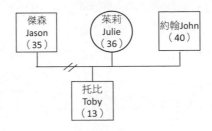

## 資源

1. 有很多不同版本的家系圖和不同的符號，在斯坦菲爾德博士（Dr. Stanfield）為學生設立的網站上，他放了一個名為《詮釋家系圖》（Explaining Genograms）的PDF檔，這包括了關於收入、移民、跨文化家庭等等的符號。詳見http://stanfield.pbworks.com/f/explaining_genograms.pdf。

2. 就如之前所述，網路上有很多關於建立家系圖的資訊網站，所以，如果你需要的話，可以使用網路所提供的許多工具

建立一個詳細的家系圖,而我認為相當有用的網站之一是 http://www.genopro.com/,這網頁幫助你學習家系圖之餘, 也讓你去建立自己的家系圖——這網頁中提供家系圖案例 及幫助你建立自己的家系圖的部分是:www.genopro.com/ genogram/。

3. 以下兩本關於家系圖的著作,是我認為既有趣也具資料性 的。

莫妮卡・麥高域(Monica McGoldrick):《家系圖的旅程: 與你的家庭重新連結》(The Genogram Journey, Reconnecting with your Family);貝蒂・卡特(Betty Carter)和莫妮卡・麥高 域(Monica McGoldrick):《不斷改變的家庭生命循環》(The Changing Family Life Cycle)。

## 弗洛斯以及家庭中的四代神話

在希臘神話中,弗洛斯(Pholus)是一頭半人馬,名字來自阿 卡迪亞(Arcadia)的弗萊兒(Pholoe)地區,也就是弗萊兒山所在 之處。他的父親就是神諭的森林之神西勒努斯(Silenus),與戴奧 尼索斯 (Dionysus)結交並往往被認為是他的教父。因此弗洛斯 繼承了家族的預言和智慧的特徵,也學會了釀酒、存酒的技巧, 因此,戴奧尼索斯留下了一罈酒給弗洛斯,並留下了特別的指示 說,這酒一定要持續封存,直到海克力斯(Heracles)最後來到弗 萊兒山上的洞穴之中。

弗萊兒山剛好在埃里曼瑟斯山(Mount Erymanthus)之南,也

就是海克拉斯進行其十二項任務中，第四件追蹤公豬的的地方。此時，海克力斯前來探訪他聰明的半人馬朋友弗洛斯，弗洛斯盡地主之誼，以沉進泥土中的那罈酒款待海克力斯。自戴奧尼索斯將這罈酒傳給弗洛斯那天起，已經歷經四個世代，所以當他揭起蓋子為英雄倒酒時，那香氣實在太香氣四溢，這令人飄然的氣味吸引了洞穴所有其他的半人馬，導致了這位英雄與這班瘋狂的半人馬之間產生對峙。

公元前一世紀的歷史學家狄奧多羅斯（Diodorus）在《歷史叢書》（Library of History ）（4. 12. 3）中詳述了整個神話，並首次把我們的注意力引導到那個由戴奧尼索斯留下、並由弗洛斯悉心保存了四代的那罈酒上，梅蘭妮·瑞哈特（Melanie Reinhart）在她那關於半人馬的著作中，以「酒蓋被打開了」形容那爆發的混亂[160]。希臘神話闡述了由四代以後的曾孫所揭示的樣版，並且連結這一代人和四代之前的人之間的關係。這一代人往往對於過去的世代感到陌生，並會繼續活出神話及家庭故事；對於現代人來說，它們比較像是十二宮戴奧尼索斯的領域。神話強烈暗示被封存在酒罈裡的無意識內容，而這內容可能會在家庭史中的某些時刻引爆，而使人察覺，因此，這也解釋了為什麼家庭生活的故事，對於我們的幸福如此重要。

在占星學的主題中，有趣的是這四個世代的主題可以想像為從第四宮開始，如果使用轉宮制，我們的下一代人就會是第四宮開始數的第四個宮位，也就是第七宮。按照這方法，下一個宮位就會是

---

160　梅蘭妮·瑞哈特 （Melanie Reinhart）：*Saturn, Chiron and the Centaurs*, Starwalker Press （UK: 2011）.

第七宮的第四個宮位，也就是第十宮；再下一個就會是第十宮的第四個宮位，第一宮，四個角宮都被帶到了這四個世代的循環之中。而諷刺地，在海克力斯的神話中，這是他十二項任務中的第四個。

Chapter 10
# 命運與家庭

家庭命運，

似乎是深層潛意識中的原型因素，

以及個人意識和責任感的產物[161]。

　　　　　　　　　　—— 麗茲・葛林（Liz Greene）


# 命運


　　命運以其核心的哲學性問題——「生命到底是事先決定的還是可以改變的」——去對抗個人，或更準確地說，對抗人性。到底這是神的意志還是自由意志？榮格認為那些向命運低頭的人會將它稱為「神的意志」，但那些不認同的人則「較容易看到當中的魔鬼[162]」。命運的問題往往兩極化的分成兩派：一派認為命運是注定、無可違逆的；另一派則認為個人的選擇和意志可以轉化命運。當然其中也包括其他不同的看法，而其中一個與占星學有關的共同概念是，我們如何有意識地與命運合作，將那些已經給予我們的絲線，縫入生命的織毯中，而我們對命運的認知，正是我們如何接觸占星學以及如何從占星符號中歸納出意義的核心[163]。

---

161　麗茲・葛林（Liz Greene）：*The Astrology of Fate,* 93.

162　榮格（Carl Jung），《心理學與煉金術》（Psychology and Alchemy）：Volume 12n. 16, p. 30.

163　在麗茲・葛林（Liz Greene）. *The Astrology of Fate* 的 1-14 頁與及羅拔・漢特（Robert Hand）在 *The Mountain Astrologer*，2006 年二／三月號中發表的一篇「命運與占星學：其中一些古老的洞見」（Fate and Astrology, Some Ancient Insights）中，有著兩篇從占星學角度探討命運的傑出文章。
命運有許多的同義詞和在相似語境下所使用的字，但基於歷史、文化或宗教角度而導致有些微的差別。例如，赫瑪爾墨涅（Heimarmene）可能暗示了過去或已經注定的命運；涅墨西斯（Nemesis）則是某行動或選擇的未來

在希臘文學中，命運最初由赫西俄德（Hesiod）擬人化成為宙斯及忒彌斯（Themis）的女兒們，他把她們命名為克洛托（Clotho）、拉刻西斯（Lachesis）及阿特波羅斯（Altropos）。但在同一首詩之中的前段，赫西俄德已經把「無情」的命運比喻為黑夜之女、以及厄運、死亡、譴責和其他許多黑暗角色[164]。有趣的是，在這眾神誕生的希臘神話第一章中，命運的血統從最初誕生於混亂黑夜，變成了有秩序的忒彌斯之女；而宙斯成為她們的父親。因此，命運在新的眾神殿堂之中受到管轄。由宙斯及忒彌斯誕下的命運，如今在新世界的秩序中反映出自己的位置，在此，混亂和感受都逐漸慢變得有秩序和被加以思考。我將此視為是一種暗喻，透過逐漸察覺到出生之前就已經為我們編織好的模式、而從潛意識中改變我們的命運。當命運誕生於在黑夜時，我們的命運是屬於無意識的；但當它在覺知之光中重生時，它就成為我們可以透過反映及思考與之合作的母體。

拉刻西斯將克洛托在我們出生時所編織的絲線分發，她為我們決定絲線的長度，當阿特波羅斯把絲線剪斷時，我們就進入了被分發的家庭遺產的脈絡之中。我們的家庭遺產早已經存在，並且是我們身份所必須的面向，這是我們的遺贈。而占星學是一個動態工具，它幫助我們理解此命運，以及家庭如何共謀把它隱藏在黑暗之

---

結果；堤喀（Tyche）則是在公元五世紀出現並代表機會、幸運或命定的當下的希臘女神；天意（Providence）意指神的運作；因果（Karma）則是宇宙所傳留下來的正義，因此正義或是應得之物的分配（nomos，希臘文的法律）與命運以及被記錄的法律相似；運氣也是注定的，就如同生命中的運氣一般，無論是否因命運而生，也必須有足夠的運氣才能誕生。

164 赫西俄德（Hesiod）, *Theogony*, 由 Dorothea Wender 翻譯, Penguin, London: 1973. 查看第211行及之後關於由倪克斯（Nyx）誕生的命運，以及在第900-5行關於她們作為忒彌斯女兒的身份的誕生及各自的名字。

中，就像是黑夜之女一樣。家庭價值、信仰、傳統、生存方式都已被織入我們出生前就已存在的模式之中，並成為一塊遺傳下來的織布，讓我們在其中塑造性格，留意自己的家庭模式及遺贈有助於更深入認識自己的命運。以下是一些遺傳的家庭模式以及星盤如何揭露它們的思考方式，作為占星師，我們一直嘗試理解自己所居住的世界以及這些如何呼應我們的星盤，好讓我們能更理解自己與天俱來的權力，以及如何更有目的地去處理它。

## 家庭環境

> 從你的家庭開始
> 但很快地，它就會逼近你的靈魂
> ——李歐納‧柯恩（Leonard Cohen）, Sister of Mercy

無論是親生、收養、監護或是過繼的小孩，都會受到來自祖先之水的洗禮，沉浸在家庭環境之中，它往往提供了滋養的泉源，但令人悲傷的是，祖先之水也往往受到有毒的、一直未能適當的從家庭體系中洗淨的情緒所污染。污染源將自行尋找進入現代環境之路，並侵蝕家庭的情緒安全感的基石。基於許多因素，每個成員對於家庭環境的認知各有不同，例如，每個孩子都會在父母婚姻的不同階段中到來，進入一個獨特的家庭布局，另一個家或是特別的家庭階段之中。各種議題會影響每個人在家庭氛圍中的經驗，如同在本章開始的段引言中，麗茲‧葛林所指出的一樣，家庭命運不單是滲入家庭體系中深層的潛意識因素，也是我們如何尊崇和處理這些議題的方式。

家庭環境是各種不同影響的混合物，而當中許多影響仍存留在

潛意識中。父母的行為、信仰及價值觀、潛意識的情結及防衛、未被實現的夢想及未解決的衝突皆影響家庭情緒，這些影響是由祖先的遺傳所塑造；因此，透過不斷發生的遺傳模式，我們接觸到家庭的命運，而這些模式是由家族遺傳，並且超越我們的能力範圍，無法改變。未被解決的衝突及創傷以及未被表達的悲傷和失去皆影響家庭環境、家庭安全感和幸福。榮格用以下的方式表達祖先世系的命運：[165]

我強烈的感覺受到父母、祖父母以及更古老的祖先們尚未完成、也沒有解答的事情和問題影響，這往往就像家庭裡存在著非個人的因果業力，它由父母傳給子女，對我來說，我往往要解答命運加諸在先人們身上、卻至今尚未解答的問題；或似乎我必須去完成或是繼續前人的未竟之事。

我們在家庭發展中某個特別時刻降生於家庭中，因此我們會有自己的人生問題需要解答，每個孩子也會以獨特的方式參與父母婚姻以及與他們相處，透過神祕參與，孩子也會與父母的潛意識建立特殊的精神連結。正是家庭環境中的命運，塑造我們獨一無二的遺產並啟發我們的性格。然而，我們必須清晰具體的察覺這些遺產，由此觀之，星盤會成為一個很好的工具，幫助人們揭露深嵌在家庭環境中的獨特命運。

另一種體驗家庭命運的方式是透過我們在家庭體系中的位置，出生順序賦予我們某些角色，這影響了個性的形成、個人特

165　榮格：*Memories, Dreams, Reflections*, Pantheon Books（New York, NY: 1973），233.

質以及我們的人生選擇。例如,兄長可能比較傾向於堅持家庭傳統,而弟妹可能感到比較迫切、也受到鼓勵去掙脫長久的規則和價值;有兄長的妹妹會有較多機會曝露在男性競爭、進取和保護性的面向,不像有姊姊的妹妹在成長過程之中較受到同性之間女性主題的影響。獨生子繼承著無法見證手足成長或體驗到被兄弟姊妹見證的命運,他們注定比擁有手足的朋友更早被整合、進入成人世界之中。最年長的孩子會有一段獨占父母的經歷,直到下一個手足出生,才被迫需要與弟妹分享這種親子關係;而老么則從出生開始就必須與其他手足分享父母,而從沒有被其他手足取代的經驗,因此,老么會是家庭中永遠的「嬰兒」。出生順序及性別暗示著某些被預期的角色,並對人生展望帶來了某種獨特的傾向,命運早已遺傳在手足出生順序及出生性別中,但它也活在父母及祖先的故事中,他們的故事是家庭樹的根源與養份。

在家庭樹之中,父母遺傳作為根源,手足經驗作為枝幹,這兩個體系塑造我們性格的模式。作為階級或垂直體系的父母體系承載著家庭命運,這類似於天頂／天底軸線及水象宮位或結束宮位;手足或水平線體系會向社會環境伸展,並且是由出生順序及個性所塑造的社交樣版,這類似於上升／下降軸線及關係宮位。每個體系會為了延續家庭成長及健康而產生互動,但它們各自也受到家庭的感受生活及祖先們尚未實現的事物所強烈影響。

這種真相經常揭露在公元前五世紀的偉大劇作家所撰寫的關於古希臘王朝的劇作中[166],身陷於父母及祖先命運中的劇情不

---

166 早期的希臘文學和悲劇,善於描繪世代傳承下來的家庭詛咒,其中在公元前五世紀最有名的三位經典劇作家分別是埃斯庫羅斯(Aeschylus)、索福克

但是其中的共同主題，更在許多的劇作中被加以描述。當安蒂格妮（Antigone）在長篇家庭悲劇的結局中被克里昂（Creon）活埋，索福克勒斯（Sophocles）劇作中的合唱這樣問道：「我想知道……你有否因為你父親的可怕折磨而付出代價？[167]」

無論如何，身陷於父親「可怕折磨」的情結之中的不只安蒂格妮一人，她的父親伊底帕斯（Oedipus）被祖父拉伊俄斯（Laius）遺棄在山邊，打算讓他就此死去。麗茲·葛林以這種方式去表述希臘王朝劇作：「在希臘神話中所喜歡描述的家庭詛咒主題，生動描述著家族默默流傳的事物，並體現出家庭命運的經驗[168]。」希臘人在家庭詛咒的神話描述中所生動揭露的是，那些尚未處理的創傷中的心靈現實，以及那持續纏擾後代的罪過。

家庭命運會以不同方式在家庭的不同世代之中流傳，其中一種思考這主題的方式是，要瞭解由父母和祖先遺傳所承載的命運往往由結束宮位、太陽和月亮的強化相位或外行星／內行星之間的動力相位所揭示；另一種承載家庭命運的方法是透過手足體系，其中每個手足都會受到影響。一般來說，這些都是在家系末端的手足，命運注定他們以生命的某部分為祖先贖罪；個人透過身為手足體系

---

勒斯（Sophocles）及歐里庇得斯（Euripides），他們每一位都受到家庭的悲劇所吸引，而啟發他們的家庭悲劇是神話循環中的主要元素。埃斯庫羅斯的《俄瑞斯忒亞》（The Oresteia）三部曲訴說了歐墨尼得斯（Atrus）家族的悲劇故事，以及降臨到阿伽門農（Agamemnon）及其兒子俄瑞斯忒斯（Orestes）身上的災難性家族遺傳。

167　索福克勒斯（Sophocles）《底比斯三劇作》（*The Three Theban Plays*）中的「安堤戈涅（Antigone）」，由Robert Fagles翻譯，Penguin（London: 1984），103.

168　麗茲·葛林（Liz Greene）：*The Astrology of Fate,* 92.

的一份子，分享了祖先遺產。我們可以考慮關係宮位、外行星與水星、金星或火星形成的強力相位、以及結束宮位與第三宮或雙子座之間的互動為這主題帶來曙光。

我們的出生順序和家庭環境中的個人經驗幫助我們決定接受此命運的態度，家庭也許是我們的身體可以離開、但絕非在心理上能夠離開的體系，因為家庭的印記已經透過家庭環境的參與以及手足的演繹而烙印在靈魂中。

## 出生順序

出生順序理論既是古代傳統、也是我們與之共同成長的故事中的一部分，神話、童話、寓言和聖經故事都告訴我們出生所注定的事。聖經中第一個手足故事是該隱和亞伯（Cain and Abel），他倆為了在家庭中的先後順序而產生衝突，首先出生與最年輕或最後出生的孩子之間的爭執，成為舊約中的清楚特徵。在《出埃及記》中，因為法老王把希伯來人從奴役中釋放並讓他們離開埃及，結果神在埃及人身上降下了十種災禍，最後一個災禍是「擊殺埃及土地上的所有長子」（12:29）。無論學者們能否證實，出生順序都是我們命運的一部分，並強烈影響我們在生命中的定位方式。

一九六一年，沃爾特·托曼（Walter Toman）在他的著作《家族排列》（Family Constellation）中首先發表關於出生順序的理論及研究，托曼不僅以階級的角度、更嘗試以性別及手足數目去描繪手足的演繹，藉此進一步發展阿德勒的理論。他嘗試描繪身為男性兄長與身為女性長姊之間的差別，並盡可能將性別及手足數目等包括在內。他也提出，當我們在手足體系中的位置在成年人際關係

（伴侶及朋友關係）中被重建時，有可能會有更大的互補性。在階級及性行為之中重建手足位置的人際關係，最有可能帶來成功的結果，他也把同一個模型放到友情關係之中。托曼的發現被批評為理論基礎過多但研究不足，然而他的研究重新探討兄弟／姊妹通婚的古老主題，並呼應占星師已知的、與關係宮位有關的真相，其中將手足、伴侶和朋友連結在三位一體中，而托曼的這個提論中的真相也是從占星學的星盤比對和合盤而來。手足星盤之間的相位往往與伴侶的星盤產生巧合，而使人會心微笑，托曼帶入成年人際關係中的手足位置及性別模式，是一種強力工具，使我們觀察到成年後的伴侶、朋友關係與我們早期手足關係之間的即刻連結。

　　法蘭克・薩洛韋（Frank Sulloway）的著作《天生反叛》（Born to Rebel）是他廿六年來研究及探討出生順序的傑作，因為長時間的蘊釀，它比其他大部分與出生順序相關影響的研究來得更有趣。這是一次從達爾文世界出發，探討出生順序的清晰、具有學術性的導覽。然而，他最終似乎也重覆了一個持續出現的主題，就是長子承載著主流權威之下的父母及傳統期望，而晚出生的孩子則天生反叛並會帶來革命性的思想，長子抗拒改變而找到自己安身立命之所，而晚出生的人則不斷挑戰已被建立的秩序。

　　我們有無數接觸出生順序主題的方法，也有更多理論探討出生順序可能帶來的意義。阿德勒指出，不僅是出生順序會主導性格的養成，孩子出生時的氣氛以及這種氣氛如何被解讀也帶來影響。家庭氣氛、父母的態度以及與祖先遺產之間的互動，都影響著手足位置相關的功課、它是帶著光明或是黑暗的樣貌。路易斯・斯圖爾特（Louis Stewart）在他的著作《改變者》（Changemakers）中，將這一觀點說得極好：

希特勒與甘地都參與革命，並且是在家中排行較小的兒子，是
什麼讓他倆如此的不同？在這裡我們必須觀察家庭氣氛，它是由行
為、價值觀、文化發展以及（也許是最重要的）父母潛意識中的情
結所混合、難以形容的產物。父母潛意識中的情結從祖先未解答的
問題而來，並代表父母未被實現的生命；這些來自家庭的影響正是
我們應該在其中尋找差異的地方……[169]

在出生順序的研究中其中一個先決的變數是，如果這出生順序
受到人工流產、自然流產、手足出生前後的早夭、被領養或過繼手
足影響的話，實際上要如何排列手足順序？孩子要多大年紀才能
夠被列入此順序中？我認為這種對位置的標記，對於對研究人員
來說，會比諮商師或治療師更重要。手足的死亡，無論是在子宮
內、出生時或出生後不久，都會對所有手足帶來影響，孩子的影子
會自行在手足之中尋找位置，家庭的氣氛會因為失去孩子而永遠改
變。無論死去的孩子當時多大，當手足順序因為其中一個手足的早
夭而產生裂縫，生命會將倖存手足的排序安排好，但潛意識會記得
那已經失去的手足，對於治療師和諮商師來說，需要知道及處理的
是關於手足的失去。

一般來說，出生順序是以長子、排在中間的子女、么兒和獨
生子定義，其他體系會描繪家庭中第一、第二及第三個出生的位
置，而之後出生的則不予辨識，而某些體系則會描繪排行第四的
孩子[170]。卡爾·柯尼希（Karl Konig）認為只會有三個出生位置存

169 路易·斯圖爾特（Louis H. Stewart）：*Changemakers: a Jungian Perspective on Sibling Position and the Family Atmosphere*, Routledge（London: 1992）, 44.

170 約翰·布拉德肖（John Bradshaw）：*The Family*, Health Communications

在，他認為這三個位置會在之後出生的手足中重覆，因此排行第四與排行第一、排行第五與排行第二、排行第六與第三相似，以此類推[171]。

　　占星學上，我們可以透過名為「轉宮制」的技巧去為出生順序提供理論，在這體系中，我們可以經由最初的關係宮位（將其視為第一宮）衍生出這些人在星盤中的位置。例如：一般的孩子是第五宮，因此長子會落在第五宮；而次子是長子的手足（第三宮），因此從第五宮開始計算的第三宮，也就是第七宮，這個宮位由第五宮轉宮而來，也就是將第五宮當成第一宮；第三個孩子會是下一個手足，所以我們同樣地從第七宮往下計算第三個宮位，也就是第九宮。這種做法將長子分到第五宮、次子分到第七宮、第三個孩子分到第九宮、第四個孩子分到第十一宮，以此類推。雖然這看起來頗為勉強，但這模式是值得探討的，它暗示著長子演繹了英雄神話，並冒著變成父母自戀之鏡的危險（第五宮）。而當父母婚姻出現障礙，第七宮的次子就會產生與異性父母之一方形成三角關係的危險，次子往往在父母衝突、分開及離婚的事件中承受着最大的危險，因為他會展現父母婚姻的暗流，他們較容易擔當和事佬、談判者、中間人的角色，但也會變成一個替代性的伴侶。第九宮代表的第三個孩子是一位探索者，他們跨過了信仰與家庭習俗，進入跨文化的探索，這使家庭踏入更廣闊的世界中，在此，射手座的原型會

---

（Deerfield Beach, FL: 1988），33–6, 根據由明尼蘇達大學（the University of Minnesota）的杰羅姆‧巴赫博士（Dr Jerome Bach）所進行的研究而總括出關於出生順序的四個層次。

171 卡爾‧柯尼希（Karl Konig）：*Brothers and Sisters: The Order of Birth in the Family, 4th edition*）》, Floris Books（Edinburgh: 1984.

被召喚，並由排行第三的孩子去實現。

占星主題與出生順序同步，例如，長子可能比較傾向認同土星主題，並在星盤中有強化的土星相位，或是那些有強化土星主題的人行為往往如同長子一樣；晚出生的人則認同木星原型及／或天王星原型，在普遍性與家庭環境以外尋求冒險和自由的主題，或是排行中間的人，有可能會過度認同他們落在天秤座的行星，而在手足關係裡扮演的中間人及調停者的角色。

熟悉個人由出生順序所被分配的角色，能夠補足占星學敘述的認知；我使用了四種分類介紹出生順序：最年長的、中間的、最年幼的和獨生子。許多不同因素影響出生順序的定義：性別、手足數目、年齡差距、失去的手足、家庭氣氛等等，因此，這可能只是大略的介紹。兩個手足中排行第二、與在七個手足中排行老么，兩者之間有著迥異的經歷；由次子的角度來看，長子的性別會帶來巨大的影響；如果手足年齡差距超過七年（一個土星循環四分相的時間），次子會比較容易覺得自己像是獨生子，而這所有因素都應該被認知。手足數目越來越少，而繼兄弟姊妹關係的現象則越來越多，這改變了出生順序賜予我們的命運；然而，反思你的出生位置可以帶來高度的啟發性，並能闡明我們部分的家庭命運。

## 長子

父母對於他們自己以及他們第一個孩子都抱有很高的期望，隨著第二個孩子的出生，期望、理想及幻想，都會隨著養育孩子的現實而消散。許多家庭對於他們第一個小孩的期望都是明顯而公開的；然而，第一個出生的孩子處於實現父母未被活出的生命、深受

他們未圓之夢影響的位置，在新生兒的肩膀上，有著父母希望他去完成他們無法完成的事情、擁有他們無法擁有事物的期望，長子對自己表現的焦慮是來自於對成功、有生產力及成為出類拔萃的人的壓力。

長子是新一代的第一個成員，而在第一個手足來到之前，他們是此新世代的唯一成員。長子是父母注意力的焦點，也是家庭的中心，第一個孩子接收較多來自父母的資源和能量，但代價是孩子要跟隨著父母的價值觀、習慣、習俗和傳統，這正是為何長子往往被形容為認同父親，以及與傳統權威型人物產生連結（同樣地他們也可以直接地反抗權威的價值觀），這種傾向往往呼應長子本命盤中的土星特色的。當然，長子的位置也帶著更明顯的責任感以及傳統上「男性」的特徵。

長子必須維持現狀及持續家庭傳統的壓力，這鼓勵他們更以家庭為取向，身為長子這也鼓勵了太陽主題的特質，由於孩子是其核心，因此可能成為反映父母態度的自戀孩子。當太陽和土星在這手足位置中被突顯，認可、回饋、自我認同、自尊和得到成果，這些主題對於長子來說會變得相形重要。

這個手足位置激起責任感以及與權威之間的關係，因此，長子相當容易受到規則的影響、遵守「律法的條文」、看見事物的表面、但不一定是底下的含義；當下一個手足來到，他們往往會感到被推到一邊，因為他們的位置被篡奪，他們可能會在成年後的人際關係中感到脆弱，並害怕再一次被奪位。

## 排行中間的小孩

在我們「家庭發展課程」中關於手足的課堂上，我將學生以我們現在檢視的四個分類把學生分組，長子很快就聚在一起，跟隨指示並詢問這練習會為時多久，他們離開去尋找會面的地方——通常是我的諮商室；老么們通常最終會在外面笑鬧著，並交換關於誰最被殘暴對待，以及他們如何去反抗和招惹他們的兄弟姊妹。諷刺的是，班上通常都有一個獨生子，所以他們會加入長子那一組，但排在中間的小孩會留在教室中，並一直猜想其他分組正在做什麼事。有人必然會說：「我猜排行最小的那班人一定正玩得很開心」。

排在中間的小孩透過別人的眼睛去認同自己，在成長的過程中，他們透過較年長及較年幼的手足去做到這一點。最年長及最年幼的孩子在肯定自我需求時，會比較勇於發聲和要求，這往往會讓中間的孩子感到退縮或嚴肅。父母常常會誤以為他們的安靜或自我專注代表他們有能力照顧自己，而事實可能是他們感到退縮或難過，排在中間的孩子感覺被留下，並懷疑他們到底遺失、錯過了什麼，他們常常會把這感覺形容為不知自己該站在哪裡、被視而不見或被困在中間。

排行中間的孩子處於和平使者和調停者的位置，他們比想要仿效的長子年幼，卻比自認為有責任去照顧的弟妹年長。他們能夠看到爭執的兩面，並往往難以選擇立場，衝突和正面抗爭對他們來說可能是難事，而他們也強迫性的試圖避免正面衝突，不單是避開自己的衝突，也會避免跟別人之間的衝突。他們可能看似正在進行某

項任務或正娛樂自己，但這其實比較像是順從的表現。排行中間的人往往會對於他們生命中的角色和方向感到混亂，並妒忌那些似乎比自己更為肯定的人，這一種妒忌可能來自童年時長子看似得到較多資源以及父母的支持和指導的情緒餘波。

就像排行第二的小孩，排在中間的小孩也往往會辨識潛伏在家庭底層的感受生活，在這樣的情況下，他們照顧著家庭的情緒，對於被遺棄的感覺以及家庭的失落氣氛相當敏感。他們可能傾向直覺的表現這些感受或自願地對他人的需求作出回應。排行第二及中間的小孩都可能犧牲自己需要去滿足他人沒說口的需求，並逐漸身陷在其他手足隱藏的日常作息之中。

在此，強調月亮性格以及對母親的強烈認同，而次子與排行中間的小孩在做為家庭的協調人以及關係諮商的能力上，也比較呼應天秤座守護星金星的能量、召換水星的能量，並且有需要以機智取勝以及以技巧蒙騙兄長，伴隨這個位置而來的是幽默感以及屈從的生活方式。

## 老么

家中最年幼的孩子處於最後的位置，並且是家庭體系中唯一沒有擁有弟妹經驗的手足。手足的來到，是一次意識上的衝擊，並產生差異性及分離感的認知。而老么不會有這種體驗，並往往被歸類為家中的「嬰兒」，而有其特權及負擔。

老么受到已經完備的支持體系寵愛，隨著老么的到來，家庭成員各司其職，而家庭可能帶著更輕鬆的氣氛去養育孩子，因此，老

么往往沒有那般受到監督或受到父母的規則及期望束縛，這種更大的自由往往引起其他手足的爭議。然而，老么同時也可能受到其他手足愚弄、欺負及嫁禍，他們早期的的體型及低地位可能成為兄姊們的笑話。老么可能成為他那些毫無分別的兄姊們共同的陰影人物，而這也往往是童話中的常見主題：老么往往是個笨蛋，但就是能夠達成其他兄長所無法做到的事；最小的妹妹剛受到姊姊們的折磨，後來卻從此受苦中釋放而轉化成美女。兄長的陰影是促使弟妹個性化的媒介，老么身負這種受到任務及試煉挑戰，並掙扎而成就個性化的原型性角色，這會鼓勵他們比其他人走得更遠。

神話也將老么塑造成新秩序的承載者，這肯定了「最後的會成為領先的那一個」（the last shall be first）的古老諺語。克羅諾斯（Chronus）和宙斯二人都是他們手足體系中排行最後的那一個，而他們帶領著顛覆的行動，推翻舊體系並豎立新的制度，老么就是要將自己延展到家庭領域以外，透過教育、實驗和旅遊，他們會到達家庭信仰、價值觀及習俗之外的地方。他們在家庭界線以外的任務往往使他們對於自己的歸屬感到混亂，他們挑戰現狀和反叛，並把新事物帶回家中，這能革新或至少挑戰家庭的信仰和傳統，老么們在手足及父母的阻力中掙扎並尋求自己的獨立性。

在沒有任何手足隨之而來的情況下，老么可能會在朋友或社交情境之中補償這情況。他們對於「弱者」和「貧窮」的人相當敏感，會跟沒有權勢的人成為朋友，並鼓勵和支持弱勢社群，這種做為領袖或拯救者的過度補償，造就了他們的脆弱及被利用的機會，他們知道身為最後及最小的感受，並往往變得外向而過度補償。在家庭之內，老么也可能跟他認為沒有力量或被壓抑的手足或父母站在同一陣線，支持他認為是受害者或身處劣勢的人。老么也

容易身陷於不幸福婚姻中的三角關係之中、容易捲入父母的戰爭及維護弱者的風險中，尤其當他是母親的兒子、父親的女兒或是父母之一的寵愛及盟友的時候。如果父母婚姻不和諧、單親家庭、或當父母之一生病或無法自理時，被留在家中的老么可能會認為自己需要保護和拯救父母之一。在父母的力量失衡、造成不健康的家庭環境之中，兄姊可能擔任老么的父母角色，這令老么難以與他們分離。

手足在童年時往往看似較為巨大、比較有能力和更懂得調節，這態度往往內化於老么身上，他們能夠看到兄姊的特質卻看不到自己的，在成年後，他們往往會驚訝的發現手足仰慕他們年輕時的個性及成就。老么是最後來到的，他們是最後一個就位或找到自己位置的人，而這可能是他們生命中不斷發生的主題，他們經常會遇到需要爭取自己空間或拿回自己位置的情況。老么較易接觸到木星及天王星的原型，在一個所有人都比自己年長、更有資歷及擁有更多資源的體系中，老么感到需要到其他世界冒險、探索他人生存的方式，想要走得更遠的渴望讓他們接觸到自己的革命和反叛精神，以及建立新秩序的命運。

## 獨生子

獨生子與長子相似的地方，是他們同樣都在沒有另一個手足的干擾下獨享父母的注意和寵愛，但跟長子不同的是，獨生子們沒有經歷到被取代或讓位的經驗，或是因為弟妹的到來所伴隨的強烈混亂感。溫尼科特（Winnicott）提出獨生子失去了經歷母親懷孕階段，以及感受養育孩子的神祕和私密的經驗，但更重要的是獨生子

不會感受到新手足進入家庭時所觸發的強烈情緒：「……而獨生子相對上缺乏機會去表達他們本質中侵略性的一面，這其實是一件嚴重的事情[172]。」

手足會引發愛與恨的強大情感，獨生子缺乏手足體系去體驗感受上的矛盾和兩極性——能夠體驗那些強大的負面情緒，卻不會破壞人際關係；這會造成他們在往後的人際關係中害怕表達負面情緒、與人們正面對抗或感到憤怒。就像溫尼科特所提出的，在家庭中沒有一個安全的容器可以接納競爭心及進取性的本能，它們可能會在校園中溢濫出來。研究中國一胎化政策的研究者認為，其影響包括侵略性及欺凌事件的攀升，以及出現難以與他人分享的情況，似乎獨生子必須要找到表達同儕之間攻擊性本能和力量的管道，某個年少的同學可能成為替代的手足。沒有手足的成長環境也暗示了獨生子們不需要與人分享玩具、衣服、珍貴之物，特別是不需要與他人分享父母，因此，分享和所有權的議題可能會成為成年後的人際關係的模式，他們的家庭生活中也不需分工合作或需要與手足共同分擔的任務。

手足既是一個原型性形象，也是每個人精神的一部分。在生理上，每個人都需要有照顧者才能生存下來，手足並不是必要的；然而，要在心理上存活下來，我們需要有一個手足作為最重要的社交媒介。相同的主題對於獨生子來說，他們會將朋友當作替代手足去

---

172　D.W. 溫尼科特（D. W. Winnicott）：*The Child, the Family and the Outside World*, 133. 溫尼科特經常對獨生子的議題發表意見，他在家中排行最小並有兩個姐姐，但他認為他成長時是一個「擁有數位母親的獨生子」。（詳見由亞當．菲利普斯（Adam Phillips）撰寫的《溫尼科特》（Winnicott）），Harvard University Press（Cambridge, MA: 1988）.

填補失去的手足，朋友最終會變得相當重要，也就是童年玩伴最後變成替代手足。在許多獨生子的個案中，我都看到命運安排替代手足的出現：表兄弟姊妹、寄宿的人以及鄰居，他們觸發獨生子內在的手足形象，而打破其孤立感受。隨著越來越多獨生子女以及越來越多為上班族夫婦而設的託兒服務的出現，在託兒所裡，手足就是一種替代品，友誼是獨生子最有可能在其中找到替代手足的領域。因此，朋友之間的依附關係會相當強烈，在自然的生命循環來到終點的時候，可能沒有任何剩餘的原生家庭成員，這強調了朋友做為家庭替補的重要性。

　　獨生子可能難以分離及離家，他們沒有機會與手足分離，並且依然經歷著生命的延續性。手足有助於標示早期重要的分離及過渡期，對獨子來說，跟父母分離就更加困難及具威脅性，並往往會為青少年晚期、邁入成年時的「離家經驗」帶來創傷。在成年的人際關係中，我經常發現獨生子難以離開一段不健康的關係，因為只有極少的印象，讓他們相信即使分開了生命還是會繼續下去，獨生子沒有手足可以結盟，一起對抗父母的權力獨裁或其管控所帶來的壓抑。家庭氣氛也可能醞釀出三角關係，在一個不健康的婚姻之下，獨生子會覺得被困住、並往往會擔負起照顧「被遺棄」的父母之一的責任。他們也感到自己有完全的責任照顧逐漸老邁的父母，因為他們沒有手足去分擔這份責任，也沒有手足去分擔失去父母的悲慟。獨生子也容易希望母親其實是一個姊姊，這帶來了角色的混淆。在這種高度的糾纏傾向之下，分離是有風險的。阿德勒在提出獨生子容易有「母親情結」時也同意這一點，因為獨生子對母親情有獨鍾。

　　獨生子可能難以理解子女的手足關係，並潛意識私下將他們分

開，也可能覺得孩子之間的衝突令人難以承受，因為他們從不曾有過這種經驗。

　　某些獨生子在成長過程中集父母的關愛於一身，不需要與他人分享這種關注，並察覺到自己是父母遺產唯一的受益人。然而，這種豐富的遺贈只是單一性的，而當他們與伴侶共享生命時，卻往往是困難出現的時候。這觀點是由薩爾瓦多·米紐慶（Salvador Minuchin）提出的：

　　當手足體系不存在時，最能彰顯其重要性。獨生子發展出一種適應成人世界的早期模式，這可能顯示在早熟的發展中，同時，他們也可能在自主性、以及在與人分享、合作與競爭的能力發展上遇到困難[173]。

　　獨生子在充滿成人的家庭環境中成長，並容易變得強烈認同父母。他們意識到規則及社會習俗，從早年開始他們就對土星主題特別敏感，雖然此原型可能代表獨生子在社會上具有傑出表現的能力，土星往往也象徵了獨生子的自我保護及孤單感。雖然獨生子也許能接觸到父母所有的資源，然而，他們也可能會質疑為什麼沒有其他手足可以共同分享這一切，他們可能會感到自己被「遺漏」了，這種失落似乎是手足神話的一部分，只是獨生子是實際的體驗到它。

---

173 薩爾瓦多·米紐慶（Salvador Minuchin）：*Families and Family Therapy*, 60.

## 接受生命的順序

　　阿德勒先把我們的注意力引向出生位置所扮演的宿命角色，身為父母，我們很容易在孩子身上重覆自己的手足經驗，尤其是與自己出生順序一樣的孩子。我們在手足位置中的經驗會被帶入成年後的人際關係、同伴、朋友及婚姻之中。出生順序也會被帶入職場之中——兄姊們力求認同、地位及領導地位，而當他們瞭解到自己對於自我成就缺乏真實感時，會感到沮喪，因為這種成就是渴望得到父母的認同，卻沒有得到滿足的動力所推動。排行中間的孩子塑造了組織的氣氛，建立職員之間的連繫並推動知性與社交上的鼓舞。排行老三或老么的人往往會感到落單或被邊緣化，但他們也為組織注入了革命的血液。意識到自己的出生位置和手足星宿的安排，也許能幫助我們察覺以此分配的角色及期望以及由此塑造的個性，然後也許就可以更自由地轉換我們的觀點。

## 功能障礙

　　我們一直在探討命運和家庭，也許我們會說家庭就是命運，當我們思考一個孩子被生在一個不正常的家庭中並在潛意識上重覆著遺傳而來的模式時，這句話就會變得十分清楚。關係的情結及模式在家庭中重覆，然而，歷經漫長旅程而使這些循環模式中的痛苦和創傷終能得到抒解的是察覺、接納、理解及原諒；雖然受到家庭及祖先過去的困擾使我們產生障礙，但意識的探索幫助我們調和這種遺產。

　　當一個家庭被命運緊緊困住，它會失常並且自動地重覆其情

結，一個機能障礙的家庭經常可以從高度的焦慮狀態中看出來。因為缺乏穩固基礎，為了試圖控制這種不確定性，家庭氣氛會充滿了焦慮和高度警戒。家庭的情緒充滿了預期，試圖預設即將會發生的事，而不是參與正在發生的事情。家庭可能缺乏界線或是過於嚴苛，而在任何一種情況下，規則和規矩都不支持真正的自我。在一個功能失調的環境之中，控制變成了對抗無力感和羞恥心的重要防衛，而小孩往往會感到自己不夠好，這種情況相當常見。強烈的想要把事情做對，然而，對於「正確」的執著，卻反而漠視孩子的自由感，家庭會被禁鎖於一個不斷拒絕自由感的體系之中，而身處其中的孩子們為了重新建立真實的自我，必須意識到這種遺傳而來的命運。如果缺乏這種意識的話，他們會容易責怪別人，而這是另一種功能失調的特色。

家庭功能失調通常會伴著羞愧，當羞愧潛伏於家庭環境以下，它的成員會感到貧乏、不夠好、有所缺失。一個以羞愧為基礎或被羞愧纏繞的家庭所養育的小孩，往往會感到自己為了已發生或沒有發生的事而需要掌控或斥責別人，或是用盡一切去否定焦慮感及恐懼感[174]。完美主義的特徵是不斷嘗試去做正確的事情；羞愧是一種強烈的影響力，它往往植根於家庭的過去之中，並不斷讓他的成員感到不被接納。

家庭體系會以各種方式去維持功能失調的狀態，而我們也可能

---

174 瑪麗蓮·梅森（Marilyn Mason）在她的文章Shame: Reservoir for Family Secrets中列出了八條家庭所灌輸及延續的羞恥心規則，這包括了：1. 控制 2. 完美主義 3. 責難 4. 否定 5. 不可靠 6. 不完整 7. 不說話及 8. 取消資格 Evan Imber-Black（ed.）, *Secrets in Families and Family Therapy*, W.W. Norton（New York: 1993）, 37-38.

以不同方式去思考它如何在世代之中傳承下來。雖然分析家庭功能失調的可能性並不是我們的工作，但意識到它的主題，對人生經驗會有幫助，使個人可以去處理命運中的這塊碎片。某些我們已經在實務中所看出的家庭功能失調，圍繞著以下動態，外行星往往是這些模式中的疑兒，尤其當它們與內行星或家庭宮位形成複雜相位的時候。

## 界線

界線協助保護其管轄範圍內的人們，它也幫助辨別什麼可以接受、什麼無法被接受，什麼事物是具支持性的，哪些是侵犯性的。界線保護我們身體、情緒及心理上的特質，並幫助我們分辨朋友及敵人，心靈界線幫助抵擋精神感染，而情緒上的界線則協助我們抵禦不適當的感受。

當家庭缺乏界線，孩子會被派以不適當的角色，承擔不適合的責任及職責，因為沒有指標或標記去分辨什麼才是對的，因此減弱了情緒獨立的能力，孩子不知不覺間會被捲入一個他們難以離開的體系之中。在占星學上，有許多因素造成這情況，然而心理、情緒及身體上的缺乏界線多半是由海王星原型代表，個人行星與海王星之間的強化相位、十二宮內的內行星或當海王星落在第四宮、第八宮或第十二宮時，都會反映出家庭中糾纏及缺乏界線的議題。

另一方面，當界線太僵固或缺乏彈性，孩子會感到渺小及不安，太多嚴峻的規則和規矩阻礙行為、思考、感受、獨立及個人行動的自由。當界線太過僵固，對於表現的期望就會導致焦慮和罪疚感，同樣地，這可能煽動對權威性政權的反叛。許多占星學上的組

合再次可以與界線的僵固相關，但這通常會由土星象徵，內行星及土星的強化相位，或是當土星落在第四宮、第八宮或第十二宮時，都會將這個主題帶出；而當關於身體、情緒或心理界線的議題被帶出，處理星盤中這些主題的工作就變得重要，必須找出一個建設性的方式以維持個人的分離感。

## 自戀式的育兒

經歷一個健康的自戀階段是兒童發展成長的重要一環：感到自己足夠被愛和讚美，而不會不間斷的從他人身上尋求讚賞及認同。當父母本身曾經被拒絕賦予這種崇拜感時，最能夠滿足這種強烈衝動的焦點正是他們的孩子。如果父母利用孩子去反映自己未被滿足的需要和欲望，孩子就會學會變成反映父母需求的一面鏡子，而展開為了反映他人而失去自己的模式。感到被剝奪的父母需要孩子去滿足自己的需求，因此孩子可能學到反應父母的欲望，而犧牲了自己發展中的真實性。在世代之中，這變成一種循環，感覺自我價值受到貶抑，破壞了充分自我瞭解、能夠辨識自己是否被愛和重視的能力。這種強烈渴望被愛的循環會一直持續到成年生活之中，並挑戰在成熟的人際關係中表現親密的能力。

為了他人的需求而失去自我的特質，可以讓個人被認為是受歡迎或有魅力的，但也可讓他感到不滿足及空虛，自戀及渴望被愛之間有著清楚的界線。神諭向納西瑟斯（Narcissus）的母親揭示說，如果他能都沒看過、不認識自己的話，將可長壽以終，然而納西瑟斯的生命是短暫而悲劇性的，他透過清晰池水倒影看到了自己，卻無法穿越那使他沉溺其中而無法離開的水中倒影，在缺乏相同倒影

的回映之下，他也無法與任何人建立關係。在足夠的讚賞、接納及愛之下，孩子能夠度過迷戀自我影像的成長階段，並在心理上發展出自我反思的能力以及對分離感的接受。

我將第五宮與納西瑟斯的故事連結在一起，對我來說，在第五宮，我們重新遇見水中之鏡，並看到創作性的自我倒影，但是我們是否受到自戀式的養育、被訓練成為了討好未得滿足的父母所投射的倒影？倘若如此，個人會在成年後的人際關係中想到得到創作性自我的認同，其對象可能是團體領袖、老闆及其他人，當此模式貫穿成年人際關係，會減弱接受他人不同差異的能力。在轉宮制之中，做為由第四宮開始的第二個宮位，第五宮代表了父母的資源，因此孩子可能成為父母的其中一項資源，在這情況下，當孩子成為父母的資源之後，他們的創造力往往會受制於父母。當然，當孩子被低估時，資源也會受到貶值，那麼這就是他人欲望的反照，而非與創造性有關的自我行為。傳統上，第五宮也被稱為事件的宮位，渴望有事情發生的潛伏衝動，可能是需要被反映及被愛的重覆性衝動，它植根在早年的發展階段中，並有著一個自戀的父母。

在媒體中，我們常常見證到數之不盡的故事是關於母親將女兒推去選美、或父親把兒子訓練成商業大亨，並犧牲掉孩子個性化的過程。太陽的強化相位以及第五宮的行星都標示出這個主題，我們也可以懷疑聚集在天頂附近或第十宮中的行星也在此主題中扮演了一些角色，因為父母未被滿足的欲望可能會將孩子強迫推向外界，父母與孩子在比對盤中的合相更加放大這些主題。

## 遺棄

　　希臘神話中相當多關於孩子遭到遺棄的主題：帕里斯（Paris）、伊底帕斯（Oedipus）、凱龍（Chiron），甚至是身為神祇的赫菲斯托斯（Hephaestus）也被他的母親遺棄。這主題實在過於常見，使人不禁懷疑被遺棄的孩子是否是原型主題之一。然而，此原型主題在現實中出現時，焦慮與絕望都成為了孩子的部分經驗。

　　當孩子感到被遺棄或家庭關係中出現裂縫，那麼常見的防衛是切斷情感或是變得高度警戒。孩子以切斷關係的方式學會將被拒絕的痛苦變得麻木，但卻變得無法建立連結或得到安全感；高度警戒會發展出防衛性的直覺，因為對事情的預感，能讓個人對即將會發生的事情做出準備。然而，為了防止焦慮，孩子會一直試圖解讀氣氛及其變化，並往往會誤解情況，這導致一種永無休止的焦慮循環。

　　內行星與天王星的強化相位，或是任何一個水象宮位中被突顯的天王星都可能呼應這個主題。當天王星與月亮產生複雜相位，被遺棄或切斷連結的主題可能是母親遺產的一部分，當然天王星與太陽的相位會將這個主題指向父系。當遺棄議題成為了家庭遺贈的一部分，父母想要與小孩建立關係就會變得較具挑戰性。凱龍星的強化相位也呼應遺棄、邊緣化及放棄的主題，在水象宮位的凱龍也可能透過家庭經驗指出這些主題。

## 家庭祕密

我們可以把家庭祕密分為兩類，其中一種與家庭的驚喜、贈禮以及特別事件有關，除了收禮的人之外，其他人全都知道這祕密，這些祕密是家庭生活的一部分，並且通常都是令人感到歡愉的，雖然並非全部、但至少一般都是無害的。另一種是由家庭保守的有害祕密，這些祕密非常強大，並往往伴隨著羞恥感。在主題上，這些祕密可能是與家族史中的失落以及未完成的哀悼、貧窮或是失去財富、身體或心理上的健康、打破禁忌、以及於在關係中被背叛、性愛、死亡、虐待或是私生子女。這一類的祕密構成家庭成員的真實性，以及他們獨立和專注在自我的能力，他們會有一種不是因為親密性而是害怕祕密被揭穿而建立連結的傾向，因此，「家庭成員之間的祕密很可能會阻礙互信的關係，因此具有破壞性」[175]。

祕密的本質同時具有分裂性與整體性，因為這些祕密會影響家庭中的每一個人。具破壞性的往往不是表面上的那些祕密，而是祕密底下的強烈羞恥感，對於上　代人來說也許會覺得羞恥的事，現在可能已經不再讓人感覺如此，然而，那種「有某些事情不對或無法被接受」的感覺會仍然存在，因此，不只是關注某些祕密的表面意義，這點極為重要。我們需要明白，作為一個占星師和諮商師，能夠公開而不帶批判地去談論祕密，往往會帶來相當大的裨益，因為這樣能夠化解這些祕密背後的情感力量。

175 莉莉·平卡斯（Lily Pincus）及克里斯托弗·戴亞（Christopher Dare）：*Secrets in the Family*, Faber & Faber（London: 1978），135

　　當我們談及家庭祕密，我們可以將它們分成某個家庭成員不讓其他人知道的現實事件，以及沒有事實根據而是純粹來自於幻想的事件[176]。

　　這裡所說的幻想並非指不真實的事，而是指一些強烈的情感，這些情感從家庭中未被表達的嫉妒、競爭、憎恨、羨慕、愛或從某些傷害或痛苦感受的反應而來，而這些禁忌的感受或感知最終會變成家庭的祕密。隨著我們重新建立並重新神話化自己的家庭經驗，事實與幻想之間的邊界會越來越模糊，即使其中有一件祕密是真實的，卻經常是事件中的幻想部分影響著家庭的反應。

　　我們生活於一個執著於隱私規範的文化中，矛盾的是，這種對隱私的關注，事實上有助於祕密的隱藏。當人們處理祕密的時候，其中一個兩難中心議題是環繞著「祕密及隱私的定義」[177]。由於這兩者之間的界線相當具爭議性，一般來說，我會這樣劃分他們：隱私可以支持及包容自我，而祕密可以分離及防衛自我；祕密使人產生羞愧，而隱私不會，隱私是基本權利。如果孩子在原生家庭中享有隱私，那麼他對於保密及隱瞞的需要就會大大減少。最終，祕密會隱藏自我，並且會是恐懼及焦慮的來源；而隱私是有意識地建立包容自我的界線，長久之下，曾經將自我隱藏的祕密會在家庭中醞釀不信任及保密的氣氛。

---

176 莉莉・平卡斯（Lily Pincus）及克里斯托弗・戴亞（Christopher Dare）：
    *Secrets in the Family*, 9.

177 伊雲・安貝・布勒克（Evan Imber-Black），*Secrets in Families and Family Therapy*, 19，由他所寫的Secrets in Families and Family Therapy: An Overview, Evan Imber-Black（ed.），我會推介本書的這一章作為家庭祕密的力量的導讀。

　　當祕密是家庭母體的一部分的時候，忠誠會由知道祕密及感到落單的人所塑造，二人或三人的次體系會產生保密的機制，讓祕密繼續隱藏。矛盾的是，需要保守祕密的原因，往往是為了試圖避開伴隨著失落而來的罪惡感或痛苦，但罪惡感和痛苦是根植在失落之中的。基本上，保密的意義是為了逃避羞愧才被隱瞞，它們往往與打破禁忌、權力及依賴、愛與恨有關，並「無可避免地跟性愛、生死糾纏在一起」[178]。

　　當我們熟悉了天蠍座以及與祕密有關的天蠍座現代守護星冥王星，家庭祕密持續保有這樣的原型而不被深切反思，是極為明顯的事。因此，冥王星與內行星形成的強化相位，以及落在天蠍座的行星，可能都會帶來這個主題。在第八宮的行星可能引起人們去檢視家庭中這股神祕能量。就像其他外行星一樣，當冥王星與內行星形成相位，它使靈魂留下深刻的印象，而靈魂模式早已隨著家庭環境而遺傳，在冥王星的影響下，這往往表現在渴望被揭露的祕密之中。

## 未被表達的憤怒

　　在家庭中被壓抑或被不適當地表達憤怒，將減低個人果斷、自決或創業的能力，如果恐懼或濫用憤怒受到鼓勵的話，那麼個人就無法安心地面對憤怒，或無法在憤怒時被愛。

　　憤怒往往被認定為「不好的」或不道德的，然而憤怒是人類自

---

178　伊雲・安貝・布勒克（Evan Imber-Black），*Secrets in Families and Family Therapy*, 16.

然的反應，並有助於了解自我感受或確定自己真正的需要。因為它是心理性的，因此，在生理上可以透過腎上腺素的上升、心跳加速、呼吸急促、臉色發紅等徵狀而被感受到。當要以行動表達時，憤怒可能會產生相當可怕的狀況，而這也是它往往被認為是破壞性行為的原因。由於生理上的反應，憤怒的壓抑可能與身體及心理疾病有關，而這些疾病可能是遺傳性的。在家庭環境中適當地學習憤怒，可以增加我們在人際關係中忍受憤怒，以及控制自我衝動的能力。然而，當在家庭中對憤怒的學習方式不適當時，則會產生情緒或身體上的傷害、虐待或情結、以及混亂情緒等等遺傳。

家庭與原始社會一樣也有自己的禁忌，而在家庭往往會有與憤怒有關的禁忌或有意的傳言，這可能暗示了如果小孩公然表達憤怒或充滿敵意的話，「會讓父母難過，可能使之生病、精神崩潰、或是死亡[179]」，當家庭體系對待憤怒的態度是壓抑性的時候，火星主題的表達可能會被妥協犧牲。

火星是與憤怒有關的原型，因此，它跟其他行星的相位有助於說明與憤怒有關的模式。當它跟太陽或月亮形成相位時，我們可以檢視父母對待憤怒的特殊態度，讓我們知道自己的遺傳；當火星跟月亮糾纏在一起時，家庭中可能會產生憤怒和愛相互混淆的模式，例如：「如果你生我的氣，就是不愛我」或甚至「如果你生氣，我就不會愛你」，這樣的說法會減弱個人有效地運用火星功能的能力。火星跟木星及土星產生的相位暗示憤怒的表達會與社會狀況有關，例如：火星／土星相位可能會因為害怕後果而壓抑或否

---

179 塞維爾・史力善（Samuel Slipp）：*The Freudian Mystique*, New York University Press（New York: 1993），119

定憤怒；而火星／木星相位會將憤怒哲學化、概念化以處理其破壞性的傾向。當火星跟外行星形成充滿動力的相位時，則可能代表家庭的遺產。例如：我們可以把強化的天王星／火星組合視為與憤怒切斷連結或嘗試將憤怒理性化、並將其釐清的家庭主題；海王星／火星的動力相位暗示了將憤怒精神化、原諒或忘記它、或未察覺及未留意到憤怒；而冥王星／火星主題可能導致的影響會是控制憤怒、壓抑它或尋求復仇的機會。當這些主題出現在其中一個家庭宮位時，聰明的做法是思考在家庭中，憤怒是如何受到管理，而這些簡單的場景，其實都敘述著我們對待憤怒的態度相關的強大遺產。

## 漠視與虐待

當孩子沒有受到照顧、被虐待或受到傷害，其內在的防衛和安全感會被妥協犧牲，使孩子冒著無法建立連結的風險。孩子往往是在照顧者住院或生病、抑鬱、不負責任、無法應付或純粹出於母親本身仍然是一個孩子的情況下，而只能在被漠視的環境中成長。從漠視到虐待的內容包括從缺乏關心到羞辱和侮辱、從漠不關心到諸如么喝、取綽號及體罰等不適當的懲罰，這些行為會提高孩子的腎上腺分泌，讓他們想要反擊或逃走，這樣的樣版將進入成年的人際關係中，使他們一直陷於虐待的循環之中。

在此情況中，相當需要注意月亮的困難相位，尤其是它跟外行星之間的相位。因為月亮象徵我們的脆弱感，月亮的困難相位暗示著我們容易受其影響的能量，同樣地，我們需要思考的是被漠視的深刻感受。

## 家庭中的缺乏

個人可能會因為家庭中的某種缺乏，而將某些生存方式內投（introjection），這不一定是來自於他們有意識的意願，或者這是他們真實的生存方式。例如，如果父母婚姻中缺乏和諧或平衡，孩子可能會成為他們情感上的配偶；或者，如果在家庭中缺乏尊嚴，孩子可能感到自己有義務去成為英雄；如果缺乏溫暖，孩子可能會擔當照顧者的角色。

我們第一次的社會化過程發生在家庭中，因此，對於怎樣才算是一個男人、女人、伴侶、朋友、好人及成功的人的家庭態度，在童年的家庭環境中早已埋下了種子。思考也許因為家庭的某種缺乏而發展出來的角色相當重要，當中某些可能是真實的，但某些也許不是。當月亮和某顆外行星產生相位或當外行星落入結束宮位的時候，這種傾向會更加明顯。然而，在瞭解這些占星學的詮釋之後，思考你認為有哪些主題對於當事人來說是真實的也相當重要，有時候某人可能因為感到不真實，而對於他們精通的天份與技藝產生防衛心，那些天份被用來自我防衛，因此我常試圖探究為何在非常真實的特徵下，仍會產生防衛心，而這往往是來自於家庭所分配的角色。

## 家庭時間

在第八章中，我們探討了家庭時間 （Family Time） 或是創傷在家庭生命循環中自動重覆發生的現象，當然這極度影響家庭命運，因為未被哀悼的悲慟、未被感知的感覺、以及未被處理的創傷

仍然會與家庭的因果之輪綁在一起，並會在週年、同樣的時期、或在其他不同的狀況中再次反覆。在那些來自祖先的創傷繼續影響我們情緒發展的餘波之前，我們往往無所防範。家庭時間有助於找出壓力的來源，雖然我們自己的本命盤及家庭成員星盤的行運會是一個很好的時間測量工具，家庭時間提供一種以家庭經驗為基礎的自我管理模式。

## 占星學中的家庭模式

當檢視個人的星盤時，我們可以想像其家庭的樣貌，而當我們把子女的星盤和他的父母或手足的星盤一起檢視時，我們會看到相似之處以及由家庭承傳下來的模式。在我們檢視家庭成員的星盤時，有許多方法可以發現到這些模式。就像基因一樣，這些模式有時會跳過了某個世代、或同世代之中的某些成員，而往往只有家庭中的某些成員會承載相似的占星描述，而其他成員則可能承載了其他的主題。有時占星描述會由母系傳承，而另外一些則來自於父系，分析家庭成員的星盤會顯示出有趣的占星模式及遺傳。

### 透過星座或星座的兩極性

在家庭的星盤組合中經常會突顯某個星座，例如，在甘迺迪家族之中，父親老約瑟夫・甘迺迪（Joseph Kennedy Sr.）有四顆個人行星落入處女座，包括太陽、月亮、水星及金星，他的妻子露絲（Rose）則金星同樣落在處女座，而她的土星也在處女座。

## 父母：約瑟夫和露絲

| 家庭成員 | 行星在處女座的度數 |
|---|---|
| 老約瑟夫<br>（父親及父系） | 太陽14度17分<br>月亮18度13分<br>水星25度59分<br>金星29度48分 |
| 露絲<br>（母親及母系） | 土星2度31分<br>金星7度47分 |

他們有九名子女，包括四個兒子和五個女兒，長子小約瑟夫（Joseph Jr.）在二次世界大戰中所乘坐的飛機於英吉利海峽（English Channel）上空爆炸身亡，當時他廿九歲；餘下的三個兒子中，其中兩個的月亮在處女座，約翰‧甘迺迪（J. F. Kennedy）唯一落在處女座的行星就是月亮；而愛德華（Edward）則有海王星／月亮在處女座合相，而他的南交點也落在這星座中，羅伯（Robert）則沒有行星在處女座。

家中排行第三的孩子，也是女兒中最年長的露絲瑪麗（Rosemary）因為腦葉手術（lobotomy）失敗，大半生都住在醫院中，她的太陽、水星及金星這三顆行星都在處女座，而她的妹妹嘉芙蓮（Kathleen），也就是家中排行第四的小孩，她的土星在處女座，而就像他的哥哥小約瑟夫一樣，她廿八歲時也死於空難；排行第五的尤尼斯（Eunice）有月亮、木星及土星在處女座。九名子女中，其中三人的月亮位於處女座。

## 子女

| 家庭成員 | 行星 | 處女座的度數 |
|---|---|---|
| 約翰 | 月亮 | 17度12分 |
| 尤尼斯 | 月亮 | 27度58分 |
| 愛德華 | 月亮 | 6度25分 |

當約翰・甘迺迪的兒子小約翰・甘迺迪（John Kennedy Jr.）像他的姑姑和伯父一樣死於空難時，當時他三十八歲，生於冥王星在處女座的世代，同時他的北交點也位於上升點的處女座，而他與妹妹卡羅琳（Caroline）都是出生於冥王星在處女座的世代，另一名手足派屈克（Patrick）出生僅僅兩天便早夭，他出生於天王星／冥王星合相的時期，但就像他的祖母、祖父、和姑姑露絲瑪麗一樣，他的金星也在處女座，他們的母親賈姬（Jackie）來自海王星在處女座的世代，但她也有火星在處女座。

愛德華的妻子瓊安（Joan）也是生於海王星在處女座的世代，她的太陽、金星都在處女座，而上升點也同樣落在處女座，兩人的三名子女都是生於冥王星在處女座的世代，兩個兒子的金星同樣落在處女座的前面度數之中。

他另一個兄弟羅伯沒有任何行星在處女座，他的妻子艾瑟兒（Ethel）也只有宿命點（Vertex）落在處女座，在兩人的十一名子女中，包括了四個女兒和七個兒子，排行第四的兒子廿九歲時死於藥物濫用，而排行第六的子女則在三十九歲時死於滑雪意外。兩人的第一個孩子的土星和南交點都在處女座，而另外兩名子女的太陽都在處女座，剩下兩名子女月亮在處女座，半數的手足都生於冥王星在處女座的世代，而其中三人是生於天王星／冥王星合相在處女

座的時期，而十一名子女中，有四人各同時有三顆或以上的行星在
處女座。

　　雖然這只是這個家庭的其中一部分，但明顯地這星座在許多家
庭成員的星盤中都相當明顯，並把處女座的主題帶到家庭氛圍之
中，這也暗示了當有重要的外行星行運通過處女座或其他變動星座
時，許多家庭成員都會受到該行運影響。第一世代的父母露絲及約
瑟夫都擁有金星於處女座的位置，而這位置在家庭的第二及第三代
中也明顯地密集出現。

　　情色的主題交織在家庭的男性的生活中：老約瑟夫以在好萊塢
的情史聞名，其中最臭名遠播的一宗是跟女演員格洛妮亞・斯旺
森（Gloria Swanson）的緋聞，他的兒子約翰・甘迺迪也有類似的
名聲，約翰跟女演員瑪麗蓮・夢露（Marilyn Monroe）的糾葛受到
廣泛報導，也有傳聞說他的兄弟愛德華也跟他的競選助理有染，
後來這名助理因愛德華所駕駛的車衝下橋而淹死。這主題也纏繞
著下一代，幼女珍（Jean）的兒子威廉・甘迺迪・史密斯（William
Kennedy Smith）在1991年被控強姦，他的太陽、水星、冥王星及
北交點都在處女座；羅伯及艾瑟兒的兒子麥可・甘迺迪（Michael
Kennedy）同樣是冥王星在處女座的世代，他在1997年被控與家中
未成年的褓姆有染。

　　處女座的健康、安康和秩序主題同樣透過健康、成癮及抑鬱的
家庭事件出現，在家庭中星座位置經常重覆在家庭成員星盤中的四

個軸點、太陽、月亮及月亮交點。在古希臘的神話及悲劇中經常提及家庭詛咒這個經典主題，甘迺迪家庭正是其中的現代詮釋[180]。

## 黃道中的度數

黃道中的某些度數會在家庭中被強調，例如：某個星座的某個度數對家庭成員相當重要；如果是這樣的話，那麼由恆星（fixed stars）、阿拉伯點（Sabian Symbols）或其他占星學度數技巧所代表的度數象徵，就會為此家庭確立此一度數的意義及主題。或者黃道的某個度數會在家庭中被強調，並在占星學上透過緊密相位把家庭成員結集在一起；或者在某個星座、元素或性質模式的度數範圍中，不僅透過相位使家庭成員糾纏在一起，更會透過行運去達到這效果。當黃道的度數在家庭中重覆，成員之間將會同時產生這些位置的行運，因此受行運影響的將不止是個別成員，而是整個家庭體系。因此，我們便了解到需要注意個人星盤的行運，因為它往往由於星盤中占星學上的緊密連結，而影響了整個家庭體系。

留意家庭中哪些成員的本命盤並沒有像其他成員一樣重覆某些度數的模式，也是一件有趣的事，雖然我們無法因此而做出任何的一般性假設，但這的確支持了一個理論，就是由於某些成員之間的結盟共謀或是性格上的差異，次體系的確存在於家庭之中。

英國皇室正好可以做為案例，有趣的是英國皇室大部分的生活

---

180 我會推介一篇由麗茲・葛林（Liz Greene）所撰寫的、關於甘迺迪家的詛咒的精彩文章，這文章最先於心理占星中心期刊Apollon刊登，現可於以下網址閱讀得到：http://www.astro.com/astrology/in_oracle_e.htm

都受到公眾的審視及研究，以致他們幾乎背負了某種原型性的角色，因此，他們的占星模式往往會更加生動。我發現有一件事相當有趣，就是包括喬治五世（George VI）、伊莉莎白皇太后（The Queen Mother）、伊莉莎白（Elizabeth）和瑪格麗特（Margaret）在內的家庭體系中，有一些有趣地重覆度數，只需要查看其中四名家庭成員的太陽和月亮，就會看到強烈的獅子座／天蠍座組合，突顯了被推上舞台及渴求隱私之間的緊張感，他們的太陽和月亮的某些連結如下：

| 喬治五世<br>太陽射手座<br>21度54分<br>月亮天蠍座<br>24度46分 | 皇太后的上升／下降軸線是雙子座／射手座22度，所以喬治的太陽正好在她的下降點上，而皇太后的火星在上升星座雙子座的25度，正好跟她最年幼的女兒瑪格麗特在同一度數。<br>伊莉莎白的土星正好在她父親位於天蠍座24度46分的月亮位置上，並落於她在天蠍座25度33分的天頂。<br>喬治的孫子安德魯（Andrew）月亮同樣落於天蠍座25度29分，有趣的是，他的上升點所在的獅子座11度33分，正好是他祖母的太陽位置。 | |
|---|---|---|
| 皇太后 | 太陽獅子座11度9分<br>月亮天蠍座14度46分 | 喬治的土星在天蠍座14度45分，剛好在他妻子的月亮位置。 |
| 伊莉莎白 | 太陽金牛座0度12分<br>月亮獅子座12度7分 | 皇太后的太陽與她長女伊莉莎白的月亮相差在一度以內。 |
| 瑪格麗特 | 太陽獅子座28度1分<br>月亮巨蟹座25度14分 | 瑪格麗特的月亮跟她父親的月亮形成緊密三分相。 |

在下一個世代中，這主題繼續在伊莉莎白的長子查理斯王子
（Prince Charles）身上繼續，他的太陽在天蠍座22度25分，而他的
月亮在金牛座0度25分，與他母親的太陽產生緊密合相。查理斯的
兒子威廉（William）的木星在天蠍座0度，跟他父親的月亮產生對
分相，但他本命盤的太陽和月亮都在巨蟹座的前面度數，重覆他曾
祖母金星巨蟹座、姑婆的月亮巨蟹座及母親戴安娜的太陽及水星巨
蟹座的主題。

有很多方式可以探討這個家庭中獨特的度數，值得注意的是
在這些星盤中明顯地強調了固定星座，但這些星座的22-25度範圍
相當明顯[181]。此外，因婚嫁而進入這家庭的人似乎也有著這些位
置的特色，戴安娜在這些度數的T三角似乎成為了這家庭能量的扳
機，例如：

這暗示了整個家庭都對於黃道中經過此一區域的重要行星行運
相當敏感，代表此時會產生一些影響，而受到影響的是整體家庭而
不只限於體系內的某個成員。例如，冥王星於1991至1994年間行
運至天蠍座22-25度、天王星於2001至2002年間行運至水瓶座22-25
度、海王星於2007到2010年間行運至水瓶座22-25度，以及凱龍星
在2009到2010年也行運至此區域。當移動緩慢的行星經過黃道中
的這區域時，家庭內的個人會受到影響，並間接地為整個體系再次
帶來活躍及轉化的機會。

---

181 我最先於斌尼‧桑頓（Penny Thornton）的著作*Synastry*, The Aquarian Press
（London: 1982），149中注意到這件事，而在此之後，我探討許多擁有重覆
度數的家庭案例。

| 皇室成員 | 固定星座 22度 | 固定星座 23度 | 固定星座 24度 | 固定星座 25度 |
|---|---|---|---|---|
| 喬治五世 | 天王星天蠍座22度 | | 月亮天蠍座24度 | |
| 伊莉莎白 | 木星水瓶座22度<br>海王星獅子座22度 | | 土星天蠍座24度 | 天頂天蠍座25度 |
| 查理斯 | 太陽天蠍座22度 | | | |
| 戴安娜 | | 天王星獅子座23度 | 金星金牛座24度 | 月亮水瓶座25度 |
| 威廉 | | | | 凱龍金牛座25度<br>金星金牛座25度 |
| 安妮（ANNE） | 太陽獅子座22度 | | | |
| 安德魯 | | | | 月亮天蠍座25度 |
| 菲姬（FERGIE） | 凱龍星水瓶座22度 | | | |

## 行星相位

　　往往在家庭的世代中會發現某些特定的行星相位，可能會以各種不同方式揭露，例如，兩顆行星之間在連續世代中持續出現的相位，或是三個或以上的行星以不同相位或中點模式的組合。有時，某個重覆出現的相位只在母系家庭發現，而另一些則由父系家庭承載。就像基因一樣，某個相位可能會跳過世代並在下一個世代中出現，一般來說，重覆相位不會出現在所有家庭成員的星盤

中，而是只出現在其中某些成員的星盤中——那些沒有背負該相位的成員往往有著其他家庭模式的主題，而這可能可以在另一組行星的關係中發現。以下例子追蹤了某個母系家族的四個世代，他們都同時擁有太陽／火星合相以及冥王星／月亮相位。

下一頁是一個關於某些特定女性，在每一世代中承載著某個行星相位的明顯案例。瑪格麗特沒有太陽／火星相位，但她的女兒凱兒擁有火星／天王星相位；凱兒的太陽／火星相位之後由她最年幼的女兒及兩名孫子繼承，而冥王星／月亮相位在家庭的四個世代中，同樣由女性承載。

家庭中的這些女性會經歷冥王星／月亮相位的正面面向，例如：情緒上的力量、復原力及忠誠，但同時會經歷悲慟、失去及背叛。在太陽／火星相位的支持下，家庭中的這些女性擁有鼓勵改變及分離的傾向，母女之間的太陽／月亮主題的交織暗示了母女關係的緊密糾纏。

## 角宮行星

家庭遺傳也可能透過強化的角宮行星而傳承，在所有本命盤中，角宮行星都應被優先考量，因此，當它們被重覆時，這個行星原型會成為家庭經驗的焦點。透過它們的本質，角宮行星會突顯出來，因此，家庭成員將會承載這些角宮的能量，而他們也更有可能以更明確的方式去認同和展示這能量。例如，在檢視甘迺迪家族的星盤時，角宮的特色是非常明顯的。

| 家庭成員<br>世代 | 出生資料 | 太陽／<br>火星 | 冥王星／<br>月亮 | 評論 |
|---|---|---|---|---|
| 瑪格麗特<br>第一代<br>曾祖母 | 1908年1月30日中午12點，生於澳洲拜恩斯代爾（Bairnes-dale） | 瑪格麗特的火星牡羊四分相天王星 | 月亮射手座與冥王星產生緊密對分相，只有三分的差距 | 瑪格麗特沒有明確記載的出生時間，當地中午時間的月亮與本命月亮的誤差會在7.5度之內。 |
| 凱兒<br>第二代<br>祖母 | 1944年12月5日早上零點55分，生於澳洲墨爾本 | 凱兒擁有太陽／火星在射手座合相，並對分相天王星 | 月亮獅子座與冥王合相，只有兩分的差距 | 凱兒繼承母親處火星／天王星相位，但它的太陽／火星相位會被傳承下去。 |
| 依芳<br>第三代<br>女兒 | 1970年8月19日早上6點15分，生於澳洲墨爾本 | 依芳同樣擁有太陽／火星合相，落在獅子座，相差五度以內 | 月亮雙子座27度與冥王星處女座26度產生對分相 | 瑪格麗特的月亮在射手座，與她女兒的太陽星座一樣，凱兒的月亮星座是獅子座，與她女兒的太陽星座一樣；依芳的月亮在雙魚座27度，也正是她女兒的太陽所在位置。 |
| 蘿倫<br>第四代<br>孫女 | 1996年3月17日早上6點7分，生於美國巴爾的摩（Baltimore） | 蘿倫的太陽／火星在雙魚座合相，並相差三度以內 | 月亮雙魚座與冥王星射手座產生四分相，並相差有四度以內 | 蘿倫擁有雙魚星群，當中包括了太陽和月亮，她的太陽跟土星緊密合相，這同時是她母親的太陽位置；她的月亮雙魚座也與父親的太陽雙魚產生合相。 |

| 艾爾西第四代孫女 | 2000年6月23日早上4點45分，生於澳洲維多利亞省的切爾西（Chelsea） | 艾爾西的太陽／火星在巨蟹座合相，相差兩度以內 | 月亮雙魚座與冥王星射手座產生四分相 | 艾爾西跟蘿倫是表姊妹，同時月亮都在雙魚座，艾爾西就像她的表姊妹一樣，也有水象星座巨蟹座的星群。 |
| --- | --- | --- | --- | --- |

在某些情況下，家庭成員的角宮行星可能會不一樣，但是所關注強調的軸點卻是一樣的。例如，集中在上升點的行星能量，會將個性及自我的主題帶到表面；天頂的行星活動會暗示傳統、目標、社會成就及專業成就，在家庭環境中扮演領導性角色；集中在下降點的行星會將人際關係及競爭、密謀及合作的主題帶入家庭氣氛之中，而在天底的行星會把家庭價值、原則及標準體現在那些有此星象的家庭成員身上。

同時擁有角宮行星的家庭成員，會相互吸引、聚集成為共謀或同盟並為家庭表達此一能量，或是自然地反應及防衛行使該權力的一方。當同時擁有某個角宮行星的成員被兩極化，家庭的其中一方可能會否定該能量的表達，讓另一方的人將其誇大。由於角宮行星高度活躍的本質，家庭會在某時刻影響它的表達方式。

## 行星主題

某顆特定行星或行星組合，可能會以較隱晦的方式突顯在連續世代的星盤中。當行星因為成為家庭成員星盤的焦點，而強調了其特質，這行星會賦予家庭命運特色。例如，如果天王星在家庭成員的星盤中相當強大，天王星的主題會在家庭中被突顯，可能某位成員的天王星是星盤中提桶圖形排列的把手，另一人的天王星可能在

軸點上，另一人可能有天王星與太陽或月亮的合相，或是某人的天王星形擁有很多相位。在各個星盤中，天王星都受到高度關注，並因而帶來了需要承受的原型性影響，而要承受的不單是個人，更是整個家庭。

家庭主題可以以行星原型區分，例如土星主題會是關於家庭中的成功、表現、權威及地位的主題；家庭星盤中明顯的天王星主題會指向獨立、自由以及分離和分裂的主題。在成員星盤中突顯海王星的家庭，可能會在其歷史中面對混亂、消失、精神性、創造力甚至疾病的主題；而當冥王星突顯在家庭成員的星盤中時，可能會有失去、共享財務、遺產及情緒控制的主題，而這些主題會影響家庭的氣氛。

注意行星在星盤中被高度關注的各種方式，並分析家庭成員的星盤，從而去分辨它會不會是家庭主題。最後提醒同學，我想重申我們真的有可能只需要檢視一個人的星盤，就可以處理家庭命運的影響。然而，當我們同時研究其他家庭成員的星盤時，占星符號就會揭示出家庭模式的連續性，以及行星相位如何在世代之中重覆。就這樣，占星模型成為了揭示家庭福祉及宿命的鮮明地圖。

Chapter 11

# 家庭圖像：
# 佛洛伊德的家族遺產

《伊底帕斯王》（Oedipus Rex）是命運的悲劇……

他的命運之所以能感動我們，只因為這可能是我們自己的命運……

也許我們注定將自己初次的性衝動導向母親，

並把我們初次的憎恨及暴力的衝動導向父親……

伊底帕斯王殺害了他的父親拉伊俄斯（Laius），

並娶了自己的母親伊俄卡斯忒（Jocasta），

這無異於滿足願望──滿足童年許下的願望[182]。

── 西格蒙德・佛洛伊德（Sigmund Freud）

西格蒙德・佛洛伊德認為傳記作者之所以會專注於某個主題，是因為他們對於該人物感到一種特別情感，無論是有意識或無意識，他們基於個人情感生活去決定自己所選擇的主角，而這些往往是對其寄予同情的因素。在某程度上來說，神祕參與發生於我們自己的神話英雄身上，就如同佛洛伊德對於伊底帕斯所抱持的某種情感；透過他對伊底帕斯的同情，佛洛伊德為心理學帶來了新的論述，而此信念上的基礎影響了整個二十世紀心理分析。以中心人物伊底帕斯為名的學說，稱為伊底帕斯情結（Oedipus complex），索福克勒斯（Sophocles）在他公元前五世紀所著作的悲劇作品中，留給了佛洛伊德文本遺產，後者從他自己的心理分析角度出發，重新訴說了一個原型性的故事。

這個耳熟能詳的故事回應了佛洛伊德自己的童年幻想和想

---

182 西格蒙德・佛洛伊德（Sigmund Freud）：《夢的解析》（*The Interpretation of Dreams*），由布里爾博士（Dr. A.A. Brill）翻譯, The Modern Library （New York: 1994）, 159 - 61.

像，而這些幻想在他自我分析時期受到召喚而來，是不是因為他對故事的認同使他產生困擾，因此，他假設這是每個人的童年模式？還是因為他陷入了此神話中無法自拔而成為了它的詮釋者？佛洛伊德的戀母情結（oedipal obsession）無疑是想像力的偉大作品，以及原型模式的偉大案例，但他對於這模式的認知似乎來是自於自己的家庭經歷和環境，而在他的星盤中遍佈了此一線索。

星盤可以被比喻成一張全家福，深藏在符號之中的，是顯示內在／外在自我形象遺留的家庭模式，從占星學角度去研究家族史揭示了相位和原型，這有助於闡明我們的家庭遺產和模式，這間接地讓我們對於刻蝕在靈魂中的星盤藍圖有著更深刻的認知。

家庭故事被敘述又敘述、被美化、神話化和浪漫化，這皆是家庭描述的其中一面，然而，總在背後鞏固個人故事、家庭故事甚至文化故事的是，過去塑造特定原型傾向的方式。原型模式本能地在我們之中運作，然而，當我們反思自己的家庭描述時，我們往往可以更有覺知及更加清楚自己所選擇的回應方式。

以下是關於佛洛伊德的大略描述，並將專注於數個主題上，除了由於我個人對他的歷史和生平抱有興趣，使我以他為例之外，也因為他的家族史和遺傳，對於他個人的人際關係和專業哲理，確實存在明顯的影響。神話主題在日常生活下流動，而當我們像佛洛伊德之於伊底帕斯一樣，對於這些模式產生深切的自我認同時，我們會為這些神話生動發聲，也許我們唯一的選擇是，更加去察覺生命的家庭劇所帶來的謎題。

## 佛洛伊德與他的家庭

**站立者（從左到右）**：寶蓮（Pauline）（妹妹）、安娜（Anna）（妹妹）、不明人士、佛洛伊德（Sigmund Freud）、羅莎的未婚夫、羅莎（Rosa）（妹妹）、瑪麗（Marie）（妹妹）、賽門・奈桑森（Simon Nathanson）（阿瑪莉亞的表兄弟）

**坐者（從左到右）**：阿道芬（Adolfine）（妹妹）、阿瑪莉亞（Amalia）（母親）、不明人士、亞歷山大（Alexander）（弟弟）、雅各（Jacob）（父親）

　　在1878年拍下這張全家福時，佛洛伊德當時21歲，在照片中站著的他個子最高，並被他的母親、父親、五個妹妹和一個弟弟圍繞。另一個弟弟在佛洛伊德十七個月大時出生，但在七個月大的時候死亡。佛洛伊德進入了一個複雜的家庭處境，因為他父親當時已經有兩個跟佛洛伊德的母親年紀差不多的兒子。

### 一個複雜的家庭圖像

　　這個家庭環境的複雜性，在塑造佛洛伊德的心理學理論中扮演

了一定的角色。佛洛伊德的戀母情結理論，靈感來自索福克勒斯的經典悲劇《伊底帕斯王》，然而，雖然主角伊底帕斯相當聰慧，卻對自己的家庭命運完全無知，他毫不猶豫地娶了生母並與她生下四個孩子，這些孩子也是他的同母異父的手足，因為他們的母親也是他的母親。也許在沒有完全理解的情況下，佛洛伊德認同了一個跟自己的家庭故事產生迴響的神話[183]，他矛盾地在專業上認同了一個在潛意識上重覆了他某些內在過程的神話人物。

　　佛洛伊德是他原生家庭中的最年長的孩子，也是他母親的第一個兒子，但他是父親雅各的第三個兒子，因為他父親之前曾經結婚，並在第一次婚姻中生下兩個兒子，這複雜的家庭描述，代表佛洛伊德出生時已有兩個成年的同父異母兄弟，而兩個同父異母兄弟都跟佛洛伊德的母親屬於同一年代：伊曼紐爾（Emanuel）比阿瑪莉亞年長兩歲，而菲立浦（Philip）則比她年輕一歲。佛洛伊德出生時，伊曼紐爾已有一個孩子，因此，佛洛伊德出生時就已經成為當時一歲大的約翰的叔叔，而當佛洛伊德六個月大時，姪女寶蓮（Pauline）也出生了[184]。

　　那張令人混淆的家庭圖像，將西格蒙德的母親阿瑪莉亞與他同父異母兄弟置於同一世代，並把身為叔叔的他跟姪兒們放在同一世代。他的母親相當年輕，而他們之間的連結也相當深厚，此外，我

---

183　我熱烈推介一本相當有趣活潑的小說，它把伊底帕斯跟佛洛伊德的故事連結在一起：莎莉‧韋格士（Sally Vickers），*Where Three Roads Meet*, Text Publishing（Melbourne: 2007）。

184　如欲使用家系圖並透過佛洛伊德的生命循環深入研究佛洛伊德，請參閱貝蒂‧卡特（Betty Carter）和莫妮卡‧麥高域（Monica McGoldrick）所撰寫的 *The Changing Family Life Cycle*, Chapter 8, 164–189.

們也不確定他的父親雅各在離開莎莉後曾否有過另一名妻子。做為原生家庭最初烙印的天底星座是水瓶座，由天王星守護，它跟太陽和水星合相，帶來了不尋常的家庭氣氛，這暗示了佛洛伊德的內心世界中，家庭的基石可能已經分裂或已有裂縫。

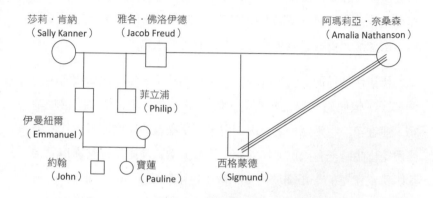

西格蒙德·佛洛伊德於1856年5月6日下午6時30分出生在摩拉維亞的弗萊貝格（Freiberg, Moravia），他的父親雅各將兒子的出生及出生時間連同割禮細節一起記錄於家中的聖經裡[185]。佛洛伊德的名字來自於他出生前兩個半月離世的祖父，寫在聖經中的名字是什洛莫·西吉斯蒙德（Shlomo Sigismund），而什洛莫正是他祖父的名字。

有一個關於佛洛伊德的出生，但未經證實的故事，這故事是跟一個店員的預言有關：當他聽到有孩子快要出生時，他跟阿瑪莉亞說有一個偉大的人已經被帶來這世界。當上升星座在天蠍座，而天蠍座的守護星也在星盤的地平線上，因此，死亡、神祕和預言主題

---

185 朗奴·克拉克（Ronald Clark）：*Freud: the Man and his Cause*, Jonathon Cape（London: 1980），8–9.

與出生產生聯繫並不令人吃驚。而做為冥府的攝政者冥王星正在西方的地平線上，這裡正是星盤中下沉的行星慢慢落到看不見的世界的門檻，地平線上的行星往往會在出生時被演繹，並很快在家庭中被遇見。冥王星也跟第三宮的凱龍產生四分相，對於他與手足之間的關係以及他在「談話治療」（talking cure）的發展中十分重要。剛好位於西方水平線以下的冥王星，象徵了佛洛伊德下降到他人精神面的冥府中去挖掘尚未明顯可見的東西，然而，這也預告了他那些與失去有關的動態遺產。

父母之間跨世代婚姻的家庭氣氛，使他幻想母親與同父異母兄弟伊曼紐爾之間存在著情愛關係，這種情境也使他天馬行空的將同父異母兄弟幻想成父親，將父母角色跟手足角色混淆，而這也將是佛洛伊德的人生中，以許多不同方式重覆發生的主題。就如之前所述，水瓶座在天底，它比較傾向於平等主題而非階級主題，它的守護星天王星，與十宮的守護星太陽合相在第七宮，因此將父母跟伴侶的角色混淆，這無疑是戀母情結配置的教材。月亮雙子跟四宮的海王星產生四分相，模糊了家庭中女性角色的界線，在第八宮的月亮雙子擅於反應靈魂深處的事物，然而它也暗示了母親形象會較類似於姊姊和伴侶，因為形成四分相的海王星會模糊了這些界線。

## 角色混淆

在佛洛伊德的著作《日常生活之精神病理學》（Psychopathlogy of Everyday Life）中，也就是那本引發「佛洛伊德式失言」（Freudian slip）此普遍說法的著作，他闡述了遺忘跟無心所犯的錯如何揭示深層情結。佛洛伊德描述了兩個他在《夢的解析》

（The Interpretation of Dreams）出版後所發現的兩個錯誤，其中一個錯誤是不小心將漢尼拔（Hannibal）的父親誤名為哈斯朱拔（Hasdrubal），而這其實是漢尼拔兄弟的名字，因此，兄弟代替了父親並滿足了他的幻想。就像佛洛伊德所說：「如果我是我哥哥的兒子而不是我父親的兒子的話，我會多麼快樂！[186]」，這是天王星／太陽合相的另一印記。另一個錯誤是誤述宙斯將烏拉諾斯（Ouranus）閹割，這明顯地跳過了一個世代，而對於佛洛伊德這種研究經典的學者來說，他一定知道宙斯的父親克羅諾斯（Chronus）才是閹割烏拉諾斯的人，所以怎可能發生這種錯誤？佛洛伊德解釋說，他的同父異母兄弟曾以一種令他永生難忘的方式告誡他，他的哥哥曾經清楚地指出佛洛伊德「並不屬於第二世代，而實際上是屬於他父親以下的第三世代」[187]。

父親角色（權威）和手足角色（平等）的混淆，明顯表現在他在家庭中扮演弟妹們替代性權威角色上，這也影響到他在成年生活中與朋友及同事之間的從屬關係，代表朋友和同事圈的第十一宮，也是我們將重新遇到手足關係中不完整的靈魂碎片的地方。

因為火星位在第十一宮，佛洛伊德重新活出主導角色的家庭模式，當他的主控權受到周圍他人的挑戰時，他的反應會相當劇烈。成年之後，他繼續在同輩及同事之中擔任權威性的父親角色，而無法完全擁有同事情誼與平等關係。手足競爭的主題也會在人際關係中被重新觸動，而在他成年之後，這種控制和競爭的混合

---

186 佛洛伊德（Freud）：*The Psychopathology of Everyday Life*, trans. A. A. Brill, T. Fisher Unwin（London: 1928），253.

187 佛洛伊德（Freud）：*The Psychopathology of Everyday Life*, 250-1.

引發許多與同輩之間的分歧及衝突。在下列他星盤的星象中，暗示了他身為手足／父母角色的界線被模糊的主題：

- 三宮（手足）宮首落於摩羯座（權威）
- 其守護星土星（權威）在雙子座（手足）
- 四宮（父母）宮首落於水瓶座（平等）
- 代表父母的天頂／天底軸線（階級）的守護星在七宮（平等）合相

　　佛洛伊德的角色混淆並不只在於兄長及父親之間，也延伸到最年長的妹妹跟母親之間。佛洛伊德分析了自己在第一種關於兄弟／父親的混淆類型上的錯誤，但他又如何分析他在把最年長的妹妹跟母親角色互換的錯誤？在他的「精神分析學的導論課」（Introductory Lectures on Psychoanalysis）中，他引用了蕭伯納（George Bernard Shaw）的言論：

　　大概沒有何一間嬰兒房裡的孩子之間從不發生衝突，這些衝突的主題是爭取父母的愛、共同擁有的物資以及生活空間，敵意的衝動會導向家中年長及年幼的成員，我相信以下這句話是蕭伯納所言：「通常只有一個人會使一個英國女性對其憎恨更甚於其母，而那個人就是她的長姊！」[188]

　　蕭伯納的確在《人與超人》（Man and Superman）中寫過這一

---

[188] 佛洛伊德（Freud）：*The Standard Edition of the Complete Psychological Works of Sigmund Freud*（*SE*）中「夢境的古老特徵及嬰孩主義」（Archaic Features and Infantilism of Dreams），Hogarth Press（London: 1953-75），Volume 15:205.

句話，但佛洛伊德卻是將長姊跟母親錯置，呼應了他把手足及父母角色混淆，更特別反映了他的月亮／海王星的四分相。在蕭伯納的劇作中，他的角色坦拿（Tanner）說：「通常只有一個人會使一個英國女性對其憎恨更甚於其母，而那個人就是她的長姊！」[189]，這種將父母及手足混淆的主題也是伊底帕斯的劇作的一部分，因為伊底帕斯的女兒安堤戈涅（Antigone）其實也是他同母異父的妹妹，因為他的妻子伊俄卡斯忒（Jocasta）也是他的母親。

佛洛伊德的金星在牡羊座26度13分，並與在牡羊座24度24分的北交點合相，值得注意的是他本命盤中的小行星安堤戈涅（asteroid Antigone）也在牡羊座24度35分，與金星／北交點合相[190]。被他稱為「安娜安堤戈涅」（Anna-Antigone）的女兒安娜，其本命盤的金星就在天秤座24度30分，與佛洛伊德的南交點合相，並跟他的金星／小行星安堤戈涅產生對分相。就像安堤戈涅在父親伊底帕斯的晚年陪伴左右，安娜與她的父親也相當親近，她的名字與佛洛伊德第一個妹妹一樣，而她也是跟佛洛伊德衝突最多的一個手足。

---

189 蕭伯納 （George Bernard Shaw）：《蕭伯納戲劇全集》（Complete Plays of Bernard Shaw）中的「人與超人」（Man and Superman）, Hamlyn （London: 1965）, 355.

190 在實際操作中對小行星的使用有多種不同情況，但從經驗來看，它們也是強大的主題，並經常能確認在星盤中已經相當明顯的主題。詳見本書作者的《小行星原型》（Asteroid Archetypes）, Astro*Synthesis www.astrosynthesis. com.au （Melbourne: 2008）.

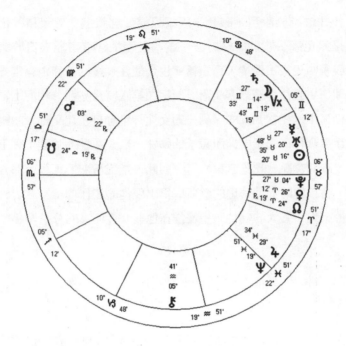

　　也許佛洛伊德的妹妹安娜成為佛洛伊德的某些敵意的出口，讓這些敵意無法導向母親。1858年12月31日，安娜出生[191]，在他們七個月大的兄弟朱利亞斯（Julius）離世後八個月。接下來有四個妹妹出生，彼此間相隔差不多一年，最後是排名最小的弟弟，於佛洛伊德十歲時出生。人們一直假設佛洛伊德對其母親的理想中暗藏著對她的憤怒[192]，像憤怒這些強烈情感對於海王星／月亮相位來

---

191　安娜的出生日期曾經出現各種12月份的版本，12月31日這日期是由佛洛伊德傳記的作者Gay和Krull確認的。安娜的太陽跟佛洛伊德的三宮宮首合相，這不斷向佛洛伊德提醒了他妹妹的干擾。

192　這由露西・弗里曼（Lucy Freeman）及赫伯特・史特尼姆（Herbert Stream）在 *Freud and Women*, Frederick Unger（New York, NY: 1981）. 塞維爾・史力普（Samuel Slipp）在 *The Freudian Mystique*, New York University Press（New York, NY: 1995）, 108 一書中這樣說：「比起獨立於母親之外中並確立一個個別的

說，往往會過於激烈，因此，以原諒或遺忘將這些感覺精神化，往往是避免感受它們的好方法。這些激烈情感有可能來自於與手足的競爭中失去了母親，而這轉變也是他在往後的著作中經常分析的。理想主義往往掩蓋著失落，而這在第八宮月亮四分相海王星的占星描述中是相當明顯的。另一顆女性行星金星在北交點，並與冥王星產生合相，揭示了他所繼承的姊妹／情人情結的強度；冥王星及金星跟北交點一起落在第六宮，因此，這種激烈情感以及部分的混亂，會以他的女性病患的歇斯底里出現他的工作環境中。對於佛洛伊德來說，強大的女性原型經常在他與女性個案的分析關係中出現。


## 手足競爭

佛洛伊德經常參考長子對新生嬰兒的暴力反應，在一份關於女性主題的論文中，佛洛伊德認為小女孩拒絕母親而向著父親的動機，其實是來自於對抗母親的背叛行為所感到的委屈，該背叛行為正是家中新生嬰兒的到來，也就是新的手足。他也描述了兄姊們對於入侵的手足的感覺，認為「這就好像被奪位、掠奪、權利受損，並把妒忌和憎恨投向幼小的手足[193]。」這些強烈情感經常被佛洛伊德自我分析為是——對於自然取代母親心中位置的下一個手足所產生的洶湧情緒，當這新生兒死去時，這些情感會變得更具挑

---

身分，佛洛伊德似乎想繼續與母親融合在一起並從她身上得到自我認同，他繼續使用內在與他人分離的防衛機制去壓抑自己的敵意並有意識地把母親理想化。」這正呼應他的海王星／月亮相位。

193　彼得・蓋爾（Peter Gay）：*Freud: a Life for Our Time*, W.W. Norton（New York, NY: 1988），307.

戰性。

　　弟弟朱利亞斯在佛洛伊德出生十七個月後出世，並在七個月大時死亡[194]，佛洛伊德以「憤怒和希望弟弟死去的病態願望」去迎接小嬰兒[195]。1897年，在佛洛伊德自我分析的過程中，他寫信給他的同事弗萊斯（Fleiss），提出他對於弟弟的競爭心態以及關於弟弟死亡的內疚，他以意識流的寫作風格這樣解釋：

　　我以惡劣願望及真正的孩童嫉妒心去迎接那比我少一歲的弟弟（他在幾個月後死去了），而他的死亡在我身上留下了（自我的）病源……這個姪兒和這個弟弟後來讓我確定在我所有友誼中，使我變得神經質、以及緊張的事物[196]。

　　佛洛伊德對手足競爭的評論，似乎是來自於他與姪兒約翰的友誼以及弟弟朱利亞斯，在弟弟出生後的五十年，他這樣寫：「不受歡迎的小弟弟或小妹妹的到來，是困擾不成熟人性最古老、最迫切的問題。[197]」佛洛伊德也在他成年後的朋友關係中，理解到弟弟及比他年長的姪兒的影響，他與親密朋友和同事之間的周旋，其中一部分可能與這些早期的嫉妒及競爭心有關。他的姪兒約翰是他的替代兄長，佛洛伊德說這份關係「決定了我之後與同儕之間交往

194　彼得・蓋爾（Peter Gay）在 *Freud: a Life for Our Time* 第8頁確定1857年十月這個日期，Krull在 *Freud and his Father* 214頁中，從記錄肯定了這資料。

195　彼得・蓋爾（Peter Gay）：*Freud: a Life for Our Time*, 507.

196　佛洛伊德（Freud）：*The Origins of Psychoanalysis: Letters, Drafts and Notes to Wilhelm Fleiss*, Basic Books（New York: 1950），219.

197　喬瓦尼・科斯蒂（Giovanni Costigan）：*Sigmund Freud: a Short Biography*, Macmillan（New York, NY: 1965），4.

的感受」[198]。正如星盤所述，在第十一宮逆行的火星象徵了激烈性、競爭心和嫉妒的主題，而這些主題破壞了佛洛伊德許多的友誼和同事關係，它也象徵了他在性愛及性衝動（libido）上的研究，這個理論更在他與心理分析學同事之間製造了最多爭論和衝突。

家庭中的許多失去，巧合的呼應佛洛伊德的弟弟朱利亞斯在1858年4月15日的死亡，佛洛伊德的母親剛失去了自己的兄弟朱利亞斯（Julius），這正是佛洛伊德弟弟名字的由來。因此，佛洛伊德當時同時失去了弟弟和舅舅，二人同時名為朱利亞斯，這種失落同時加上佛洛伊德父親的生意失敗。失去孩子後，家庭的處境往往會出現黑洞，失去的手足保留了一個象徵未被活出的可能性空洞。

由於缺乏足夠的哀悼，早夭孩子的悲傷以及其所失去的可能性將在家庭中造成空洞，母親往往會覺得自己沒空，並迷失於自己的抑鬱之中，而倖存的孩子往往強烈的體驗到母親因失去而引發的焦慮感，也由於母親害怕失去他們，而危及到母親與倖存孩子建立連結的能力。在朱利亞斯死亡的時候，佛洛伊德感受到他母親的失去，然後就如上述一樣，他將此憤怒重新導向到下一個出生的手足安娜身上。他的妹妹安娜出生的時候，正是佛洛伊德的褓姆神祕失蹤的時候，這褓姆一直都是佛洛伊德的替代母親，海王星／月亮四分相再次體驗到對於消失女性伴隨著妹妹出生所感覺的失落，這時候發生的成員進入及離開家庭，都暗示了環繞安娜出生時的家庭氣氛充滿了悲傷和困惑。

---

198 喬瓦尼‧科斯蒂（Giovanni Costigan）：*Sigmund Freud: a Short Biography*, 4.

　　佛洛伊德將大部分的敵意導向他的妹妹安娜，她是他最不喜歡的兄弟姊妹，但我們永遠無法確定這是因為安娜帶給母親的挑戰，或是由於他的某種性愛連結之下的罪惡感。然而，此手足之間隱藏的敵意一直持續到他們成年之後。在佛洛伊德對自己最早記憶的描述中，有段關於安娜的內容[199]：二人的父親容許當時五歲的佛洛伊德和快要三歲的安娜去撕毀一本圖畫書，他形容把書逐頁撕下的過程就像撕下朝鮮薊一樣，與這回憶同時存在的是自慰的幻想，後來佛洛伊德假設這些性幻想變成了滿滿的罪惡感，因此也轉變成敵意。佛洛伊德的戀母情結集中在小男孩對母親的欲望上，然而，對姊妹的性慾由於彼此之間更接近、更平等及更相稱，而可能更加難以承受，這是金星／冥王主題再次演繹的一部分。佛洛伊德自己的戀母發展階段理論，在於小男孩將母親當成自己渴望得到的東西，但在這裡，佛洛伊德將它移轉到妹妹身上，而這主題會稍後揭示在他的婚姻中。

　　佛洛伊德的弟弟亞歷山大成為了他最親密的手足和同伴，比佛洛伊德年輕十歲的亞歷山大在1866年4月19日出生，在一次家庭聚會中，十歲的佛洛伊德為仍在襁褓中的弟弟取名為亞歷山大，而這名字來自於權力及領導才能讓他深刻印象的軍事領袖亞歷山大大帝，佛洛伊德在潛意識中也選擇了一個超越父親榮耀的勝戰英雄。後來，佛洛伊德以與朋友有關的重要男、女去為自己的孩子命名，例如，追隨佛洛伊德專業步伐的幼女安娜與姑姑同名，但這個名字是來自於佛洛伊德親密友人女兒的名字，與他的妹妹無關。

---

199 露西・弗里曼（Lucy Freeman）及赫伯特・史特尼姆（Herbert Stream），
　　*Freud and Women*, 26.

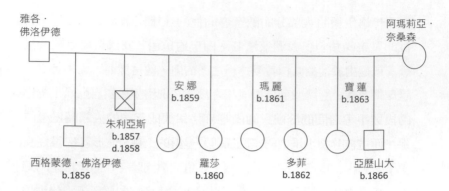

亞歷山大身為佛洛伊德的弟弟，更是信徒、旅伴、夢寐以求的盟友和幫手，佛洛伊德對這個弟弟所扮演的父親型角色，讓他回想起自己與同父異母兄長伊曼紐爾之間所經歷的父親／兄弟的角色混淆。這種關係可能是佛洛伊德希望在比他年輕的同事身上找到的模式，希望他們是能夠輔助他的信徒，也許這正是他寫給比他年輕的同事及繼承者榮格（Carl Jung）的信中所提及的同事模式：

> 放鬆吧，我兒亞歷山大，我會將自己領域以外的更大空間留給你去占領，那些將我當成野蠻人的所有精神病學以及文明世界所認可的領域[200]。

現在，榮格成為佛洛伊德稱呼亞歷山大的人，也就是那個要超越父親存在的弟弟，稱呼榮格為亞歷山大一事，模糊了佛洛伊德做為兄長及父親型人物之間的界線。佛洛伊德最年幼的弟弟亞歷山大是他與年輕男性朋友和同事的相處原型。佛洛伊德扮演手足的替代

---

200 *The Freud/Jung Letters: the Correspondence between Sigmund Freud and C. G. Jung*, William McGuire（ed.），Princeton University Press（Princeton NJ: 1974），300.

父親，也造成他與年輕同事之間的困擾——他往往會把自己放在領袖／父親的角色，而不是平等／同事的角色。在榮格寫給薩布麗娜·史庇爾鈴（Sabrina Speilring）的信中，他這樣寫：「我想要的是一個平等的朋友，而他（佛洛伊德）卻想把我當兒子。[201]」，階段與平等之間的分歧，繼續把佛洛伊德成年後的人際關係複雜化，而這種分裂也是他的家庭描述及星盤的一部分。

## 手足婚姻

　　手足之間某種有趣的糾纏關係，會持續到他們的成年生活。安娜和佛洛伊德後來跟艾列及瑪莎·伯內斯（Eli & Martha Bernays）這對兄妹結婚，佛洛伊德跟瑪莎結婚的三年之前，瑪莎的兄長艾列娶了安娜，雖然佛洛伊德跟瑪莎比較先訂婚。艾列和瑪莎跟佛洛伊德和安娜不一樣，他們擁有親密的手足連結，這種親密感威脅到佛洛伊德，尤其當他的未婚妻向兄長尋求意見的時候，基於某些未被提及的原因，佛洛伊德最終沒有出席他妹妹的婚禮！他把大部分的敵意跟競爭心轉向了既是妹夫又是大舅的艾列身上。手足婚姻燃起某種過於危險而無法向手足表達的禁忌情感，這其實是常見的事，當然在異性手足婚中，與手足結婚的伴侶，會是未被表達的敵意或情感的主要目標。安娜在之後的書信中提及兄長時，批評他在家庭中的獨裁及偏心，並對於為了佛洛伊德以及他的學業所做的犧牲感到怨恨。

　　另一個手足三角關係也成為了佛洛伊德婚姻的一部分。1895

---

201　奧爾多·卡路天奴托（Aldo Carotenuto）：*A Secret Symmetry*, Pantheon Books（New York, NY: 1984），184.

年11月，也就是佛洛伊德跟瑪莎結婚九年後，他妻子的妹妹敏娜‧伯內斯（Minna Bernays）前來「住幾個月」[202]。而事實上，從此之後，她都一直跟姊姊和姊夫住在一起。她在家排行第六，也是佛洛伊德最年幼的孩子安娜出生前的數星期進入這個家庭，兩姊妹分擔了家庭事務的管理，瑪莎對丈夫的工作所知甚少，也不感太大興趣，而敏娜則主動參與並支持他的工作。

在學識上，敏娜跟佛洛伊德較相處得來，而瑪莎則比較務實並專注於照顧孩子。佛洛伊德曾稱呼敏娜為「我最親近的紅顏知己」[203]，她的存在是他日常生活的一部分——他跟她討論自己的分析工作，他們晚上一起玩撲克牌，她也每天陪他散步。在本質上，佛洛伊德有兩位妻子：他太太的妹妹成為他精神上的妻子。正如我們能想像到的，這種情況引起謠言，而傳記作家們也推斷佛洛伊德跟敏娜之間的外遇。兩姊妹與佛洛伊德之間的糾纏不清，有部分可能是受到他早期對妹妹的亂倫願望、以及他跟手足和母親之間的三角關係所刺激。而對於佛洛伊德來說，要他討論對手足抱持的敵意，也許比談論對手足抱持的情慾想法要來得容易。

在佛洛伊德的星盤中如何描述這種家庭圖像呢？與此有關的是第七宮和第八宮，因為這個主題是關於婚姻伴侶。另外第三宮也與此有關，因為這是手足的範圍；手足的伴侶是從第三宮（手足）開始數起的第七宮（伴侶），也就是第九宮；與此類推，伴侶的手足會是第七宮開始數起的第三宮，也就是第九宮，因此，這一宮吸引

202 *Complete Letters of Sigmund Freud to Wilhelm Fleiss*, Jeffrey M. Masson （trans. and ed.）, Harvard University Press （Cambridge, MA: 1985）, 152.

203 *Complete Letters of Sigmund Freud to Wilhelm Fleiss*, 73.

了我們的注意。在我的經驗中，三角關係往往會環繞著金星原型以及第八宮的領域去演繹。另外我也會注意到金星是伴侶或姊妹，水星則是手足的故事，我會以此出發，去檢視自己能否開始拆解此動力。

月亮跟宿命點於第八宮雙子座合相，第八宮宮首的雙子座把手足主題帶進了第八宮的冥府和親密領域。宿命點往往是潛伏於人際關係吸引力的表面下未被看見的情結主題，第七宮可以揭示我們的自我投射面向，以及我們在人際關係中尋找的特質。然而，宿命點往往顯示更具迫切性的潛意識連結，並透過同盟關係受到激發。例如，在佛洛伊德的星盤中，金牛座是第七宮宮首，反映了容忍、耐心、堅定性及穩定的人際關係特質，可是在雙子座的宿命點揭示了承諾是不會永遠不變的。在心理學層面來說，它把不完整的手足關係帶到了目前關係中，它與海王星的四分相，揭示了從手足關係中帶入婚姻中的糾纏和困惑。

第三宮的守護星是土星，而第九宮的守護星是月亮，這兩個守護星都在第八宮的雙子座，這再次暗示了手足及他們的伴侶會被帶入婚姻的親密感之中。對於敏娜來說，這當然是事實，但對艾列來說卻不盡然如此。其他占星學上的因素，例如第七宮的水星可以被分析為手足故事進入了目前的人際關係，由於天王星合相水星和太陽落入這一宮，讓我們懷疑這是某種非傳統的安排。第四宮守護星天王星把家庭模式帶進入目前的婚姻中，另外我們也注意到金星／冥王星合相可能增加了將姊妹情結帶入目前關係中的機會；金星和火星也處於互融狀態，暗示了它們取代了對方，就像艾列偶爾會取代了佛洛伊德。神話中，金星和火星既是手足也是伴侶，而在這裡，它們的角色被混淆了，因此，這裡有相當多的占星學線索可供

拆解，使我們更深入的瞭解此模式。

除了佛洛伊德在他的信中提供的家庭生活描述之外，我們對他其他妹妹所知甚少，1860年3月21出生的羅莎是他第二個妹妹，也是他最喜愛的一個，接著是瑪麗、阿道芬（多菲）及寶蓮。佛洛伊德也喜歡多菲，這個妹妹未婚，與他們的母親同住，也一直受到佛洛伊德的援助，佛洛伊德自動地成為妹妹的權威型人物，也是家族成員會尋求意見和資源的對象。當佛洛伊德在1938年移居倫敦時，留下這四個妹妹，她們四人在佛洛伊德離世後，全都死在納粹黨的手上。

## 排行最後的小孩

正如之前所提，安娜·佛洛伊德是西格蒙德·佛洛伊德六個孩子中最年幼的一個，而她的出生與父親的小姨子的到來所產生的「融入危機」同步發生。正如我們已經探討過的，這對於家庭生命循環中的所有成員來說，是一個重要的時刻。在佛洛伊德的例子中，這意味著女兒的出生以及小姨子——「第二個妻子」的到來。佛洛伊德正值中年，他將在1896年邁入四十歲，在他生日後不久，他的父親就生病，並在1896年10月23日病逝，這展開了佛洛伊德沉浸於自我分析的過程。

最後一個孩子的出生也可能是家庭重要的轉捩點，因為這意味著家庭的安排和角色終於落定，佛洛伊德的此階段擁有多重面向：最後一個小孩的出生，呼應他逐漸認知到自己同時也孕育了新的心理學理論，父親的死亡與沉浸在自我分析中，也與他新書的發行及得到專業領域的地位同時發生。我們可以透過他跟安娜的星盤

比對，去觀察最後一個孩子的出生對佛洛伊德帶來什麼影響。然而，這也會揭示出家庭生活中更大的活動，因為他女兒的星盤就是此時的行運，與她的出生同時發生。佛洛伊德的信件中記載了安娜的出生時間，置於與其父親合盤中的外圈，這也是家庭生命循環中某一時刻的縮影。

二人的比對盤相當值得注意，安娜跟父親一樣月亮在雙子座，但她的月亮正好落於父親第八宮的土星的位置。她出生的那一年，是罕見的海王星／冥王星合相於雙子座的一年，而這兩顆行星的中點也剛好與佛洛伊德的月亮產生緊密合相，行運海王星與他月亮的合相正慢慢出相位，而行運冥王星跟他月亮的相位，處於蓄勢待發的入相位。逐漸邁入四十歲也代表佛洛伊德慢慢步向第一次的海王星循環的四分相，因此，在接下來的幾年中，會突顯本命盤上強化的海王星／月亮四分相，本命盤的相位會因為行運而被重新強調，而這往往是在分析行運時需要先被留意的。做為他生命中重要階段的代表，這個行運指出他靈魂深處的重大改變，在家庭體系中，它所說的是發生在家庭中女性的改變，尤其是母親、妻子及姊妹（或是小姨子）。

我也會注意此時的推運月亮，因為這主題在家庭生命循環中能揭示相當多的內容。佛洛伊德的推運月亮在天蠍座16度23分，這與他的本命盤的太陽發生緊密對分相，而在之前的十個月，也就是從安娜受孕一刻開始，它一直都留在他的第一宮，這個相位理所當然地確定了家庭及其所有成員意識到新生命和新關係的主題；在推運月亮跟太陽對分相期間，也反映出佛洛伊德對自我認同的察覺。

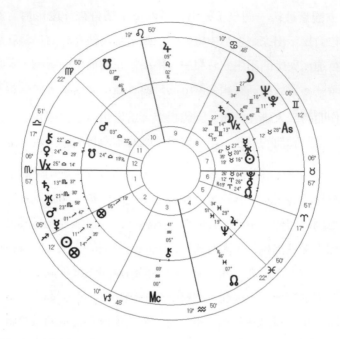

　　天王星在其循環的中點之上，我們已經注意到天王星是四宮的守護星，而具影響力的天王星／太陽合相把四宮／十宮軸線的守護星帶到第七宮中，帶來父親死亡的中年危機，在這此時正慢慢步向高潮。然而，當我們把這相位轉換為對靈魂的思考時，它論及了靈魂中的父親主題以及正值分離、解放及邁向新方向的家庭。佛洛伊德在天王星回歸時離世，因此這名副其實的是他生命中途的標記。從家庭的角度來說，天王星的重要行運可能說的是「解體危機」，不過在佛洛伊德的家庭中，這相位由安娜的出生所預告。

　　當下的行運土星正逐漸接近天蠍座的天王星，而此時土星／天王星循環已經來到尾聲，即將產生的新循環會在佛洛伊德本命水星的對面展開。這不單揭示了他的知識及概念性想法的出現，而是家

族中手足關係的改變。當安娜出生的時候，土星正逐漸走向本命
太陽的正對面，而在接下來的一年，這將會發生三次緊密的對分相
位，並鞏固他本人的事物、以及家庭中的某些男性主題原則。安娜
的本命土星會永遠與他父親的太陽產生對分相，而這會透過師徒關
係及工作而將二人綁在一起。回想起來，這也預告了安娜在他父親
晚年時承擔照顧他的責任，這也重覆了她的本命月亮跟父親土星合
相的主題。

　　凱龍星剛進入第十二宮並停在這一宮中南交點的位置，當他描
繪出潛意識的智慧並挖掘出精神分析學的敘事治療法，使他深刻的
了解自己的畢生之業才剛始展開；在祖先層次而言，這可能暗示
了他逐漸察覺家族的深刻傷口。安娜的木星高高的落她父親的第
九宮，並四分相他的上升／下降軸線，在佛洛伊德生命中的關鍵
點，社會行星及外行星都相當戲劇性，但這不單是他生命中的過渡
期，也是他在家庭中所依附的人的生命轉折。

## 佛洛伊德的遺產

　　佛洛伊德可能是心理學領域中最著名的人物，但是他也被認為
是上世紀最有影響力及最具爭議性的思想家之一，他所留下的遺產
影響了我們的思考童年、性慾及記憶的方式。他為大眾介紹了夢
境、治療、及「佛洛伊德式失言」，許多個世代的分析師、哲學
家、治療師、諮商師、社會學家及許多人都受到其畢生研究的影
響，甚至可能是在不知不覺的情況下受到影響。然而，珍妮・伯
克（Janine Burke）卻奇特的在她唯一一本關於佛洛伊德的著作中
這樣開場：「佛洛伊德在童年的記憶上建築了一整座心理分析的大
樓：在三歲之前，羅盤的方向就已被設定好；但當他講述自己的童

年故事時，佛洛伊德卻建立了一個童話故事。」[204]

我們也許可以假設這是佛洛伊德的遺產：我們一直重新建立自己的童年，好賦予自己的家庭故事以及自己故事一個靈魂，而在反思我們的家庭故事及自己的童年時，我們開始透過　述人生賦予生命靈魂。佛洛伊德啟發了主觀的生命，也就是內心對過往的檢視，而這檢視最好以童話故事中最喜歡用的開場白：「在很久很久以前……」展開。

從占星學的角度來看，透過檢視家庭的過去及其人際關係，我們能更加認識和深化星盤中的原型，我們的家庭、它的模式及命運全都嵌在我們的星盤之中。檢視父母及手足的星盤無疑會鞏固我們對家庭的整體認知，然而，身為一個注重家庭動態的占星師，我們可以運用個人星盤而成為一個更有效率的家庭諮商師。雖然這裡的分析離完成還很遙遠，但我們可以見證到佛洛伊德星盤的相位揭示家庭模式和情結的過程，以及它們如何幫助塑造個人的生命、工作和遺產。在本質上，我們的星盤就是我們的家庭遺產。

---

204 珍妮·伯克（Janine Burke）：*The Gods of Freud*, Knopf（London: 2006），9.

# 結論

美國知名諧星喬治‧伯恩（Georges Burns）曾說過類似的話：
「快樂，就是跟互相照顧且往來親密的大家族，一起住在另一個城
市裡。」我們聽了會發笑，因為我們都體認到個人極需參與團體
的歸屬感，並與他人建立親密的連結，但同時我們也渴望擁有各自
的獨特性。然而，當我們真的來到異鄉，身處異地卻讓我們反而更
加渴望家人的庇護疼愛，誠如阿根廷家庭諮商師薩爾瓦多‧米紐慶
（Salvador Minuchin）所指出，正是在家庭這個實驗室之內，團體
歸屬感以及各別獨特性首度在此獲得混合交融。

在英文用語中，通常會以「家庭圈」（family circle）代表由全
家人所圍成的圓圈，在家庭圈裡既無起點，也無終點，家庭圈經過
不斷地演化擴張而後又回到源頭。就像地球上其他的物種一般，也
有各自的「生命週期」（life cycle），家庭也經歷圓圈型的發展過
程，隨著孩子逐漸長大成人，而後又變成老人；接著，某個家庭
成員過世了，然後，又有新生命誕生，家庭生命周期再次回到原
點，重新展開下一個新的階段。一旦有新的家庭成員加入，就必須
開放原先的家庭母體，隨著家庭新成員的加入並填補離去成員所留
下的空缺，家庭新成員勢必仍將繼續受到離去成員的影響，即使彼
此僅止於遠親關係或根本從未曾見過面，交互影響仍然存在。透過
祖先所流傳下來的遺產，家庭的生命力得以藉助神秘的方式延續至
今，代代相傳，下一代所將經歷的生命周期，勢必受到上一代的深
遠影響；同樣的，這一代也會影響到尚未出生的下一代所將面臨的

未來。

家庭生命週期自然也呼應著行星循環，例如某個家庭成員正好出生在某顆行星循環的開展階段，也就是說，家庭新成員的出生時刻，在星盤上也代表新成員進入家庭母體的開始。因此，以占星觀點來看，可從中找出連結家系的共同線索及相同模式。一旦確認了歷代家系的共時性，我們不由得讚嘆，其實每個人皆來自於更偉大深邃、且至今仍未知的某種力量，這從家庭的占星之旅，即可讓我們更清楚了解、也更有意識地參與此一能量體系以及來自過去的家族遺產。

從個人星盤即可清楚看到父母、兄弟姐妹以及其他家庭成員之間的關係，因此，從家庭背景脈絡之中檢視個人出生盤，這樣的做法其實相當簡單。從星盤中，透過反覆出現、或相同的星座、象徵，即可清楚確認個人屬於家庭體系的一份子，並從中找出維繫祖先譜系的共同脈絡。星座DNA既屬於家庭的一份子，也屬於每個人所有。

# 附錄

## 第四宮學習單

關於血緣，亦即個人對原生家庭的心靈回憶，皆安住於第四宮。

——艾琳‧沙利文（Ervin Sullivan），
《家庭動力占星學》（The Astrology of Family Dynamics）

星座落在我的第四宮宮首（天底），此星座代表建構個人安全感基礎的最關鍵特質，此星座暗喻我對於所處家庭氣氛，以及培育安全感的原生家庭所抱持的觀感。進一步將原生家庭的經驗加以內化，在情緒上塑造個人的安全感。以下是我對原生家庭的體驗與觀感：

**描述宮首星座的特質**

_____

_____

_____

此星座提示我需要些什麼，才得以在情緒上、心理上擁有安全感及受到保護照顧的感覺，為了讓我個人擁有被照顧保護的安全感基礎，我必須考量到以下事項：

_____

_____

_____

### 描述宮首星座的特質

_____

_____

_____

天底的守護星是_____行星，此行星在我星盤上配置顯示我該如何在生命中滋養我的安全感，並透過哪些可運用的額外資源為我建構長久的安全感基礎，此守護星位於_____（星座），_____（宮位）。

此守護星如何幫助我觸及生命中的安全感領域？藉助此行星所發揮的功能，還有什麼可用的額外能量足以成為個人情緒安全感及心理健康的支柱？

### 仔細考量守護星的相位

_____

_____

_____

落在第四宮的星群，代表參與家庭氣氛對我的心靈所留下的情緒烙印模式，此星群代表在童年家庭環境所培育的安全感及平安處世的態度，將對個人所造成的影響，此星群所代表的需求對於個人追求歸屬感至關重要，需要察覺到的是：

### 第四宮行星的正常功能表現　　第四宮行星的異常功能表現

| 第四宮行星的正常功能表現 | 第四宮行星的異常功能表現 |
| --- | --- |
| _____ | _____ |
| _____ | _____ |
| _____ | _____ |

## 第八宮學習單

在第八宮，我們甘於冒險與伴侶分享最珍貴的資源

——布萊恩·克拉克（Brian Clark），
《親密他人：第七、第八宮占星學》
（Intimate Others: The Astrology of the 7th and 8th Houses）

_____星座落於我的第八宮宮首，此星座代表我如何在各層面與他人分享我所擁有的資源，此星座意謂著我將如何與他人分享我的個人財富，以及我將在財務、情感或精神方面所獲得的贈予，此宮宮首象徵祖先遺產及其影響我對生命的信任與分享的態度，以下是我對資源（包括愛在內）的給予或接納的看法：

**描述宮首星座的特質**

_____

_____

_____

此星座也提示我將如何看待親密關係，為了在親密關係之中獲得安全感，此星座彰顯我所需要的資源並指出我該如何避免在與他人的親密連結之中受到傷害，第八宮宮首將擴大我在伴侶關係之中所引發的潛意識印象、情感依附與親密感，至於落在第八宮宮首的星座將如何鼓勵我投入親密接觸或反而逃避親密關係？此星座又如何表達我從家庭經驗所承襲的情感遺產？

### 描述宮首星座的特質

_____

_____

_____

　　位於第八宮宮首的守護星是＿＿＿＿＿＿行星，此行星在我星盤上的配置顯示我該如何善用此能量，幫助我釐清親密關係在生命中的重要性，進而對親密關係產生更大的信任感，此守護星位於＿＿＿＿＿＿（星座），＿＿＿＿＿＿（宮位）。

　　此守護星如何幫助我觸及生命中的親密關係領域？藉助此行星所代表的能量，還有什麼可用以觸及我自身的親密感？

### 仔細考量守護星的相位

_____

_____

_____

　　當我透過親密關係而容易受到他人傷害的時候，將與第八宮的星群相遇，此星群加深我對於最初連結、初始信任感以及恐懼遭到背叛或遺棄的記憶，透過親密關係並與他人發展信任感，即可善加運用此星群的能量：

### 第八宮行星的正常功能表現　　　　第八宮行星的異常功能表現

| 第八宮行星的正常功能表現 | 第八宮行星的異常功能表現 |
| --- | --- |
| _____ | _____ |
| _____ | _____ |
| _____ | _____ |

# 第十二宮學習單

第十二宮關乎個人與心靈、神聖的事物,重新建立聯繫。

——霍華·薩司波塔斯(Howard Sasportas),

《占星十二宮位研究》(The Twelve Houses)

_____星座落於我的第十二宮宮首,此星座代表廣泛的心靈體驗:我如何親近神聖領域、觸及母體體驗的形象並與充滿象徵、夢境、集體潛意識的內在世界建立連繫,此星座也描述了潛意識的層面、祖先命運的遺傳以及歷代先人所壓抑的神秘模式,而我必須加以救贖,為了跟我的內在世界建立更好的連結,我必須確認以下事項:

## 描述宮首星座的特質

_____

_____

_____

此星座提示我已不知不覺接受祖先遺傳及家庭神話面向的烙印,此宮首正是通往充滿幻覺的集體潛意識所必經通道,而我必須知道哪些涉及家族史的潛意識面向?哪些家庭模式的殘餘片段,至今仍遭誤解而顯得問題重重?

## 描述落於宮首星座的特質

_____

_____

_____

位於第十二宮的守護星是＿＿＿＿＿＿＿行星，此行星在我星盤上的配置顯示我該如何啟動神聖領域，並透過哪些外加資源藉以導引我安然度過神聖領域，此守護星位於＿＿＿＿＿＿＿（星座），＿＿＿＿＿＿＿（宮位）。

此守護星如何幫助我觸及生命中的神聖領域？藉助此行星所代表的能量，還有什麼可用以觸及我自身的神聖領域？

### 仔細考量守護星的相位

＿＿＿＿＿＿＿＿＿＿＿＿＿＿＿＿＿＿＿＿＿＿＿＿＿

＿＿＿＿＿＿＿＿＿＿＿＿＿＿＿＿＿＿＿＿＿＿＿＿＿

＿＿＿＿＿＿＿＿＿＿＿＿＿＿＿＿＿＿＿＿＿＿＿＿＿

位於第十二宮的星群，在潛意識之中發揮作用，透過夢境、象徵、幻象、深切的渴望及感受而顯露，這些神秘能量代表已遭潛藏壓抑的衝動與欲望以及個人與祖先尚未說出的潛在意向，通常此行星代表已遭湮滅的家庭模式，而今透過我才得以獲得解脫，神秘能量尋求創新且富想像力的表達，必須刻意加以確認：

### 第十二宮行星的正常功能表現　　第十二宮行星的異常功能表現

| 第十二宮行星的正常功能表現 | 第十二宮行星的異常功能表現 |
|---|---|
| ＿＿＿＿＿＿＿＿＿＿ | ＿＿＿＿＿＿＿＿＿＿ |
| ＿＿＿＿＿＿＿＿＿＿ | ＿＿＿＿＿＿＿＿＿＿ |
| ＿＿＿＿＿＿＿＿＿＿ | ＿＿＿＿＿＿＿＿＿＿ |
| ＿＿＿＿＿＿＿＿＿＿ | ＿＿＿＿＿＿＿＿＿＿ |

# 第三宮學習單

第三宮正是建立關係的實驗場所。

——布萊恩·克拉克（Brian Clark），
《手足占星》（The Sibling Constellation）

_____星座位於我的第三宮宮首，此星座描述我對當前環境所具有的本能認知以及我如何與周遭熟悉的領域建立關係，此星座也提示我在手足體系之中所獲得的重要特質（體驗、感受及地位），並透過我與手足及環境裡其他同輩之間的互動所建立的早期關係模式，而我親近目前環境的天性則受到以下事項而變得多采多姿：

**描述宮首星座的特質**

_____

_____

_____

此星座也提示我在童年的學習模式、語言能力的發展以及接收或表達觀點的本能傾向，透過我在手足體系之中所獲得的體驗，此星座象徵早期的溝通及關係模式：

**描述宮首星座的特質**

_____

_____

_____

位於第三宮宮首的守護星是_____行星，此行星在我星

盤上的配置顯示我與目前環境的溝通互動所具備的天賦本能，此守護星位於＿＿＿＿＿＿（星座），＿＿＿＿＿＿（宮位）。

此守護星如何幫助我觸及生命中的互動關係領域？藉助此行星所代表的能量，我該如何精進學習並強化適應環境的能力？

**仔細考量守護星的相位**

＿＿＿＿＿＿＿＿＿＿＿＿＿＿＿＿＿＿＿＿＿＿＿＿＿＿＿＿＿＿＿＿

＿＿＿＿＿＿＿＿＿＿＿＿＿＿＿＿＿＿＿＿＿＿＿＿＿＿＿＿＿＿＿＿

＿＿＿＿＿＿＿＿＿＿＿＿＿＿＿＿＿＿＿＿＿＿＿＿＿＿＿＿＿＿＿＿

落於第三宮的行星，必須建立關係並產生互動，它們代表個人形象，意謂早期與手足或同輩（同學、兒時玩伴或堂表兄弟姐妹等）所建立的關係模式，同時也象徵手足關係的原型本質，此行星還代表個人在童年期透過教育、溝通及語言所模塑的學習模式，日後與他人建立關係或學習模式都出於我的本性，可以此行星為象徵：

**第三宮行星的正常功能表現**　　**第三宮行星的異常功能表現**

＿＿＿＿＿＿＿＿＿＿＿＿＿　　＿＿＿＿＿＿＿＿＿＿＿＿＿

＿＿＿＿＿＿＿＿＿＿＿＿＿　　＿＿＿＿＿＿＿＿＿＿＿＿＿

＿＿＿＿＿＿＿＿＿＿＿＿＿　　＿＿＿＿＿＿＿＿＿＿＿＿＿

＿＿＿＿＿＿＿＿＿＿＿＿＿　　＿＿＿＿＿＿＿＿＿＿＿＿＿

## 第七宮學習單

下降及第七宮代表非我領域。

——理查‧艾迪蒙（Richard Idemon），

《透過鏡子》（Through the Looking Glass）

　　　　　　　　星座落於我的下降（第七宮宮首），此星座描述我為他人的特質而著迷，但對我自身的特質卻未完全認識清楚，透過與他人互動而將自身的內在資源喚醒，讓掩藏在潛意識的內在形像轉而投射給他人，以下是我在潛意識中投射給他人的自身特質，對此我將有更清楚的認識：

## 描述宮首星座的特質

_____

_____

_____

　　此星座也提示我在成人關係之中所潛藏的自我，透過我跟他人在一對一的親密關係之中，我開始認識到各種潛藏的自我，成人關係模式很可能受到早期手足關係的影響，以下特質是我所認知的尚未解決的手足關係議題：

## 描述宮首星座的特質

_____

_____

_____

　　下降星座的守護星是＿＿＿＿＿＿＿＿行星，此行星在我星盤上的配置顯示我必須培育什麼樣的自我，好讓我更清楚認識在與他人關係之中必須多加發展的自我，此守護星位於＿＿＿＿＿＿＿＿（星座），＿＿＿＿＿＿＿＿（宮位）。

　　此守護星如何幫助我觸及生命中的自我領域？藉助此行星的能量，我該如何更清楚認識我所投射給他人的潛藏自我？我該如何

更清楚認識來自原生家庭尤其是手足關係並反覆出現的潛意識模式？

**仔細考量守護星的相位**

_____

_____

_____

　　落於第七宮的行星，必須透過關係而合作，此行星透過建立對等關係而產生意識覺醒，必須將之整合並納入個人與他人交往的經驗之中，不應該藉著賦予權力或解除權力而投射給他人，此行星一旦被投射給他人，即可讓對方產生權力的幻覺，反而讓自己留下無力感，此行星的能量透過成人關係而獲得刻意表現，此行星展現自身特質所顯示的模式如下：

**第七宮行星的正常功能表現**　　　　**第七宮行星的異常功能表現**

_____　　　　_____

_____　　　　_____

_____　　　　_____

# 第十一宮學習單

第十一宮代表心靈相契的合作以及社會生活的適應程度。

——凱倫・哈瑪克桑達格（Karen Hamaker-Zondag），

《十二宮位與個性發展》（The Houses and Personality

Development）

_____星座落於我的第十一宮宮首，此星座描述我在更大的社會群體之中所追求的人際關係以及我為朋友、同事、親戚所展現的精神活力而著迷；第十一宮宮首也代表我對於更美好的未來所賦予的期盼、願望以及感受，進一步將原生家庭的經驗加以內化，也就在情緒上塑造了個人的安全感，以下是我在家庭之外對於與社群同輩建立團體關係的需求：

## 描述宮首星座的特質

_____

_____

_____

此星座也提示我置身在同儕團體、同道社團之中，愈見明顯的參與模式，還有我必須為社群所做出的貢獻：

## 描述宮首星座的特質

_____

_____

_____

落於第十一宮的守護星是_____行星，此行星在我星盤上的位置顯示當我在參與社群與他人互動之際，我所運用的天賦特質，此守護星位於_____（星座），_____（宮位）。

此守護星如何幫助我觸及生命中參與社群的領域？藉助此行星的能量，我該如何更清楚意識到我在社群之中與朋友、同輩、同事等互動往來所扮演的角色？這種能量又如何成為一種象徵方式，療癒源

自於手足關係並持續於成年後的朋友及同事關係之中的原始傷痛？

## 仔細考量守護星的相位

_____

_____

_____

_____


位於第十一宮的行星，必須在社會活動之中與他人互動往來，此行星尋求平等參與社群的理想與目標，因此，此行星亦代表對社群及個人在其中所扮演角色的期盼、鼓勵、願望。第十一宮將我跟他人透過志同道合的目標而連結，並非基於血緣關係，我也努力在團體關係之中確立我的獨特性及平等地位，當我參與社群，與朋友、同事、團體成員產生互動，將會促使以下什麼能量群聚起來：

## 第十一宮行星的正常功能表現　　第十一宮行星的異常功能表現

| | |
|---|---|
| _____ | _____ |
| _____ | _____ |
| _____ | _____ |

# 月亮的遺產：月亮學習單

我的月亮落於＿＿＿＿＿＿（星座），是＿＿＿＿＿＿（元素），＿＿＿＿＿＿（性質）。

我的月亮代表我從原生家庭所體驗的情感氛圍，以及家庭經驗如何塑造我在情緒上所體驗的安全感，以下運用月亮的象徵、元素及性質，描述你需要些什麼做為安定情緒的基礎：

＿＿＿＿＿＿＿＿＿＿＿＿＿＿＿＿＿＿＿＿＿＿＿＿＿＿

＿＿＿＿＿＿＿＿＿＿＿＿＿＿＿＿＿＿＿＿＿＿＿＿＿＿

＿＿＿＿＿＿＿＿＿＿＿＿＿＿＿＿＿＿＿＿＿＿＿＿＿＿

＿＿＿＿＿＿＿＿＿＿＿＿＿＿＿＿＿＿＿＿＿＿＿＿＿＿

月亮相位正是衡量家庭氣氛的晴雨計，代表構成家庭系統所涉及的態度、價值、道德及相關議題，月亮相位描述家庭生活在你需要被愛、擁有安全感及得到接納的感受上，所留下的烙印痕跡。列出月亮相位的優先順序，並描述在家庭生活中，對你自身的歸屬感及安全感所帶來的衝擊：

**月亮相位**　　　　　　　　　　**對安全感及安定感的衝擊**

＿＿＿＿＿＿＿＿＿＿＿＿　　　　＿＿＿＿＿＿＿＿＿＿＿＿

＿＿＿＿＿＿＿＿＿＿＿＿　　　　＿＿＿＿＿＿＿＿＿＿＿＿

＿＿＿＿＿＿＿＿＿＿＿＿　　　　＿＿＿＿＿＿＿＿＿＿＿＿

＿＿＿＿＿＿＿＿＿＿＿＿　　　　＿＿＿＿＿＿＿＿＿＿＿＿

回顧月亮相位，你將如何描述你的情感依附模式？與他人建立連結關係或親密感，是否覺得輕鬆自在？

_____

_____

_____

_____

月亮相位也描述在家庭中透過母親及祖先所延續的母女傳承關係，月亮相位如何彰顯你母親的家庭經驗、或母系家族的態度如何影響到你的成長？

_____

_____

_____

_____

## 第十宮學習單

第十宮代表個人成就所在宮位。

——丹恩・魯依爾（Dane Rudhyar），

《占星宮位》（The Astrological Houses）

_____星座落於我的第十宮宮首，此星座代表我天生的使命以及我該如何在這世上展現自我，從家庭來說，此星座象徵我所肩負的家人期許、或在父母眼中我必須達到的功成名就，回顧父母從小灌輸給你的教導所留下的烙印，促使你想從這世上獲得讚許：

**描述宮首星座的特質**

_____

_____

_____

　　此星座也提示我將如何在這世上發揮我的才能，以及我對自己身處外在世界有什麼樣的期許，傳統看法認為這就代表擁有一份好工作或發達的事業，但達到功成名就的條件或特質何在？此星座也可能代表父母此生尚未達成的理想，因此，父母期許我能代替他們圓夢，哪些家庭主題影響你在這世上的成就：

**描述宮首星座的特質**

_____

_____

_____

　　位於第十宮的守護星是＿＿＿＿＿＿行星，此行星在我星盤上的配置顯示我該如何在生命中激發我的成就感，並促使我向外在世界追求個人成功，此守護星落於＿＿＿＿＿＿（星座），＿＿＿＿＿＿（宮位）。

　　此守護星如何幫助我達成人生的目標？藉助此行星所代表的特質，還有什麼足以幫助我觸及個人成就感？此行星能量是否受到家庭價值觀及父母角色的支持？

**仔細考量守護星的相位**

_____

_____

位於第十宮的行星，首先接觸到父母、社群的期待，以及外在的大世界，在你的事業及公共部門，表現或發展出什麼樣的衝動？父母以及他們的父母受到什麼樣的原型而影響他們對世界、事業、成就及地位的看法？家庭地位高低所構成的小宇宙，如何重現於個人在俗世的謀生經驗？以下是從第十宮所體驗的能量：

**第十宮行星的正常功能表現**　　　　**第十宮行星的異常功能表現**

＿＿＿＿＿＿＿＿＿＿＿＿＿　　＿＿＿＿＿＿＿＿＿＿＿＿＿

＿＿＿＿＿＿＿＿＿＿＿＿＿　　＿＿＿＿＿＿＿＿＿＿＿＿＿

＿＿＿＿＿＿＿＿＿＿＿＿＿　　＿＿＿＿＿＿＿＿＿＿＿＿＿

＿＿＿＿＿＿＿＿＿＿＿＿＿　　＿＿＿＿＿＿＿＿＿＿＿＿＿

## 手足占星學習單

思考以下問題並完成隨附練習題。

**兄弟姐妹：**

- 排定所有兄弟姐妹的出生順序，在手足占星上詳列所有資料，包括：跟隨繼父或繼母而來無血緣關係的手足、同母異父或同父異母所生的手足、雙親領養的手足在內，盡可能說明他們每一個人的出生日期以及他們如何進入家庭的經過細節。
- 紀錄每一位手足的生日，假使有人已經過世，則列出忌日。
- 以幾個詞語形容每一位手足在家庭裡所扮演的角色，例如：負責任、疏遠、仲裁者、成功、聰明活潑開朗、幽默搞笑等。
- 在手足占星上註明年齡差距、出生排序以及性別。

**已成年的兄弟姐妹：**

- 註明伴侶的出生順序。
- 註明手足的伴侶各自的出生順序。

**出生順序：**

根據下列四種出生順序：長子長女、中間排行、么子／么女、獨生子／獨生女，你屬於哪一種出生順序？回顧出生順序對你的人生所造成的烙印，你覺得出生順序註定你的人生受到什麼樣的影響？回顧出生順序之後，你是否想進一步探討下列主題：

## 獨生子／女

- 分離與分享的議題
- 父母與獨生子女的三角關係
- 忠誠的主題
- 表達憤怒與解決衝突
- 當你也為人父母，你將如何了解子女之間的關係？

## 長子／女

- 責任、控制以及發揚傳統的議題
- 對父母期望及社會期許的敏感度
- 期盼得到特權或優待
- 認同父親？
- 忌妒、擔憂遭他人奪愛？

## 中間排行

- 有遭到漠視忽略的感受，對自身的定位或職責感到徬徨
- 猶如家庭氣氛的雷達偵測器

- 擔任協調者的角色
- 「夾在中間」，難以做決定或表達負面情緒
- 羨慕他人所擁有的權力

## 么子／女

- 「天生反叛」，熱衷冒險犯難
- 勇於突破家庭傳統
- 「家中寶貝」，社會群體中年紀最小的成員，最晚才加入團體
- 「冒險」，被關在家裡或無法離開，被迫跟你認為的無助受害者站在同一陣線
- 遭到排擠

## 手足情誼、伴侶感情、友誼學習單

| | 手足情誼<br>包括：隨繼父母而來的、同母異父或同父異母所生的、雙親領養的以及已過世的兄弟姐妹在內 | 伴侶感情<br>包括：終生伴侶、歷任伴侶以及事業夥伴等 | 友誼<br>在一生之中最要好的朋友以及最親近的同事 |
|---|---|---|---|
| **姓名＆現在年齡**<br>找出相同點 | | | |
| **生日**<br>找出相同點 | | | |
| **出生順序**<br>長子女、么子女、中間排行、獨生子女 | | | |

| 外觀明顯特徵 | | | |
|---|---|---|---|
| 心理特質 | | | |
| 占星特徵<br>找出相同的相位、宮位等 | | | |
| 意見 | | | |

## 占星準備：

- 為每一位手足準備好星盤
- 假使你是長子／女，註明下一個弟妹出生當日的行運及二次推運
- 假使你排行第二，在你生日當天，你的星盤便是在你出生之時，兄姐星盤的行運，紀錄這個行運及推運
- 比較你與兄弟姐妹的星盤，在他們的星盤上是否出現相同的模式，也在你的伴侶或朋友的星盤上重複看到？
- 年齡差距：注意外行星的位置，你跟手足、伴侶或朋友之間也有類似的外行星配置？
- 在你的星盤上確認「手足主題」：第三宮宮首、守護星、落在第三宮的行星、雙子座落在哪一宮的宮首、落在雙子座的行星、水星及其相位、金星或火星主題、人際關係宮位等

## 第三宮、第七宮、第十一宮學習單

|  | 第三宮 | 第七宮 | 第十一宮 |
|---|---|---|---|
| 宮首星座 |  |  |  |
| 此星座的守護星 |  |  |  |
| 畫出宮首星座及宮位守護星 |  |  |  |
| 宮位的行星 |  |  |  |
| 描述行星的占星議題及相關主題 |  |  |  |
| 註明相似的議題或主題 |  |  |  |

**個人簡歷：**

- 在關係宮位之中，最重要的元素是什麼？
- 最重要的元素在相關的人際宮位上，代表哪些占星意涵？
- 落在人際宮位上的行星，有哪些本質？總共多少顆個人行星落在人際宮位之上？社會行星？或超個人行星？
- 最重要的占星主題是什麼？

　　將你與手足互動的體驗及其對你日後選擇伴侶或朋友的影響，寫成詳細的紀錄，從中發現到什麼樣的星象關聯？這使你對於自己在家中的地位、在手足體系中的角色及其對日後成人的人際關係所造成的衝擊，可增進什麼樣的了解？

## 其他的家系圖象徵

　　家系圖可隨意區分，下列代號可用來說明各種不同的情況：

**同性戀：** 在性別符號之中標注三角型，因此，男同性戀就在正方形之內再畫一個三角形，而女同性戀就在圓形之內再畫一個三角形。

**吸毒或酗酒：** 把性別符號的下半部塗黑

**生理或心理問題：** 把性別符號的左半部塗黑

## 家庭發展術語辭典

從占星觀點來看，以下術語都跟家庭脈絡有關，值得特別用心思考，想想有哪些占星符號及占星模式可用來類比相似的情境？然而，與其考量占星符號代表相似的情況，不如將之用來反映掩藏在癥狀之下的原型衝動。

### 酒癮者的成年子女ACA或ACOA（Adult Children of Alcoholics）

由於成長在父母之一是酒癮者的家庭，長大成人之後所表現的相關行為，包括：缺乏洞察力、難以建立親密感、自我剝奪感、責任心過重、或反而欠缺責任感也沒有同理心。因為當父母之一沉浸

於酗酒或嗑藥，就無法在情緒上及物質上給予孩子成長的需要。

## 聯盟（Alliances）

在家人之中，有兩個或更多的家庭成員為了反抗另一個家人、抗議家庭傳統或違反家規而結黨結派，稱之為「聯盟」，常見於家庭發展史以及希臘神話故事，經典的伊底帕斯情結描述長子弒父娶母的家庭悲劇，或子女倆聯合起來反對父母，還有父子聯手密謀矇騙母親。

## 情感依附（Attachment）

從家庭來說，情感依附意謂孩子依附父母而得到關懷、照顧以及情感支柱，孩子從父母身上得到情感依附，即可產生安全感及安定感，進而感受到他人的關愛並認同各別獨特的個性，不必擔心必須犧牲父母對自己的關愛或喜好作為妥協。

## 注意力缺失過動異常症ADHA （Attention Deficit Hyperactivity Disorder）

此症首先見於小孩，孩子表現的癥狀：過分衝動、漠不關心、注意力無法集中或無法安靜下來，通常還伴隨著過動傾向並要求當下獲得滿足，過動行為還包括一直講個不停、渾身顫動以至缺乏人我界限、不計風險衝動豪賭。

## 生父（Birth Father）

意謂小孩的親生父親，有別於養父或類似父親的成人角色，為孩子的成長提供關愛與支持，因此，生父通常暗指不負責任的父親、或未曾參與孩子的成長也沒有付出關愛。

## 出生順序（Birth Order）

心理分析師艾弗瑞德・阿德勒主張子女的出生順序象徵未來的個性特質，例如：長子或長女大都是成就取向的人，排行中間的子女則傾向維護和諧，么子或么女偏好冒險犯難，出生順序學說涵蓋範圍廣泛，包括：子女出生順序、性別、年齡差距、子女數目等。

## 混合家庭（Blended Family）

意謂伴侶各自帶著前任婚配關係所生的小孩再重新組成新家庭，也就是說，在混合家庭之中有繼父或繼母以及繼父或繼母在先前關係所生養的子女，也許日後還有同父異母或同母異父所生養的子女，使體系之內增添更多忠誠或分裂的可能變數。

## 界線（Boundaries）

意謂在家庭之中區分次級體系的界線，例如：親子體系、手足體系以及父母的婚姻，在家中的次級體系以及角色扮演都有合適的規範，必須謹慎奉行，以創造健康的家庭生活，一旦家庭界線失於過分嚴苛或過分鬆散，孩子的個性發展就會遭到犧牲妥協。此外，為了維繫家庭向心力的不成文家規也屬於家庭界線之一。

## 混亂家庭（Chaotic Family）

解體、缺乏結構正是混亂家庭的特色，通常也都即將走向瓦解，因此，在混亂家庭及其體系之中並無忠誠可言。

## 兒童虐待（Child Abuse）

通常意謂孩子的生活照顧遭到嚴酷的打擾，例如父母施以過當行為或過度懲罰，以致破壞孩子的人我界線與安全感。

### 互相依賴（Co-Dependence）

當前的用法相當廣泛，主要說明照顧者與受照顧者之間耽溺於互相依賴的關係，若在伴侶關係之中意謂彼此共謀，犧牲其中一人的需求藉以滿足對方，甚至對方還有成癮或功能失常的癖好。

### 疏離家庭（Disengaged Family）

家人之間情感疏離，因此，家庭成員彼此之間很少互動聯繫，家人之間的歸屬感遭到犧牲妥協，取而代之的是各做各的事，各顧各的生活，毫無交集。

### 功能失常家庭（Dysfunctional Family）

一般來說，功能失常意謂著家庭無法為家人提供支持或照顧，通常在功能失常家庭裡缺乏親密感、以家人為恥辱、犧牲個別差異且缺乏適當的家庭界線。

### 溺愛家庭（Enmeshed Family）

相對於疏離家庭的另一個極端就是溺愛家庭，人我界線在溺愛家庭中顯得不清不楚，個人自主與個性都受到抑制，雖然家人之間的歸屬感非常濃厚，卻犧牲了個人的獨特性與人格，導致家人關係複雜，個人難以離家自立，家人彼此之間聯繫過於緊密，降低個人自主決定能力。

### 延展家庭（Extended Family）

超越由雙親及子女所形成的「核心家庭」（nuclear family），延展成為三代同堂、姻親好友所組成的大家庭，包括：祖父母、姑姑／阿姨、叔父／伯父／舅舅以及其他親近的家庭關係人。

## 家庭氛圍（Family Atmosphere / Climate）

一般指的是在家庭裡瀰漫的情緒或情調。

## 家庭排列（Family Constellation）

描繪家庭星盤的整體布局，在家庭體系之內的特定位置代表相應的行為舉止、個性特質及人格發展，家庭排列可視為家庭成員共同創造的總合所具有的輪廓。

## 家庭生命週期（Family Life Cycle）

家庭發展所歷經的各個階段，從伴侶倆人組成家庭展開，然後成為父母，之後再做祖父母。

## 家庭神話（Family Myths）

家庭成員之間彼此信守的觀念、說法以及處世格言，通常家人只會奉行而不會去挑戰或爭辯。然而，即使家庭神話無法支持個人，卻能讓家庭發展保持平衡的狀態。

## 原生家庭（Family of Origin）

個人出生的家庭或從小被領養的家庭。

## 家庭角色（Family Roles）

根據個人在家中所處的地位與狀況，每一個家庭成員都有特定的職責任務，一般都是透過家庭價值觀或文化傳統而定，然而，也有的家庭角色是透過不當的需求或不良狀況而定。

## 家庭體系（Family System）

家庭猶如社會體系，有其特定的模式、規矩與指導方向。

### 家系圖（Genogram）

透過家系圖顯示家庭成員之間的相互關係，通常至少包含三代在內，家系圖有別於簡略的家庭樹（family tree），在於家系圖包含遺傳模式以及祖先關係的詳細資料。

### 認定病人（Identified Patient）

在功能失常家庭之中，某家庭成員透過病態癥狀彰顯家庭問題，家庭治療稱之為認定病人，亦即代罪羔羊之意。在功能失常家庭之中發出癥狀的病人，往往對於家中暗潮洶湧、壓抑的衝突特別感到敏感，並且承擔家人所一致否認的事物，以致於透過發病來表達病態的家庭問題。

### 自戀關係（Narcissistic Relationship）

通常用來說明特殊的親子關係，孩子必須聽從父母的喜好而行事，才會得到父母的關愛認可，以致於孩子反而背離自身的需求與喜好。

### 代行親職的小孩（Parental Child）

家中某個小孩被要求代行親職，照顧手足或照料父母，通常是因為父母之一生病或殘障，還有不負責任的父母，以至於孩子必須填補父母在家中的角色，造成父母與小孩之間的界線變得模糊不清。

### 角色（Roles）

在家中以及家人之間都有相對應的角色與期待，有些角色是根據個人成就或人格特質所編派，例如：維護和平使者、手藝高超者或搞笑逗趣者，較有彈性的家庭角色將有助於個人的成長發展。然

而，一旦家庭角色變得僵化嚴苛，個人發展勢將受到限制或被困住。

## 祕密（Secrets）

家庭祕密可能確有其事，也可能是出於杜撰捏造，無論是真是假，家庭祕密導致家人分裂，有人知道祕密，卻有人被蒙在鼓裡，家庭祕密侵蝕家庭體系之內的親密感與信任。

## 分離焦慮（Separation Anxiety）

母子之間尚未做好充分準備即遭到拆散，勢將造成焦慮感，分離焦慮意謂孩子或成人一旦意識到可能即將失去某人或遭到遺棄，就會產生焦慮感。

## 手足競爭（Sibling Rivalry）

小孩感到自己在家中的地位已經被其他手足所取代，就會對家中勁敵產生忌妒或敵意。

## 手足次級體系（Sibling Subsystem）

兄弟姐妹之間像同輩一般互動往來而在家中所形成的次級系統。

## 繼父母家庭（Step Family）

小孩跟再婚的父母之一同住或短期拜訪而形成的繼父母家庭。

## 三人互動（Triangle）

由三人所形成的次級系統，常常因為三人之一覺得被排擠或邊緣化，導致三人之間產生情感的失衡偏頗。

### 三角關係（Triangulation）

一旦第三者介入原本的倆人世界，此人就陷入三角關係，引入第三者解決原本倆人之間的衝突緊張，卻反而讓問題變得更加複雜，導致原本的倆人世界從此偏離真誠的互動。

# 參考書目

- 艾弗瑞德・阿德勒（Adler, Alfred）：*What Life Could Mean to You*, trans. Colin Brett（Oneworld Publications, Oxford: 1994）.

- 史蒂夫・班克和麥克・坎恩（Bank, Stephen and Kahn, Michael, *The Sibling Bond*（Basic Books, New York: 1982）.

- 約翰・包比 （Bowlby, John）：《安全的基礎：親子連結和健康的人類發展（*A Secure Base: Parent-Child Attachment and Healthy Human Development*）》（Routledge, London: 1988）.

- 貝蒂・卡特 （Carter, Betty）和莫妮卡・麥高域（McGoldrick, Monica）（eds.）, *The Changing Family Life Cycle*（Allyn and Bacon, Boston, MA: 1989）.

- 維特 G. 西撒里尼（Cicirelli, Victor G）, *Sibling Relationships Across the Lifespan*（Plenum Press, New York: 1995）.

- 布萊恩・克拉克（Clark, Brian）,*Keys to Understanding Chiron*（Astro*Synthesis Series, Melbourne: 2008）.
  ——The Zodiacal Imagination（Astro*Synthesis Series, Melbourne: 2010）.
  ——*Secondary Progressions*（Astro*Synthesis Series, Melbourne: 2012）.

- 朗奴・克拉克（Clark, Ronald W）., *Freud: the Man and his Cause*（Jonathan Cape/Weidenfeld & Nicolson, London: 1980）.

- 休・卡拉高（Crago, Hugh）. *A Circle Unbroken*（Allen & Unwin, St. Leonards, NSW: 1999）.

- Downing, Christine, *Psyche's Sisters: Reimagining the Meaning of*

*Sisterhood*（Continuum, New York: 1990）.

● Edis, Freda, *The God Between*（Arkana, London: 1995）.

● 西格蒙德・佛洛伊德（Freud, Sigmund）, *The Standard Edition of the Complete Psychological Works of Sigmund Freud*, 由德文原文翻譯，主編James Strachey跟安娜・佛洛伊德（Anna Freud）合作，並由Alix Strachey及Alan Tyson協助（24 vols.; Hogarth Press, London: 1953–75）.

● 彼得・蓋爾（Gay, Peter）, *Freud: a Life for Our Time*（W. W. Norton, New York: 1988）.

● 麗茲・葛林（Greene, Liz）, *Relating: an Astrological Guide to Living with Others on a Small Planet*（Samuel Weiser, New York: 1980）.

——*The Astrology of Fate*（Allen & Unwin, London: 1984）.

● 麗茲・葛林（Greene, Liz）&霍華・薩司波塔斯（Sasportas, Howard）, *The Development of the Personality*（Samuel Weiser, York Beach, ME: 1987）.

——*The Inner Planets* （Samuel Weiser, York Beach, ME: 1993）.

● 詹姆斯・希爾曼（Hillman, James）, *The Myth of Analysis*（Harper & Row, New York: 1978）.

——*Healing Fiction*（Station Hill Press, New York: 1983）.

——*The Dream and the Underworld*（Harper & Row, New York: 1979）.

● 荷馬 （Homer）,《伊利亞德》（The Iliad）, 由Richmond Lattimore翻譯（University of Chicago Press, Chicago: 1961）.

——《奧德賽》（The Odyssey）, trans. Richmond Lattimore（Harper Perennial, New York: 1991）.

——《荷馬史詩（The Homeric Hymns）, trans. Charles Boer（Spring, Dallas, TX: 1970）.

- Imber-Black, Evan （ed.）*Secrets in Families and Family Therapy* （W.W. Norton & Company, New York: 1993）

- 榮格（C. G. Jung）, *The Collected Works of C. G. Jung*, trans. R. F. C. Hull et al. （20 vols; Routledge & Kean Paul, London and Princeton University Press, Princeton, NJ: 1953–79）.

  ——*Memories, Dreams, Reflections*, trans. R. and C. Winston （Pantheon Books, New York: 1973）.

- 莫妮卡·麥高域（McGoldrick, Monica）, *The Genogram Journey Reconnecting with Your Family* （W.W, Norton & Company, New York: 2011）.

- 薩爾瓦多·米紐慶（Minuchin, Salvador）, *Families and Family Therapy* （Tavistock/Routledge, London: 1991）.

- 湯馬斯·莫爾（Moore, Thomas）. *Care of the Soul*（Harper Perennial, New York: 1992）.

  ——（ed.）*The Essential James Hillman A Blue Fire* （Routledge, London: 1990）.

- 彼得·奧康納（O'Connor, Peter）：《面對五十歲》（Facing the Fifties）（Allen & Unwin, Sydney, NSW: 2000）.

- 奧維德（Ovid）：*Metamorphoses*, trans. Mary M. Innes （Penguin, Harmondsworth: 1955）

- 梅蘭妮·瑞哈特（Reinhart, Melanie）,《凱龍星：靈魂的創傷與治療》（Chiron and the Healing Journey）（Arkana, London: 1989）.

  ——*To the Edge and Beyond* （Centre for Psychological Astrology Press, London: 1996）.

- 丹恩·魯依爾（Rudhyar, Dane）, *The Pulse of Life: New Dynamics in Astrology* （Shambhala, Berkeley, CA: 1970）.

——*The Astrological Houses* （CRCS Publications, Sebastopol, CA: 1986）.

• 瑪里昂・桑德邁爾（Sandmaier, Marian）：《原生親屬：尋找成年後手足之間的連繫》（Original Kin: the Search for Connection among Adult Sisters and Brothers）（Dutton, New York: 1994）.

• 霍華・薩司波塔斯（Sasportas, Howard）：《占星十二宮位研究》（The Twelve Houses）（Aquarian, Wellingborough: 1985）.

——《變異三王星》（*The Gods of Change*）（Arkana, London: 1989）.

Satir, Virginia, *Conjoint Family Therapy* （Science and Behavior Books, Palo Alto, CA: 1983）.

• 瑪姬・斯卡芙（Scarf, Maggie）. *Intimate Partners: Patterns in Love and Marriage* （Random House （New York, NY: 1987）.

• 路易・斯圖爾特（Stewart, Louis H.）, *Changemakers: a Jungian Perspective on Sibling Position and the Family Atmosphere* （Routledge, London: 1992）.

• 艾琳・沙利文（Sullivan, Erin）, *Saturn in Transit* （Arkana, London: 1991）.

——*Dynasty: the Astrolagy of Family Dynamics* （Arkana, London: 1996）.

• Sulloway, Frank J., *Born to Rebel* （Pantheon Books, New York: 1996）.

• Sutton-Smith, Brian and Rosenburg, B. G., *The Sibling* （Holt Rinehart & Winston, New York: 1970）.

• 沃爾特・托曼（Toman, Walter）,《家庭的星象》Family Constellation（4th edition; Springer, New York: 1991）.

• 溫尼科特（Winnicott, D. W）: *Home is Where We Start From* （Penguin, Harmondsworth: 1990）.

國家圖書館出版品預行編目資料

家族占星全書：基因、關係、家族命運的模式、延續、
與循環／布萊恩・克拉克（Brian Clark）著；陳燕慧、
馮少龍 譯. -- 初版. -- 臺北市：春光出版：家庭傳媒城
邦分公司發行, 民103.10
　　面；　　公分
　　譯自：Family Astrology

　　ISBN 978-986-5922-53-5（平裝）

　　1. 占星術

292.22　　　　　　　　　　　103018596

# 家族占星全書：
## 基因、關係、家族命運的模式、延續、與循環

原　書　名／Family Astrology
作　　　者／布萊恩・克拉克（Brian Clark）
譯　　　者／陳燕慧、馮少龍
企劃選書人／劉毓玫
責 任 編 輯／劉毓玫

行 銷 企 劃／周丹蘋
業 務 企 劃／虞子嫻
行銷業務經理／李振東
總　編　輯／楊秀真
發　行　人／何飛鵬
法 律 顧 問／台英國際商務法律事務所　羅明通律師
出　　　版／春光出版
　　　　　　台北市104中山區民生東路二段 141 號 8 樓
　　　　　　電話：(02) 2500-7008　傳真：(02) 2502-7676
　　　　　　部落格：http://stareast.pixnet.net/blog
　　　　　　E-mail：stareast_service@cite.com.tw
發　　　行／英屬蓋曼群島商家庭傳媒股份有限公司城邦分公司
　　　　　　台北市中山區民生東路二段 141 號11 樓
　　　　　　書虫客服服務專線：(02) 2500-7718／(02) 2500-7719
　　　　　　24小時傳真服務：(02) 2500-1990／(02) 2500-1991
　　　　　　讀者服務信箱E-mail: service@readingclub.com.tw
　　　　　　服務時間：週一至週五上午9:30～12:00，下午13:30～17:00
　　　　　　劃撥帳號：19863813　戶名：書虫股份有限公司
　　　　　　城邦讀書花園網址：www.cite.com.tw
香港發行所／城邦（香港）出版集團有限公司
　　　　　　香港灣仔駱克道 193 號東超商業中心 1 樓
　　　　　　電話：(852) 2508-6231　傳真：(852) 2578-9337
　　　　　　E-mail：hkcite@biznetvigator.com
馬新發行所／城邦（馬新）出版集團　Cité (M) Sdn. Bhd.
　　　　　　41, Jalan Radin Anum, Bandar Baru Sri Petaling,
　　　　　　57000 Kuala Lumpur, Malaysia.
　　　　　　電話：(603) 90578822　傳真：(603)90576622
　　　　　　E-mail：cite@cite.com.my.

封 面 設 計／黃聖文
內 頁 排 版／浩瀚電腦排版股份有限公司
印　　　刷／高典印刷有限公司

■ 2014 年（民 103）10 月 9 日初版
■ 2021 年（民 110）8 月 11 日初版3.5刷

Printed in Taiwan

**售價／650元**

城邦讀書花園
www.cite.com.tw

104台北市民生東路二段141號11樓

**英屬蓋曼群島商家庭傳媒股份有限公司**
**城邦分公司**

遇見春光‧生命從此神采飛揚

# 春光出版

書號：　OC0072　　書名：　家族占星全書：基因、關係、家族命運的模式、延續、與循環

# 讀者回函卡

謝謝您購買我們出版的書籍！請費心填寫此回函卡，我們將不定期寄上城邦集團最新的出版訊息。

姓名：_____

性別：□男　□女

生日：西元_____年_____月_____日

地址：_____

聯絡電話：_____　傳真：_____

E-mail：_____

職業：□1.學生 □2.軍公教 □3.服務 □4.金融 □5.製造 □6.資訊

　　　□7.傳播 □8.自由業 □9.農漁牧 □10.家管 □11.退休

　　　□12.其他 _____

您從何種方式得知本書消息？

　　　□1.書店 □2.網路 □3.報紙 □4.雜誌 □5.廣播 □6.電視

　　　□7.親友推薦 □8.其他 _____

您通常以何種方式購書？

　　　□1.書店 □2.網路 □3.傳真訂購 □4.郵局劃撥 □5.其他 _____

您喜歡閱讀哪些類別的書籍？

　　　□1.財經商業 □2.自然科學 □3.歷史 □4.法律 □5.文學

　　　□6.休閒旅遊 □7.小說 □8.人物傳記 □9.生活、勵志

　　　□10.其他 _____